Pfarrer Maaßens Geschichtsschreibung
über das rechtsrheinische Bonn

Beiträge
zu Denkmal und Geschichte im Rechtsrheinischen Bonn
Heft 7

Herausgeber

DENKMAL- UND GESCHICHTSVEREIN BONN-RECHTSRHEINISCH
Verein Haus Mehlem
für Denkmalpflege und Geschichtsforschung
im Rechtsrheinischen Bonn e.V.

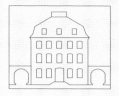

Pfarrer Maaßens Geschichtsschreibung über das rechtsrheinische Bonn

Auszug aus der
„Geschichte der Pfarreien des Dekanates Königswinter"
von 1890

Erläutert und kommentiert
von Carl Jakob Bachem

Denkmal- und Geschichtsverein Bonn-Rechtsrheinisch
Haus Mehlem

Bonn-Beuel
2007

© 2007
DENKMAL- UND GESCHICHTSVEREIN BONN-RECHTSRHEINISCH
Verein Haus Mehlem
für Denkmalpflege und Geschichtsforschung
im Rechtsrheinischen Bonn e.V.
Bonn-Beuel 2007
Redaktion: Carl J. Bachem, Bonn
Gestaltung: Gunnar Hoge, Bonn
Druck: Buch- und Offsetdruck Gebr. Molberg GmbH, Bonn
ISBN 978-3-9812164-0-0

Inhalt

		Seite
Einleitung		
Das Geschichtsbuch von German H. C. Maaßen		9
Faksimile-Auszug und Kommentierung		13

Faksimile

German H. C. Maaßen:
Die Geschichte der Pfarreien des Dekanates Königswinter

Titel und Vorspann	I - VI	17
Inhalts-Verzeichnis	VI - XI	21
Allgemeines (Quellen)	1 - 3	27

Auszüge:
Die Pfarreien im Gebiet des Stadtbezirks Beuel

I. VILICH - Pfarre St. Peter

1. Vilich
Faksimile	121 - 170	30 - 78
Anmerkungen		79
Literatur		95

2. Pützchen
Faksimile	170 - 181	98 - 109
Anmerkungen		110
Literatur		116

3. Beuel
Faksimile	181 - 187	117 - 123
Anmerkungen		124
Literatur		128

4. Geislar
Faksimile	187 - 189	129 - 131
Anmerkungen		132
Literatur		136

5. Holzlar, Kohlkaul, Bechlinghoven, Hangelar
Faksimile	189 - 191	137 - 139
Anmerkungen		140
Literatur		142

6. Schulen. Schulwesen im Bezirk Vilich:
Vilich, Beuel, Schwarzrheindorf, Pützchen
Faksimile	191 - 193	143 - 145
Anmerkungen		146
Literatur		148

II. KÜDINGHOVEN - Pfarre St. Gallus   Faksimile   Seite

7. Küdinghoven / Teil I
Faksimile	255 - 257	149 - 151
Anmerkungen		152

8. Limperich
Faksimile	257 - 259	155 - 157
Anmerkungen		158
Literatur		160

9. Ober- und Niederholtorf
Faksimile	25 - 260	161 - 162
Anmerkungen		163
Literatur		165

10. Küdinghoven / Teil II
Faksimile	260 - 267	166 - 182
Anmerkungen		183
Literatur		191

11. Ramersdorf
Faksimile	276 - 283	192 - 199
Anmerkungen		200
Literatur		203

III. OBERKASSEL – Pfarre St. Cäcilia

Faksimile	354 - 395	204 - 245
Anmerkungen		246
Literatur		256

IV. SCHWARZRHEINDORF – Pfarre St. Maria und Klemens

Faksimile	396 - 431	258 - 293
Anmerkungen		294
Literatur		303

V. Aus:
STIELDORF – Pfarre St. Margaretha:

Gielgen, Roleber, Hoholz, Ungarten mit Ettenhausen
Exzerpt aus Faksimile	305
Anmerkungen	306
Literatur	307

ANHANG	**Faksimile**	Seite

Urkunden - Faksimile
I.   Schwarzrheindorf
     Weiheinschrift 8. 5. 1151   537   308
IX. Stift Vilich
     Vermögensverzeichnis um 1766   545 - 553   309 - 317
X.   Stift Vilich
     Vermögensaufzeichnung nach 1716   553 - 555   317 - 319
XI. Stift Vilich / Geislar
     Baurmeisterverordnung 6. 2. 1787 555 - 556   320

Namen-Verzeichnis - Faksimile   564 - 565   322 - 323

Nachträge - Faksimile   566   324

Pfarreien im Stadtbezirk Beuel
   Die Katholischen Pfarreien   325
   Die Evangelischen Pfarreien   327

Literatur
   zur Geschichte des Stadtbezirks Beuel - in Auswahl   329

Abbildungen   331

German Hubert Christian Maaßen (1825-1910)

Einleitung

Das Geschichtsbuch von German H. C. Maaßen

Das Gebiet, das sich heute als Stadtbezirk Bonn-Beuel begreift, hat zweifellos eine bedeutende Geschichte aufzuweisen. Doch ist gerade dort diese Geschichte lange Zeit unbeachtet geblieben. Zwar sind bereits im 19. Jahrhundert einige mehr oder weniger bescheidene Publikationen zur Hl. Adelheid, zu Vilich, zu Schwarzrheindorf und zu Pützchen erschienen, doch hat das, was man systematische Geschichtsschreibung nennen könnte, eigentlich erst nach dem Zweiten Weltkrieg eingesetzt. Insbesondere in der Zeit nach der Reichsgründung von 1871, als man sich, in patriotischer Aufbruchstimmung, allgemein auch der eigenen Ortsgeschichte entsann und als daher überall, meist von Lehrern und Pfarrern, erste systematische Geschichtsdarstellungen des Heimatraumes erschienen, in dieser Zeit hat es im Gebiet des heutigen Stadtbezirks Beuel niemanden gegeben, der Material gesammelt, Quellen erschlossen oder daraus gewonnene Erkenntnisse zu Papier gebracht hätte. Das ist nicht nur bedauerlich im Hinblick auf die geschichtlichen Kenntnisse früherer Generationen, sondern ganz besonders auch deshalb, weil seither viele archivalische Materialien verloren gegangen sind, auf deren Lücken wir heute mit Bedauern stoßen.

Dennoch ist in jener Zeit ein geschichtliches Werk über den rechtsrheinischen Bonner Raum entstanden, dessen Wert wir heute umso höher einschätzen dürfen: „Die Geschichte der Pfarreien des Dekanates Königswinter" von German H. C. Maaßen. Der Autor, ausgerechnet ein Pfarrer vom Vorgebirge, hat in den 1880er Jahren sämtliches Material, das sich ihm in den erreichbaren Archiven bot, gesichtet, abgeschrieben, exzerpiert und ausgewertet und auf dieser Grundlage die Geschichte der Gegend zwischen Sieg und Siebengebirge beschrieben. Er hat dies freilich unter einem besonderen Gesichtspunkt getan, nämlich dem der historischen Entwicklung der Pfarrgemeinden in dieser Region. Diese waren damals entsprechend der Konfessionsverbreitung - bis auf die altehrwürdige Reformierte Gemeinde Oberkassels – allesamt katholisch. Katholisch geprägt wie die Pfarreien war entsprechend auch die allgemein-historische Entwicklung der Ortschaften, so dass wir die Geschichte der Pfarreien zugleich als die Geschichte der Ortschaften selbst betrachten können, weithin jedenfalls. Das hat im übrigen auch der Autor selber so gesehen, wie wir aus Begleitmaterialien von ihm wissen (siehe unten). Insoweit darf das Werk, das hier in Rede steht, auch bereits als ein umfassendes Geschichtswerk als solches gelten. Im Jahre 1890 erschienen, ist es vor allem aber das allererste „Geschichtsbuch" unserer rechtsrheinischen Region überhaupt.

„Der Maaßen" – das Interesse daran ist ungebrochen

Es dürfte bis heute kein zweites Kompendium geben, das so vielfältig und detailliert Auskunft über die Geschichte der Ortschaften in jenem „Dekanat Königswinter" gibt. Sein besonderer Wert besteht nicht zuletzt in der Fülle des Materials, das sein Autor zusammengetragen und behandelt hat. Nicht wenige der von ihm erschlossenen Quellen dürften inzwischen als verschüttet, ein nicht geringer Teil der von ihm ausgewerteten Materialien muss sogar, wie bereits angedeutet, als verloren gelten. Gerade deshalb füllt dieses Geschichtsbuch genau so, wie es das bereits bei seinem Erscheinen vor bald 120 Jahren getan hat, auch heute noch eine Lücke. Kein Wunder, dass es bei den Geschichtsinteressierten und vor allem bei den Ortshistorikern zum unverzichtbaren Nachschlagewerk geworden ist. Für alle Sachkenner gilt „der Maaßen", wie das Werk von ihnen mit Sympathie und Respekt genannt wird, als ein besonderer Schatz, wozu wohl auch der bibliophile Aspekt – Marmoreinband der Zeit, mit Lederrücken und Goldschrift - beiträgt. Deshalb wundert auch das allseitige Bedauern darüber nicht, dass das Werk seit Jahrzehnten vergriffen und niemals wieder neu aufgelegt worden ist.

Systematisch gesehen gehört Maaßens Werk in eine Reihe vergleichbarer Arbeiten, die Ende des 19. Jahrhunderts im Rahmen eines Projektes der Erzdiözese Köln entstanden sind, das sich aber nicht etwa auf die Geschichte dieser Diözese als solcher richtete, sondern auf die Geschichte ihrer einzelnen Pfarreien jeweils „vor Ort". Es liegt nahe, den Anlass dieser amtlichen Serien-Edition der Erzdiözese in einem Zusammenhang mit dem der katholischen Kirche nach dem Ende des Kulturkampfs auferlegten Neuorientierungsprozess zu sehen. Die dementsprechend von einer Reihe von Autoren erarbeitete „Geschichte der Pfarreien der Erzdiöcese Köln" war seit 1883 von dem Domkapitular Dr. Karl Theodor Dumont besorgt und von dem renommierten Kölner Verlag J. P. Bachem herausgegeben und gedruckt worden. Die Arbeit von Maaßen war als Band 28 des geplanten Gesamtprogramms vorgesehen. Insgesamt aber sind daraus zunächst nur elf Bände erschienen, in zwei späteren Folgen noch einmal einer im Jahre 1926 und schließlich noch drei in den Jahren 1954 bis 1958. Darüber hinaus wurde die Reihe nicht mehr fortgesetzt.

Das Dekanat Königswinter war 1827 aus Teilen des aus dem Mittelalter herrührenden Dekanats Siegburg gebildet worden (zuvor „Christianität Siegburg" genannt). Zur Zeit Maaßens umfasste es den Raum von Menden und Niederpleis (beide heute Stadt Sankt Augustin) im Norden bis Honnef im Süden sowie zwischen dem Rhein im Westen und Stieldorf und Oberpleis (beide heute Stadt Königswinter) im Osten. 1925 hat es den Namen Dekanat Beuel erhalten. Nach der Gebietsreform von 1969, durch die rechtlich die neuen Städte Bonn, Sankt Augustin und Königswinter entstanden - und damit zugleich der Stadtbezirk Bonn-Beuel –, wurden aus diesem Dekanat die Pfarreien im Gebiet des Beueler Stadtbezirks als ein eigenes Dekanat Beuel herausgetrennt und mit den Bonner und Godesberger Dekanaten der linken Rheinseite zu einem Gesamtdekanat Bonn vereinigt.

Der Autor German H. C. Maaßen*)

German Hubert Christian Maaßen wurde am 18. September 1825 als „Sohn einfacher Leute" in Haaren bei Aachen geboren. Sein Taufname ist German. Nach dem - von seinem Ortspfarrer geförderten - Besuch des Aachener Kaiser-Karl-Gymnasiums und dem anschließenden Theologiestudium in Bonn wurde er am 2. September 1852 zum Priester geweiht. Nach einigen Kaplansjahren kam er 1862 als Pfarrer nach Hemmerich im Vorgebirge (heute Ortsteil von Bornheim). Nahezu ein halbes Jahrhundert lang, bis zu seinem Tod am 12. Januar 1910, blieb er dort tätig. Beerdigt wurde er auf seinem Pfarrfriedhof; seine Grabstätte ist bis heute erhalten. Ein besonderes Denkmal erinnert dort an diesen verdienten Ortsgeistlichen, wie sein Wirken auch durch die Namengebung einer benachbarten Straße gewürdigt wird.

Die Geschichte als Fach dürfte Maaßen schon in jungen Jahren angesprochen haben, heißt es doch bereits auf seinem Abiturzeugnis: „Seine historischen Kenntnisse sind gründlich und umfangreich." Gleichwohl verstand er sich als „Laie in der Geschichte". Die praktische Seelsorge scheint er zeitlich mit der Geschichtsforschung, die er gleichwohl sehr nachhaltig betrieb, harmonisch in Einklang gebracht zu haben, wird er doch als engagierter Pastor gerühmt, auf dessen Initiative auch die Errichtung der heutigen Hemmericher Pfarrkirche zurückgeht. Freilich stand ihm zur Entlastung stets auch ein Kaplan zur Seite. Zunächst hat sich Maaßen als Heimatforscher betätigt, der sich vor allem mit dem römischen Erbe im Boden des Vorgebirges befasste. Dies gipfelte in einer 1882 in den renommierten „Annalen des historischen Vereins für den Niederrhein" veröffentlichten Abhandlung über „Die römische Staatsstraße von Trier über Belgika bis Wesseling am Rhein, und der Römerkanal am Vorgebirge". Wohlfundiert legte er damit auf 120 Seiten eine erste vollständige Rekonstruktion dieser römischen Trassen überhaupt vor.

Von hier aus konnte er leicht auch den Bogen zur Heimatgeschichte seiner gesamten Region spannen, die er bereits wenig später für die „Geschichte der Pfarreien der Erzdiöcese Köln" aufzuzeichnen begann. Deren Begründer, der bereits erwähnte Dumont, ein Freund aus Studienzeiten, hatte ihn dafür gewinnen können. Insgesamt steuerte er zu dieser Reihe nicht weniger als vier Bände bei. Als erstes entstand seine „Geschichte der Pfarreien des Dekanates Hersel" (wozu auch Hemmerich gehörte); sie erschien im Jahre 1885. „Einer besonderen Empfehlung bedarf die Pfarrgeschichte umso weniger", konstatierte er in seiner Einleitung, „als gerade in den gegenwärtigen Zeitläufen kein Zweig der Wissenschaft so allgemein und mit solcher Vorliebe gepflegt wird wie die Localgeschichte; und Localgeschichte ist die Pfarrgeschichte im eminenten Sinne. Ohne die Localgeschichte bleibt die eigene Heimath dem Menschen ein unbekanntes Land".

1890 folgt die hier in Rede stehende „Geschichte der Pfarreien des Dekanates Königswinter", an der er nach eigenen Angaben vier Jahre lang gearbeitet hatte. Ein besonderes Loblied singt er darin auf den Königswinterer Dechanten Theodor Samans, den Pfarrer von Küdinghoven, der ihn bei seinen Recherchen vorbehaltlos unterstützt habe. Dem Band voran stellt er, wie allen seinen Publikationen, Vers 12 aus Kapitel VI des Johannes-Evangeliums: „Colligite fragmenta, ne pereant!" [Sammelt die Überreste, damit sie nicht verlorengehen.] Schon Cäsarius von Heisterbach hatte dieses Wort in seinem berühmten „Dialogus Miraculorum" zu seiner Devise erhoben. Schließlich folgten noch zwei Bände zur „Geschichte der Pfarreien des Dekanates Bonn", und zwar „1. Theil - Stadt Bonn" im Jahre 1894 und „2. Theil - Bonn-Land" im Jahre 1899. Insgesamt hat Maaßen in den vier Bänden die Geschichte von 51 Pfarreien monographisch aufgearbeitet, eine ungeheure Materialfülle, auf die die Geschichtsforscher immer gerne mit Gewinn zurückgegriffen haben – und es auch in Zukunft tun werden.

---

*)Vergl. Horst Bursch, German Hubert Christian Maaßen.
  Leben und Werk des Hemmericher Pfarrers,
  Bonner Geschichtsbll. 33, Bonn 1981, Seite 155–182

Faksimile-Auszug und Kommentierung

Das „Königswinterer" Werk Maaßens umfasst an die 570 Seiten. Davon entfallen rund 30 Seiten auf eine Darstellung der Territorialgeschichte unserer Region sowie der Entwicklungsgeschichte jenes alten Dekanates. Auf nahezu 200 Seiten verbreitet sich Maaßen allein über die Geschichte der Pfarreien im Gebiet des heutigen Stadtbezirks Beuel; das sind zu jener Zeit Vilich, Küdinghoven und Oberkassel sowie Schwarzrheindorf. Dieser Teil ist für unsere Edition samt einschlägigem Anhang herausgezogen und hier im Faksimile nachgedruckt. Er wird ergänzt um die Titelseiten, das Vorwort und nicht zuletzt um das vollständige Inhaltsverzeichnis, alles gleichfalls in Faksimile. Damit bietet sich eine deutliche Vorstellung von Umfang und Gehalt der Originalpublikation insgesamt. Indessen wird hier auf einen Nachdruck der Territorialgeschichte bewusst verzichtet, weil darüber inzwischen umfassende Monographien vorliegen, und auch auf den der Dekanatsgeschichte, weil diese hier von nachrangigem Interesse ist.

Beschränkung auf die Pfarreien des Stadtbezirks Beuel

Zur Zeit Maaßens bestanden im Gebiet des heutigen rechtsrheinischen Bonn insgesamt vier (katholische) Pfarreien. Zu den klassischen mittelalterlichen Pfarren St. Peter Vilich, St. Gallus Küdinghoven und St. Cäcilia Oberkassel war erst 1868 die neuerrichtete Pfarre St. Klemens Schwarzrheindorf getreten (heute St. Maria und Klemens). St. Peter, eine der größten Pfarreien des Rheinlandes, umfasste noch zu Maaßens Zeit neben Vilich selbst auch die Ortschaften Beuel und Combahn (heute Beuel), Geislar und Vilich-Müldorf, aber auch Pützchen, Bechlinghoven, Holzlar und Kohlkaul (wie auch Hangelar, heute Sankt Augustin). Zu St. Klemens gehörten – wie heute - Schwarzrheindorf (einschließlich Gensem) und Vilich-Rheindorf, zu St. Gallus Limperich, Küdinghoven, Ramersdorf sowie Nieder- und Oberholtorf. St. Cäcilia griff nicht über das - allerdings sehr weitläufige - Oberkassel hinaus. Die Ortschaften auf der Höhe („om Berg"), also Gielgen und Roleber – Heidebergen entstand erst nach 1945 – sowie Hoholz, die heute allesamt zu Christkönig Holzlar gehören, waren seinerzeit wie auch Hoholz und Ungarten (mit Ettenhausen) Teil von St. Margaretha Stieldorf. Zum Verständnis der heutigen, weithin veränderten Situation sind im Anhang entsprechende Übersichten sowohl über die katholischen als aber auch die evangelischen Gemeinden beigefügt.

Maaßen verzichtet - offenbar bewusst - auf Querschnittsdarstellungen, wie er auch kaum einmal geschichtskritische Reflexionen anstellt, wenn man von seinen wenigen – im übrigen subjektiv gefärbten – Anmerkungen zur Reformationsgeschichte Oberkassels absieht. Diese Stringenz erlaubt andererseits allerdings eine klare Gliederung nach einzelnen Pfarren und den jeweils dazugehörigen Ortschaften. Dies wiederum kommt der Übersichtlichkeit unserer Edition zugute, deren Aufbau sich daher allein an einer nach Ortschaften getrennten Reihung orientieren kann. Nur an zwei Stellen weicht Maaßen von dieser Ordnung ab: Den Ortsabhandlungen, die dem Pfarrkapitel von Vilich folgen, fügt er ein eigenes (Unter-)Kapitel über das Schulwesen in der Pfarre Vilich an („Schule"), während er das Pfarrkapitel von Küdinghoven durch Ortsabhandlungen (über Limperich und Holtorf) unterbricht, so dass dieses in zwei Teile zerfällt. Dementsprechend sind in unserer Wiedergabe die faksimilierten Teile aus Maaßens Band so weit gespreizt, dass sich für jede Ortschaft jeweils ein neues, eigenes (Unter-)Kapitel ergibt. Schwierig ist dabei die Berücksichtigung der Orte om Berg, da die Pfarre, zu der sie zur Zeit Maaßens gehörten (Stieldorf), hier entfallen muss. Die – allerdings nur spärlichen – Ausführungen Maaßens zu diesen Orten waren entsprechend aus dem Pfarrkapitel Stieldorf herauszulösen, um daraus ein Sonderkapitel für die Orte om Berg zu bilden.

Unsere Edition gliedert sich also in fünf Hauptkapitel. Diese sind zum einen vier Pfarrkapitel (Vilich, Küdinghoven, Oberkassel, Schwarzrheindorf), denen andererseits jeweils - in unterschiedlicher Systematik – weitere acht Ortskapitel zugeordnet sind, außerdem ein eigenes Unterkapitel zum (Vilicher) Schulwesen; bei Oberkassel und Schwarzrheindorf erübrigen sich Unterkapitel. Das fünfte Hauptkapitel bezieht sich auf die Ortschaften om Berg. Damit richtet sich die von uns gewählte Reihenfolge zugleich streng auch nach Maaßens Inhaltsverzeichnis.

Alle einzelnen Pfarrgeschichten handelt Maaßen Stück für Stück nach dem gleichen Schema ab. So befasst er sich jeweils zunächst mit dem Namen des betreffenden Ortes, beschreibt seine topographische Lage und kommunale Zugehörigkeit, beides auch unter historischen Aspekten, und ergänzt diesen ersten Überblick um einige bevölkerungsstatistische Daten. Dann folgen sehr eingehende Abhandlungen zur Geschichte der geistlichen Einrichtungen in den vier Pfarreien: In Vilich und Schwarzrheindorf sind es die beiden Stifte, in Küdinghoven ist es die Deutschordenskommende Ramersdorf, während in Oberkassel in diesem Zusammenhang die Geschichte der dortigen Reformierten Gemeinde zu sehen ist. Den umfassendsten Teil jedes Pfarrkapitels nimmt allerdings die jeweilige Darstellung der kirchlichen Verhältnisse ein, die in jedem Einzelfall durch Breite wie Tiefe wie Detailreichtum besticht. Jedes Pfarrkapitel wird abgeschlossen durch einen Bericht zur Entwicklung des Schulwesens, mit reichlich statistischen Angaben. In analoger Reihenfolge dazu baut Maaßen die Ortsgeschichten auf, wenn auch naturgemäß eingeschränkter am Umfang.

Anmerkungen: Erläuterungen und Ergänzungen

Seit dem Erscheinen des Maaßenschen Werks sind nahezu 120 Jahre vergangen. In dieser langen Zeit ist die Forschung natürlich nicht stehengeblieben. Insbesondere seit dem Zweiten Weltkrieg hat sie, wie bereits angeklungen, gehörige Fortschritte gemacht, wovon in besonderem Maße Vilich profitiert hat. Es ist aber in dieser Zeit bezüglich des Gebiets des heutigen Stadtbezirks Beuel insgesamt eine Vielzahl von Veröffentlichungen erschienen, zu den unterschiedlichsten Aspekten geschichtlicher Entwicklung unseres Raumes, aber auch zu nahezu allen Ortschaften und Kirchengemeinden. Naturgemäß wurde dadurch unsere Kenntnis von der Geschichte des rechtsrheinischen Bonn seit Maaßen in vielem erweitert, in manchem präzisiert und in einigen Fällen auch korrigiert.

Daher versteht es sich von selbst, dass die Texte Maaßens in diesen Fällen eine entsprechende Kommentierung erfahren. Diese erfolgt in Form von „Anmerkungen", die jedem einzelnen Kapitel unmittelbar angebunden sind. Durch Schrifttyp und Layout setzen sie sich deutlich von den Faksimile-Seiten ab. In die Anmerkungen sind vereinzelt historische Abbildungen aufgenommen. Diese entstammen weitestgehend der Zeit Maaßens, wenngleich Maaßen auch selber keinerlei Abbildungen in seine Publikationen aufgenommen hatte.

An einigen Stellen der Anmerkungen werden auch bewusst erweiternde Darstellungen vorgenommen, sofern solche für das Verständnis bestimmter Sachverhalte nützlich erscheinen. Sie sind entsprechend kenntlich gemacht („Ergänzungen").

Wichtig ist insbesondere der Nachweis der jeweils einschlägigen neueren Literatur. Soweit entsprechende Verweise innerhalb des Textes der „Anmerkungen" geboten sind, erscheinen sie dort bereits. Ansonsten folgt im Anschluss an jedes Kapitel eine für dieses spezifische Auflistung. Empfehlenswerte Literatur, die sich nicht einem einzelnen Pfarr- oder Ortskapitel zuordnen lässt, weil sei den gesamten Stadtbezirk angeht, wird – in Auswahl - in einem eigenen Verzeichnis im Anhang aufgelistet. Im übrigen ist dieser Edition ein Gesamt-Inhaltsverzeichnis vorangestellt, das sowohl die faksimilierten als auch die neu beigefügten Beiträge in einheitlich durchgängiger Seitennummerierung ausweist.

Fazit

Trotz allen wissenschaftlichen Fortschritts hat „der Maaßen" auch nach bald 120 Jahren nichts von seiner Bedeutung eingebüßt. Seine Darstellungen sind keineswegs „veraltet" oder insgesamt gar „überholt". Ganz im Gegenteil. „Der Maaßen" ist nach wie vor eine der wichtigsten Quellen des geschichtlichen Wissens über unsere Region; er bleibt ein einmaliges Nachschlagewerk. Ergänzt um die gebotenen Anmerkungen gewinnt er nun auch eine neue Aktualität. Sein Charakter als Standardwerk der Geschichtsschreibung über unsere Region, insbesondere über das rechtsrheinische Bonn, erfährt damit eine nachhaltige Bekräftigung. Insofern wird das Studium des „Maaßen" auch in Zukunft Nutzen bringen, dem Fachmann wie dem Laien. Das ist denn auch der eigentliche Grund, warum dieser Nachdruck erscheint.

Carl Jakob Bachem

Limperich, am 1. Dezember 2007

Geschichte

der

Pfarreien des Dekanates Königswinter.

Von

German Hubert Christian Maaßen,

Pfarrer in Hemmerich.

Colligite fragmenta, ne pereant.
Joh. VI. 12.

Druck und Verlag von J. P. Bachem.
Köln, 1890.

„Als eine Wiege vieler Völker und Fürstengeschlechter, als die Heimath deutscher Cultur, war das Rheinland von der Römer Zeiten her vorzugsweise der Schauplatz der deutschen, ja der europäischen Geschichte. An seine Städte, Kirchen und Burgen knüpfen sich daher die bedeutendsten historischen Erinnerungen."

Karl Simrock.

Alle Rechte vorbehalten.

Vorwort.

Die von Herrn Domcapitular Dr. Dumont auf Vorschlag des Herrn Dechanten Samans mir vertrauensvoll übertragene Beschreibung des Dekanats Königswinter lege ich hiermit dem geschichtsliebenden Publicum als Frucht vierjähriger unausgesetzter Arbeit vor. Die Uebernahme war nicht frei von ernsten Bedenken. An Schwierigkeiten fehlt es selbst dem Verfasser der Geschichte seines heimischen Dekanates nicht, noch größere sind in einem auswärtigen vorhanden. Dieselben wurden jedoch im vorliegenden Falle reichlich aufgewogen durch den seltenen Reiz der Natur und nicht minder durch den höchst interessanten geschichtlichen Stoff, den das Dekanat in reicher Fülle darbietet. Auch ist mir in dem freundlichen Entgegenkommen fast sämmtlicher Dekanats-Geistlichen ermunternde Anregung und von Seiten geschichtskundiger Laien wesentliche Hülfe zu Theil geworden, wofür ich den herzlichsten Dank auszusprechen nicht ermangele. Die vorzüglichsten Beförderer des Werkes finden sich in Quellenangaben und Citaten benannt.

Vielfache Beschränkung habe ich mir auflegen müssen, um den Umfang des Buches nicht allzu sehr auszudehnen. Beispielsweise ist das Namensverzeichniß kürzer als gewöhnlich ausgefallen, hoffentlich ohne die Leichtigkeit des Nachschlagens zu beeinträchtigen. In den Fällen nämlich, wo die Namen gewisser Kategorieen, wie Aebte, Abtissinnen, Amtmänner, Adelsgeschlechter usw. im Texte selbst verzeichnet sind, wäre die specielle Aufführung derselben im allgemeinen Namensverzeichnisse eine unnütze Wiederholung gewesen. Es bedurfte nur einer besondern Hinweisung auf die Stellen, wo die betreffenden Personen zusammengestellt sind. Uebrigens ist auch Plan und Anlage des Werkes so durchsichtig, daß man sich nur mit einer Pfarrei vertraut zu machen braucht, um sich in jeder andern zurecht zu finden.

Hemmerich, im October 1890.

German Hubert Christian Maaßen.

Inhalts-Verzeichniß.

	Seite
Vorwort	V
Inhalts-Verzeichniß	VII

I. Allgemeines.

	Seite
Quellen	1
Einleitung	4
Der Auelgau	7
Die Pfalzgrafen	9
Grafschaft und Herzogthum Berg	11
Das geltende bürgerliche Recht auf der rechten Rheinseite	13
Die ehemalige Christianität Siegburg	14
Statuten und Decrete des Landcapitels der Christianität Siegburg	18
Der Send	22
Dechanten der Christianität Siegburg	24
Die Zeit des Uebergangs. Das Dekanat Königswinter	25
Dechanten von Königswinter	26
Die Definitoren	26

II. Pfarreien.

Honnef.

	Seite
Honnef's älteste Geschichte. Beziehungen zu St. Maria im Capitol. Der heilige Anno	30
Amt Löwenburg. Beziehungen zum Erzstift	32
Amtmänner von Löwenburg	36
Richter des Amtes Löwenburg	38
Die Kugelschützen	40
Herrschaftliche Güter Reitersdorf	41
Zur Herrschaft L. gehörige Hofzehntgüter	43
Rhöndorf	44
Andere geistliche Güter	46
Kirchliche Verhältnisse	47
Pfarrkirche zum h. Joh. Baptist	53
Altäre	58
Orgel	58
Glocken	59
Kunstgegenstände	61
Reliquien	62
Stiftungen	62
Processionen	64
Bruderschaften	66
Eine Volksmission	67
Der Kirchhof	67
Kapellen. 1. Das Haus Gottes	68
2. Zu Rhöndorf	70
(Denkmal)	71
3. Kapelle zum h. Servatius	71
4. Kapelle zu Selhof	72
5. Annakapelle	74
Bethalle	76
Pfarrstelle	76
Die bekannten Pfarrer	82
Kaplanei	92
Errichtung einer selbständigen Kaplanei	94
Errichtung einer zweiten Kaplanei	98
Küster	99
Haus der Dienstmägde Jesu Christi	100
Spital (Philomene-Elise-Stift)	101
Schulen	103
Schulinspection	105

Aegidienberg.

	Seite
Aegidienberg als Civilgemeinde	107
Kirchliche Verhältnisse	109

	Seite
Die Pfarrkirche	111
Die Pfarrstelle	113
Die bekannten Pfarrer	115
Die Vicarie	117
Vicare	120
Küster	121
Schule	121

Bilich.

Uebersicht	122
Das Kloster der Benedictinerinnen	123
Schutzbriefe	126
Erzbischof Heinrich II. bestimmt die Zahl der Ordensschwestern, Canoniker und Pensionen	129
Güter zu Bilich	130
Stiftsgüter in Nebenorten	132
Auswärts gelegene Güter des Stifts	133
Lehnrührige Güter des Stifts	133
Gerichtsbarkeit der Herrlichkeit Bilich	134
Die Vogtei Bilich	136
Das freiadelige Damenstift	139
Armenpflege	144
Stiftshospital	145
Die Abtissinnen	146
Benedictinerinnen zu Bilich	148
Stiftsdamen	149
Die Canoniker des Stifts	150
Das Ende des Stifts Bilich	152
Die Kirchen	157
Die Altäre	160
Glocken der Pfarrkirche	161
Glocken der jetzigen Pfarrkirche	162
Reliquien	163
Stiftungen 1. der Stiftskirche	163
2. der Pfarrkirche	164
Processionen. Bruderschaften. Andachten	165
Kirchhof	165
Pfarrstelle	166
Die bekannten Pfarrer	167
Vicarie	168
Kapläne zu Schwarzrheindorf	169
Vicare zu Bilich	170
Pützchen	170
Pützchens Markt	179
Das Ende	180
Beuel	181
Confessioneller Kirchhof	187
Geislar. Herren von Geislar	187
Geistliche Güter zu Geislar	188
Holzlar. Kohlkaul. Bechlinghofen. Hangelar. Holzlarer Weisthum	189
Schulen	191

Königswinter.

Uebersicht	194
Herrschaften. 1. Wolkenburg	196
Herren v. W.	196
2. Drachenfels	200
Herren von D.	200
Kriegsereignisse	208
Der Apostelhof	210
Gemeindeverwaltung	212
Geistliche Güter	213
Kirchliche Verhältnisse	214
Pfarrkirche zum h. Remigius	217
Glocken	220
Die Altäre. Reliquien. Andachten	221
Archivalien	222
Processionen	223
Mission	224
Kirchhof	224
Die Pfarrstelle	224
Die bekannten Pfarrer	227
Primissariat. Erste Vicarie	228
Zweite Vicarie	230
Primissare. Vicare	231
Küster	233
Das Glöckeramt. Wetterläuten	234
Die Schule	235
Die höhere Stadtschule	236
Protestantische Ansiedler	237
Wolfgang Müller	238

Ittenbach.

Uebersicht. Güter	238
Kirchliche Verhältnisse	240
Die Kirche	243
Processionen. Bruderschaften. Vereine. Andachten	246
Kirchhof	246
Pfarrstelle	247
Die Pfarrer	250
Der Küster	253
Die Schule	254

Küdinghofen.

Uebersicht	255
Geistliche Güter	257

Inhalts-Verzeichniß. IX

	Seite
Limperich	257
Ober- und Nieder-Holtorf	259
Kirchliche Verhältnisse	260
Die Pfarrkirche	262
Die drei Altäre der Kirche	265
Glocken. Orgel. Reliquien	266
Stiftungen	267
Bruderschaften. Religiöse Vereine	267
Processionen	268
Missionen	268
Der Kirchhof	269
Die Pfarrstelle	269
Die Pfarrer	272
Vicarie. Vicare	274
Küster	274
Schule 1. in Küdinghofen	275
2. in Holtorf	276
Ramersdorf. Deutschordens-Commende	276
St. Georgs-Kapelle zu R.	280

Niederdollendorf.

	Seite
Uebersicht. Herren von Dollendorf	284
Das Weisthum	285
Kirchliche Verhältnisse	288
Pfarrkirche zum h. Michael	291
Altäre. Statuen. Bilder. Reliquien	292
Vier Glocken	294
Stiftungen. Processionen. Bruderschaften. Vereine	294
Der Kirchhof	295
Pfarrstelle	296
Die bekannten Pfarrer	298
Küsterstelle	301
Der Petersberg	302
Die Kapelle	304
Heisterbacherrott	306
Rectorat in Heisterbacherrott	309
Schulen in Niederdollendorf	310
in Heisterbacherrott	310

Oberdollendorf.

	Seite
Uebersicht. Gericht. Güter	312—313
Kirchliche Verhältnisse	314
Pfarrkirche zum h. Laurentius	314
Die Glocken	316
Stiftungen. Bruderschaften. Processionen	316
Der Kirchhof	317
Pfarrstelle	318

	Seite
Pfarrer	320
Küsterei. Schule	322
Heisterbach	323
Güter der Abtei Heisterbach	327
Zur Charakteristik des Klosters	330
Von H. abhängige Klostergründungen	333
Aebte	336
Aufhebung der Abtei	342
Die Kirche	344
Cäsarius von Heisterbach	348

Obercassel.

	Seite
Uebersicht. Alterthümer	354
Des Dorfes O. Gerechtigkeit des Fahrs	356
Güter. Der Bischofshof	360
Reformationswirren	364
Amtliches Verzeichniß der Dotationsgüter	375
Pfarrkirche zur h. Cäcilia	377
Die neue Kirche	379
Glocken. Inschriften	384
Stiftungen. Bruderschaften. Vereine. Andachten	385
Processionen. Kirchhof	386
Pfarrstelle. Pfarrhaus. Dotation	387
Die Pfarrer	390
Küsterstelle	392
Schule	393
Nachtrag zur Geschichte der Reformation	394
Gottfried Kinkel	394

Schwarzrheindorf.

	Seite
Alterthümer	396
Erzbischof Arnold II. stiftet die Kirche	397
Das Kloster	400
Die Güter des Klosters	402
Stiftspersonal. Abtissinnen	406
Das Ende	409
Restauration und Sühne	412
Die Kirche	414
Die Wandgemälde	418
Altar. Kanzel. Orgel. Glocken	422
Reliquien. Stiftungen	423
Processionen	424
Bruderschaften. Andachten. Vereine. Kirchhof	425
Errichtung der Pfarrstelle	426
Die Pfarrwohnung. Küsterstelle	429
Schule. Das Gymnicher Haus	430

Inhalts-Verzeichniß.

Menden.

	Seite
Ueberficht	432
Burg und Ritter von Menden	433
Güter	433—435
Meindorf	436
Kirchliche Verhältniſſe	437
Die Pfarrkirche zum h. Auguſtinus	440
Bruderſchaften	442
Kirchhof. Die Pfarrſtelle	443
Die bekannten Pfarrer	444
Primiſſariat. Vicarie	445
Die Schulen	446

Niederpleis.

	Seite
Ueberſicht	448
Gerichtsbarkeit. Güter	448
Burg von Lüning	450
Das Bilicher Broich	452
Kirchliche Verhältniſſe	453
Pfarrkirche zum h. Martinus	459
Glocken. Bruderſchaften. Andachten. Stiftungen	460
Kirchhof. Pfarrſtelle	461
Die Pfarrer	462
Primiſſariat. Vicarie	465
Küſterei. Schulen	466
Siegburg-Müldorf	466
Die alte Kapelle zu S.-M.	468
Reliquien der Kapelle	470
Die neue Kapelle	471
Buisdorf	972

Oberpleis.

	Seite
Ueberſicht	473
Patronat und Zehnten	475
Propſtei zum h. Pancratius	477
Erzbiſchof Engelbert nimmt die Propſtei in ſeinen Schutz und zählt deren Erwerbungen auf	477
Gerechtſame der Propſtei	479
Gerichtsbarkeit	482
Pröpſte	483
Adel. Haus Niederbach	484
Haus Elsfeld	489
von Bellinghauſen	491
Geiſtliche Güter	493
Kirchliche Verhältniſſe	494
Die Kirchen. 1. Alte Pfarrkirche	496
2. Propſteikirche	500
Glocken	504
Stiftungen. Bruderſchaften. Miſſion. Stiftungen	505
Der Kirchhof. Die Pfarrſtelle	506
Die Pfarrer	508
Die Vicarie	511
Die Vicare	512
Küſter. Schulen	513
Eudenbach	514

Stieldorf.

	Seite
Ueberſicht	516
Kirchliche Verhältniſſe	521
Kirche zur h. Margaretha	523
Bruderſchaften. Vereine	524
Proceſſionen. Miſſionen	525
Der Kirchhof. Die Pfarrſtelle	526
Die bekannten Pfarrer	529
Primiſſariat. Kaplanei	530
Vinxel	531
Küſterei und Glöckneramt	533
Schulen	534

Anhang.

I.
Einweihung der Kirche und dreier Altäre zu Schwarzrheindorf. 1151 537

II.
Heinrich von Löwenburg und Agnes von Quick ſtiften die Kapelle „Domus Dei". 1341 537

III.
Papſt Alexander VI. ertheilt die Erlaubniß, in der Kapelle „Domus Dei" das h. Sacrament aufzubewahren. 1494 . 538

IV.
Herzog Wilhelm zu Jülich-Cleve-Berg überträgt dem Johann Möſeler die Pfarrſtelle zu Honnef. 1566 539

Inhalts-Verzeichniß.

V. Seite

Declaration des Pfalzgrafen Karl Philipp, die Incorporation der Pfarrkirche zu Honnef betreffend. 1725 . . 540

VI.

Generalvicar J. A. de Reux verkündigt die von Benedict XIII. ertheilte Bestätigung der Incorporation der Pfarrkirche an das Jesuiten-Collegium zu Düsseldorf. 1728 541

VII.

Schreiben des J. Schieren an den Schultheißen zu Königswinter. 1809 . . . 543

VIII.

Erzbischof Ferdinand incorporirt den Drachenfelser Pancratius-Altar der Pfarrkirche zu Königswinter. 1634 . 544

IX. Seite

Status über des Stifts Vylich allinge Höfe, Güter u. s. w. 545

X.

Nachträge über das Stift Vylich . . . 553

XI.

Verordnung der Abtissin Maria Josepha Zandt von Merl zu Vilich, die Gemeinde Geislar betreffend. 1787 . . 555

XII.

Real-Status der Abtei Heisterbach . . . 557

XIII.

Personal-Status der Abtei Heisterbach . 562

I. Allgemeines.

Quellen.

A. Ungedrucktes.

Aegidii Gelenii Farragines XV, XX, XXX.

Alster, Barth. Blasius Joseph, Geographisch-historisches Lexicon der Erzstifts Köln, Westfalen, Jülich und Berg.

Urkundenbuch der Pfarrkirche zu Honnef, angelegt von Pfarrer Johann Heinrich Emans (1850—1880).

Decreta et Statuta ecclesiae collegiatae Sancti Petri in Vylich a Ressimo et serenissimo Domino Ferdinando Archiepiscopo Coloniensi anno 1618 mense Novembri renovata.

General-Register deren bey der im Jahre 1786 vorgenommenen Renovation des hoch-adeligen Stifts Vylich Kapituluß-Archivii vorgefundenen Dokumente. (Im Besitz des Herrn Everhard von Claer zu Bonn.)

Status über des freyadelichen Stifts Vylich allinge Höfe, Güter, Busch, Zehnten fort deren selben Einkünften resp. Ausgaben.

Akten betreffend die Aufhebung des Stifts Vylich auf dem Bürgermeistereiamt zu Vilich.

Letzte Schicksale und Zustände des ehemaligen Damenstifts zu Vilich, von Referendar Schnorrenberg.

Pfeiffer, Paul Joseph, Gesammelte Urkunden und Notizen über das Stift Vilich. Quartheft im Archiv der Pfarrkirche.

Verhandlungen über die Anstellung eines Kaplans an der Kirche zu Schwarzrheindorf.

Personal- und Real-Status der Bernardiner-Abtey zu Heisterbach im Amte Löwenburg von Edmund Verhoven, Abt 1802, im Archiv der Pfarrkirche zu Königswinter.

Historica über Ittenbach. Ebendaselbst.

Manuale (Hülders Chronik), angelegt am 29. September 1753 von Hermann Christian Hülder, seit 13. November 1758 Bürgermeister in Oberdollendorf, reicht bis 26. Januar 1793. Orginalband in Folio, im Besitz des Goldarbeiters J. J. Krebs in Steele.

Urkundliche Mittheilungen der Herren: Geheimen Archivraths Dr. Harleß, des Pfarrers Karl Unkel zu Roitzheim und Pfarrers Karl Anton Cremer (†) zu Bödingen aus dem Staatsarchiv zu Düsseldorf.

Genealogische Mittheilungen des Premier-Lieutenant von Oidtman.

Pfarreien (XXVIII. Königswinter).   1

2 Allgemeines.

Index privilegiorum literarum et iurium praepositurae et Archidiaconatus Bonnensis. Pergamentband in Folio im Archiv der Stadt Bonn.

Designatio redituum, oder Berichte der Pfarrer über die Einkünfte der Kirchen, Pfarrstellen, Stiftungen u. s. w. an den Archidiakon zu Bonn. Folioband.

Mittheilungen verschiedener Pfarrer und Pfarrverwalter [1]), unter Zugrundelegung der Archivalien ihrer Pfarrei zusammengestellt.

B. Gedrucktes.

Beda des Ehrwürdigen Kirchengeschichte der Angelsachsen. Deutsch von Dr. M. M. Wilden. 1866.

Bibliotheca Coloniensis iura et studio Josephi Hartzheim Col. Agrip. MDCCXXXX.

Liber privilegiorum maioris ecclesiae Coloniensis. Der älteste Kartular des Kölner Domstifts, bearbeitet von Dr. Leonard Korth. Köln 1862.

Krumstab schleußt niemand auß referente Wernero Thummermuth. MDCCXXXVIII.

Dissertatio Historico-Ecclesiastica de Archidiaconatibus in Germania speciatim de Archidiaconatu maiore Bonnensi quam exposuit Fridericus Georgius Papae in aula maiore Bonnensi ad diem 14. Augusti 1790.

Archidioeceseos Coloniensis Descriptio Historico-Poëtica authore Martino Henriquez a Streversdorf. Col. Agr. MDCCXXXX.

Descriptio omnium archidioecesis Colon. ecclesiarum parochialium collegiatarum abbatiarum etc. Herausgegeben durch Dr. Karl Theodor Dumont. 1879.

Lacomblet, Theodor Joseph, Urkundenbuch für die Geschichte des Niederrheins. Düsseldorf 1840—1858. 4 Bde.

Lacomblet, Theodor Joseph, Archiv für die Geschichte des Niederrheins. Düsseldorf 1832—1866. 5 Bde. Neue Folge von Dr. W. Harleß. 2 Bde. 1868.

Günther, Wilhelm, Codex Diplomaticus Rheno-Mosellanus. Coblenz 1822 bis 1826.

Urkundenbuch zur Geschichte der jetzt die Preußischen Regierungsbezirke Coblenz und Trier bildenden mittelrheinischen Territorien von Heinrich Beyer. III Theile. Coblenz 1860.

Mittelrheinische Regesten von Ad. Görz. Coblenz 1886.

Agidii Gelenii, De admiranda sacra et civili magnitudine Coloniae. Col. Agrippinae 1645.

Die alte und neue Erzdiöcese in Dekanate eingetheilt mit den Stiften, Dekanaten, Pfarreien und Vicarien sammt deren Einkommen und Collatoren von Dr. Anton Joseph Binterim und Dr. Joseph Hubert Mooren. 4 Bde. Mainz 1828.

Eifflia Illustrata von Johann Friedrich Schannat, herausgegeben von Georg Bärsch. Köln 1824.

Annalen des historischen Vereins für den Niederrhein, insbesondere für die alte Erzdiöcese Köln I—XLIX. Köln 1855—1889.

Jahrbücher des Vereins von Altherthumsfreunden in Bonn I—LXXXVII.

Bonner Beiträge zu seiner Geschichte und seinen Denkmälern. Festschrift, überreicht den Mitgliedern des im September 1868 zu Bonn tagenden internationalen Congresses für Alterthumskunde und Geschichte.

Niederrheinisches Jahrbuch für Geschichte, Kunst und Poesie, zum Besten der Bonner Münsterkirche, herausgegeben von Dr. L. Lersch. Bonn 1843.

---

[1]) Besondere Erwähnung verdient u. A. die Arbeit des Kirchenraths-Präsidenten Kniel zu Obercassel.

F. E. Freiherr von Mering, Geschichte der Burgen, Rittergüter, Abteien und Klöster in den Rheinlanden und den Provinzen Jülich, Cleve, Berg und Westphalen. H. 1—12. Köln 1855.

F. E. von Mering, Geschichte der vier letzten Kurfürsten von Köln. Köln 1842.

Strange, Beiträge zur Genealogie der adeligen Geschlechter. X. Heft. Köln 1871.

Minola, A. B., Kurze Uebersicht dessen, was sich unter den Römern seit Julius Cäsar bis auf die Eroberung Galliens durch die Franken am Rheinstrome Merkwürdiges ereignete. Köln 1816.

Dr. Ennen, Leonard, Geschichte der Stadt Köln. Düsseldorf 1880.

Dr. Ennen, L., Geschichte der Reformation im Bereiche der alten Erzdiöcese Köln. Köln und Neuß 1849.

Religionsvergleiche, welche zwischen dem durchlauchtigsten Fürsten und Herrn Friedrich Wilhelm Markgrafen zu Brandenburg und dem durchlauchtesten Fürsten und Herrn Philipp Wilhelm Pfalzgrafen bei Rhein in Bayern, zu Gülich, Cleve und Berg Herzogen am 26. April 1672 zu Cöln an der Spree und am 20. Juli 1673 zu Düsseldorf aufgerichtet worden.

Caesarii Heisterbacensis Monachi ordinis Cisterciensis Dialogus Miraculorum. Textum recognovit Josephus Strange. Col. 1851.

Alexander Kaufmann, Cäsarius von Heisterbach. Ein Beitrag zur Culturgeschichte des 12. Jahrhunderts. Köln 1862.

Dr. Julius Ficker, Engelbert der Heilige, Erzbischof von Köln, Reichsverweser. Köln 1853.

Kurkölnischer Hof-Kalender für das Jahr 1786.

Ernst Weyden, Godesberg, das Siebengebirge und seine Umgebungen. Bonn 1864.

Dr. Hundeshagen, die Stadt und Universität Bonn am Rhein mit ihren Umgebungen und zwölf Aussichten. Bonn 1832.

Paul Joseph Peiffer, Die heilige Adelheid. 3. Auflage. Bonn 1878.

Andreas Simons, die Doppelkirche von Schwarzrheindorf nebst einer Geschichte der Stiftung von A. Kaufmann. Bonn 1846.

Schnaase, Geschichte der bildenden Künste im Mittelalter.

Johann Claudius von Lassaulx, Bausteine. Coblenz 1847.

Dr. Fr. Bock, Rheinlands Baudenkmale des Mittelalters.

Ernst aus'm Werth, Wandmalereien des christlichen Mittelalters in den Rheinlanden. Leipzig 1880.

Hennes, Codex Diplomaticus ordinis Teutonicorum.

Herm. Cardauns, Konrad von Hostaden, Erzbischof von Köln. Köln 1880.

Aeg. Müller, Siegburg und Siegkreis. 2 Bde. Siegburg 1858.

Dr. Felix Hauptmann, Bilder aus der Geschichte von Bonn und seiner Umgebung. Adelheids-Pützchen.

Kirchlicher Anzeiger der Erzdiöcese Köln 1852—1889.

Amtsblatt der Kgl. Regierung zu Köln 1818 ff.

Zeitschrift des Niederrheinischen Geschichtsvereins 1882—1883.

Alberdingk Thijm, Dr. P. P. M., Der h. Willibrord, Apostel der Niederlande. Münster 1883.

Vilich.

Vilich ist ein kleines Dorf mit vierzig Wohnhäusern auf dem erhöhten Ufer eines alten Siegbettes, 25 Minuten vom Rhein, der Stadt Bonn gegenüber, zwar klein an sich, aber bedeutend als Mutterkirche fünf anderer Pfarreien, und berühmt durch das ehemalige Benedictinerkloster und nachmalige adelige Damenstift.

Die Pfarre Vilich ist auf zwei Bürgermeistereien vertheilt: Vilich und Menden.

Zur Bürgermeisterei Vilich, Kreis Bonn, gehören:

1. Vilich mit 202 katholischen Einwohnern.
2. Geislar an der Sieg, 15 Minuten vom Pfarrort, mit 779 Katholiken, 2 Protestanten, 11 Juden.
3. Vilich=Müldorf, 15 Minuten von Vilich in der Richtung nach Siegburg mit 406 Katholiken.
4. Beuel=Combahn am Rheinufer mit 2019 Katholiken, 125 Protestanten, 122 Juden [1]).
5. Pützchen, 25 Minuten südlich von Vilich, hat 331 katholische Einwohner, 22 Protestanten [2]).

Zu der Bürgermeisterei Menden im Siegkreise gehören:

6. Bechlinghofen mit 236 Katholiken, 1 Protestanten.
7. Hangelar [3]) mit 638 Katholiken, 8 Protestanten.
8. Kohlkaul und 9. Holzlahr haben zusammen 189 Katholiken und 38 Protestanten.

Der Name Vilich, in älterer Zeit Vilche (973), Vilike (987), Vylke, Vilike, Vilecge (1233) und Filiche ist nach F. W. Oligschläger gleichbedeutend mit Fluß und Bach [4]). Diese Deutung findet ihre Stütze in dem alten Siegbett zwischen Vilich und Geislar, womit sich dem Schänzchen bei

---

[1]) Die Angaben der Bevölkerungszahl sind nach der letzten Zählung aufgenommen, sind aber kaum noch als maßgebend für Beuel=Combahn anzusehen bei dem Zuwachs, welcher sich fortwährend durch neue Ansiedler vollzieht. Die Ortschaften Combahn=Beuel und das nach Schwarz=Rheindorf eingepfarrte Vilich=Rheindorf bilden am Rhein eine geschlossene Reihe.

[2]) Nach Pützchen gelangt man von Beuel auf der Siegburger Straße mit einer Schwenkung nach rechts in einer halben Stunde. Die Ortschaften Bechlinghofen, Kohlkaul und Holzlar folgen in kurzer Entfernung hinter Pützchen.

[3]) An der Beuel=Siegburger Straße, eine Stunde vom Rhein.

[4]) Annalen d. h. V. XXI 202 f.

Bonn gegenüber ein 1000 Meter langer, 60 Meter breiter Rheinarm verband, welcher zur Aufnahme einer Flotte zur Römerzeit diente¹).

Vilich ist eine der ältesten Pfarreien auf dem rechten Rheinufer. Es war eine Taufkirche und die Mutterkirche von fünf Filialen: Küdinghofen, Obercassel, Ober= und Niederdollendorf und Königswinter. Die enge Verbindung mit Bonn mag zur Christianisirung und dem frühen Aufblühen der Vilicher Gemeinde nicht unwesentlich beigetragen haben. Daher war auch in Vilich der Boden zur Aufnahme einer klösterlichen Anstalt im Verhältniß mit andern Orten der Siegburger Christianität frühzeitig vorbereitet. Das Kloster zu Vilich entstand im Jahre 983, zu einer Zeit, wo in Siegburg und Heisterbach noch keine Abtei, in Oberpleis keine Propstei, in Schwarz=Rheindorf, Zissendorf, Merten an der Sieg kein Frauenkloster bestand, und zu Bödingen noch keine Augustiner= mönche existirten.

Die älteste Geschichte, welche in die Zeit der Franken zurückdatirt, ist in Dunkel gehüllt. Erst mit Errichtung des Benedictinerinnen= Klosters erhalten wir die Kunde ihres frühern Daseins. Seitdem ist das Kloster mit der Pfarrkirche zu Vilich und den abhängigen Filialen auf das engste verbunden, so daß wir mit der Geschichte des Klosters beginnen müssen, um die der Pfarre richtig zu verstehen.

Das Kloster der Benedictinerinnen.

Der Edelherr Megingoz²), Graf von Geldern und Zütphen, Vasall des Herzogs Heinrich von Baiern³), des Bruders Kaiser Otto's I., und

---

¹) Bonner Jahrbücher LXXXVII 186. — Mit obiger Darlegung läßt sich die Ansicht des verstorbenen Pfarrers Peiffer in Einklang bringen. Derselbe setzt Villach gleich Vilich, die Endsilbe für lacus (See) und bemerkt, daß sich nach starken Regenschauern in der Senkung (Vil) und Vilich ein oft Monate lang stehender See bildet. — Uebrigens sind derartige Worterklärungen mit Vorsicht aufzunehmen. Jeder hält diejenige für die beste, welche seiner individuellen Auffassung entspricht. Wenigstens gleichberechtigt ist die andere, welche Vilich von villa = Herren= oder Frohnhof ableitet. Villicus ist der Verwalter der Villa (Schultheiß), villani sind die untergebenen Leute oder Leibeigenen, der Bezirk, den dieselben bewohnen, heißt villica, was mit Vilike vollkommen übereinstimmt.

²) Von dem Namen finden sich Varianten, wie Meingoz und Meingaud, Mengosus. Ueber die Abstammung unseres Stifters schreibt Professor Braun: „Dieser Meingoz darf vielleicht, wenn man die in jenen Jahrhunderten übliche Fortpflanzung der Namen berücksichtigt, als Abkömmling von den am Rhein im 9. Jahrhundert mächtigen Meingozen betrachtet werden. 868 wohnte Meingoz, Graf im Nahegau, Bruder oder Schwager des mächtigen neustrischen Grafen Robert des Starken, Ahnherr der Kapetinger, einer Schenkung zu Gunsten der Abtei Prüm bei. (Annalen d. h. V., VI, S. 6, Note 1.) Die beiden Stifter standen in engen Beziehungen zu den Pfalzgrafen von Aachen und waren im Besitz ausgedehnter pfalzgräflicher Lehngüter. l. c.

³) In dem Aufstande Heinrich's gegen seinen kaiserlichen Bruder hatte Megingoz wegen Theilnahme durch Confiscation seine Güter verloren, erhielt sie aber, nachdem der Herzog

seine Gemahlin Gerbirga, Tochter Gottfried's II., Herzogs von Ardennes[1]), stifteten das Jungfrauenkloster zu Vilich um 983 und dotirten es mit ihren Gütern zwischen der Sieg und dem Rhönbach oberhalb Königswinter. Veranlassung zu der großmüthigen Stiftung war ein erschütterndes Familien-Ereigniß. Gottfried, der Lieblingssohn des Edelherrn, hatte im Kriege Otto's II. mit Herzog Boleslav von Böhmen im J. 976 einen heldenmüthigen Tod gefunden. Von Schmerz ergriffen entsagte Megingoz der Welt und entschloß sich, ein geistliches Leben zu führen. In Ausführung dieses großen Entschlusses erbaute er das Kloster zu Vilich und zog sich mit seiner Gemahlin Gerbirga und seinen Töchtern Bertrada und Adelheid in dasselbe zurück, und sie fanden allesammt daselbst ihre Ruhestätte[2]).

Megingoz starb zu Geldern zwischen 996 und 1000[3]). Zu Vilich zeigte man sein Haupt in spätern Jahrhunderten unter den Reliquien des Klosters. Gerbirga war bereits im J. 996 aus dem Leben geschieden. Gelenius führt beide Eheleute in seinen kölnischen Kalender am 19. December unter den Heiligen auf[4]).

Bertrada ward Abtissin des Stifts Maria im Capitol zu Köln. Ihre jüngere Schwester Azela, die h. Adelheid, auf Wunsch ihrer Eltern erste Abtissin zu Vilich[5]).

Die h. Adelheid[6]) war im zarten Kindesalter dem Kloster der h.

---

sich mit dem Kaiser versöhnt hatte, auf des Erstern Fürsprache zurück. Lac. I, Nr. 96, S. 53.

[1]) „Filia Godefridi ducis Franconiae" (Gelen., de adm. 748).

[2]) „Mengosus Greve van Gelre ind van Zütphen der hait gelevet by den tziiden Keyser Otto de derden. Derselve Greve ouergaff die welt ind wart eyn geistlich man. He dede buwen eyn koestlich jouffrawen Cloister tzo Vilich genoempt ind is gelegen gegen Bonn ouer Ryn ind bejavet mit erven ind goederen. Ind hi mit synre huysfrawen ind mit sijnen tzweijen doechteren gengen in dat Cloister ind is vam sent Benedictus orden, ind dae wurden sy alle begrauen. (Cronica van der hilligen stat van Cöllen", Blatt 154.)

[3]) Da Gerbirga laut Urkunde Papst Gregor's vom 24. Mai 996 (vgl. Lac. I, Nr. 126, S. 77) gestorben war, und Schwester Bertha, welche das Leben der h. Adelheid geschrieben hat, den Megingoz der Gattin nach drei Jahren im Tode nachfolgen läßt, so ist für letztern das Jahr 998 oder 999 anzusetzen.

[4]) De admir. mag. Col. p. 748. — Surius setzt den Todestag auf den 12. December.

[5]) Ihre Kinder waren: 1. Bertrada, † 1012, 2. Remintrud, vermählt mit Herzog Friedrich von Lothringen, 3. Alveradis (vgl. Vogtei unten), 4. Gottfried (s. oben), 5. Azela = Adelheid.

[6]) Zur Geschichte der h. Adelheid vergl.: Vita der Bertrada (Bertha), Schwester des seligen Wolphelmus von Brauweiler — Acta sanctorum der Bollandisten. T. I Februarius p. 715. — Gelen de admiranda magnitudine 668. Annalen d. h. V. XXXI 54 f. — Pfeiffer, Die h. Adelheid, Bonn 1878.

Jungfrauen zu St. Ursula in Köln übergeben (960) und daselbst in reinster Unschuld und christlicher Tugend erzogen worden. In einer von den Bollandisten mitgetheilten Lebensbeschreibung wird berichtet, daß die h. Adelheid in dem Kloster der h. Jungfrauen das süße Joch des Herrn nach der Ordensregel des h. Hieronymus auf sich genommen habe. Diese Regel ist nicht unmittelbar vom h. Hieronymus verfaßt, sondern nach dessen Schriften auf dem Concil zu Aachen im J. 816 festgestellt. „Sie empfiehlt zwar die heilige Armuth, schreibt sie aber in ihrer Vollkommenheit nicht mit Strenge vor, gestattet vielmehr den Klosterjungfrauen den Besitz und die Nutznießung ihres Privatvermögens." Auch soll in damaliger Zeit an St. Ursula und verwandten klösterlichen Genossenschaften das Gelübde beständiger Ehelosigkeit nicht verlangt, sondern der Austritt aus dem Kloster zum Eintritt in den Ehestand gestattet worden sein. Diese milde Auffassung vom „süßen Joch" entsprach nicht dem Ideal der Vollkommenheit und dem hohen Ernst, wie sie dem Geiste der h. Adelheid vorschwebten. Nicht lange nach Errichtung des Klosters zu Vilich vertauschte sie die milde Regel des h. Hieronymus mit der strengen des h. Benedictus, anfangs für sich allein, gleichsam versuchsweise, ob sie die menschlichen Kräfte nicht übersteige, dann aber, nachdem sie die Probe bestanden, für die gesammte Genossenschaft.

Schon im J. 996 den 24. Mai erhielt das Kloster der Benedictinerinnen zu Vilich die Bestätigung des Papstes Gregor V.[1]). Auf Bitten der Bischöfe Hildibald von Worms und Notger von Lüttich nimmt der Papst das von dem Grafen Megingoz und dessen Gattin Gerburga zu Ehren der heiligen Martyrer Cornelius und Ciprianus erbaute Kloster der Dienerinnen Gottes im Comitate des Pfalzgrafen Hermann im Orte „Filiche" in seinen Schutz, gestattet ihm, nach der Regel des h. Benedictus sich einzurichten, ertheilt ihm die Freiheit, seine Abtissin zu wählen, und erklärt, die erste Abtissin „Azela" als solche zu belassen.

Die weise Leitung und das leuchtende Vorbild der h. Adelheid brachte das Kloster bald zu hoher Blüthe. Ihre Thätigkeit beschränkte sich nicht auf die Handhabung der Zucht innerhalb der Klausur, auf die erhebende würdevolle Feier des Gottesdienstes und die Pflege frommer Andacht, sondern sie griff über die Klostermauern hinaus in das praktische Leben ein durch Uebung der Barmherzigkeit gegen Arme und Nothleidende, durch Schulunterricht und Jugenderziehung. Dafür zeugt das aus Klostergütern gestiftete Hospital; dafür zeugen die reichen Armenspenden, welche jährlich aus bestimmten Fonds zur Vertheilung kamen und theilweise noch heute fortbestehen; davon zeugt die Schule, welche

---

[1]) Lac. I 126, S. 77.

in den Klostergebäuden bis in das gegenwärtige Jahrhundert bestanden hat. Eine ausführliche Schilderung der großen Verdienste der h. Adelheid und des reichen Segens, den ihre Hand gespendet, ist wegen zu beschränkten Raumes nicht statthaft.

Schon bei Lebzeiten stand die h. Adelheid in hohen Ehren beim Volke, wie bei den Großen des Reiches und den Würdenträgern der Kirche. In Anerkennung ihrer außerordentlichen Begabung und ausgezeichneten Verdienste übertrug der Erzbischof der h. Adelheid nach dem Tode ihrer Schwester Bertrada († 1012) die Stelle der Abtissin von St. Maria im Capitol zu Köln, und sie erfüllte die doppelt schwere Aufgabe an beiden Klöstern mit unwandelbarer Berufstreue bis zu ihrem seligen Hinscheiden am 5. Februar 1015.

Schutzbriefe.

Kaiser Otto III. verleiht dem Kloster, welches der Edelherr Megingoz und seine Gemahlin Gerbirga zu Zeiten Otto's II. zu Vilich aus ihrem Patrimonial-Vermögen errichtet haben, kaiserlichen Schutz und Bestand, Freiheit von jeder weltlichen Herrschaft, wie die beiden Stifter es beantragt und auf den Rath seiner (Otto's) geliebten Mutter, der Kaiserin Theophano, und mehrerer „unserer Fürsten, des Erzbischofs Vuisiligisus von Mainz, Gisilhards, Erzbischofs von Magdeburg, Hildibald's, Bischofs von Worms, Notkar's, Bischofs von Lüttich, Adalbero's, Bischofs von Verdun, der Herzoge Heinrich, Cuno, Thiedrich, sowie verschiedener anderer Grafen und Richter. Kraft kaiserlicher Anordnung und Gewalt erhält demnach das Kloster zu Vilich das Recht, nach dem Gesetz und der Ordensregel zu leben, wie die andern Klöster zu Quedlinburg, Gandersheim und Essen, befreit dasselbe von jeder weltlichen Einschränkung der eigenen Gerichtsbarkeit, so daß kein Bischof, Graf, Richter oder Vogt daran Theil hat, dessen Unterthanen oder Leibeigenen belasten, oder zu Dienstleistungen heranziehen kann, oder den Send im Bereich der Herrlichkeit des Klosters zu halten berechtigt ist, als nur in so fern die Abtissin es gestattet.

„Damit die gottgeweihten Schwestern ihre Rechte und Privilegien mit voller Freiheit genießen und handhaben können, wird die Abtissin den Schirmvogt nach eigener Wahl anstellen. So geschehen am 18. Januar 987"[1].

Auf Grund kaiserlicher Verordnung Otto's III. erfolgte die Bestätigung Papst Gregor's V. im J. 996.

---

[1] Lac. I 122, S. 74.

Kaiser Heinrich II. bestätigte „der Abtissin Adelheyde", auf Fürsprache seiner Gemahlin Cunigunde, die dem Kloster von Otto III. verliehenen Rechte und Privilegien am 25. Februar 1003[1]).

Von weittragender Bedeutung ist der Schutzbrief Kaiser Konrad's III. von 1144, welcher auf Anstehen des Reichskanzlers Erzbischofs Arnold I. von Köln und dessen Schwester, der Abtissin Hizeka, die Freiheiten und Güter des Klosters bestätigt und demselben das Patronat der Pfarrkirche zu Vilich, ihrer fünf Filialen im jetzigen Dekanat Königswinter, sowie der beiden Kirchen zu Himmelgeist und Wittlaer zusichert[2]).

„Das Dorf Vilich mit der Taufkirche und dem gesammten Zehnten, mit den fünf Kapellen und Gemeinden zu Königswinter, Oberdollendorf, Niederdollendorf, Obercassel und Küdinghofen und dem Zehnten[3]) von Aeckern, Weingärten, Gärten, Novalland sammt dem ganzen Pfarrrecht, die in diesem Bezirk befindlichen herrschaftlichen Kapellen, welche nicht der Seelsorge der Mutterkirche unterstellt sind; die Kirche in Himmelgeist mit dem ganzen Zehnten, dazu eine Mühle, einen Hof, vier Mansus Salland und $17^{1}/_{2}$ andere Mansus; im Dorfe Wittlaer die Kirche mit dem ganzen Zehnten, zwei Mansus Salland und vierzehn andere Mansus; in Marafa (Morp bei Gerresheim) drei herrschaftliche Mansus und $25^{1}/_{2}$ andere, zwei Mühlen, einen Wald; in Bilk acht Mansus und zwei Mühlen; in Wormelingen drei herrschaftliche, zwanzig andere Mansus, eine Mühle; in Warneblach sechs herrschaftliche, dreißig andere Mansus, der Novalzehnte von achtzig Morgen; in Römershagen vier Mansus; in Winterbüren sechs Schillinge; in Richezhagen fünf Schillinge, sechs Denare; in Gladbach zwei herrschaftliche, sechs andere Mansus, zwei Mühlen; in Roden (Rott bei Siegburg) vier herrschaftliche, zwölf andere Mansus; in Bergheim fünf Herren-Mansus".

Die Fischerei von Asenweiden bis „Monnendorperhiden" (Mondorfer Heiden) und die Sieg hinauf bis Stockfurt (bei Sieglar). Was auf beiden Seiten des Flusses gefangen wird, gehört zum dritten Theil dem Kloster[4]).

---

[1]) Lac. I 126, S. 77. Stumpf, Die Reichskanzlei 1865. — [2]) Lac. I, Nr. 350, S. 238. — [3]) Vgl. den Status des Stifts Vilich im Anhange.

[4]) Ueber die Fischerei bestand ein Weisthum von 1647 (Niederrheinischer Geschichtsfreund Jahrg. 1881, Nr. 14, S. 112). Demgemäß „fanget die fischergerechtigkeit unser Fraw Abtissin an von der Koffergassen den Rhein herunder bis nach Mondorf gegen die Kirchgaß in der Edder, davon die siegh herauf bis under sieghlar an die hangende Mülle, dazwischen soll niemandt fischen, als die vereydte Fischer, und was dazwischen gefangen wird, darvon sollen die Fischer den dritten fisch dritten halben fuß auf den trucken Land der fraw Abtissin zu liebern schuldig sein"…. „Auf dem Weiher zu Bergheim wurde Sonntags nach Gertrudis von dem Schultheißen und den Scheffen des Stifts Vilich angezeigt, daß die Fischerei

Die Waldgerechtigkeit, Gesetz und Gerichtsbarkeit zu Ramershemerosherth (Hardt) nebst dem achten Theil des Bodens und der Bäume, desgleichen zu Waltersholz im Lohmarerwald die Gerichtsbarkeit[1]) und Trift für 1400 Schweine, vierzehn Lasten und vierzehn Wagen Holz zum Gebrauch des Klosters; im Kaldauerwald und im Wolkesheimerwald[2]) die Gerichtsbarkeit und so viel als beliebt zu jedem Gebrauch; im Alden und Jungendagenburg[3]) desgleichen; im Wald Vethelgarde die ganze Gerichtsbarkeit, vierzehn Wagen Holz und Trift für 200 Schweine; in Eitorf Bann und Gerichtsbarkeit über alle Wälder.

Zu dem Allodium der Bilicher (Stifts=) Kirche zu Wizlar (Wittlaer) gehörte ein Wald „buchinverlo", mehr als 150 Morgen groß, dessen Wildbann und Zehnten der Kölner Vogt Gerard und Gumpert von Elner als Beneficium des Kölner Erzstifts besaßen. Wildbann und Zehnten löst die Abtissin Elisabeth von Bilich ab mit zehn Mark, welche sie den beiden Beneficiaten und ihren Unterförstern entrichtet, und tritt mit Genehmigung des Erzbischofs Philipp in alle Rechte der frühern Inhaber ein. 1183 den 10. Juli[4]).

Auf dem Boden des Waldes „buchinverlo", der meistens aus Buchen bestanden haben wird, ist wahrscheinlich der Verloer Hof entstanden, den wir später unter den Gütern des Bilicher Stifts verzeichnet finden[5]).

Erzbischof Philipp bestätigt dem Stift Bilich das Dominium zu Gräfrath bei Düsseldorf, sowie die Verfassung, welche die Abtissin Elisabeth dem Kloster auf dem Bilicher Allodium daselbst gegeben hat, und stellt dasselbe unter die Obedienz und das Patronat der Abtissin von Bilich, 1187 den 31. Juli[6]).

Papst Cölestin III. nimmt das Kloster Bilich in seinen Schutz und bestätigt dessen Besitzungen und Privilegien nach Inhalt der Urkunde Kaiser Konrad's III. von 1144, 1195 den 29. April[7]).

---

auf der Sieg dem Herzog von Berg so weit offen gelassen werden soll, daß ein Bürgernachen mit zwei Rudern zu beiden Seiten »ungeletz« durchpassiren kann." Lac., Archiv III 287. Das Stift hatte das Recht des dritten Fisches wiederum gegen eine mäßige Summe an die noch bestehende Fischerei=Bruderschaft zu Bergheim verpachtet, welche es in den letzten fünfziger Jahren vom Fiscus ablöste.

[1]) Die Herren von Menden waren lange mit dem Waldschultheißenamt der Lohmarer Waldmark des Stifts Bilich belehnt: 1444 Frank von Menden, nach ihm meistens Edele von Selbach. Das Waldgeding wurde alljährig auf dem Kirchhof zu Lohmar abgehalten und das Weisthum vorgelesen. Müller II 357.

[2]) bei Wolsdorf.

[3]) „Alden und Jungendagenbruch" ist das Dambroich in der Gemarkung Niederpleis. Vgl. das Nähere bei dieser Pfarre. — Lac., Archiv, neue Folge II, 2, 340.

[4]) Lac. I, Nr. 488, S. 344.

[5]) „Buchinverlo", jetzt Verloerhof bei Bockum. l. c. Note 2.

[6]) l. c. I, Nr. 503, S. 353. — [7]) l. c. 1, Nr. 545, S. 380.

Erzbischof Engelbert der Heilige bestätigt dem Kloster den Zehnten der ganzen Pfarre Bilich vom Rhönbach bis an den Siegfluß und den Novalzehnten von Aeckern und Weinbergen der Kirche, welche bis dahin urbar gemacht worden sind und noch später bepflanzt werden. 1218 den 27. August[1]).

Kaiser Adolph bestätigt den Freiheitsbrief Heinrich's II. vom Jahre 1003, 1292 den 7. Juli[2]).

In Anbetracht, daß die Einkünfte der Präbenden der Abtei durch Raub und feindliche Ueberfälle in dem Maße vermindert und schwach sind, daß sie zum Unterhalte des Klosters nicht mehr ausreichen, incorporirt Erzbischof Sifried von Köln demselben die Einkünfte der beiden Kirchen zu Himmelgeist und Wittlaer, deren Patronat dem Stifte Bilich zuständig ist, mit der Maßgabe, daß für die dienstthuenden Priester jener Kirchen ein angemessener Theil reservirt bleibe. 1292 den 17. October[3]).

Erzbischof Heinrich II. bestimmt die Zahl der Ordensschwestern, der Canoniker und ihre Pensionen.

1311, den 26. Juli[4]).

Bis in das 14. Jahrhundert hatte das Kloster eine beliebige Zahl[5]) von Benedictinerinnen aus den vornehmsten Adelsfamilien aufgenommen. Eine entsprechende Zahl von Canonikern besorgte den Gottesdienst und wurde aus abteilichen Einkünften unterhalten.

Waren schon unter Erzbischof Sifried die Einnahmen des Klosters zur Bestreitung der Bedürfnisse nicht ausreichend gewesen, so sprach das allgemeine Gerücht „fama publica", trotz der von Sifried bewirkten Aufbesserung, zwei Jahrzehnte später unverhohlen von den Schulden der Abtei, und wenn keine Abhülfe eintrete, sei der Verfall in geistlichen und materiellen Dingen bevorstehend.

Dieses veranlaßte den Kölner Erzbischof Heinrich, den Vermögensstand eingehend an Ort und Stelle zu untersuchen, die Schulden zu berechnen, die Zahl des Personals in Betracht zu ziehen und schließlich mit Zustimmung der Abtissin[6]) und des Convents zu verordnen, daß,

---

[1]) Gelen., Farrag., XXX, fol. 5. — [2]) Böhmer, Acta imp. selecta, p. 369. [3]) Lac. IV, Nr. 676, S. 810.

[4]) Lac. III, Nr. 109, S. 78. — [5]) In einer Urkunde von 1208 werden außer der Abtissin sechszehn Jungfrauen des Klosters als Zeugen genannt.

[6]) Abtissin war des Erzbischofs Schwester, Gräfin Ponzetta von Virneburg, 1311 bis 1327. Sie hatte denselben zu den in Frage stehenden Maßnahmen veranlaßt. Nach Ponzetta folgte eine andere Schwester, Jutta. S. unten „Abtissinnen".

um die Abtragung der Schulden zu ermöglichen, nicht mehr als zwölf Jungfrauen nebst drei Priestern zur Besorgung des Gottesdienstes dem Kloster verbleiben und das bisherige Maß an Lebensmitteln (panis) für jede Person nicht überschritten werden solle.

Für Bier werden im Ganzen 100 Malter Hafer bestimmt, für weitere Bedürfnisse zwei Drittel aus dem kleinen Zehnten zwischen Sieg und Rhönbach und die Fischerei in der Sieg.

Die Jungfrauen sollen mit dieser Rate zufrieden sein und aus stiftischen Einkünften nicht mehr verlangen, bis der Erzbischof mit Rücksicht auf einen bessern Vermögensstand es für angemessen erachtet, anderweite Verordnung zu treffen.

Die Abtissin soll das Recht der Collation und der Belehnung, die Gerichtsbarkeit (der Herrlichkeit Vilich) haben und die damit verbundenen Gefälle nebst hundert Mark aus stiftischen Einkünften beziehen, die Fischerei in den fließenden Gewässern und den dritten Theil des kleinen Zehnten genießen. Alle andern Intraden von Höfen, Vieh, Wein, Blade, Zinsen, Renten, Gerechtsamen und Gerichten sollen zur Tilgung der Schulden verwendet werden.

Zum Ordner der Angelegenheit wird der Stiftscanonicus Rorikus von Argindorf, als der Geschäftsführung besonders kundig, angestellt, und die vier Ordensschwestern: Agnes von Neuenar, Gertrud von Greifenstein, Gertrud von Garderode als Schatzmeisterinnen, und Beatrix von Binsfeld denselben als Beirath verordnet. Jedes Jahr zu St. Margaretha, wofern nicht anders bestimmt wird, soll vor dem Erzbischof oder dessen Commissar, Abtissin und Convent über Einnahme und Ausgabe Rechnung gelegt werden.

Uebersicht der Stiftsgüter.

1. Güter zu Vilich.

1. Das Stiftsgebäude neben der Kirche mit sechs Morgen Garten, von einer Mauer umschlossen, 170 Morgen Acker, 9³/₄ Morgen Wiesen.

2. Der Viehof mit Haus, Hof, Garten 6 Morgen 1 Viertel 15 Ruthen 8 Fuß, Länderei 187 Morgen 97 Ruthen, Wiesen 21 Morgen 1 Viertel 2 Pinten, Rahmbusch 13 Morgen 2 Viertel 7 Ruthen[1]).

3. Die Windmühle zwischen Vilich und Schwarz-Rheindorf. Am 8. November 1778 ließ die Abtissin in der Kirche zu Vilich bekannt machen, daß die Eingesessenen kein „Gemahl" auf eine andere Mühle

---

[1]) Nach dem öffentlichen Anzeiger ausgestellt mit 220 Morgen. Der Viehof, auch Vintzhof, ist jetzt Eigenthum des ehemaligen Landraths Herrn v. Sandt.

als die Windmühle zu Vilich abgeben sollten. Am 19. Januar 1779 protestirten die von Combahn dagegen, da seit unvordenklichen Zeiten kein Mühlenzwang geherrscht, sondern Jeder „sein Mahl" mahlen lassen könne, wo er wolle. Als am 8. October 1781 Jemand Weizen nach einer andern Mühle schickte, wurde er vom Viehalfen (Pächter des Viehofs) und dem abteilichen Gerichtsdiener angehalten. Der Vorsteher von Combahn begab sich zur Abtissin und erlangte, daß der Karren freigegeben wurde.

Nach der Säcularisation verpachtete die königliche Regierung die Mühle der Reihe nach an Johann Schmitz, Engelbert Stieldorf und Ferdinand Schumacher. Unter dem Letztgenannten brannte dieselbe in der Nacht vom 9. auf den 10. Juni 1882 ab und wurde nicht wieder aufgebaut.

4. Der Haushof, auch Schneckenburg genannt[1]), ehemalige Burg der Ritter von Schillink. Ritter Johann Schillink von Vilich verzichtete, als er noch Knappe war, dem Erzbischof Wilhelm von Gennep gegenüber auf Weingüter zu Ahrweiler, weil dieser ihm Gelder zum baulichen Unterhalt der Burg Vilich gegeben hatte, 1361. Johann Schillink von Vilich, Edelbürger von Köln, war ein bedeutender Mann und erscheint häufig von 1365—1403 als Schiedsrichter und Geheimrath des Erzbischofs von Köln[2]). Erzbischof Friedrich III. nennt ihn Hofmeister — magister curiae nostrae[3]). Johann Schillink von Vilich, welcher 1419 als Ritter mit seiner Gattin Nella von dem Bongart[4]), genannt von Bergerhausen, vorkommt, war wohl der letzte seines Geschlechts. Er siegelte mit quergetheiltem Schild, in der linken Oberecke ein Adler, auf dem Helm wachsender Adler. Seine Wittwe heirathete 1424 Statz von dem Bongart, Jülich'schen Erbkämmerer.

Johann Schillink und Nelgin von Bergerhausen schenkten am 17. October 1419 dem Katharinen-Altar zu Gräfrath eine Jahresrente mit einem Ohm Wein, haftend auf einem Morgen „Wingarts" zu Vilich, gelegen bei „unsen huis in der Lach"[5]). (S. unten.)

Als Ludwig von Blanckhard, Sohn Ludwig's und der Johanna von Gymnich-Vischel, auf Thomastag (21. December) 1532 die Eva Beissel von Gymnich heirathete, brachte er in die Ehe das Haus Vilich,

---

[1]) Der Name „Schneckenburg" hat wahrscheinlich seinen Grund in der Bauform, wie bei dem „Schneckenhaus", welches Kurfürst Clemens August auf einer kleinen Insel im Brühler Park (1724) anlegte.

[2]) Lac. III, Nr. 927, S. 820. — [3]) Günther III, Nr. 658, S. 937.

[4]) Der Name rührt her von dem Hof „Bungard" an der sog. Baumschule bei Bonn. Gef. Mittheilung des Herrn von Oidtman.

[5]) Gef. Mittheilung des Herrn E. von Claer.

einen Hof zu Meckenheim, Güter zu Ippendorf, Hemmerich, Waldorf, Kardorf, Zehnten zu Metternich, einen Hof zu Solingen, Haus und Hofrecht zu Ahrweiler. Sie bringt den adeligen Sitz Odenhausen. Der Sohn Arnold Blanckhard zu Odenhausen war 1560 Amtmann zu Vilich. Die Burg erhielt von ihren neuen Besitzern den Namen Blanckhardsburg und ist identisch mit dem sog. Haushof[1]). Von einer zweiten Burg ist in Vilich keine Spur vorhanden. Für die Identität spricht auch die in obiger Schillink'schen Stiftung bezeichnete Lage: „Unser Haus in der Lach". Das Lach in der Niederung des alten Siegbettes ist jetzt Wiese, unmittelbar vor dem Haushof. Der Hof ist gegen 1716 durch Kauf an das Stift gekommen. Nach einer im Jahre 1682 von den Gerichtsscheffen zu Vilich aufgenommenen Specification[2]) bestanden die zu dem Adelssitz gehörigen Güter, als Baumgarten, Aecker, Wiesen, Weingärten in den Gemarkungen von Vilich, Geislar und im Amte Blankenberg bei Bechlinghofen und weiter, zusammen in 164 Morgen 1½ Viertel, das Ganze in 28 Parzellen zersplittert.

Nach einer spätern Vermessung betrug das Flächenmaß der zum Haushof gehörigen Güter im Jahre 1802 179 Morgen 2 Viertel 29½ Ruthen.

Das Stiftsgebäude, den Haushof und den gesammten stiftischen Grundbesitz zu Vilich verkaufte der preußische Fiscus anfangs der letzten zwanziger Jahre an den Banquier Herstatt in Köln, dieser an Freiherrn von Carnap zu Bornheim, dieser an Ignaz Hahn in Köln. Von des Letztern Erben erwarben Franciscanerinnen aus Salzkotten im Jahre 1865 das Stiftsgebäude und gründeten darin ein Krankenhospital mit einem Pensionat und eigener Seelsorge[3]). Nach Erlaß des Klostergesetzes wurde diese wohlthätige Anstalt für innere und auswärtige Krankenpflege im Jahre 1876 aufgehoben. Die Nonnen verkauften die Gebäude mit Garten an Dr. Röckerath in Köln. Nach dem großen Kirchenbrande in Pützchen 1887 diente das Stift den Irren der Besser'schen Anstalt zeitweilig zum Aufenthalte.

Der Haushof mit 14 Morgen Land ist jetzt Eigenthum der Familie von Claer in Bonn.

2. Stiftsgüter in Nebenorten.

Der Oelmahrer Hof bei Hangelar, dessen Gebäude abgebrannt, mit 40 Morgen Acker, brachte an Pacht 4 Malter Korn und 4 Malter Hafer ein. Das Land ist parzellenweise verkauft[4]).

Der Kirmeshof zu Bechlinghofen, an Garten und Weiher 2 Morgen groß, Länderei 107 Morgen 3 Viertel, Wiesen 13 Morgen, Holzung 9 Morgen[5]).

Der Bramerhof zu Geislar[6]).

---

[1]) S. die folgenden Amtmänner „von Blanckhart" unter Vogtei Vilich.
[2]) Vermessungsprotokoll des freyadelichen Blanckhardsgutes vom 6. November 1682, im Besitz des Herrn Eberhard von Claer zu Bonn.
[3]) Seit dem 12. December 1872 war Anton Krekeler, Priester der Diöcese Münster, Hausgeistlicher des Krankenhospitals. (Handbuch der Erzd. 1872.)
[4]) Vgl. den Status Nr. VII im Anhange. — [5]) l. c. VIII. — [6]) S. unter Geislar.

3. Auswärts gelegene Güter des Stifts.

1. Der Verloer Hof im bergischen Amt Angermünd hat an Hofrecht, Garten und Baumgarten 4 Morgen, an Länderei 152 Morgen 2 Viertel, 150 Morgen Wald und 400 Morgen Districtzehnten, ist verpflichtet, auf die kurfürstliche Kellerei zu Angermünd 300 Bauschen Stroh zu liefern, dahin Sand, Lehm und acht Wagen Holz und Planken zu fahren und wegen des Zehnten Zielvieh zu halten[1].

2. Der Hof zu Wittlaer im Amt Angermünd, 85 Morgen 2 Viertel Garten und Ackerland nebst Zehnrecht von 800 Morgen, hatte dem Pastor zu Wittlaer jährlich 20 Malter Korn und 20 Malter Hafer zu liefern, sonstige Lasten wie der Verloer Hof[2].

3. Der Frohnhof zu Himmelgeist im Amte Monheim mit ca. 120 Morgen an Garten, Acker, Weiden und Büschen und dem Zehnrecht. Mit dem Frohnhof war eine Waldgerechtsame in der Risseler Mark verbunden, woran außer Stift Vilich noch drei Rittergüter und das Clarissenkloster zu Neuß betheiligt waren. Die Betheiligten stellten insgesammt sieben Förster zur Aufsicht[3].

Das Stift bezog zwei Gewald Reisholz, in Gemeinschaft mit dem Pastor den Blutzehnten, vom Collegiatstift zu Düsseldorf ein Pfund Pfeffer. Es war verpflichtet, den Wersheimer „Nachbarn" auf Sonntag nach Johann Baptist eine „Bierzech" zu geben.

4. Der Frohnhof zu Niederdollendorf, an Hofrecht und Garten 3 Viertel 1 Ruthe, Weingärten 3 Morgen 2 Viertel 14½ Ruthen, Länderei 35 Morgen 1 Viertel 21 Ruthen, Wiesen 4 Morgen 1 Viertel 8½ Ruthen. Aus den Büschen 12½ Karren Holz, 50 Rahmen zu Weinpfählen.

5. Der Präsenzhof zu Uckendorf. Die Erträge desselben waren für Canonessen und Canoniker wegen Theilnahme (Präsenz) am Gottesdienste bestimmt[4].

6. Ein Hof zu Gladbach. Diesen verkaufte das Stift 1716, vermuthlich um die Kosten des Haushofs zu decken.

4. Lehnrührige Güter des Stifts.

1. Der Ballerhof zu Geislar (s. daselbst).
2. Der halbe Roderhof zu Geislar.
3. Die andere Hälfte des Roderhofs.
4. Das Vochemer Gut in der Enggasse zu Vilich-Rheindorf mit 3 Morgen Weingarten war dem Schweinehirten jährlich zu einem Sümmer Korn verpflichtet.
5. Das Meckenheimer- oder Kellergut zu Beuel mit 2 Morgen Weingarten hat von etwa 34 Morgen die dreißigste Garbe zu empfangen und dem Dechanten (des Cassiusstifts) zu Bonn jährlich eine Ohm Wein zu geben.
6. Rembold-Heinrich's Gut in Combahn mit 3 Morgen Weingarten.
7. Dollendorfer Lehn mit 2½ Morgen Weingarten.
8. Isengarder Lehn mit 70 Morgen Land.
9. Kaldenbach's Gut in Combahn.
10. Lehn in der Wolfsgasse (zu Schwarz-Rheindorf?).

---

[1] Vgl. Anhang XI Status der Stiftsgüter. — [2] l. c.
[3] „Als das Stift in Folge des Reichs-Deputationsschlusses von 1803 an Nassau gekommen war, ist im Jahre 1806 der Frohnhof zu Himmelgeist mit dem Zehnten daselbst an den baierischen Minister Frhrn. Wilhelm von Hompesch-Bolheim verkauft worden, welcher auch das Patronatsrecht über die Pfarre erhielt. Im Jahre 1835 ist alles dieses durch Kauf mit dem Rittergute Mickeln (bei Düsseldorf) an das herzogliche Haus Aremberg übergegangen." (v. Mering, Burgen u. s. w. III, S. 75 Note.)
[4] Vgl. Status und Nachträge über Stift Vilich im Anhange XII.

11. Lehn in der Enggaſſe mit 2½ Morgen Weingarten, hat dem Rheindorfer Feldschütz 1 Sümmer Korn zu geben.

12. Ein Ritterſitz zu Rott nebſt Brüggenhof, hat nach Abſterben der empfangenden Hand eine Kurmut in Geld zu thätigen. In letzter Zeit (bis 1802) war empfangende Hand Philipp Leopold, Freiherr zu Eulenbroich.

13. Dem Waldſchultheißenamt des Stifts im Lohmarer Wald ſind anklebig ein Kurholz, ein Brennſtock von 6 Fuder, ein Heiſter (Buche), 6 Gewald.

Bei der Belehnung erhielt die Abtiſſin als Lehnsherrin Gold und Silber in einem Sammetbeutel, der Lehndirector (Schultheiß) zwei Reichsthaler, der Actuarius einen Reichsthaler, derſelbe für Ausfertigung des Lehnbriefs auf Papier einen Reichsthaler, wenn auf Pergament mit Kapſel, zwei Reichsthaler; für das Reſervale 30 Stüber; der Lehnbote bezog 45 Stüber, die abteiliche Küche einen Goldgulden. Bei erneuter Belehnung (ex nova gratia) waren doppelte Gebühren zu zahlen.

Gerichtsbarkeit der Herrlichkeit Vilich.

Vilich war eine freiadelige Unterherrlichkeit im Kurſtaate Köln.

In dem Schutzbrief vom 18. Januar 987 verlieh Kaiſer Otto III. dem Kloſter zu Vilich freie Gerichtsbarkeit ohne alle Einſchränkung von Seiten weltlicher Machthaber, ſo daß kein Biſchof, Graf, Vogt oder Richter ſich einzumiſchen hatte[1]). Der abteiliche Gerichtsbezirk erſtreckte ſich über Vilich, Geiſlar, Vilich-Müldorf, Combahn und halb Rheindorf[2]); ſie wurde durch einen von der Abtiſſin ernannten Schultheißen und Scheffen in Criminal-, Civil- und Fiscal-Sachen verwaltet. Ihr Honorar beſtand im Genuß von Stiftsgütern. Im neunten Capitel Nr. 6 der Statuten vom 6. November 1618 verordnet Erzbiſchof Ferdinand von Köln: „Die durch die Abtiſſin angeſetzte Amptmann, ſchultheiß, gerichtſchreiber und bott zu Vylich ſollen der Abtiſſinnen vereydt ſeyn, auch der Abtiſſinnen ſambt dem Capitul holt und trew zu ſeyn in empfahung ihrer ämbter und dienſten angloben." Nr. 7: „Die brüchten und gefäll, zu der Hochheit Vylich gehörig, ſollen die Abtiſſin und Vogdt mit Zuthuung des Amptmans beſitzen, empfahen und behalten, wie von alters herkommend und unſerer Juriſdiction unnachtheilig."

Zwiſchen Vilich-Müldorf und Hangelar ſtand der Galgen, wovon die Flurnamen Ober- und Nieder-Galgenfeld herkommen. Mit welcher Energie eine Abtiſſin die Juſtiz auszuüben verſtand, beweiſt folgendes Document aus der Hexengeſchichte des 17. Jahrhunderts: „Demnach itzo

---

[1]) Lac. I 122, S. 74.

[2]) Holzlar mit Kohlkaul und der Hälfte von Bechlinghofen bildeten eine Honſchaft im Amte Blankenberg und waren, wie auch Hangelar, in demſelben Amte von der Juriſdiction des Vilicher Stifts ausgeſchloſſen; desgleichen Bechlinghofen und Beuel, welche zur Hälfte unter das Gericht zu Küdinghofen im Amte Löwenburg gehörten. Vgl. Annal. d. h. V. XXV, 233. — In Schwarzrheindorf übte die dortige Abtiſſin neben der von Vilich die Gerichtsbarkeit zur Hälfte aus.

in der Hoheit Bylich sich auch immaßen der fahl zutragt, daß gegen etzliche verdechtige und denuncyrte personen wegen hex- und zauberey- wesen, wie die höchste notturfft erfordert zu verfahren und zu richten ist, aber vermögh uralter des Stiffts Bylich bishero observirt und continuirter privilegien in criminalsachen einsgemein, die gefangen allererst uff den dritten tagh dem h. vogten allhie in der Hoheit Bylich mit schuld und unschuld zu liebern sein, aber bei diesen zeiten, dahe in verscheiden vielen orten sowoll in Ober- alß Niederlandt in solchen hexen und zauberey Criminalsachen sich in praxi ereugt und befunden, daß nit rathsamb die denuncyrte und eingezogen hexen in die haer (auf die Dauer) uffzuhalten, sondern dabey ein großes periculum in mora und wegen erhaltung der sählen zu befahren; alß haben die wol Ehrwürdigh Edle vieltugendreiche Fraw Amöna Margaretha geborene von Bourscheidt zu Büllesheim, Abdißin des freyen weltlichen Stifts allhier zu Vilich zu schleuniger Abschaffung solcher hexen nothwendigen angreiffs und process dahin verglichen, daß die allbereits heut gefangene Personen, und was deren mehr in solchen fehlen (Fällen) anzugreiffen seyen, alß- bald ihme herren Vogten alß wan der dritten tagh vorhanden, mit schuld oder unschuld geliebert werden sollen, jedoch Alles Jhro Wohl- ehrwürden und deren Stift Bylich privilegien auf expreßliche vorbehal- tene revocation dieser vergleichung und privilegien praeservation. Ur- kundt beider theilen Underschrift und pittschaft. Geben Bilich 9. Juli 1630. Amöna Margaretha von Buerscheit abtysin zu Bylich. Ott Lud v. Blanckartt."

Man sieht, wie weit der damalige Hexenwahn um sich gegriffen hatte. Ob es in Vilich zu einer Execution gekommen ist, geht aus den Acten nicht hervor.

Uebrigens bestand neben der Strafgerichtsbarkeit in der Herrlichkeit Vilich eine geordnete Civilverwaltung, worüber die im Anhange abge- druckte Urkunde der Abtissin Josepha Zandt von Merle vom 6. Februar interessante Aufschlüsse gibt.

An der Spitze der Verwaltung stand der Baurmeister mit zwölf Vorstehern. Der Baurmeister hatte unter dem Beirath der Vorsteher für Instandhaltung und Verbesserung der Gemeindegründe zu sorgen, die Viehtrift zu beaufsichtigen, Feld- und Wingart-Schützen zu ernennen, die Gemeindegelder zu empfangen und über deren Empfang und Ver- wendung jährlich Rechnung zu legen.

Die Freizügigkeit war durch Erlegung eines „Nachbarsgeldes" be- schränkt, ohne welches das Bürgerrecht in der Gemeinde nicht erlangt werden konnte. Verletzung des Eigenthums, wie Felddiebstahl, Beschä- digung der Weingärten u. dgl. waren straffällig. Baurmeister und Vorsteher mußten auch „tag- und nächtliches saufen, spielen, schwärmen" und sonstige Excesse zu gehöriger Untersuchung und Bestrafung beim abteilichen Gericht anzeigen.

Jeder Unterthan der Herrschaft Vilich hatte dem Stift 1½ Tage Frohndienste zu leisten. Die dazu verordneten Tage wurden Bättage genannt.

Die Juden mußten einen jährlichen Tribut entrichten, jede Familie vier Kronenthaler, eine Wittwe die Hälfte.

Die Vogtei Vilich.

Kaiserliche und päpstliche Diplome hatten das Kloster mit Immunität ausgestattet und der Abtissin in Gemeinschaft mit dem Convent das Recht zuerkannt, einen Schirmvogt nach freier Wahl zu ernennen[1]).

Naturgemäß dachte man bei der Wahl zunächst an geeignete Glieder der Familie, und so blieb die Vogtei gewöhnlich in der Verwandtschaft der Stifter. Es ist wahrscheinlich, daß die Vogteischaft von Vilich durch Alveradis, Erbtochter des Megingoz und der Gerbirga, sich vererbt hat.

Alveradis war an einen unbekannten[2]) Edeln verheirathet, der als erster Vogt (advocatus) von Vilich zu betrachten sein dürfte.

Zwischen 1158 und 1177 erscheint Graf Albert von Molbach (Maubach) im Besitz Megingoz'scher Güter, insbesondere der Waldherrschaft oder Wehrmeisterei an der obern Roër und als Vogt von Vilich. Dieser starb[3]) ohne männliche Nachkommen und hinterließ von seiner Gemahlin Adelheid, eine Tochter Alveradis, welche den Grafen Wilhelm II. heirathete und demselben mit den Molbach'schen Gütern die Vogtei von Vilich zubrachte.

Nicht nur die Güter, sondern auch die wiederkehrenden Namen Adelheid, Alveradis weisen auf verwandtschaftliche Beziehungen zu den Stiftern des Klosters bzw. ihren Kindern hin.

Nicht selten waren die Vögte ihrer Pflicht als Schirmherren uneingedenk und wurden die Bedrücker ihrer Clienten. So hat auch Albert von Molbach das Vilicher Stift mit unerhörten Auflagen beschwert und auf mancherlei Art beunruhigt. Auf desfallsige Beschwerde der Abtissin Hizeka wies Erzbischof Reinald unter Wahrung der klösterlichen

---

[1]) S. oben Schutzbriefe S. 126.

[2]) Nach Aeg. Müller (Annalen d. h. V. XXIV 190) wäre Alveradis mit Heinrich von Cuyck († vor 1108) vermählt und noch 1131 im Besitze der Waldherrschaft gewesen. Bei dieser Annahme hätte Alveradis, deren Mutter Gerbirga bereits im Jahr 996 gestorben war, wenigstens ein Alter von 150 Jahren erreicht, und wie alt wäre Heinrich von Cuyck gewesen?!

[3]) Gestorben 19. Mai (XII Kal. Junii) 1177. Lac. I 462).

Privilegien den Grafen in seine Schranken zurück und untersagte demselben, der Abtissin ein „Servitium" aufzulegen¹). Albert's Schwiegersohn und Nachfolger, Graf Wilhelm II. von Jülich, nicht besser als sein Vorgänger, nahm keinen Anstand, die Abtissin Elisabeth sammt ihrer Genossenschaft und Untergebenen ungebührlich zu belasten. Er nöthigte die Gerichtsscheffen, nach seiner Vorschrift zu urtheilen und zu beschließen.

Die Abtissin erhob bittere Klagen und nun führte Erzbischof Philipp von Heinsberg am 10. September 1182 eine Einigung herbei, wonach die Abtissin statt jeder andern Leistung jährlich nicht mehr als drei Mark an den Vogt zahlen sollte. Wofern aber die Abtissin in die Nothwendigkeit versetzt wurde, den Vogt in dienstlichen Sachen nach Vilich einzuladen, solle derselbe mit drei Mark vorlieb nehmen, oder, falls die Zahlung unterblieb, nur jährlich ein Mal als Vogt bedient werden²).

Zugleich wird dem Kloster das alte Recht der freien Vogtwahl bestätigt, und später die Bestätigung durch neue kaiserliche Schutzbriefe sanctionirt.

Trotz alledem betrachteten die Grafen von Jülich die Vogtei fortan als ihre ausschließliche Domaine, und die Pfalzgrafen am Rhein vergaben dieselbe als ein ihrer Oberhoheit unterworfenes Lehen.

Ob Graf Wilhelm III. von Jülich, Brudersohn Wilhelm's II.³), im Besitz der Vogtei Vilich gewesen sei, wird zwar nicht ausdrücklich gemeldet, aber wegen des frühern und spätern Besitzstandes vermuthet. Sein Nachfolger zu Jülich, Wilhelm IV., wird 1233 durch den Pfalzgrafen Otto bei Rhein und Herzog von Baiern in die pfalzgräflichen Lehen eingesetzt, unter welchen auch die Vogteien von Vilich und „Wesling" genannt sind⁴).

Nach dem Tode Wilhelm's IV. (1277) bemächtigte sich Erzbischof Sifried nebst andern Jülich'schen Besitzungen der Vogtei Vilich. Dieselbe wurde ihm durch Vertrag mit Walram von Jülich am 9. März

---

¹) Lac. I, Nr. 481, S. 340. — ²) l. c. . . . — ³) Wilhelm II. † 1207.
⁴) Lac. II, Nr. 193, S. 102. In einer Note zu dieser Urkunde schreibt Lacomblet: „Vilich lag im Auelgau, in der Grafschaft des Pfalzgrafen Hermann . . . Wesseling im Bonngau in der Grafschaft des Pfalzgrafen Ezzo . . . daher die Vogteischaften." Soll denn auf Grund der örtlichen Lage den Pfalzgrafen ein Recht zugestanden werden, das sie niemals gehabt, hingegen durch kaiserliche Diplome der Abtei Vilich zustand, und zwar seit Jahrhunderten? Dazu waren die Pfalzgrafen seit Anno II aus dem Auelgau vertrieben, und sollen nun nach zwei Jahrhunderten und später ein Lehnsrecht erworben haben im Widerspruch mit den Privilegien der Abtei! Selbst wenn man annimmt, daß die Pfalzgrafen in verwandtschaftlichen Beziehungen zu den Stiftern des Klosters Vilich gestanden haben, läßt sich ein rechtlicher Anspruch gegen den Willen der Abtissin nicht begründen.

1290 dauernd zugesichert[1]) und in der Folge mit dem kurkölnischen Amte Wolkenburg verbunden. Erzbischof Friedrich III. belehnte im J. 1372 den Johann von Bonn genannt Pastoir mit dem Amt Wolkenburg und der Vogtei Vilich auf Widerruf[2]). Derselbe Erzbischof übertrug 1373 auf St. Johannes-Tag zu Mitsommer das Amt Wolkenburg mit Königswinter und der Vogtei Vilich dem Heinrich Buys von Lechenich[3]).

Der mit Erzbischof Sifried geschlossene Vertrag fand bei den spätern Jülich'schen Herzogen so wenig Berücksichtigung als Anerkennung bei den Pfalzgrafen. Denn im J. 1394 belehnt Pfalzgraf Ruprecht der Aeltere den Herzog Wilhelm neuerdings mit den pfalzgräflichen Lehen, die Vogtei Vilich eingeschlossen[4]), und Wilhelm's Nachfolger, Herzog Reinald von Jülich, erklärt durch Lehnsrevers vom J. 1407, daß ihm vom römischen Könige Ruprecht als Pfalzgrafen bei Rhein unter andern die Vogtei Vilich als Lehen übertragen worden sei[5]).

So standen die Sachen noch im J. 1512, wo Pfalzgraf Ludwig den Herzog Johann von Jülich und Berg mit den altpfälzischen Lehen begabte[6]) und auch die Vogteien von Vilich und Wesseling beizufügen nicht unterließ, obschon Kaiser Friedrich III. am 21. Februar 1486 die dem Stift von Otto III. verliehenen Privilegien bestätigt hatte.

Kaiser Karl V. erneuerte die Bestätigung am 1. September 1530[7]).

In der Folge bestellte der Kölner Erzbischof Untervögte für Vilich, die auch unter dem Titel Amtmann vorkommen.

Kurfürst Salentin stellte am 4. Juni 1575 seinen Stallmeister Wolter von Gevertzhain an. Kurfürst Gebhard übertrug die Verwaltung des Vogtamtes, da dessen Beibehaltung dem Wolter von Gevertzhain nicht mehr passe, dem Arnold von Blanckhart zu Odenhausen[8]). Die Vogtei wurde als kölnisches Lehen vergeben. Im J. 1630 war Otto von Blanckhart im Besitz derselben; 1691 belehnte Erzbischof Joseph Clemens den Maximilian Heinrich von Blanckhart zu Gühofen und Alsdorf mit der Vogtei, gleich wie dessen Vater und Großvater sie besessen. „Renovation" der Belehnung geschah durch Erzbischof Clemens August am 24. November 1724.

So blieben die von Blanckhart im erblichen Besitz der Vogtei. Dieselbe ist jedoch fast gleichzeitig mit der letzten Belehnung vom Stifte abgelöst und der Blanckhart'sche Rittersitz, Haushof genannt, angekauft worden[9]).

Der Haushof wurde seitdem direct vom Stift in Pacht gegeben.

---

[1]) Lac. II, Nr. 907, S. 539. — [2]) Lac. III, Nr. 417, S. 328, Note 2. — [3]) l. c.
[4]) Lac. III, Nr. 997, S. 882. — [5]) Günther IV, Nr. 26, S. 121 ff.
[6]) Lac. IV, Nr. 505, S. 676. — [7]) Gef. Mittheilung des Geh. Archivraths Dr. Harleß. — [8]) Gef. Mittheilung des Hrn. E. von Claer. — [9]) Vgl. „Haushof unter Güter zu Vilich", oben S. 131.

Das freiadelige Damenstift.

Das Kloster, nach der strengen Regel des h. Benedictus, wurde um das Jahr 1488, fünfhundert Jahre nach der Gründung, in ein weltliches Damenstift umgewandelt, jedoch ohne den religiösen Charakter bei der milden Form zu verlieren. Der alte Güterbesitz wurde durch Stiftungen reicher Stiftsdamen noch vermehrt.

Ein Hauptunterschied gegen die frühere Strenge bestand darin, daß das Gelübde immerwährender Ehelosigkeit nicht mehr verlangt wurde, auch die Clausur gemildert war.

Das Personal bestand statutenmäßig aus höchstens zwölf[1]) Stiftsdamen, fünf Canonikern, sieben Vicarien, je einem Syndicus, Secretair, Capitelsdiener und Offermann.

Die Abtissin hatte die Oberleitung in innern und äußern Angelegenheiten, die Aufsicht über Kirche und Vermögen mit der weltlichen Gerichtsbarkeit.

Ihr zur Seite stand als Stellvertreterin die Dechantin (decana). Für innere und äußere Verwaltung bestanden untergeordnete Hülfsämter, welche von einzelnen Canonessen bedient wurden.

Die Abtissin hatte gesonderte Wohnung in der Abtei, die Stiftsdamen wohnten zu dreien im Stiftsgebäude zusammen, Canoniker und Vicarien, meistens Pfarrer, in ihren vom Stift abhängigen Pfarrgemeinden.

Im Januar des Jahres 1618 hielten der General-Vicar Adolph Schulkenius und der Großsiegelbewahrer Adolph Bempelfurth im Auftrag des Erzbischofs Ferdinand von Köln in dem Stift des h. Petrus zu Vilich Visitation ab, da der Erzbischof es für nothwendig erachtete, zur Vermehrung des „göttlichen Dienstes, Pflanzung löblicher Disciplin, Satzungen und Statuten, da solche bei der Visitation sich nicht vorgefunden, zu verordnen, und den Canonessen, die Abtissin einbegriffen, den Canonikern und Vicarien zu befehlen, dieselben allweg steif, fest und fleißig zu halten. Sie enthalten in zwölf Capiteln die Verfassung des Stifts, Rechte und Pflichten der Stiftsdamen, der Canoniker und Vicarien.

Erstes Capitel. Vorschriften über den Gottesdienst[2]).

2. Die Abtissin und sämmtliche Stiftsjungfern sollen auf Christi Himmelfahrt, Pfingsten, Frohnleichnam, Mariä Empfängniß, Aufopferung, Verkündigung, Heimsuchung, Lichtmeß, Mariä Himmelfahrt, an den Festen der Apostel Petrus und Paulus und Aller

---

[1]) In den elf Jahren von 1759 bis 1769 variirte die Zahl der Capitularen zwischen neun und sieben.

[2]) Die Nummern sind mit dem Original übereinstimmend beibehalten, und die weniger wichtigen übergangen. Formveränderungen waren nothwendig.

Heiligen, am ersten Sonntag in der Fasten ihre Sünden einem approbirten Priester beichten und sich der h. Communion theilhaftig machen.

3. Alle Tage soll das Breviergebet nach Vorschrift des erzbischöflichen Ordinariats gehalten werden

4. und zwar an den Communiontagen, Sonn- und Feiertagen mit Gesang.

7. Die Decanissa soll den Chor regieren, den Gottesdienst ordnen, dem Chor und Gottesdienst fleißig beiwohnen und zu „Ergötzlichkeit solcher Mühe" aus den Stiftsgefällen drei Malter Korn vorab genießen.

8. Ohne Urlaub der Decanissa soll keine Jungfer vom Chor abwesend sein.

9. Die Abtissin soll mit allem Eifer bedacht sein, daß die Stiftsangehörigen bei der katholischen Religion, in Gottesfurcht und tugendhaftem Wandel erhalten bleiben, Kirche und Altäre nach Gebühr versehen, der Gottesdienst ohne Hinläßigkeit geübt werde, und oft daran erinnern, daß der wahre Gottesdienst der Grund zeitlichen und ewigen Wohlstandes sei.

10. Darum soll sie mit auferbaulichem Beispiel vorgehen.

11. Die für gewisse gottesdienstliche Verrichtungen gestifteten Präsenzgelder sollen nur denen verabfolgt werden, welche wirklich anwesend sind.

Das zweite Capitel ordnet die Wahl der Abtissin.

Die Wahl erfolgt auf Einladung der Decanissa in Beisein des erzbischöflichen General-Vicars, eines andern dazu deputirten Prälaten, eines immatriculirten Notars und zweier glaubwürdiger Zeugen. Diese haben die einzelnen Stimmen unter strengster Verschwiegenheit zu sammeln.

Stimmberechtigt sind die wirklichen Capitularen (vgl. unten). Dieselben befinden sich während des Wahlactes im Chor der Kirche und werden einzeln zur Abstimmung in das Wahllocal berufen, nachdem sie eidlich gelobt haben, nicht um Gaben, Verwandtschaft, Freundschaft, auch nicht aus Haß, Neid oder sonstigen Nebenrücksichten, sondern einzig und allein nach der Gemeinden, der Abtei und des Capitels Recht und Gerechtigkeit zu wählen.

So lange der Actus währt, bleiben die Capitulare im Chor eingeschlossen, und erst wenn die Wahl beendet ist, werden alle durch die Commissare in das Capitelshaus berufen, um diejenige als Abtissin verkündigen zu hören, welche per majora erwählt ist.

Die Erwählte leistet zu Händen der Commissare nach Ablegung des Glaubensbekenntnisses den Eid der Huldigung, daß sie dem zeitigen Erzbischof zu Köln Treue, Ehrfurcht und Gehorsam erzeigen, auch dem Capitel nach Herkommen und Gewohnheiten vorstehen und dessen Privilegien nach bestem Vermögen erhalten wolle.

Drittes Capitel. Von der Aufnahme, Residenz und Zucht der Canonissen.

1. Ist eine Canonissen-Präbende durch Tod, Verzicht oder Privation erledigt, so erfolgt die Wiederbesetzung durch eine Canonissa des Stifts abwechselnd von der ältesten bis zur jüngsten, innerhalb zwölf Wochen nach dem ersten Tage der Vacatur.

2. Die Ernannte tritt nicht vor vollendetem zehnten Jahr in Besitz und wird erst mit dem sechszehnten zum Capitel zugelassen.

3. Die Präbende eines Canonicus wird vom Papst, oder durch päpstliches Indult vom Erzbischof oder der Abtissin je nach dem Monate der Vacatur besetzt.

4. Simonistische Verträge oder Vergleiche sind strengstens untersagt. Eine Canonisse, die ihre Stimme verkauft, soll für diesmal ihrer Stimme beraubt und ein Vierteljahr bei Verlust ihrer jährlichen Gehalte zu „captiöser Residenz" verpflichtet sein. Die Käuferin wird zu der Präbende für unfähig erklärt.

5. Die aufzunehmende Stiftsdame hat von väterlicher wie von mütterlicher Seite acht adelige Ahnen aufzuweisen.

7. Sie soll bei der Aufnahme in die Hände der Abtissin das Glaubensbekenntniß und den canonischen Eid ablegen mit dem Gelöbniß, sich niemals an Unkatholische zu verheirathen.

9. Die Abtissin erhält nach Uebertragung der Präbende und der Possessio vier Dahler und ein Pfund Pfeffer, jede „residirende Jungfer" zwei Goldgulden zum Eintritt.

10. Eine Jungfer, welche die Präbende durch Sterbefall der Vorgängerin erhält, soll vier Jahre keine Gefälle beziehen, deren zwei den Freunden der Verstorbenen heimfallen, die andern zwei zum Kirchenbau und Stifts-Nutzen verwendet werden. Die Präsenzgelder kommen den dienstthuenden Canonissen in Anrechnung. War die Erledigung der Präbende durch Resignation oder Privation (erzbischöfliches Urtheil) erfolgt, so entbehrt die Jungfer der Gefälle nur fünfviertel Jahr und die Einkünfte werden dem Capitel gut geschrieben.

In Beziehung auf die Residenzpflicht wird verordnet:

Im ersten Vierteljahr darf die Canonissin nicht ohne Erlaubniß außerhalb des Umganges, oder über „das Eisen" der Kirche gehen, soll allen Tageszeiten und der heiligen Messe beiwohnen, „die erste und die letzte sein". Im Jahre nach dem ersten Viertel mag sie über das Kircheneisen gehen, soll aber allen Tageszeiten beiwohnen und keine Nacht außerhalb des Stifts schlafen. Falls sie hierin „brüchtig" befunden würde, soll sie ihre Residenz wieder auf's neue anfangen; jedoch bleibt es der Discretion der Abtissin überlassen, nach Beschaffenheit der Sache Gnade zu erweisen.

13. Keine Jungfer wird von der Residenz freigesprochen, es sei denn, daß sie lesen, ihre canonischen Horen gebührlich verrichten kann und den Chorgesang genügsam gelernt hat. Ueber ihre Qualification entscheidet die Abtissin.

Abtissin und Canonissen sollen in ihrer Haushaltung nur mit katholischen, ehrbaren und tadelfreien Dienstboten versehen sein.

15. Eine Canonissin soll nicht eher eigene Küche oder Wohnung haben, als zehn Jahre nach ihrer Zulassung zum Capitel; bis dahin hat sie Tisch und „Schlafung" bei den ältesten Capitelsjungfern.

17. Eine Jungfrau, die in ihrem Lebenswandel sich „verlaufen" oder andere durch Wort und That beleidigen sollte, wird von der Abtissin zur Strafe gezogen.

18. Keine Jungfrau darf über Nacht außer dem Stift zubringen, auch keine Mannsperson bei sich beherbergen, ohne Erlaubniß der Abtissin oder Dechantin, bei Verlust der Jahresgefälle, unter Strafe dreimonatlicher strenger Residenz.

19. Ungebührliches Auflehnen wider die Abtissin und das Capitel wird mit Suspension und im Falle der Hartnäckigkeit mit Ausweisung (privatio) bestraft.

20. Uneinigkeit unter Capitularen wird vor Abtissin und Capitel ausgeglichen; Mißverständniß zwischen Abtissin und Capitel unter Zuziehung des erzbischöflichen General-Vicars.

21. Das Erkenntniß auf Privation steht nur dem Erzbischof von Köln zu.

22. Durch die amtliche Kunde der Heirathsberedung oder wirklichen Eheschließung einer Capitularin wird ihre Präbende erledigt.

Viertes Capitel. Von den Canonikern und Vicaren.

1. Die Canoniker haben actives Stimmrecht bei der Wahl der Abtissin und sollen als Beirath auf den Capitels-Versammlungen gehört und geachtet,

2. In Disciplinarsachen der Canonissen nicht zugezogen werden.

3. 4. 5. Canoniker und Vicare sollen Priester sein, oder sich binnen Jahresfrist zum Priesterthum qualificiren und zwar unter Strafe des Verlustes der Präbende oder des Beneficiums.

6. Canoniker und Vicare sollen ihre Dienste in eigener Person verrichten.

7. Saumselige können mit Suspension bestraft werden.

8. Da kein Priester beim Stift residirt, als nur der Pastor von Vilich, und es sich, sonderlich bei Winterszeit, ereignen kann, daß kein auswärtiger Priester zum Amt der h. Messe beim Stift erscheinen kann, oder der Pastor, wenn er dasselbe in der Stiftskirche an

Sonn- und Feiertagen verrichtet, solches in der Pfarrkirche (zu Vilich) versäumt, so hat die Abtissin mit dem Capitel auf Mittel zu denken, daß dem Pastor noch ein anderer „ehrlicher Priester" als Kaplan bei dem Stift behülflich sei und uns (Erzbischof) binnen Monatsfrist nach Verkündigung des Gegenwärtigen denselben vorzuschlagen.

9. Sämmtliche Canoniker sollen der heiligen Messe, der ersten und zweiten Vesper an den vier hochzeitlichen Festtagen: der Geburt, Auferstehung Christi, Pfingsten und Himmelfahrt Mariä, sowie am Frohnleichnamstag und an den Festen Maria Magdalena und Adelheidis beiwohnen, und die Abtissin zu Ostern, Pfingsten und Weihnachten allen Anwesenden die Mahlzeit geben.

10. Canoniker und Vicare sollen nicht zur Possessio zugelassen werden, bevor sie das Glaubensbekenntniß eidlich abgelegt haben.

11. Nach erlangter Possessio treten die Canoniker von dem Tage an, wo sie ihr Officium verrichten, in den Genuß ihrer Einkünfte.

12. Ein „ankommender" Canonicus soll fünf Goldgulden als Statutengeld erlegen, deren drei der Abtissin zu behändigen, zwei gleichmäßig unter die Canonissen zu vertheilen sind.

12. Die Documente über Stiftungen, Register und Jura der Canonicate werden im Capitelshaus in dreifach verschlossener Kiste aufbewahrt.

14. Desgleichen die Documente der Vicarien.

15. Da die Stiftungen der Vicarien größtentheils verloren sind, und also von denselben nur „geringer Gottesdienst" geschieht, so wird, um Willkür und Beschwerniß des Gewissens zu verhindern, verordnet, daß hinfüro der Vicarius der zehntausend Martyrer jeden Montag, der Vicarius des h. Johannes Evangelist und des h. Stephanus jeden Dinstag, der Vicarius des Magdalenenaltars jeden Mittwoch, der Vicarius des Altars der h. Dreifaltigkeit jeden Donnerstag, der Vicarius des Altars der h. Adelheid jeden Freitag, und der Vicarius des Mutter Gottes-Altars jeden Samstag die h. Messe lesen soll. Wer sein „sacrum" versäumt, soll einen Goldgulden zur Strafe in das Hospital geben; wer es sechs Wochen nach einander unterläßt, soll des Altardienstes beraubt und uns (Erzbischof) alsbald angezeigt werden.

Fünftes Capitel. Capitelsordnung.

Regelmäßige Versammlungen der Capitularinnen finden an den Vorabenden von Ostern und Weihnachten statt, andere werden durch die Abtissin, welche den Vorsitz führt, oder in Vertretung derselben durch die Dechantin zusammenberufen. Wer ohne erhebliche Ursache ausbleibt, wird auf drei Monate vom Genuß der Präbende suspendirt.

Ein vereidigter Secretär führt das Protokoll.

Sechstes Capitel. Von den Aemtern und Stiftsdiensten.

1. Alle Capitelsämter vergibt die Abtissin nach altem Herkommen.

2. Als Stütze der Abtissin in gottesdienstlichen und geschäftlichen Angelegenheiten wird eine Capitularin „ernstlichen und unstrafbaren Wandels" als Decanissa eingesetzt.

4. Eine Präsenzmeisterin zur Handhabung der gottesdienstlichen, besonders der stiftungsmäßigen Verpflichtungen. Sie bezieht jährlich dreißig Dahler und eine Ohm Wein.

5. Eine „Custrix", welche die zur Küsterei gehörigen Renten einzufordern, die Ornamente der Kirche in gutem Verwahrsam rein und sauber zu halten, das Oel Tag und Nacht für das hochheilig Sacrament zu versehen, Wein und Brod zu der Messe zu bestellen hat, auch für rechtzeitiges Läuten sorgen soll u. s. w. Die Custrix bezieht für ihre Mühe sieben Malter Korn, ein Fuder Wein aus Dollendorf, ein Malter Korn von der Windmühle, und ihren Pachtwein laut Küsterei-Register.

6. Zwei Kellnerinnen (cellerariae) für geordnete Haushaltung erhalten für ihre Mühe jede vier Malter Korn vom Capitel, ein halbes aus Dollendorf.

7. Zwei Capitelsjungfern werden zum „Kornhausamt" verordnet. Sie sollen die Intraden, welche nicht zu specificirten Aemtern gehören, überwachen, Kornfrüchte und Pacht empfangen und unter die Capitulare vertheilen. Die älteste bezieht drei, die jüngste zwei Malter Korn für ihre Mühe.

8. Zwei Capitularinnen sollen neben dem Kellner die Schlüssel zum Schrein (Kasse) bewahren, Empfang und Ausgabe verrichten, und als Belohnung die eine zehn, die andere acht Dahler erhalten.

9. Benannte Beamte sollen mit Achtung behandelt und nicht beunruhigt werden. Etwaige sie betreffende Klagen sollen der Abtissin vorgebracht werden, und die Entscheidung derselben maßgebend sein.

10. Jede Beamte soll alle Jahre um bestimmte und gewöhnliche Zeit über Einnahme und Ausgabe Rechnung legen.

12. Wird eine in der Verwaltung oder Rechnung „unrichtig" befunden, so soll dem Capitel freistehen, statt ihrer eine andere zu wählen.

Siebentes Capitel. Kleidung der Stiftsdamen.

Keine Stiftsjungfer darf im weltlichen Habit ohne den weißen Chorrock von Leinwand und dem schwarzen Chormantel erscheinen. Uebertretungen werden das erste Mal mit dem vierten Theil, das zweite Mal mit der Hälfte, das dritte Mal mit dem vollen Betrag des jährlichen Einkommens der Präbende geahndet.

Im Stift außerhalb der Kirche sollen Abtissin und Jungfern das weiße „Saartuch" sammt schwarzem Klier tragen und in und außer dem Chor mit dem Schleier (oder Kamp) bekleidet sein.

5. Wann die Jungfern Leid tragen, sollen sie mit schwarzen wollenen Röcken und vom Haupt herabhangenden weißen Stelpen [1]) sich bekleiden und an hohen Festen nur schwarze Kleidung und die silbernen Haupttücher tragen.

6. Unter dem Habit dürfen keine Ohrringe, Caranten, goldene Ketten u. dgl. getragen werden.

Ueberhaupt soll die Kleidung stets ehrbar und züchtig, von weltlicher Tracht merklich zu unterscheiden sein, und die vorgeschriebene Form und Farbe haben.

Achtes Capitel. Reisen der Stiftsdamen.

Jedes dritte Jahr, sowie bei wichtigen Familienereignissen ist ihnen nach erbetenem Urlaub gestattet, zu ihren Verwandten zu ziehen. Dabei soll die (eingehend) vorgeschriebene Ordnung beobachtet werden und das Breviergebet keinen Abbruch erleiden.

Neuntes Capitel. Güterverwaltung.

Zehntes Capitel. Von den Buschhütern, ihren Verpflichtungen, von der Holzgerechtigkeit des Capitels und der Abtissin.

„Auf dem großen Busch" soll das Capitel den vierten Theil haben an Eckern und Holz, und von selbigem vierten Theil soll die Abtissin den fünften Theil bekommen; ebenso ist es auf den Eitorfer Wald zu halten.

Elftes Capitel. Von den Nachjahren und den Testamenten.

1. In Betreff der Sterb= und Nachjahre sollen alle Einkünfte der Abtissin auf das Fest St. Margaretha erfallen, und wann sie dieses Fest überlebt, den Erben alle desselben Jahres erfallende Renten und Gefälle geliefert werden; wofern sie vor St. Margaretha sterben sollte, sind alle Gefälle dieses Jahres der neu ankommenden Abtissin zu überweisen, jedoch soll ihren Erben das Einkommen der Canonissen=Präbende von zwei Nachjahren unverkürzt zukommen.

2. Falls eine Capitularjungfer nach St. Margaretha stirbt, beziehen die Erben die Präbendeneinkünfte für das laufende Jahr und zwei Nachjahre, stirbt sie vorher, so erhalten die Erben die Einkünfte von zwei Jahren, wobei aber das laufende mit gerechnet wird.

---

[1]) Nach anderer Lesart „Stülpen".

Präsenzgelder, die nicht zu der Präbende gehören, sind von der Erbschaft ausgeschlossen. Was von den testamentarischen Verfügungen noch ferner gesagt wird, kann wegen zu großer Weitläufigkeit und der theilweisen geringen Wichtigkeit übergangen werden.

Den Schluß der Statuten bildet das Tridentinische Glaubensbekenntniß.

Armenpflege.

Ein beliebtes Schlagwort ist das von den Gütern der todten Hand an Kirchen und Klöstern, welche angeblich dem öffentlichen Verkehr zum Nachtheil des allgemeinen Volkswohls entzogen waren. Allerdings lag das Gut in festen Händen, aber Pächter und Arme standen gut dabei. Die Pächter wurden nicht gedrückt und die Armen fanden täglich im Kloster den Tisch gedeckt.

Da kam die Klosteraufhebung, und die sich so nennenden Volksbeglücker standen in erster Linie bereit, um das confiscirte Kirchen- und Klostergut unter dem Werth anzusteigern und es gegen bedeutenden Gewinn zu verkaufen. Den höchsten Preis zahlten kleine Pächter oder andere aus dem kleinen Mittelstande für eine Parzelle, die sie auf unabsehbare Jahre gegen gute Zinsen in das Schuldbuch der Händler brachte.

Ganz andere Begriffe von der Förderung des Volkswohls hatte die h. Adelheid bei der Klostergründung. Einem der reichsten Adelsgeschlechter entsprossen, entsagt sie ihren Gütern mit Genüssen und Freuden, wie sie nur selten einem Sterblichen geboten werden, lebt in strenger Abtödtung und Enthaltsamkeit im Dienste der leidenden Mitmenschen, macht die reichen Einkünfte ihres Vermögens zum Erbtheil der Armen. Ihre Mildthätigkeit ging so weit, daß sie ihre eigenen Kleider an Dürftige verschenkte.

Die Werke der Barmherzigkeit, die vom Kloster ausgingen, waren eine Segensquelle für die ganze Umgebung. Sie waren es nach der Ueberzeugung der h. Adelheid nicht minder für das Kloster selbst, dessen dauernder, gesegneter Fortbestand von der christlichen Wohlthätigkeit bedingt sein werde. In diesem Glauben stiftete sie gewisse Einkünfte eines zum Kloster gehörigen Hofes zu einer jährlichen Armenspende. Fünfzehn Arme wurden daraus mit Kleidung und Speise versorgt und jeder derselben erhielt zu Weihnachten einen Goldgulden, in damaliger Zeit ein ansehnlicher Betrag; fünfzehn Andere erhielten einen solchen in der Fastenzeit; an den Aposteltagen war eine Spende von zwölf Goldgulden, an den Quatempertagen $1/2$ Goldgulden zu vertheilen. Nach vielen erlittenen Drangsalen waren die Einkünfte derartig vermindert, daß man in den letzten Jahrhunderten nur mehr das Brod von zwölf Malter Korn nach vorheriger Segnung vertheilen konnte, was allemal am Gedächtnißtage der h. Adelheid, den 5. Februar jeden Jahres, geschah. Es war ein alter Gebrauch, Brod, Oel, Wasser aus dem sog. Adelheidsbrunnen zu Ehren der h. Patronin zu segnen und als Heilsmittel gegen Krankheiten bei Menschen und Vieh in Anwendung zu bringen.

Eine andere Armenstiftung verdankte der Abtissin Lucia von Broich (1581—1627) ihre Entstehung. Sie bestand darin, daß jährlich am Festtag der h. Lucia (13. December) fünf arme Kinder aus der Herrschaft Vilich in Schwarz gekleidet wurden. „Hierzu wird gekauft 14 bis 15 ehlen schwarz wullen tuch, 4 ehlen weiß wullen tuch, auch 6 ehlen schwarz leinen tuch. Der Schneider bekombt, wie vor alter, vor Machlohn zwei reichsdahler 36 Albus, der schuhemacher bekombt vor die fünf paar neuer schuhe ahn lohn 2 reichsdahler 39 Albus."

Unter den Wohlthätigkeits-Anstalten des Klosters ist besonders das

Stiftshospital

hervorzuheben, ein Hospitalbau in der Nähe des schönen romanischen Thorbogens, welcher den äußersten Haupteingang zum Kloster bildet. Zu den Einkünften gehörten:

1. Der trockene Zehnte vom zehntfreien Stiftslande, nach dem jährlichen Durchschnitt des Dreschregisters veranschlagt zu 30 Malter.

2. Der Traubenzehnte, nach dem Durchschnittsertrag ungefähr $1^{1}/_{2}$ Ohm jährlich.

3. Zinsen von Capitalien, 58 Rthlr.

4. An Grundpacht, Oel- und Scheunenpacht etwa 7 Reichsthaler.

Die Hospitalstiftung stand unter Aufsicht der Abtissin und der beiden ältesten Capitularinnen. Dieselben besorgten die Reparaturen des Hospitals und vergaben abwechselnd die Armenpräbenden wie folgt:

Fünf Ortsarme erhielten freie Wohnung im Hospital und je ein Malter und ein Sümmer Korn jährlich, im Winter Brod, fünf Bauschen Stroh, und was sie sonst noch brauchten. Durchziehende Arme und Kranke hatten Nachtquartier und nach Umständen auch einige Tage Verpflegung, bis sie ihre Wanderung fortsetzen konnten oder nach einem andern Orte befördert wurden.

Der Hospitalsverwalter[1]) erhielt den dreizehnten und vierzehnten Theil von Korn und Wein nebst hundert Bund Stroh; der Pfarr-Offermann dreißig Bauschen Stroh und den fünfzehnten Theil von Korn[2]), Weizen und Pachten; der Stifts-Offermann dreißig Bauschen Stroh.

---

[1]) In dem Protokoll vom 27. Oct. 1802 findet sich die Unterschrift: „J. Custodis, Hospitalsmstr."

[2]) Späterer Zusatz: „1 Malter, 1 Sümmer Korn", was vermuthlich den 15. Theil ausmachte.

Das Spitalsvermögen ist nach Aufhebung des Stifts der Civilgemeinde zur Verwaltung übergeben worden und bildet somit noch jetzt einen Theil des Armenvermögens von Vilich.

Die Abtissinnen.

Die heilige Adelheid, 983—1015[1]).

Ida, Tochter des Pfalzgrafen Ezzo, war zugleich Abtissin von St. Maria im Capitol zu Köln[2]).

Mathilde, Schwester Ida's, war zugleich Abtissin im Kloster Dietkirchen bei Bonn[3]).

Hizeka von Wied, Schwester Erzbischofs Arnold II., wird in dem Schutzbrief Kaiser Konrad's III. von 1144 erwähnt[4]), war 1154 bei der Einweihung der Kirche in Schwarz-Rheindorf anwesend[5]).

Elisabeth I., 1177—1205 (?), stiftet das Kloster Grefrath, wo das Stift Vilich die Grundherrschaft besaß[6]), 1185. Sie stiftet eine tägliche Messe zu Vilich durch Schenkung von Zehnten, welche Erzbischof Bruno bestätigt, 1208.

„In dem verheerenden Kriege Philipp's von Schwaben gegen Otto von Braunschweig (1197—1198) fielen böhmische Hülfstruppen in das Bergische ein, welche auch die Klöster Vilich und Schwarz-Rheindorf hart heimsuchten. Die Nonnen wurden schamlos mißhandelt, mit Theer bestrichen, mit Federn überklebt und auf Nachen den Rhein hinunter getrieben." [7])

Elisabeth II., 1213 und 1219[8]).

1222 vacatur.

Gertrudis, 1226 und 1227[9]).

Elisa von Rennenberg 1257, unterschrieb und besiegelte die Stiftungsurkunde des Cistercienserinnenklosters zur h. Katharina in Rennenberg bei Linz.

---

[1]) S. oben. — [2]) Annalen d. h. V. XV 25; Lac., Archiv, IV 186. — [3]) l. c. „Mathild in Didinkirca atque Vilica." — [4]) Lac. I, Nr. 350, S. 238. — [5]) S. daselbst. Vgl. Pick, Stiftskirche zu Bonn, I 40.

[6]) In Graefrath besaß Abtissin Elisabeth eine Kapelle, zu dem von der Abtei Deutz abhängigen Pfarrbezirk Wald (Def. Solingen) gehörig. Die Abtissin vereinbarte mit der Abtei, unter Genehmigung Erzbischofs Philipp vom Jahre 1185, daß die Kapelle aus dem Pfarrverbande von Wald gelöst wurde, und gründete hierauf ein Frauenkloster an derselben, welches der Aufsicht der Abtissin von Vilich unterstand. Lac. I 497, S. 349 u. 503, S. 353.

[7]) v. Mering, Burgen ꝛc., VI 55.

[8]) Gel., Vita Engelbert. Elisabeth I. und II. werden von Einigen (Peiffer) als dieselbe angesehen, nach einem Verzeichniß des Herrn E. von Claer als verschieden.

[9]) Gelen., Farrag. XXX.

Agnes 1273, † 1296.

Mechtildis von Sayn, im Jahre 1296 erwählt.

Ponzetta von Virnenburg, Schwester Erzbischof Heinrich's II. (1311—1327)[1].

Jutta von Virnenburg, Schwester der Vorigen, 1327—1334, bekundet, daß der Canonicus Leo zu Vilich den Hof Nonnenberg zu Oberpleis gekauft und der Abtei zu dem Jahrgedächtniß des Grafen Gottfried der Gräfin Jutta und der Abtissin Mechtildis von Sayn geschenkt habe.

„Abtissin Jutta richtet das von Schulden gedrückte Kloster mit Hülfe ihres Bruders, Erzbischofs Heinrich, wieder auf, zählt die Grundstücke auf, welche sie erworben und wozu der Erzbischof und Dechant Johann zu Bonn 350 Mark zu einem Anniversar für sie, den Erzbischof, dessen Bruder Werner und den Dechanten beigesteuert, 1327."

Katharina, † 1338.

Elisabeth seit 1338.

Aleidis seit 1356.

Druda von Drongelen, 1357—1365.

Lukardis von Alster 1367—1372.

Alveradis von der Kulen (de fovea), 1387, † 1419.

Adelheid von Ufft, bestätigt von Erzbischof Theoderich 1419[2].

Jutta von Reifferscheid 1455[3].

Anna von Lymburg, 1483 und 1493[4].

Lutrudis Schade, 1507.

Margaretha von Blanckart, 1554[5].

Magdalena von Laer.

Agnes von Plettenberg, 1570, resignirt 1581.

Lucia von Broich, 1581—1627. Das im Truchsessischen Krieg 1583 den 12. August zerstörte Stift ließ sie in den Jahren 1596 und 1597 wieder aufbauen und machte eine Stiftung zur Bekleidung fünf armer Kinder[6].

Amöna Margaretha von Bourscheidt war am 4. März 1625 als „Statthalterin" gewählt, 1627 den 31. August als Abtissin, starb 1653.

---

[1] Vgl. Lac. III, Nr. 109, S. 78.
[2] General-Register S. 1. — [3] Merlo im Domblatt 30. November 1865.
[4] Tochter Wilhelm's I. von Limburg. Zwei ihrer Schwestern waren im Kloster zu Gerresheim. Zu ihrer Zeit wurde das Kloster zu Vilich in ein weltliches Damenstift umgewandelt. Kremer II, 112.
[5] S. oben „Haushof" unter „Güter zu Vilich". — [6] Vgl. Nachträge über das Stift Vilich im Anhange.

— Der schwedische General Baudissin ließ 1632 das Stift in Brand schießen. Die Abtissin besorgte den Neubau der Stiftsgebäude bis 1641, die Kirche wurde etwas später fertig[1]).

Elisabeth Helena von Hafften, 1653—1666, resignirt und wird im Kloster Sion zu Köln eingekleidet, tritt 1676 wieder aus und stirbt zu Niederdollendorf an der Pest, wo sie auch beerdigt ist.

Wilhelmina Margaretha von Gefertshaen (Gebhardshain), seit 1666 Verwalterin, am 10. Januar 1668 zur Abtissin gewählt, stiftet die Kaplanei zu Pützchen, starb den 15. Mai 1693.

Agnes Adriana von Bocholz (1693—1727). Auf ihre Kosten wird 1700 das Hauptportal der Kirche gebaut. Auch ein Steinkreuz bei Pützchen bewahrt ihr Andenken. Ein Stein mit ihrem Wappen und der Jahreszahl 1696 befindet sich bei Hausmann in Vilich.

Maria Antoinette von Vorst-Lombeck, 1727—1762 († 23. August).

Johanna Carolina Gräfin von Satzenhofen, seit 1762, starb 1785, fünfundfünfzig Jahre alt und wurde in St. Gangolph zu Bonn begraben[2]).

Maria Josepha Freiin von Zandt zu Merle, seit 1785, resignirt 1794 und heirathet. Von der Wahl einer neuen Abtissin wird aus ökonomischen Gründen Abstand genommen.

Louise Raitz von Frenz, verwaltet das Stift bis zur Aufhebung, lebte noch 1857 zu Schlenderhan im Kreise Bergheim[3]).

Benedictinerinnen zu Vilich.

Auf ein vollständiges Verzeichniß des Personals müssen wir aus Mangel an Hülfsmitteln verzichten und uns auf die in Urkunden sporadisch vorkommenden Namen beschränken. Es sind folgende:

1172 Berta Decana, Aleidis, Alveradis[4]).

1186 Gepa Decana, Uda Celleraria, Gertrudis Custos[5]).

1208. In der Messenstiftung der Abtissin Elisabeth unterschrieben: Gepa Decana, Bertradis Celleraria, Christina Thesauraria (Schatzmeisterin), Alpeidis, Alheidis, Hildegondis, Elisabeth, Richza, Alpeidis, Constantia Gertrudis, Sophia, Margaretha, Elisabeth, Mechtildis, Aleidis[6]).

---

[1]) Aegid. Gelenius hat zu ihrer Zeit das Stifts-Archiv eingesehen.

[2]) J. K. von Satzenhofen schenkte dem Stift ein Paar silbervergoldete Tischleuchter und sechs übersilberte Wandleuchter zum gottesdienstlichen Gebrauch. Ihre Schwester Amalia war Stiftsfräulein zu Vilich und Abtissin zu Schwarz-Rheindorf.

[3]) Gefl. Mittheilung des Herrn Bürgermeisters Schnorrenberg. — [4]) Die Genannten und alle übrigen Schwestern sind Zeugen in der Urkunde Erzbischofs Philipp, wonach die Geistlichen auf dem Petersberge statt des Zehnten nur ein Malter Weizen an das Kloster Vilich zu entrichten haben. Lac. I 442, S. 308.

[5]) Gelen., Farrag., XXX 9. — [6]) l. c.

1213. (Elisabeth Abtissin), Christina Decana, Richza Celleraria, Constantia Thesauraria¹).

1226. Gertrudis Abtissin, Constantia Decana²).

1295. Lisa Decana, Druda Celleraria, Mabilia Thesauraria, auch Küsterin, Mechtildis von Blankenberg, Kunigund von Helpenstein, Nesa von Newenare, Mechtildis von Seyne, Loretta von Arnsberg, Gertrud von Greiffenstein, Sophia von Wickerode, Kunigund von Darnowe, Bela von Waldenberg junior, Irmgard von Kessenich, Benzetta von Tomburg (Moniales)³).

1311. Agnes von Newenar, Gertrudis von Greiffenstein, Gertrudis von Garderode, Beatrix von Beynsfeld⁴).

1323. Gertrudis Decana, Jutta.

1338. Mechtildis von Dollendorp (bei Blankenheim) Decana, Ida von Kendenich und ihre Tochter Irmgard⁵).

Stiftsdamen⁶).

Mechtildis Elisabeth von Etzbach⁷). Wilhelmina Maria Christina von Cortenbach zu Wissen. Anna Constantia Eva von Hatzfeld. Josina Margaretha von Tengnagel. Maria Katharina von Bernsau. N. von Neuhoff. Christina Maria zu Westrem, aufgeschworen 30. August 1679. Anna Adolpha Ferdinanda Wolff von Metternich zu Gracht, 15. December 1689. Maria Eva von Vorst-Lombeck zu Lüftelberg, 27. Februar 1696. Anna Maria von Schaesberg zu Krickenbeck, 2. December 1696. Anna Salome Bertina von Vittinghoff gen. Schell zu Schellenburg, 19. Juli 1700. Maria Johanna Sibylla von Schorlemer zu Oberhagen, 31. Januar 1702. Maria Odilia Ferdinandina von Bernsau zu Schweinheim, 29. Mai 1702. Maria Antoinetta von der Vorst-Lombeck zu Lüftelberg, 13. Februar 1703. Maria Antoinetta von Frentz zu Kentenich, 9. Juli 1703. Maria Anna von Bernsau zu Schweinheim, 19. Januar 1706. Maria Anna von Geldern zu Arcen, 30. October 1709. Marianne von Biland, 1714. Christina Clara Maria Wolff von Metternich zu Gracht, 27. October 1720. Maria Anna Schall von Bell, 5. October 1726. Maria Theresia von Nesselrode zu Ehreshofen, 2. December 1727. Eva Francisca von Bourscheidt zu Büllesheim, 6. October 1730. Maria Agnes Helena Christina Josepha von Rohe zu Bimmer, 23. Januar 1731. Maria Odilia von

---

¹) Gelen., Farrag., XXX 9. — ²) l. c. — ³) Hennes. — ⁴) Lac. III, Nr. 109, S. 79. — ⁵) Fahne, Geschlechter, 216. — ⁶) Generalregister des Bilicher Capitels Lit. U.
⁷) Die ohne Datum der Aufschwörung zuerst verzeichneten sechs Stiftsdamen gehen ohne Zweifel den andern in der Zeit nur kurz vorher.

Satzenhofen, 16. März 1736. Anna Elisabeth Augusta Maria von Hillesheim, 8. Januar 1739. Maria Amalia Clementina von Satzenhofen, 9. Januar 1739. Charlotta Elisabeth Regina von Hillesheim 28. Juli 1741[1]). Maria Theresia von Vorst-Lombeck-Gudenau, 22. April 1748. Eva Henrietta Ernestina von Luzerode-Clyff zu Roth (Rott), 21. Juli 1749. Maria Johanna Charlotta, Gräfin von Satzenhofen, 1751. Maria Augusta von der Heyden gen. Belderbusch zu Streversdorf, 7. Juli 1756. Maria Anna von Cortenbach zu Altenhagen, 18. December 1758. Sophia Isabella Francisca von der Vorst-Lombeck-Lüftelberg, 6. November 1759. Maria Josepha Zand von Merl zu Lissingen, 14. April 1763. Maria Walburgis Mauritia von Zehmen, 1768. Anna Maria Louise Raitz von Frentz zu Schlenderhan, 1768. Walburgis Karolina Francisca von Deuring zu Heylperg, 15. Juni 1769. Anna Elisabeth Augusta von Hompesch zu Bolheim, 1774. Maria Isabella Johanna von Lerodt zu Lerodt, 9. November 1779. Maria Johanna Walburgis von Breidbach zu Bürresheim, 17. December 1779. Maria Johanna von Lerodt zu Lerodt, Februar 1781. Maria Maximiliana Walburgis von Ritter zu Grünstein, Februar 1783. Anna Maria Theresia Raitz von Frentz zu Schlenderhan 1785. Maria Anna von Wallenfels 1787. Maria Theresia von Spies 1788. Maria Eleonore Gräfin von Berlo 1789. Maria Magdalena Josepha von Ritter 1793. Fr. Augusta Raitz von Frentz 1797. Fr. Philippine Walburgis von Ritter 1801. Maria Anna von Gemmingen 1801. Maria Agnes Raitz von Frentz 1802. Theresia von Eberstein 1802. Karolina von Gemmingen 1802. Francisca Reichsfreiin von Ritter, starb als letztlebende Stiftsdame von Vilich am 3. Juli 1872 auf der Marienburg in der Pfarre Quadrath[2]).

Die Canoniker des Stifts.

Die Stellung der Canoniker, welche den Gottesdienst an der Stiftskirche versahen, ist im vierten Capitel der Statuten zur Sprache gekommen. Hier sollen nur die wenigen Canoniker verzeichnet werden, die in der Geschichte des Klosters und des Damenstifts urkundlich genannt werden.

Gerardus, Zeuge 1172 und 1187[3]).

---

[1]) Ch. E. Regina, geboren den 22. März 1728, starb zu Mannheim als die letzte des Geschlechts von Merscheid gen. Hillesheim am 19. August 1807. (Strange, Beiträge, X, 29.) Ihre Großtante Lucia Margaretha von Hillesheim war am 23. December 1702 als Subseniorissa des Stifts Vilich gestorben, l. c. 21. S. Näheres unter Oberpleis, Regina war die Schwester der Anna Elisabeth Augusta Maria.
[2]) Annalen d. h. V. XXV 269. — [3]) Lac. I, Nr. 442, S. 309; Gelen., Farrag., XXX. Lac. l. c. Nr. 563, S. 354.

Hermannus, 1183¹) und 1187²).

Adolphus de Husen, 1288. Erzbischof Sifried bekundet, daß der Domschatzmeister Heinrich von Heinsberg die Rente von 8 Malter Weizen, welche er von Wicker und Heinrich erworben, dem Adolph von Husen, Stiftsherrn zu Vilich, zum Leibgeding ausgesetzt habe, mit der Bestimmung, daß nach dem Tode desselben seine Memorie von dem Priester der goldenen Kammer daraus begangen werde, 25. Januar 1288³). Propst, Dekan und das ganze Capitel der Domkirche zu Köln verkaufen am 15. October 1288 dem Canonicus Adolph von Husen zu Vilich eine Leibrente von einer Mark kölnischer Denare zu 12 Schillingen für 12 Mark. Die Rente ist zahlbar jedes Jahr um St. Remigius⁴).

Roricus von Argendorf, wird 1311 den 26. Juli von Erzbischof Heinrich II. beauftragt, die Vermögensverhältnisse des Klosters Vilich zu ordnen⁵).

Leo, Canonicus zu Vilich, kauft den Hof Nonnenberg in Oberpleis zu einem Jahrgedächtniß des Grafen Gottfried, der Gräfin Jutta und der Abtissin Mechtildis von Sayn. Die Abtissin Jutta von Virneburg bekundet dieses mit dem Beifügen, daß von 8 Malter Weizen, welche dem Convent zu Vilich von dem Gute jährlich zugeführt werden, bei dem Jahrgedächtniß des Grafen an der Vigilie von Allerheiligen, sowie am Tage nach Lambertus (17. September) jedesmal ein Malter, zum Gedächtniß der Gräfin Jutta den 10. März und am Tage nach St. Johannes und Paulus (26. Juni) je ein Malter angewiesen werde. Vier übrige Malter sollen für das Jahrgedächtniß des Canonicus Leo dem Convent zu Gute kommen⁶).

N. Lapp, 1689. In diesem Jahre erfüllten die Minoriten zu Bonn die Stiftungsobliegenheiten für die Canoniker, welche wegen der französischen Kriegsunruhen in der Kirche zu Vilich nicht fungiren konnten⁷).

Johann Theodor, Sohn Gerhard Adolph Schevastes', Schultheißen zu Vilich, Protonotar und Canonicus zu St. Cassius in Bonn und St. Peter in Vilich, starb den 20. Juni 1719 und liegt im Chor der Kirche zu Pützchen begraben⁸). Ein von ihm errichtetes Kreuz zu Vilich trägt die Jahreszahl 1690. Auch das zwischen Vilich und Beuel befindliche Heiligenhäuschen mit buntfarbiger Steingruppe „Christus am Oelberge" hat man ihm zu verdanken⁹).

Johann Arnold de Reux, der Kölner Generalvicar, legt die Präbende zu Vilich im Jahre 1739 nieder¹⁰).

---

¹) Lac. I 488, S. 344. — ²) l. c. Nr. 503, S. 354. — ³) L. Korth, „Der älteste Kartular des k. Domstifts" (1887), S. 176. — ⁴) l. c. 260. — ⁵) Lac. III, Nr. 109, S. 78. — ⁶) l. c. Nr. 219, S. 186. — ⁷) Annalen d. h. V. XLIII 157. — ⁸) Annalen d. h. V. XXXI 151. — ⁹) l. c. — ¹⁰) Nach Aufzeichnung des Pastors Peiffer.

Reiner Löltgen, zwischen 1732 und 1753, starb 1761.

N. Wolf, 1753.

Franz Peter Schevastes, Sohn des Schultheißen und Kellners Peter Schevastes, † 1738, und der Maria Magdalena Heckers zu Vilich, lebte noch 1768.

Franz Bernhard Schevastes, Bruder des Vorigen, 1768.

Caspar Hundt, um 1780, † 1. December 1830.

N. von Schönheim, 1785.

N. Teuspolde, 1786.

Alexander Joseph Anton Schevastes, Sohn des Schultheißen Johann Peter Karl und der Maria Magdalena von Labri, um 1801, starb als letzter seines Stammes 1823[1]).

Hierhin gehören auch die unten verzeichneten Pfarrer von Johann Heiden (1611) bis Gottfried Herck (1803), welche sämmtlich Canonifer der Stiftskirche waren.

Das Ende des Stifts Vilich.

Als die französische Revolutions-Armee im Jahre 1794 dem Rheine näher rückte, legte die Freiin Zand von Merle den Abtissenstab nieder, um in den Ehestand zu treten. Eine Neuwahl hielt man wegen der gedrückten Finanzlage des Stiftes und in Erwartung größerer Ausfälle an Einkünften und neuer Lasten, wie sie der Krieg stets unausbleiblich im Gefolge hat, nicht für angezeigt. Wird mit der Leitung statt der Abtissin, so hieß es, eine Verwalterin betraut, so können bei verminderten Auslagen Ersparnisse gemacht und zur Deckung von Schulden und Bestreitung nothwendiger Bedürfnisse verwendet werden[2]). So trat auf den Beschluß des Stiftscapitels, mit Genehmigung des Erzbischofs Max Franz, Freiin Louise Raitz von Frentz die Stelle einer „Administratorin" des Stifts Vilich an.

In den ersten Tagen des Monats October (1794) floh Max Franz, der letzte Kurfürst, vor den Franzosen außer Landes. Nach sieben in äußerster Bedrängniß durchlebten Kriegsjahren kam 1801 der Lüneviller Friede zu Stande, in Folge dessen die Reichsdeputation zu Regensburg im Jahre 1803 die auf dem rechten Rheinufer gelegenen Landestheile

---

[1]) Annalen l. c. 150 und 153.

[2]) Für ihre Mühewaltung erhielt die Administratorin aus den Einkünften der Abtissin jährlich 200 Reichsthaler, die abteiliche Wohnung nebst Garten, die abteilichen Einkünfte der Jagd, Fischerei, Lehn- und Jurisdictionsgefälle, Hühnergeld und Judentribut, selbstredend unter Beibehaltung ihrer Canonical-Präbende. Alle andern Einnahmen der Abtissin fielen der Stiftskasse als Ersparnisse zur Tilgung von Schulden und Deckung sonstiger außerordentlicher Ausgaben zu.

des Kurfürstenthums Köln dem Herzog von Nassau-Usingen als Entschädigung für die auf der linken Rheinseite verlorenen Besitzungen überlieferte. Schon am 4. September 1802 hatte Karl Wilhelm von Nassau erklärt, daß er nach Vorgang mehrerer anderer Reichsstände sich veranlaßt sehe, gedachte kurkölnische Landestheile provisorisch, bis Kaiser und Reich das Weitere entschieden haben würden, in Besitz zu nehmen, jedoch würde hierdurch die bestehende Verfassung und Civilverwaltung nicht die mindeste Aenderung erleiden und die vorläufige Maßnahme auf Kosten der herzoglichen Kasse ohne jede Belästigung der Einwohner stattfinden. Die Administratorin hatte alle Ursache, dem Frieden geringes Vertrauen zu schenken, hielt es jedoch für rathsam, zu dem bösen Spiel gute Miene zu machen und dem Fürsten von Nassau durch ehrerbietiges Schreiben vom 4. October 1802 ihr Stift als „eine zu anständigem Unterhalt adeliger Töchter und zu zweckmäßiger Unterstützung des Adelstandes dienende Einrichtung" dem gnädigsten Schutze des Fürsten zu empfehlen.

Als Antwort auf diese Empfehlung erschienen am 27. October der nassauische Oberschultheiß Eiffert und Hofgerichtssecretair Hergenhahn im Stiftsgebäude, um ein protokollarisches Verzeichniß aller stiftischen Güter und Einkünfte aufzunehmen. Dieses geschah in Gegenwart der Administratorin Freiin Raitz von Frentz, der beiden ältesten Capitularinnen Walburga von Deuring und Therese Raitz von Frentz, des Stiftssyndicus Geheimrath Custodis und des Landmarschmeisters Kerz. Von sämmtlichen Gütern, Gerechtsamen, Einkünften, wie die strengste Buchführung sie nur verzeichnen kann, bis zu den Spargeldern der Stiftsdamen, wurden genaueste Angaben verlangt und gegeben.

Am 3. November reisten die beiden Administratorinnen Freiin von Frentz zu Vilich, von Westernach zu Schwarz-Rheindorf in Begleitung der Stiftsdamen von Wadenfels und des Stiftssyndicus Custodis nach Biebrich, um dem Herzog als Landesherrn ihre Huldigung darzubringen und eine von den im Stift anwesenden Capitularinnen unter dem 1. November verfaßte Bittschrift[1]) zur Wahrung der stiftischen Rechte zu überreichen. Ueber den Empfang berichtet Geheimrath Custodis: „Am 6. November trafen wir in Biebrich ein und wurden sehr gut und höflich aufgenommen. Am siebenten überreichte ich dem Fürsten die Empfehlungsschreiben von den Stiften Vilich und Rheindorf, dann der beiden Administratorinnen und eines pro primariis precibus von Herrn von Eberstein. Ich sagte dem Fürsten den Inhalt und er nahm sie gnädig auf mit der Antwort, daß er zur Zufriedenheit der Damen alles Mög-

---

[1]) Die anwesenden unterzeichneten Capitularinnen waren Louise von Frentz, Walburga von Deuring, Therese von Frentz, Marianne von Wadenfels, Therese von Spies, Magdalena von Ritter, Augusta von Frentz.

liche thun würde, jedoch vor wirklicher Besitzung der Länder nichts beschließen könne, um die Verfügung dauerhaft zu machen."

Am 11. November kamen die nassauischen Commissarien Regierungsrath Vigelius und Hofgerichtssecretair Hergenhahn nach Vilich, um die Stiftsbeamten provisorisch in Pflicht zu nehmen, "indem das Domcapitel nicht mehr in Arnsberg zusammen wäre und aller Anarchie vorgebeugt werden müsse". "Sie hielten gleichwohl dem Gericht ausdrücklich vor, daß die Verhältnisse des Stifts bis auf weitere Anordnung des Fürsten die nämlichen seien, als sie gegen den Kurfürsten gewesen, mithin die unterherrliche Gerichtsbarkeit nicht aufgehoben würde." — Ja, bis auf weitere Anordnung des Fürsten!

Im Namen seiner hochfürstlichen Durchlaucht nahmen am 8. December 1802 der Regierungsrath Vigelius, Hofgerichtssecretair Hergenhahn und Oberlandesschultheiß Eiffert in der Herrlichkeit Vilich die Huldigung entgegen.

Die beiden Administratorinnen von Vilich und Rheindorf, Freifrau[1]) Canonissa Raitz von Frentz und Freifrau von Westernach, versprachen für sich und die übrigen Stiftsdamen mit Handschlag Treu und Gehorsam, ebenso der Pastor Canonicus Herck, die Canonici Schevastes und Hund von Vilich, sodann Canonicus Worms von Rheindorf. Der Schultheiß Rennen, die beiden Gerichtsschreiber Hünten und Stroof schwuren den förmlichen Eid, wobei Schultheiß Rennen erinnerte, diesen Eid nur in der Voraussetzung abzulegen, daß er des vorigen Eides entbunden sei.

Regierungsrath Vigelius bemerkte, auf Erinnerung des Geheimraths Custodis, daß durch diese Huldigung nur die landesherrlichen Rechte des Fürsten einträten, sowie vorhin der Kurfürst von Köln sie gehabt, und hierdurch den unterherrlichen Gerechtsamen nichts benommen werde, sondern alles in der nämlichen Verfassung bleibe. Hierauf legten Scheffen und Bürgermeister ebenmäßig den förmlichen Huldigungseid ab.

Schließlich hielt Pastor Herck ein feierliches Hochamt mit "passender" Anrede über dem Landesherrn schuldige Treue und Gehorsam. Nach Beendigung des Hochamtes wurde vor ausgestelltem hochwürdigsten Gut das Te Deum gesungen, "sodann von den Herren Canonici ein Mittagsmahl gegeben und der Tag in freudigen Lustbarkeiten zugebracht." Abends um halb acht Uhr reisten die Herren Commissare nach Deutz ab[2]).

Die Reichsdeputation zu Regensburg kam am 25. Februar 1803 mit ihrem "Hauptschluß" zu Ende. Derselbe erhielt durch Reichsgut-

---

[1]) Freifrau war ein Ehrentitel der Abtissin, zum Unterschied von den andern Stiftsdamen oder Stiftsfräulein.

[2]) Aufzeichnungen des Stiftssyndicus Custodis.

achten vom 24. März und kaiserliches Decret vom 27. April Gesetzeskraft, also auch die Ueberweisung der rechtsrheinischen kurkölnischen Landestheile an Nassau-Usingen ihre endgültige Bestätigung.

Für die Stifter Vilich und Schwarz-Rheindorf ist § 55 des Hauptschlusses von entscheidender Bedeutung. Er lautet: „Die Stiftsfrauen und Stiftsfräulein verbleiben so lange bei ihrem bisherigen Genuß, als es dem neuen Landesherrn nicht räthlich scheint, sie gegen eine zu ihrer Zufriedenheit zu regulirende Abfindung aufzuheben."

Im § 52 war noch ausdrücklich dafür gesorgt, daß die „adeligen Stiftsdamen den lebenslänglichen Genuß ihrer Capitelswohnungen behalten" sollten.

Durch § 55 waren die Stiftsdamen der Gnade oder vielmehr der Willkür des neuen Landesherrn überantwortet. Deshalb konnte ihnen auch der lebenslängliche Genuß der Capitelswohnungen nicht zum Vortheile gereichen. Was nützt dem Cavalier seine Burg, wenn die Renten fehlen?

Am 18. März 1804 hatten die Damen noch nicht die geringste Gewißheit über die zu erwartende Pension, — da wurde durch herzogliches Decret die Suppression des Stifts in folgender Form ausgesprochen:

„Friedrich August[1], von Gottes Gnaden Fürst von Nassau ꝛc. ꝛc., ... haben zwar bei der gegen Ende des Jahres 1802 erfolgten Besitznahme der Unserm Fürstlichen Hause durch den neuen Reichsschluß für seinen in dem Lüneviller Frieden erlittenen starken Länderverlust auf der linken Rheinseite unter anderm als Entschädigung zugewiesenen beiden ehemalig Kurköllnischen Herrlichkeiten Vilich und Schwarz-Rheindorf erklärt, wie Wir zwar zur Zeit noch nicht gesonnen seyen, eine Abänderung in Ansehung der denen beiden dasigen adelichen Damenstiftern in gedachten Herrlichkeiten zustehenden Gerechtsamen vorzunehmen: Nachdem Wir aber aus verschiedenen erheblichen und dringenden Rücksichten Uns gnädigst bewogen gefunden, nunmehro jene Stifter selbsten Kraft der Uns zustehenden landesherrlichen Befugnis aufzuheben und des Endes eigene Commissarien dahin abzusenden: Als wird diese Unsere höchste Entschließung sämtlichen dasigen Gerichten, Unterthanen und Einsaßen mit dem Anhang bekannt gemacht, daß sie, von dem Tage der Publication dieses an gerechnet, ihrer Pflichten, womit sie bishero denen beiden Stiftern Vilich und Schwarz-Rheindorf als ihren vormaligen Unterherrn zugethan gewesen, gänzlich entlaßen; dagegen sie Uns als ihren wahren und unmittelbaren Landes- und Gerichtsherrn anzusehen und zu erkennen haben.

---

[1] Herzog Karl Wilhelm war inzwischen gestorben.

„Wir versehen Uns anbey zu sämtlichen Gerichten, Unterthanen und Einsaßen dieser beiden Herrlichkeiten, daß sie dem Uns bereits geleisteten Huldigungs=Eid gemäß sich fernerhin als gehorsame Unterthanen gegen Uns und Unser fürstliches Haus betragen und dessen Bestes und Nutzen jederzeit wahrnehmen werden. Sie haben sich also hiernach zu achten und dagegen Unserer Landesherrlichen Huld und Gnade fernerhin versichert zu halten.

„Gegeben in Unserer Residenz Biebrich den 18. März 1804.
L. S.   Fr. Aug. F. zu Nassau."

Zur Ausführung des Decrets trafen als fürstliche Commissare Kammer=Assessor de St. George und Justizrath Koch ohne jede vorherige Anzeige in Vilich ein. Am 6. April 1804 wurde die Aufhebung des Stifts dem Gerichte verkündet mit dem Bemerken, daß von dem genannten Tage an sofort die Administration, von welcher Art sie auch sei, imgleichen der Gottesdienst in der Stiftskirche aufhöre.

Während in dieser Weise das Aufhebungsdecret in Vollzug gesetzt wurde, defilirte nassauisches Militair unter Führung eines Offiziers mit Kriegsmusik von Linz bis Deutz, wo es ebenfalls gute Beute gab, und von Deutz zurück nach Vilich. Die Damen hätten ja sonst ihre stets kriegsbereiten Unterthanen unter die Waffen rufen und das ganze Land in Aufruhr versetzen können. So aber ging die Sache ganz friedlich ab, obwohl von der gepriesenen Regelung zur „Zufriedenheit der Damen" noch gar nichts bekannt war.

Mit würdevollem Ernst, der ihnen alle Ehre machte, ergaben sich die Canonessen in das Unvermeidliche und erklärten der Commission gegenüber, „daß sie die Aufhebung nicht anders als in Gefolg und in Uebereinstimmung mit dem Reichs=Deputationshauptschluß geschehen ließen," ohne auch nur den geringsten Schein von Widersetzlichkeit zu geben. Die Commissare ließen hierauf das Aufhebungspatent öffentlich anheften, bemächtigten sich des Archivs, entnahmen demselben die kölner Synodalstatuten, drei kaiserliche Urkunden und die Archivs=Repertorien und stellten den Rheindorfer Gerichtsschreiber Stroof zum Actuar und den geistlichen Rath Neesen zu Bonn zum Stiftsverwalter an.

Das Stift Vilich hatte nunmehr nach einer achthundertjährigen Lebensdauer zu bestehen aufgehört.

Um die Stiftsdamen kümmerten sich die Herren Commissare weiter nicht mehr, als in so fern von böswilliger Seite das Gerücht ausgegangen war, sie hätten bei der protokollarischen Güteraufnahme gewisse Sachen verheimlicht.

Im Bewußtsein ihrer Unschuld konnten die Canonessen auf die verleumderische Anschuldigung versichern, „daß nicht das mindeste Körnchen, kein Gran Metall, kein Pfennig und kein Blättchen Papier, viel weniger eine Obligation, Schuldbrief zum Nachtheil des landesherrlichen Aerariums beseitigt oder entwendet worden". Sie verlangten bestimmte Angaben über die angeblich verheimlichten Gegenstände, um sich rechtfertigen zu können. Vergebens, es wurde ihnen keine Gelegenheit zur Verantwortung gegeben. Statt dessen fingen die Commissare an, eine genaue Untersuchung anzustellen, um das zu finden, was man suchte. Drei volle Monate hat diese Untersuchung gedauert. Man rechnete, revidirte veraltete Rechnungen, verglich das vorhandene Mobilar mit alten Inventarien von 1789, forschte nach einer alten Ofenröhre, wurmstichigen Weinfässern, fragte nach einem halben Centner Kartoffeln, die den Armen geschenkt worden waren: allein alles ohne Resultat. Schließlich konnten die Stiftsdamen sich freuen, daß sie aus der schmachvollen Anklage als Siegerinnen hervorgingen.

Wie war der böse Leumund zu der falschen Anklage gekommen? Es scheint, man wollte das allen Anstand verletzende Vorgehen, womit man in das Stift eingedrungen war, durch einen äußern Vorwand maskiren. Daß man so die eine Tactlosigkeit durch eine andere, ja durch eine neue Ungerechtigkeit die andere verschlimmerte, das war die Leidenschaft schuld, das war die Habgier schuld, womit man nach Art hungeriger Wölfe über das Gut der Kirchen und Klöster herfiel.

Endlich erhielt die Administratorin am 18. Januar von Herrn von Motz aus Nassau die briefliche Mittheilung, daß die Pensionen für die Canonessen bestimmt seien wie folgt: Die Administratorin 700 Reichsthaler, die Capitularinnen, welche Aemter hatten, 430, die andern 400 Reichsthaler, die Conventsfräulein (ohne Präbende) bezogen nach ihren Conventsjahren. Bei dem Tode oder bei Verheirathung einer Canonesse wird ihre Pension unter die Lebenden als Zulage vertheilt. Fräulein von Spies erhielt wegen Kränklichkeit eine erhöhte Pension von 500 Reichsthalern.

Die meisten Stiftsdamen hatten inzwischen ihre Stiftswohnungen verlassen und waren zu ihren Verwandten gezogen. Nach Regelung der Pensionen sagten auch die Zurückgebliebenen der vereinsamten Lieblingsstätte Lebewohl.

Die Kirchen.

Seit Errichtung des Klosters waren in Vilich zwei Kirchen, die Pfarrkirche zum heiligen Paulus und die zu Ehren der heiligen Martyrer Cornelius und Cyprianus erbaute Stiftskirche, welche später den heiligen Apostel Petrus zum Patron erhielt.

Von der ältesten Pfarrkirche geschieht nirgendwo eine geschichtliche Erwähnung. Nur wissen wir, daß sie die Mutterkirche und Taufkirche sämmtlicher zwischen Sieg und Rhönbach gelegenen kirchlichen Gemeinden war. Von der letzten Pauluskirche ist nur das Ende bekannt und die Stelle, wo sie gestanden hat. Sie stand wenige hundert Schritt von der Stiftskirche, an dem Rande des alten Siegbettes, wo sich die Substructionen noch deutlich zeigen. In den Tagen vom 18. bis 20. März 1765 sammelten sich ungeheure Wassermassen an, welche das Siegbett in einen See verwandelten. Die Gewalt der Fluthen unterwühlte die Fundamente der Kirche dergestalt, daß das Schiff den Abhang hinunterstürzte. Der Thurm hielt noch so lange Stand, daß man die Glocken unbeschädigt aus demselben entfernen konnte.

Die Kirche war vermuthlich ein uralter romanischer Bau in der Art, wie die Filialkirchen ihres Districts, welche das Gepräge des 10. bis 12. Jahrhunderts trugen und theilweise aus den noch vorhandenen Resten und Beschreibungen als solche zu erkennen sind.

Da das Vilicher Stift als Patron der Pfarre nicht im Stande war, eine neue Pfarrkirche zu bauen, so schloß die Abtissin Gräfin von Satzenhofen in Gemeinschaft mit den beiden ältesten Stiftsdamen von Bylandt und von Rohe mit Pastor Heydthuysen einen Vergleich, wonach die Stiftskirche zugleich als Pfarrkirche benutzt werden sollte; jedoch für den Pfarrgottesdienst nur das linke Seitenschiff mit dem Muttergottesaltar eingeräumt wurde. Eine besondere Sacristei sollte außerhalb der Kirche gebaut werden. Zur Vermeidung von Störungen durfte das Pfarrhochamt erst nach Beendigung der Tagzeiten und des Stifts-Hochamts beginnen, ebenso die nachmittägige Andacht der Pfarre nach beendigter Stiftsvesper. So blieb es bis 1792, wo neue Sendscheffen gewählt wurden. Diese verlangten in einer Eingabe an das Stiftscapitel vom 6. October dess. J. die Erbauung einer neuen Pfarrkirche und bis zu deren Vollendung den Gebrauch des Hochaltars in der Stiftskirche für den Pfarrgottesdienst. Das Gesuch wurde abgelehnt. Um diese Zeit waren die Stiftsdamen bis auf eine vor der drohenden Kriegsgefahr geflüchtet, und in ihrer Abwesenheit hielt Pastor Herck am 20. October das Hochamt an dem Hauptaltar.

Freifräulein von Lombeck-Gudenau, die einzige noch anwesende Capitularin, protestirte als Subseniorissa gegen das Vorgehen des Pfarrers, worauf die Pfarreingesessenen die Entscheidung des erzbischöflichen Officials anriefen.

Diese erfolgte am 5. September 1793. Die Pfarreingesessenen wurden kostenfällig abgewiesen und zur Innehaltung des früher abgeschlossenen Vergleichs angehalten. Indessen führten die kriegerischen

Ereignisse in wenigen Jahren die Aufhebung des Stifts herbei und die Pfarre kam in Folge derselben in den alleinigen Besitz der ehemaligen Stiftskirche zum h. Petrus.

Die Kirche repräsentirt verschiedene Bauperioden mit ihren eigenthümlichen Stilarten, und ist durch wiederholten Anbau zu fünf Schiffen erweitert.

Der mittlere Theil ist der Rest einer dreischiffigen romanischen Pfeilerbasilika, und nach fachmännischem Urtheil aus der Zeit der Klostergründung, dem 10. Jahrhundert, also das Werk der frommen Stifter Megingoz und Gerbirga. Als ihre Tochter, die h. Adelheid, ihren segensvollen Lebenslauf als erste Abtissin vollendet hatte, hielt man es für eine Pflicht der Pietät und der Dankbarkeit, ihr ein würdiges Denkmal zu setzen. So entstand im Seitenschiff auf der Epistelseite das Adelheidschörchen, welches sich als viertes Schiff der Kirche eingliedert.

Dieses Chörchen sollte als Ruhestätte die heiligen Gebeine der h. Adelheid aufnehmen und man glaubte dasselbe mit allen Mitteln der Kunst nicht zu kostbar und zu zierlich ausstatten zu können. Daher der Reichthum der Architektonik und Ornamentik im Gegensatz zu der Einfachheit der ältern Theile der Kirche, die zierlich gegliederten Rundsäulen, die kunstvolle Ausschmückung der Sockel, Kapitelle, Gurten und Gewölbrippen. Dem Adelheidschörchen entspricht das Magdalenenchörchen als fünftes Schiff auf der Evangelienseite, in einfachster, romanischer Form.

Im dreizehnten Jahrhundert ging eine tiefgreifende Veränderung an der Kirche vor. Man ersetzte die romanischen Chöre durch drei neue im reinsten gothischen Stile der damaligen klassischen Kunstperiode und errichtete zwischen Chor und Langschiff ein Querschiff, wodurch das Ganze die Form einer Kreuzkirche erhielt. Das Langschiff wurde in entsprechender Weise erhöht. So entstand ein imposanter Bau, der zu den schönsten Kirchen des Rheinlandes gehörte, wenn nicht der zerstörende Krieg seinen Vandalismus an demselben ausgeübt hätte. Der westliche Theil wurde 1583 durch die Truchsessen[1]) ganz in Trümmer gelegt; weitere Spuren der Verwüstung sind an den zur Noth wiederhergestellten Theilen am Haupt- und rechten Seitenchor durch fehlende Ornamente erkennbar.

Der Abtissin Lucia von Broich gebührt das Verdienst, die Kirche durch Ergänzungen an der Westseite, auch durch anderweite Reparatur

---

[1]) „Der Commandant von Bonn, Karl Truchseß, hatte (12. August) die Klöster und Kirchen zu Vilich und Schwarz-Rheindorf rein ausgeplündert und mit seinen Landsknechten besetzt." Vogel, Bönn'sche Chorographie, II 152.

Herzog Ferdinand ließ im November 1583 die Truchsessischen Landsknechte durch Oberst von Linden aus Vilich vertreiben. So lange hatten also dieselben ihr Unwesen daselbst getrieben. (Vgl. Annalen des h. V. XXXVI 117.)

wieder in Stand gesetzt zu haben. Allein das Langhaus ist dabei ungefähr um die Hälfte kürzer geworden, dadurch das Verhältniß zur Breite ganz auffallend gestört, und dann dieser scharfe Contrast der neu angebauten Theile gegen die majestätische Pracht der gothischen Chöre! Wer den modernen Thurm am westlichen Eingang der Kirche sieht, ahnt nicht die Schönheit, die jenseits hinter demselben verborgen liegt. Dabei ist es immerhin anzuerkennen, daß bei der Noth einer kriegerischen, geschmacklosen Zeit durch die Herstellung der Kirche auch die aus einer bessern Zeit herstammenden kunstvollen Bautheile, wozu außer der Gothik auch das romanische Adelheidschörchen gehört, erhalten worden sind.

Ueber die Zerstörung durch die Truchsessen und ihre Wiederherstellung durch Lucia von Broich findet sich ein Gedenkstein auf dem ehemaligen Stiftshof mit folgender Inschrift:

ANNO 83 DEN XII AVGVSTI IST DIS STIFFT DVRCH DAS GEMEI(N) KRIEGSWESE MIT DEM BRANT ZERSTEVRT VND ERS ANNO 96 VND 97 DORCH DIE ERWERDIGE EDLE VILL ERETREICHE LVCIE VON BROCH ZVR ZEIT ABDISSE HEISELBST WIEDERVMB ERBAWET WORDEN[1]).

Zum zweiten Male ward das Stift sammt der Kirche im October des J. 1632 durch den schwedischen General Baudissin in Brand geschossen, und wiederum fand sich in der Abtissin Amöna von Bourscheidt (1627—1653) eine hochherzige Wohlthäterin, welche die zerstörten Gebäulichkeiten nach Möglichkeit wieder herstellte. Ein neues Stiftsgebäude ward 1641 fertig gestellt, die Reparatur der Kirche etwas später nothdürftig vollendet, das Hauptportal auf Kosten der Abtissin Agnes Adriana von Buchholz erst im J. 1700, wie eine Inschrift über demselben bekundet.

So ist denn die Kirche das jetzige vielgestaltige Gebäude geworden, ein Denkmal der Heiligen, die vor 900 Jahren den Grundstein gelegt, des ehrwürdigen frommen Geistes, der seit den Tagen der h. Adelheid Jahrhunderte hindurch darin gewaltet; aber auch ein Denkmal des Verfalls und der gottentfremdeten kirchenräuberischen Revolution.

Die Altäre.

1. Der Hochaltar mit dem Bilde der schmerzhaften Mutter, plastisch, im Zopfstil.

---

[1]) Ueber der Inschrift ein Doppelwappen: rechts Rauten mit links aufspringendem Hund, einen Ring im Maul haltend, links ein Maueranker. Ueber dem Wappen Medaillon, einen Prälaten darstellend, welcher einer weiblichen Person (Abtissin?) eine Urkunde überreicht (l. c. XXV, 268).

2. Der Kreuzaltar im gothischen Nebenchor.

3. Noch ein Muttergottesaltar, mit gothischem Aufsatz, aus dem J. 1870, als Gegenstück zu dem vorigen.

4. Der Adelheidsaltar im Chörchen der h. Adelheid.

5. Altar der h. Magdalena im Magdalenenchörchen auf der Evangelienseite.

Mit den Altären der h. Adelheid und der h. Magdalena waren Beneficien verbunden, Stiftsvicare als Beneficiaten erfüllten die damit verknüpften Stiftungs=Obliegenheiten. Als Stifterin des Magdalenenaltars erscheint u. A. im J. 1469 Magaretha, Ehefrau des Schultheißen Johann Siebel in Blankenberg. Dieselbe verpflichtet den Altaristen (Beneficiaten) vor den Scheffen zu Vilich aus den an den Magdalenaaltar gestifteten Erbgütern ein Malter Weizen für Hostien bei der h. Messe abzugeben. Dieses Malter Weizen scheint nach dem Zusammenhange des Berichts für die Klosterkirche in Bödingen bestimmt gewesen zu sein, deren Kalendarium die Schenkung am Tage des Jahrgedächtnisses der genannten Eheleute, den 16. Februar, aufweist [1]).

1. Glocken der alten Pfarrkirche.

Nach dem Einsturz der alten Pfarrkirche wurden die Glocken aus dem noch stehen gebliebenen Thurm in die Stiftskirche herübergenommen und am 5. April 1766 zuerst geläutet. Diese waren:

1. Die große Glocke mit der Inschrift:

† IN S. PETRES VND S. ADELHEIDIS EHR BIN ICH GEGOSZEN
ZV GOTTES EHR RVFE ICH VNVERDROSZEN
† AMOENA MARGARETHA GEBOREN VON BVRDTSCHEIDT
FRAIR ABDISZIN ZVE VILICH
† IOANNES MVLLER PASTOR. ROBERTVS SCHEVASTES
SCHVLTES VND KELLNER.
1643.

Bild: Baum des Lebens: sprossendes Kreuz.

2. Die mittlere Glocke:

VIRGINI MARIAE PATRONAE CORDA PIA EX VOTO
EXHIBEBANT 1636.

Joannes Müller pastor et canonicus, Henricus Schevastes praetor cum filio suo Robertus Schevastes cellerario nobilis Collegii Vilicensis.

---

[1]) In der Stiftskirche haben ohne Zweifel früher außer den genannten noch andere Altäre bestanden, entsprechend den Vicarien oder Beneficien, deren jede gewöhnlich ihren besondern Altar hatte. Vgl. oben Capitel IV, Nr. 15 der Statuten.

3. Die kleine Glocke:
> St. Joannis Klock bin ich genannt
> jung und alten wohl bekannt
> den Reichen läut ich wie den Armen
> Gott woll sich ihrer erbarmen
> Arnold Heuer, Arnold Loch, Schöffen.
> 1631.

2. Glocken der jetzigen Pfarrkirche.

1. Nr. 1 wie oben.
2. Die mittlere Glocke:
> † aD araM ConCIones preCes InVIto
> † aC MortVos paroChIae InDICo †
> (gibt zweimal die Jahreszahl 1808).
>
> P. BOITEL ET C. RENAVD ME FECIT.

Figuren: 1. Christus am Kreuz, die büßende Magdalena zu Füßen. 2. Maria mit dem Jesukinde.

Die Glocke wurde unter Pastor Herck aus einer zersprungenen größern, wahrscheinlich Nro. 2 oben, neugegossen. Die neue erhielt das Gewicht von 1205 Pfund. Aus dem Uebergewicht goß man eine kleinere von 375 Pfund, welche nicht mehr vorhanden ist[1]).

3. Die kleine Glocke:

VIrIbVs paroChIae * VILICensIs † sVb CVra pastorIs goDefrIDI herCk beatae VIrgInI et sanCto petro ConseCrata † (1792). MICHAEL STOKY † ZV DATTENFELD HAT MICH GEGOSSEN.

Figuren: 1. Christus am Kreuze, zu den Seiten Maria und Johannes, unter dem Kreuze das Lamm Gottes: ECCE AGNVS DEI. — 2. Maria mit dem Jesukinde.

Diese Glocke ist mit Zusatz von 200 Pfund aus einer ältern umgegossen[2]).

Kunstgegenstände.

1. Eine silberne Krone zu dem Brustbilde der h. Adelheid, über ein Pfund schwer. Sie zeigt auf der Vorderseite das Wappen und darüber die Inschrift der Schenkgeberin:

D. D. CHARLOTTA F. F. VAN RITTER ZV GRÜNSTEIN SENIORISSA. ANNO 1740.

2. Acht Paar silberne Augen, noch ein einzelnes Auge, ein silbernes Bein.

---

[1]) Pastor Peiffer glaubt, sie sei nach Schwarz-Rheindorf gekommen.
[2]) Annalen d. h. V. XXXI, 183.

Reliquien.

Die Stifter des Klosters, Megingoz und Gerbirga, ruhen in der Klosterkirche, wo ihre Gebeine als Reliquien von Heiligen in Ehren gehalten wurden[1]). Das Haupt des Erstern pflegte man vor dem Truchseß'schen Kriege unter den Heiligthümern der Kirche zu zeigen. Auch der Sohn Gottfried wird den Seligen beigezählt und fand daselbst eine würdige Ruhestätte[2]). Der höchste Ruhm des Klosters war die h. Adelheid. Sie hatte in ihrer Demuth sich eine bescheidene Grabstätte im Kloster erwählt, wo sie auch ihrem Wunsche gemäß beigesetzt wurde. Allein die in Folge zahlreicher Wunder eingetretene Verehrung des Volkes verlangte ein öffentliches Denkmal: es entstand das ihrem Andenken geweihte kunstvolle Adelheidschörchen, in dessen Mitte ein drei bis vier Fuß erhöhtes Grabmonument die heiligen Gebeine umfing. Doch die Reformationskriege haben den Heiligen im Grabe die Ruhe gestört. Die Bollandisten schreiben (1658): „Dort sieht man das Grab der Heiligen vor dem neulich errichteten Altar, auf dem sie mit dem Ordensgewande abgebildet und mit dem Schleier bekleidet ist. Das Grab wurde vor einigen Jahren geöffnet, aber leer gefunden; man glaubt, daß der Leib der h. Jungfrau vor etlichen hundert Jahren nach Gallien gebracht worden ist"[3]). Nachdem so auf geheime Art der h. Leib in ein unbekanntes Verwahrsam übertragen war, schenkten die Chorherren zu Bödingen der Kirche zu Vilich die Reliquien, welche sie früher dorther erhalten hatten[4]). Der kleinere Theil eines Armes der h. Adelheid ist in einer dem Brustbilde eingefügten Capsel enthalten, zwei größere Partikeln des Armes befinden sich in zwei später angefertigten versilberten armförmigen Behältern. Außerdem haben sich beim Abbruch des Adelheidsaltars im J. 1864 noch Reliquien der Heiligen in demselben vorgefunden, die bei der Consecration des neuen Altars am 15. Mai 1871 in diesen eingeschlossen wurden. Eine früher in einem Reliquienkasten aufbewahrte Partikel der h. Adelheid ruht jetzt in dem Aufsatz des neuen Muttergottesaltars.

Stiftungen.

1. Der Stiftskirche.

1. Tägliche h. Messe, gestiftet von der Abtissin Elisabeth.

2. Zwei tägliche h. Messen aus Dankbarkeit gegen die Abtissin Amöna Margaratha von Bourscheidt für Wiederherstellung der im dreißigjährigen Kriege zerstörten Kirche.

---

[1]) Gelen., De adm. magn. 748. — [2]) l. c.
[3]) „Vor einigen hundert Jahren" war dazu weniger Veranlassung als in der Reformation, wo an vielen heiligen Orten die Reliquien geraubt oder aus Furcht vor Verunehrung geflüchtet wurden. — [4]) Peiffer, Die h. Adelheid, S. 18.

3. Die auf die verschiedenen Wochentage vertheilten Officien (Messen) der Stiftsvicarien[1]).

2. Der Pfarrkirche.

Im J. 1727 stiftete die Canonissin Maria Francisca von Westrem zu Vilich eine Sonn- und Feiertags-Frühmesse unter der Bedingung, daß einer der Söhne oder Descendenten des Schultheißen Peter Schevastes, der den Priesterstand erwählte, das h. Amt verrichten solle. Sie schenkte zu diesem Zweck 600 Reichsthaler.

Im J. 1760 errichtete die Wittwe des Peter Schevastes († 1738)[2]) in der Pfarrkirche zu Vilich ein beständiges Seelenamt zu Ehren der schmerzhaften Mutter Gottes, jeden Samstag mit Aussetzung des hochwürdigsten Gutes am Muttergottesaltar zu halten. Für diese Messen, die noch immer gelesen werden, wie für das Gehalt des sie celebrirenden Vicars hat die Stifterin bestimmte Ländereien angewiesen.

Canonicus Adolph Hermanns stiftete jährliche Lesemessen an den Magdalena-Altar, das sogenannte Hermann'sche Beneficium. Wenn keine Aspiranten vorhanden sind, so werden die Fonds cumulirt.

Das Stiftungsverzeichniß von 1875 weist 28 gestiftete Hochämter nach, u. A. von Canonicus Adolph Hermanns, Pastor Herck, Canonicus Caspar Hund, Pastor Heinrich Joseph Schwerzgen, Dechant Heinrich Joisten.

Von den vielen gestifteten Lesemessen sind außer den erwähnten 52 Hermann'schen wegen ihrer interessanten Titel besonders merkwürdig:

12 Segensmessen zu Ehren des h. Herzens Jesu für deren Stifter[3]).

10 hh. Messen für die Stifter der Herz-Jesu-Bruderschaft.

12 für die Stifter der Marianischen Bruderschaft.

49 Donnerstags-Segensmessen.

40 Vigilienmessen des Stifts Vilich.

36 Vigilienmessen des Stifts Rheindorf[4]).

1 für Vicar Menzen.

---

[1]) Statuten, Cap. 4, § 15. — [2]) Annalen des h. V. XXXI, 152 f.

[3]) Peter Schevastes, Schultheiß und Kellner des Stifts Vilich, stiftete in der alten (zerfallenen) Pfarrkirche ein Familiengrab, dessen Denkstein nach Annalen des h. V. (XXXI 152) noch vorhanden ist mit Wappen und Inschrift: A. 1717. Praenobilis Dominus **Petrus Schevastes Collegii et dominii Vilicensis praetor et cellerarius et Maria Magdalena Heckers** conjuges pro se suisque posuerunt, Et obiit Petrus 1738 d. 20. Febr. Drei Söhne des Peter Schevastes: Franz Peter, Franz Bernhard und Johann Hermann waren alle Canoniker am Stift Vilich und stifteten jeder eine Messe an die Stiftskirche.

[4]) Diese und die beiden folgenden Stiftungen stammen aus dem Stift Schwarz-Rheindorf.

12 für den Stifter der Vicarie St. Anna.
2 für Pastor Heinrich Joisten.

Processionen. Bruderschaften. Andachten.

Außer der feierlichen Procession am Frohnleichnamsfeste wird am folgenden Sonntag eine zweite zu Ehren des h. Herzens Jesu gehalten. Früher machte sie den Weg nach Schwarz-Rheindorf, nach dessen Erhebung zur Pfarre in der nächsten Umgebung von Vilich.

Die Sebastianusbruderschaft ist gegründet im J. 1717. Sie trägt dem Pfarrer jährlich 24 Lesemessen auf. Das Fest des h. Sebastianus (20. Januar) ist mit einer besondern Festfeier verbunden.

In letzter Zeit ist der Franciscusverein, der Bonifatiusverein und das Gebetsapostolat hinzugekommen.

Die Verehrung der h. Adelheid findet ihren festlichen Ausdruck am Todestage (5. Februar), sowie um Mariä Geburt, jedesmal mit Octav. Papst Pius IX. hat unter dem 3. März 1871 der Kirche zu Vilich vollkommenen Ablaß verliehen:

1. für Alle, welche an einem beliebigen Tage der Octav vom Sonntag vor dem 5. Februar angefangen, nach reumüthiger Beicht und andächtiger Communion die üblichen Gebete in der Meinung des h. Vaters verrichten;

2. unter den gleichen Bedingungen am Feste Mariä Geburt, dem Sonntage nach dem 8. September;

3. ebenso am Feste der h. Apostel Petrus und Paulus; sowie einen Ablaß von 300 Tagen an jedem beliebigen Tage, so oft man mit reumüthigem Herzen in der angegebenen Weise betet [1]).

Herz-Jesu-Andacht ist jeden ersten Sonntag im Monat; Marianische Andacht im ganzen Monat Mai und am dritten Sonntag jeden Monats.

Seit 1873 an den sechs Sonntagen nach der ersten h. Communion Andacht zu Ehren des h. Aloysius.

Im J. 1758 hielten die Jesuiten vom 3. bis 16. September Mission und gingen von Vilich nach Asbach.

Kirchhof.

Unmittelbar neben der Kirche, der Sieg zugewendet, liegt der „große Kirchhof", als einzige noch benutzte Ruhestätte der Entschlafenen. Er liegt im Bering des ehemaligen Stifts, ist also offenbar aus stiftischem Eigenthum entstanden, etwa zwei Morgen groß.

---

[1]) Peiffer, Die h. Adelheid, S. 19.

Da die Stiftsdamen in der Kirche beerdigt wurden, so erscheint es zweifelhaft, ob dieser große Kirchhof zu ihrer Zeit schon vorhanden war.

Sicher ist, daß die Pfarrgemeinde ihren Kirchhof mit dem Beinamen den „kleinen" an der alten Pfarrkirche hatte. Nach Aufhebung des Stifts fand mit der Uebertragung der Stiftskirche auch die des großen Kirchhofs an die Gemeinde statt. Derselbe wird jedoch als confiscirtes Gut und als Civileigenthum behandelt.

Pfarrstelle.

Das alte, zum Stift gehörige Pfarrhaus war von dem Stiftsgebäude durch die Dorfstraße getrennt. Es wurde im J. 1718 durch den Pfarrer Hieronymus Wallraf erneuert und verschönert. Es dient jetzt als Nebengebäude des schönen, soliden Pfarrhauses, welches die Bürgermeisterei Vilich mit Einschluß von Küdinghofen im J. 1874 erbaut hat.

Der Pfarrer von Vilich war dem Patronat der Abtissin unterworfen. Seine Besoldung bestand in dem Genusse von Grundstücken und Stiftszehnten. Als Canonicus und Präsenzmeister hatte er einen bestimmten Antheil an den Früchten des Uckendorfer Hofes und der Windmühle zu Vilich [1]).

Durch Verfügung des Herzogs von Nassau vom 18. März 1804 wurden die Einkünfte des Canonicats und der Stiftsvicarie der Pfarrstelle einverleibt.

Die Güter und Einkünfte der Pfarrstelle finden sich unter Pastor Joisten wie folgt notirt [2]):

a. Grundeigenthum.

Hausgarten 82 Ruthen, Baumgarten 127½ Ruthen, Ackerland im Pfarrbezirk 38 Morgen 130 Ruthen, Rottland zu Niederpleis 19 Morg., Weingarten in Meindorf 38½ Ruthen, Wiesen in Hangelar 83 Ruth., Busch 2 Morgen 10 Ruthen.

Sämmtliche Grundstücke sind frei von Grund- und Communalsteuer.

b. Zehntgerechtsame.

Im Geislarer Feld 19 Morgen 65 Ruthen, im Bechlinghofer Feld 30 Morgen 75 Ruthen.

c. Competenz aus der Staatskasse

3 Malter 4 Viertel Weizen, 10 Malter 9 Viertel Roggen; Geld: 159 Thaler 11 Silbergroschen 3 Pfennige.

---

[1]) Vgl. Status und Nachträge im Anhange. — Dumont, Descriptio, p. 22.
[2]) „Nachweisung der Einkünfte der katholischen Pfarrei zu Vilich." Acta E. Nr. 7 auf dem Bürgermeistereiamt.

Die bekannten Pfarrer.

Godefridus, ist Zeuge in der Urkunde des Erzbischofs Philipp, 1172, betreffend die Zehntgefälle von Heisterbach[1]).

Nicolaus de Berka, 1364[2]).

Johannes de Campana, 1564[3]).

Johann Heyden, bis 1611.

Martin Cussens, präsentirt am 3. December, jedoch nicht investirt, sondern

Hubert Fulner, investirt am 5. December 1611.

Johannes Müller, ist als Pfarrer im J. 1636 und 1643 auf einer Glocke notirt, wird investirt am 26. Mai 1638.

Johannes Schenk, präsentirt am 23., investirt am 30. Januar 1647[4]).

Johannes Unkelbach, errichtet 1679 ein Kreuz zwischen Vilich und Pützchen.

Adolph Custers, investirt am 7. Mai 1689, gestorben 1705.

Hieronymus Wallraf, seit 1705, † 30. December 1739, war früher Pastor in Niederdollendorf, auch Camerarius des Dekanat-Capitels Siegburg.

Konrad Broichhausen, weiht 1743 die Kapelle zu Hangelar, stirbt am 2. Februar 1751 im Alter von 37 Jahren.

Leonard Heythuysen, 1751, † 23. November 1777. Er hatte einen Hauskaplan: Reinerus Engelhard.

Gottfried Joseph Herck, 1777—1823, Jubilar, war bereits 1774 in das Dekanatscapitel aufgenommen, wahrscheinlich als Administrator unter seinem Vorgänger, schenkte der Kirche mehrere Gewänder und stiftete 50 Reichsthaler zu zwei Anniversarien.

Heinrich Joisten, geboren zu Gerresheim am 7. Juni 1784, zum Priester geweiht in Paderborn am 14. Juli 1811, war vor dem 23. December 1823 Vicar in Mintard, hierauf Pastor in Vilich, starb 25. November 1855.

Heinrich Joseph Schwerzgen, geboren in Siegburg am 18. Mai 1804, wurde Priester am 21. August 1829, 1½ Jahr Vicarieverwalter in Uckerath, sieben Jahre Pfarrer in Aegidienberg, sieben-

---

[1]) Lac. I, Nr. 442, S. 308. Im J. 1187 werden als Priester zu Vilich Theodericus und Richwinus genannt. Da die pastores, wenigstens in spätern Jahrhunderten, zugleich Canonici waren, so dürften sich auch unter den nicht ausdrücklich pastores genannten Canonikern noch manche Pfarrer befinden.

[2]) Fahne, Geschlechter, I, 71. — [3]) l. c. 226.

[4]) Die Daten der Investitur sind den betreffenden Protokollen des Cassiusstifts entnommen.

zehn ein halb Jahr in Much, seit 11. März 1856 in Vilich, starb am 1. Juni 1860.

Paul Joseph Peiffer, geboren zu Köln am 23. März 1820, wurde Priester am 13. April 1845, hierauf Vicar zu Allrath, Kaplan an St. Nicolaus in Aachen und an St. Remigius in Bonn, am 1. Juli 1854 Pfarrer in Küdinghofen, am 26. September 1860 in Vilich.

Er machte sich verdient um die Verschönerung der Kirche, ließ die Altäre der Muttergottes und der h. Adelheid neu errichten, das Adelheidschörchen aus der Verwahrlosung kunstgemäß herstellen, hob die Andachten zum h. Herzen Jesu und der h. Adelheid und verfaßte dazu passende Gebete nebst einer kurzen Geschichte dieser heiligen Patronin.

Im Jahre 1871 reiste er nach Rom zum fünfundzwanzigjährigen Papstjubiläum Pius' IX. Seit 1873 ließen die Kräfte in Folge seiner anstrengenden Berufsthätigkeit nach. Drei Jahre später trat gänzliche Dienstunfähigkeit ein. Er starb am 21. December 1881.

Der Culturkampf verhinderte die Wiederbesetzung der Stelle. Dieselbe wurde durch Vicar Laugs verwaltet, seit 16. April 1886 durch Johann Adolph Felder aus Rösrath als Hülfspriester. Felder ist geboren am 30. April 1850, zum Priester geweiht am 24. August 1873, seit 20. December 1887 Vicar in Mettmann und seit dem 7. März 1890 Pfarrer zu Alendorf, Dekanat Blankenheim.

Wilhelm Franken, geboren zu Schiefbahn am 19. October 1829, zum Priester geweiht am 3. September 1855, 3. October desf. J. Vicar zu Schönenberg, Pfarre Rupichteroth, 20. September 1865 Pfarrer zu Effelsberg, 20. April 1872 in Kraudorf, seit 9. Dec. 1887 Pfarrer in Vilich.

Vicarie.

Den Grund zu einer Pfarrvicarie legte die Stiftsdame Marie von Westrem durch Stiftung von 600 Reichsthalern zu einer Frühmesse. Die Fonds vermehrten sich durch Ländereien, welche Maria Magdalena Heckers, Wittwe des Schultheißen Peter Schevastes, zu einer Samstagsmesse schenkte. Die Messen dieser letzten Stiftung wurden zunächst von Priestern der Familie Schevastes persolvirt, nach Aufhebung des Stifts durch ehemalige Canoniker und Stiftsvicare in Verbindung mit der Seelsorge. Unter diesen Canonikern sind zu nennen: Alexander Joseph Anton Schevastes, als letzter dieser vielgenannten Familie, gestorben im J. 1823, und Canonicus Caspar Hundt, † 1830.

Unter Pastor Joisten fanden lange Verhandlungen darüber statt, ob Pfarrer, Staat oder Gemeinde die Besoldung eines Vicars aufzubringen habe. Die Gemeinde hielt den Pfarrer für verpflichtet, weil er die für den Vicardienst bestimmten Güter in Besitz genommen habe, was der Pfarrer mit aller Entschiedenheit bestritt, wie es scheint, mit Erfolg. Am 20. April 1831 erließ Bürgermeister Pfingsten in Gemeinschaft mit Pfarrer Joisten „höherer Verfügung zufolge" die Bekanntmachung, „daß bei der Pfarre Vilich ein Hülfsgeistlicher, dessen Competenz mit 200 Reichsthalern auf die Staatskasse dotirt ist," angestellt werde.

Die Anstellung geschah in dieser Weise offenbar mit Rücksicht auf die Kirche in Schwarz-Rheindorf, wo um diese Zeit der Gottesdienst nach langer Verwaisung wieder eröffnet wurde und der Vicar auch seine Wohnung erhielt. Als aber im J. 1867 Rheindorf zu einer selbständigen Pfarre erhoben wurde, konnte von einem Vicar daselbst keine Rede mehr sein; vielmehr trat nun an Vilich die Forderung heran, für Wohnung und Unterhalt eines zweiten Geistlichen allein zu sorgen. Im J. 1869 war die Sache geordnet. Die Gemeinde zahlte seitdem bis 1878 Miethsentschädigung, und der Kirchenvorstand fand Gelegenheit, ein neu erbautes Haus in günstiger Lage, in der Nähe des Kirchhofs und der Kirche, anzukaufen.

Das Einkommen des Vicars beträgt: Aus der Stiftung der Wittwe Schevastes, dem sogenannten Schevastes'schen Beneficium, 360 Mark, die Zinsen der Westrem'schen Frühmessenstiftung und 390 Mark Gemeindezulage.

Kapläne und Vicare.

Pastor Heinrich Joisten bezeugt dem Gottfried Paes aus Oeverich, Diöcese Trier, am 15. September 1830, daß derselbe seit Jahren als Primissär in Vilich durch Predigt und Krankenbesuch Aushülfe geleistet und sich durch sittliches Betragen ausgezeichnet hat. Derselbe wird hierauf der k. Regierung primo loco als Kaplan vorgeschlagen.

Kapläne zu Schwarz-Rheindorf.

Jacob Marette, geboren zu Niedercassel am 16. December 1804, wurde Priester 1830, zuerst Vicar in Bergheim a. d. Sieg, bald nachher in Vilich-Schwarz-Rheindorf, gestorben am 15. Januar 1843.

Philipp Joseph Karl Peter von Berg aus Düsseldorf, 1843 bis 1847, später Rector der höhern Schule zu Jülich, Kaplan an St. Columba in Köln, seit 6. September 1862 Pfarrer in Gustorf. Er starb daselbst nach einigen Jahren an Gehirnerweichung. Er ist aus den Jahren 1848 bis 1859 bekannt als freisinniger Redner im Hause der Abgeordneten.

Karl Heimbrodt, geboren zu Heiligenstadt, 29. November 1817, Priester 13. April 1845, findet sich 1847 und 1856 im Visitenbuch der Schule, seit 22. August dess. J. Pfarrer zu Sistig.

Heinrich Hubert Kürten, geboren zu Oberbilk am 5. Juli 1824, wurde Priester am 14. September 1851, Deservitor zu Rheindorf seit 12. September 1856.

Karl Franz Magon, geboren zu Viersen am 1. April 1829, Priester am 1. September 1858, seit 26. März 1870 Pfarrer zu Breinig, Dekanat Burtscheid.

Vicare zu Vilich.

Johann Laugs, geboren zu Bockel am 6. Oct. 1827, Priester am 16. März 1861, Vicar zu Vilich am 2. März 1869, starb daselbst am 3. Juni 1886.

Matthias Gau, geboren in Sindorf am 30. Januar 1857, studirte an der Universität Bonn, trat in das Priesterseminar zu Roermond ein, während das Kölner Seminar durch den Culturkampf geschlossen war, und empfing am 3. Juni 1882 die h. Priesterweihe. Hierauf versah er die Vicariestelle in Vilich als Privatgeistlicher und starb, allgemein betrauert, am 15. Februar 1887.

Anmerkungen zu Vilich

Zu Faksimile - Seite 122
„Mutterkirche fünf anderer Pfarreien"
Die klassischen Pfarrgründungen Vilichs sind Küdinghoven, Oberkassel, Ober- und Niederdollendorf sowie Königswinter, alle bereits im Jahre 1144 urkundlich erwähnt. – *Siehe dazu Faksimile-Seite 123.*

Zur Zeit Maaßens bestand aber bereits auch - seit 1868 - die Tochterpfarre Schwarzrheindorf. Nach Maaßen folgten als weitere Tochterpfarreien Beuel (1887/1893), Pützchen (1897/1906), Hangelar (1899/1911) und Geislar (1906/1921/1926). – *Siehe dazu: Auflistung im Anhang.*

Goldene, mit Amaldinen besetzte fränkische Fibel. Ältester christlicher Grabungsfund im rechtsrheinischen Bonn. Vilich 7. Jahrhundert

„Geislar an der Sieg". Geislar hat sich in der Tat zur Zeit Maaßens als „an der Sieg" liegend bezeichnet, so auch in seinem ersten amtlichen Pfarrstempel. Bis in das 20. Jahrhundert hinein hat die Ortschaft wesentlich stärker als heute mit und von der Sieg gelebt. - *Siehe die Anmerkungen zum Ort Geislar: zu Faksimile - Seite 187 ff.*

„Beuel-Combahn" (Fußnote 1): Die letzte Bevölkerungszählung, auf der Maaßen basiert, war wohl die von 1885. – *Siehe die Anmerkungen zu den Orten Beuel und Combahn: zu Faksimile - Seite 180 ff.*

Pützchen liegt nicht „südlich", sondern deutlich südöstlich von Vilich. - *Siehe die Anmerkungen zum Ort Pützchen: zu Faksimile - Seite 170 ff.*

Bechlinghoven (nicht „Bechlinghofen") hat niemals zur Bürgermeisterei Menden gehört. Zwar stets Teil der Pfarre Vilich, war es dennoch auch nicht Teil der (weltlichen) Herrlichkeit Vilich (im Kurfürstentum Köln) gewesen. Vielmehr gehörte es bis zur napoleonischen Gebietsreform von 1808 zum Untergericht Küdinghoven (im Herzogtum Berg), seitdem zur neugeschaffenen Bürgermeisterei Vilich. - *Siehe die Anmerkungen unten zu Faksimile - Seite 132 (Kapitelshof) sowie zum Ort Bechlinghoven: zu Faksimile - Seite 189 („Holzlar, Kohlkaul, Bechlinghoven, Hangelar").*

Hangelar, bis zur Pfarrselbständigkeit 1911 Teil der Pfarre Vilich, war stets Bergisch, Teil des Amtes Blankenberg. 1808 wurde es Teil des Amtes Menden, das 1815 Teil des Siegkreises wurde (wie auch die Gemeinde Holzlar). Es hat zuvor auch in gewisser kommunaler Beziehung zu Kohlkaul und Holzlar gestanden, aber niemals zu Bechlinghoven und dem Amt Löwenberg. - *Siehe auch die Anmerkungen zu Faksimile - Seite 191 („Hangelar").*

Zu Faksimile - Seite 122 f (Fußnote 1), zu Faksimile - Seite 123
(Der Name Vilich)
Der älteste bekannte Beleg stammt von 942 („ad Uilikam", nicht: „ad Vilikam"). Unsicher ist ein noch älterer Beleg (922 „Wilike"). Das von Maaßen für 973 genannte „Vilche" wird Vilich heute nicht mehr zugeschrieben. Die Nennung von 987 lautet „Uilike" (nicht „Vilike"). Bis 1233 ist heute eine ganze Reihe weiterer Nennungen bekannt. Die Form „Vilich" erscheint zum ersten Mal 1485.

Die Ortsnamenforschung ist seit Maaßen fortgeschritten, ohne dass sie aber zur Bedeutung des Namens „Vilich" völlige Klarheit gebracht hätte. *Bursch* will in ihm einen römischen Ursprung sehen und stellt ein „morphologisch bestens geeignetes „Veliacum" zum häufig belegten lateinischen Personennamen „Velius" zur Diskussion". Dem widerspricht aber *Neuss. - Siehe dazu: Bursch, a.a.O., Seite 150 ff, aber auch die Rezensionen dazu von Neuss und Derks, a.a.O.*

Zu Faksimile - Seite 123
Die **„Aufnahme einer Flotte zur Römerzeit"** ist denkbar, archäologisch aber nicht ausreichend belegt. - *Siehe dazu die Anmerkung zu Faksimile - Seite 396 f („Schwarzrheindorf").*
Heute wird „amtlich" als **Gründungsjahr des Klosters zu Vilich** (Stift Vilich) nicht mehr 983, sondern 978 angenommen. Desgleichen bezüglich des „Jungfrauenklosters zu Vilich" (*Faksimile-Seite 124*). Aber auch 978 ist (*nach Giersiepen*) nicht beweisbar; im Prinzip käme jeder Zeitpunkt zwischen 977 und 987 in Frage (weil die mündliche Bestätigung Ottos II. nicht mit dem Jahr der Stiftsgründung identisch sein müsse).
Die übrigen geistlichen Einrichtungen in der näheren und weiteren Nachbarschaft (auf der rechten Rheinseite) entstanden, wie Maaßen richtig darlegt, später: Siegburg (Benediktiner) 1064, Oberpleis (Propstei von Siegburg) vor 1121, Schwarzrheindorf (Benediktinerinnen) um 1170, Heisterbach (Zisterzienser) 1189 (zuvor als Augustinereremiten-Konvent auf dem Petersberg, vor 1142), Zissendorf / Hennef (Zisterzienserinnen, mit Hof in Oberkassel) zwischen 1259 und 1269 (zuvor als Prämonstratenserinnen-Konvent in Blankenberg, seit 1247), Merten / Eitorf (Zisterzienserinnen, mit Hof in Geislar) um 1160. Zu ergänzen wären noch beispielsweise Seligenthal / Siegburg (Franziskaner) 1231 und Herchen / Windeck (Zisterzienserinnen, mit Hof in Küdinghoven) 1247.

Zu Faksimile - Seite 123 f, zu Faksimile - Seite 126
„Das Kloster der Benediktinerinnen"
Zur Gründerfamilie und zur Gründungsgeschichte siehe die neueren Forschungsergebnisse, zusammengefasst bei Giersiepen, Kanonissenstift, a.a.O., Seite 43–53, die Abstammungstafel bei Corsten, a.a.O., Seite 18, sowie die Ver-

wandtschaftstafel bei Wisplinghoff, (1000 Jahre Stift), Seite 27 (Böhringer, a.a.O., hält allerdings die Verwandtschaftstafel bei Wisplinghoff hinsichtlich der Vorfahren Gerbergas für unzutreffend.).
Die Herkunft von Megingoz lässt sich nicht ausreichend ergründen; er war wohl geringeren Geblüts als Gerberga, trug keinen Grafentitel, während Gerberga, nach der Vita „nobilissimo germine", Tochter des lothringischen Pfalzgrafen Gottfried war, Bruder des Kölner Erzbischofs Wichfried (924-953) *(vergl. Giersiepen)*. Gottfried war weitläufig mit König Heinrich I. verwandt, seine Ehefrau Irmintrudis Tochter König Karls III. (des Einfältigen) von Westfranken, so dass Gerberga eine Enkelin dieses karolingischen Herrschers war *(vergl. Böhringer)*. Gerberga starb zwischen 993 und 996, Megingoz „drei Jahre später".

Reliquienbüste der heiligen Adelheid, Holz mit Goldfassung. 17. Jahrhundert.

Zu Faksimile - Seite 124 f
(Ruhestätte Adelheids und ihrer Eltern)
Nach Maaßen ist das Haupt von Megingoz in Vilich gezeigt worden. - *Siehe dazu: Schlafke (in Band Achter), a.a.O., Seite 306 und 310, sowie: Giersiepen (Kanonissenstift), a.a.O., Seite 120 ff.*

Zu Faksimile - Seite 124-126
(Die hl. Adelheid)
Siehe als jüngste die Darlegungen bei Giersiepen, Kanonissenstift, a.a.O., Seite 120 ff., zuvor bei Schlafke (in Band Achter), a.a.O., dort insbesondere die Vita Adelheidis (ab Kap. 3), Seite 268 ff. - Zur Vita siehe auch die Neuübersetzung durch Piesik, a.a.O.
Als Todesjahr Adelheids wird 1015 angenommen, was aber nicht gesichert ist. Sicher ist lediglich der Todestag (5. Februar).

Zu Faksimile - Seite 127
„Schutzbriefe" (Konrad III. von 1144)
Unter der **Taufkirche** ist die eigentliche Pfarrkirche (St. Paulus) des großen Vilicher Pfarrsprengels zu verstehen, die am Nordrand des Kirchbergs stand (heute Schulgelände), wo sie 1765 unter Hochwassereinwirkung zusammenbrach und abgeräumt wurde. - *Siehe dazu Anmerkung zu Faksimile - Seite 160.*
Himmelgeist und Wittlaer sind Ortschaften bei Düsseldorf, heute Stadtteile, desgleichen Bilk. Morp gehört zu Mettmann.

Wormelingen meint Wermingsen, Stadt Iserlohn; Wa[r]neblach ist wohl identisch mit Nieder/Oberwarnsbach (Gemeinde Morsbach/Sieg). Römershagen gehört zur Gemeinde Wenden im Kreis Olpe, Riche[r]zhagen zur Gemeinde Kürten im Rheinisch-Bergischen Kreis und **Gladbach** zur Gemeinde Vettweiß im Kreis Düren.

Roden ist ein unbekanntes Rott; aus der Lagebeschreibung spricht in der Tat mit Maaßen einiges für das Rott „bei Siegburg" (Hennef-Rott); *Giersiepen* vermutet es dagegen im Raum Bonn-Beuel, was aber eher unwahrscheinlich ist, allenfalls bei Rölsdorf. Möglicherweise gab es auch zwei verschiedene Vilicher Lokalitäten gleichen Namens.– S*iehe dazu auch Anmerkung unten zu Faksimile - Seite 133 f und 183 (oben).*

Bergheim dürfte das an der Sieg sein (Stadt Troisdorf).
Ausführliche Darstellung des in der Urkunde von 1144 genannten Hofbesitzes siehe: Giersiepen, Kanonissenstift, a.a.O., Seite 176 ff.

Zu Faksimile - Seite 127 (Fußnote 4)
Die Fischereigrenze **„Asenweiden"** im heutigen Beuel ist die seinerzeitige Bezeichnung für ein Gewann unweit des Mehlemschen Hauses (heute Musikschule), das den Rheinufer-Grenzpunkt (Territorialgrenze) zwischen dem Vilicher Ländchen und dem Herzogtum Berg bezeichnet. Heute stößt dort die untere Friedrich-Breuer-Straße auf die Rheinaustraße. Das Wort Asen lässt an Eschen oder Espen (Zitterpappeln) denken. **Koffergasse** ist die frühere Bezeichnung für die heutige untere Friedrich-Breuer-Straße. Nach Süden schloss sich die Fischereigerechtigkeit der Deutschordenskommende Ramersdorf an. – *Siehe Anmerkung zu Faksimile - Seite 277 („Ramersdorf"), sowie: Brodesser, Fischerei-Bruderschaft, a.a.O.*

Zu Faksimile - Seite 128
„Ramershemerosherth (Hardt)" (richtig: „Ramershemeroherthi") wird inzwischen als Zusammenziehung einer alten Namensform von Ramersdorf (Rameresheim) und Hardt, der verbreiteten Bezeichnung für Bergwald, gedeutet. - *Zum Namen „Ramersdorf": siehe Anmerkung zu Faksimile - Seite 276 / Vorspann („Der Name Ramersdorf").*
Der Wald **Vethelgarde** wird als der Auelgarten westlich von Hennef-Geistingen interpretiert. Verlo (**buchinverlo**) ist im Umkreis von (Düsseldorf-)Wittlaer zu suchen. - *Siehe dazu: Giersiepen, Kanonissenstift, a.a.O., Seite 184.*

Zu Faksimile - Seite 129 (oben)
Der **Rhönbach** fließt südlich des Drachenfels (Rhöndorf); das Vilicher Gebiet muss also selbst Königswinter und den Drachenfels eingeschlossen haben.

Zu Faksimile - Seite 130 f
„Stiftsgüter"

Viehhof (nicht „Viehof") ist das heute **Ledenhof** genannte Anwesen in Vilich an der Käsbergstraße, der eigentliche Wirtschaftshof des Stifts. Die Bezeichnung Ledenhof – wie auch Burg „Lede" – stammt von Otto Weinlig, der 1904 (nach Beendigung seiner Unternehmertätigkeit als Bergwerksdirektor in Dillingen) Viehhof und Wasserburg erwarb und entsprechend umbenannte. (Lede oder auch Lehde ist ein neuhochdeutsches Wort, das aus einem älteren Wortstamm hergeleitet wird, der soviel wie Niederung, Tal bedeutet. Die Begründung Weinligs ist unbekannt.)

Die bereits 1751 erstmals erwähnte **Windmühle** stand auf dem Vilicher „Mühlenberg", südlich der Kreuzung der Stiftsstraße mit der Straße Am Mühlenberg. – *Siehe: Schmitz, Stiftswindmühle, a.a.O.* – Die „andere" Mühle ist die am Limpericher Rheinufer („Möllestomp"). – *Siehe dazu Anmerkung zu Faksimile - Seite 256 („Küdinghoven").*

Stiftswindmühle zwischen Vilich und Schwarzrheindorf. Zerstört 1882. Zeichnung von A. Henry 1862

Zu Faksimile - Seite 132
Haushof ist die heute Burg Lede genannte Vilicher Wasserburg. (*Zum Namen siehe Anmerkung oben zu Faksimile - Seite 130 f.*) - Weinlig verkaufte sie 1928 der Familie von Trips, von der sie 1987 an die Familie von Loé gelangte. – **Burg Lede** - *zum Bauwerk siehe: Clemen, a.a.O., Seite 376 ff, zu den Burgherren: Neu, Adel und Burgen, a.a.O., Seite 13 ff und 22 ff.*
Die **Stiftsgebäude** samt Gartengelände schenkte Joseph Roeckerath den Cellitinnen zur Hl. Maria in der Kupfergasse zu Köln, die hier 1908 einen Konvent mit Altenheim und Kindergarten sowie einer ambulanten Krankenversorgung einrichteten. (*Zu Pützchen siehe: Anmerkung zu Faksimile - Seite 176*).

Zu Faksimile - Seite 132 (unten)
„Stiftsgüter in Nebenorten"
Der **Oel(s)ma(h)rer Hof** „bei Hangelar": Gemäß Fußnote im Faksimile-Anhang, Seite 547, lag er dagegen in der Flur Obermenden. Seine Brandzerstörung datiert in das 18. Jahrhundert.
Der **Kirmeshof in Bechlinghoven** dürfte identisch mit dem „Kapitelshof" sein, den das Vilicher Stiftskapitel am 3. 9. 1299 gegen ein Gut Atterberg bei der Burg Blankenberg eingetauscht hatte. Dieser Hof (im Straßendreieck zwischen Müldorfer und Alte Schulstraße) ist nach der Säkularisation abgegangen; die Annahme liegt nahe, dass die Tradition des Kapitelshofes vom benachbarten Kirmeshof (Besitzer namens Kirmes?) übernommen worden ist. – *Siehe dazu: Ba-*

chem, Bechlinghoven, a.a.O., sowie die Anmerkungen oben zu Seite 122 und unten zu Seite 189 („Holzlar, Kohlkaul, Bechlinghoven, Hangelar").
Zum **Bramerhof in Geislar**: *siehe Anmerkung zu Seite 188 f („Geislar")*.

Zu Faksimile - Seite 133 (oben)
„Auswärts gelegene Güter"
Zu den Höfen in **Verlo, Wittlaer, Himmelgeist**: *siehe dazu oben Anmerkung zu Faksimile - Seite 127*.
Vom **Frohnhof** in Niederdollendorf soll der große romanische Torbogen stammen, der seit dem Umbau der Burg Lede durch O. Weinlig nach 1904 den Hauptzugang überspannt. – *Siehe dazu: Clemen, a.a.O., Seite 377*.
Uckendorf gehört heute zu Troisdorf.
Mit Gladbach dürfte das Gladbach bei Vettweiß/Düren gemeint sein. - *Siehe dazu oben Anmerkung zu Faksimile - Seite 127*.

Zu Faksimile - Seite 133 f
„Lehnrührige Güter"
Zu **Ballerhof** und **Rod(d)erhof**, beide zu Geislar: *siehe Anmerkungen zu Seite 188 und 188 f („Geislar")*.
Zu **Enggasse** zu Vilich-Rheindorf: *siehe Anmerkung zu Faksimile - Seite 134*.
Das **Isengarder Lehen** könnte ein Hof in Vilich-Müldorf mit weiteren Ländereien gewesen sein, der am 3. 4. 1343 zur Gründung einer Marien-Magdalenen-Stiftung zu Vilich von dem Presbyter (Neupriester) Johann, Sohn eines Volmar von Vilich, eingebracht wurde *(Mitt. J. Bücher 1990)*.
Die **Wolfsgasse** liegt nicht in Schwarz-, sondern in Vilich-Rheindorf, dort im Bereich der „Kehre" (Burg der Wolf von Rheindorf / Gymnicher Haus). Die **Enggasse** ist der nördliche Teil der Rheindorfer Straße. - *Siehe dazu Anmerkung unten zu Faksimile - Seite 134 und 181*
Es muss offen bleiben, welches **Rott** gemeint ist. - *Siehe dazu Anmerkung zu Faksimile - Seite 127 und 183 (oben)*.

Zu Faksimile - Seite 134
„Gerichtsbarkeit"
Als Vertreter der weltlichen Interessen war für geistliche Institutionen seit karolingischer Zeit ein **Vogt** verbindlich. Vilich hatte sich diesen 978 (Immunitätsprivileg Otto III.) selber wählen können. Als erster bekannter Vogt erscheint 1172 Albert von Mol-

Siegelstempel des Stifts Vilich, erstmals nachgewiesen 1242

bach (*siehe dazu auch Anmerkung zu Faksimile - Seite 362 f, „Oberkassel"*). 1177 geht die Vogtei auf dessen Schwiegersohn Wilhelm II. von Jülich über. Von den Grafen von Jülich erwirbt sie 1291 der Kölner Erzbischof bzw. Kurfürst, der seit dem 14. Jahrhundert unbestrittener Landesherr in der abteilichen Unterherrschaft Vilich ist. Die Gerichtsbarkeit aber, ausgenommen die Blutgerichtsbarkeit, bleibt in Vilich. 1370 taucht erstmals der Begriff „Herrlichkeit Vilich" auf (nicht „Unterherrlichkeit"); diesen Rechtsstatus hatte Vilich bis zur Säkularisation 1803 inne. - *Zu den Hoheitsrechten des Stifts siehe: Giersiepen, Kanonissenstift, a.a.O., Seite 150 ff.*

(Vilich-Rheindorf)
Mit „halb Rheindorf" ist die Ortschaft Vilich-Rheindorf gemeint, die sich vom Rheinufer am Südende der Pappelallee über die Wolfsgasse die Rheindorfer Straße nördlich bis zur Clemens- und Werdstraße hinzieht. Es ist also das zu Vilich gehörende Rheindorf, im Unterschied zum davon unabhängigen Schwarzrheindorf. (Vergleiche das zu Vilich gehörende Mühlendorf: Vilich-Müldorf, im Gegensatz zu dem von der Abtei Siegburg abhängigen Siegburg-Mülldorf). Eine erste Erwähnung als Vilich-Rheindorf erfolgt erst 1792; älter sind die Bezeichnungen Enggasse/Engergasse (nördlicher Teil der Rheindorfer Straße, 1545) und Ke(h)re (südlicher Teil, 1388). Zur Herrlichkeit Schwarzrheindorf (Stift) dagegen gehörte insbesondere der der Doppelkirche nördlich vorgelagerte Ortsteil Gensem – der allerdings wie das gesamte Schwarzrheindorf Teil der Pfarre Vilich war. - *Vergleiche dazu Faksimile - Seite 401 („Schwarzrheindorf") sowie: Giersiepen, Kanonissenstift, a.a.O., Seite 125 ff.*

Fußnote 2): **Honschaft Holzlar.** Bechlinghoven war durch den Vilicher (Mühlen)Bach zweigeteilt. Während der (kleinere) nördliche Teil zur (blankenbergischen) Honschaft Holzlar gehörte, war der (größere) südliche Teil des (löwenbergischen) **Untergerichts Küdinghoven**. Zu der territorialrechtlichen Teilung Bechlinghovens bleiben Zweifel. - *Siehe dazu Anmerkungen oben zu Faksimile - Seite 122 sowie unten zu Seite 189 („Holzlar, Kohlkaul, Bechlinghoven, Hangelar").*

Zu Faksimile - Seite 134 (Fußnote 2 / Ende) und zu Faksimile - Seite 135
Für eine eigene, volle Gerichtsbarkeit des Rheindorfer Stifts spricht im Gegensatz zu Maaßen die Tatsache, dass es auch in der Schwarzrheindorfer Gemarkung einen **Galgen** gab, nämlich im Niederfeld (Gewann „Am Galgenberg") nördlich Schwarzrheindorfs (östlich der heutigen Kläranlage). – *Siehe dazu Anmerkung zu Faksimile - Seite 424 f („Schwarzrheindorf / Magdalenenkreuz").*

Zu Seite Faksimile - 135 unten und zu Faksimile - Seite 136 oben
Die „**Urkunde der Äbtissin** Josepha Zandt von Merl vom 6. 2. 1787" bezieht sich auf die Ortschaft Geislar: „Baurmeisterverordnung für Geislar". - *Siehe Faksimile-Text im Anhang.*

Mit dem Thema **„Juden"** befasst sich Maaßen nicht; er gibt lediglich ihre Einwohnerzahl an (Seite 122: Beuel 122, Geislar 11, Seite 354: Oberkassel 12), wie er auch die Zahl der Protestanten nur rein nachrichtlich vermerkt. So berichtet er nicht über die Beueler Synagogengemeinde, die schon – mit eigener Synagoge - vor 1808 begründet worden ist (*Bücher, J.: Zur Gesch. der jüd. Gemeinde in Beuel (Beueler Studien 7) 1965*), auch nicht über die – zu seiner Zeit einzige – evangelische Gemeinde, nämlich in Oberkassel, wenngleich er verständlicherweise die dortigen „Reformationswirren" – nicht ohne subjektive Färbung - behandelt (*siehe Faksimile-Seiten 364-375*).

Zu Faksimile - Seite 136 – 138
„Die Vogtei Vilich"
Siehe dazu: Giersiepen, Kanonissenstift, Seite 134 ff. – Siehe auch Anmerkung zu Faksimile - Seite 362 f („Oberkassel").

Zu Faksimile - Seite 139 – 144
„Das freiadelige Damenstift"
Die von Maaßen nur in Auszügen wiedergegebenen Statuten von 1619 befinden sich im vollen Wortlaut im Hauptstaatsarchiv Düsseldorf, Bestand Vilich. Die Verfassung des Stifts vor der von Maaßen erwähnten neuen Verfassung von 1618: *siehe bei Giersiepen, Kanonissenstift, a.a.O., Seite 67-104.*

Zu Faksimile - Seite 145
„Stiftshospital"
Zu den sozialen Einrichtungen des Stifts: siehe Giersiepen, Kanonissenstift, a.a.O., Seite 107.
Der **„Hospitalbau"**, in Vilich „Hospitälchen" genannt, ist das Eckgebäude an der Adelheidisstraße gegenüber dem hohen romanischen Torbogen; es trägt über der Nordtür das Errichtungsdatum 1661, ist vermutlich in seinen Grundmauern aber älter. 1977 bis 1982 wurde es grundlegend restauriert.
Ergänzung:
Der **„romanische Torbogen"** (um 1200) war bis Ende des 19. Jahrhunderts, als in diesem Bereich die Stiftsmauer niedergelegt wurde, der Hauptzugang zur Pfarrkirche St. Paulus, zunächst zu der am Nordrande des Kirchbergs (heute Schulgelände) gelegenen Pfarrkirche und seit deren Einsturz und Abbruch 1765 zur Stiftskirche, die seit 1802 neue Pfarrkirche wird. Der eigentliche Stiftsbereich war zwischen Torbogen und Stiftskirche durch eine hohe Mauer abgetrennt. - Der **Hauptzugang zum Stift** dagegen lag auf dessen Südseite an der Stiftsstraße, sozusagen als Mündung der von Süden herankommenden Heisterbacher Straße (heute Gartenstraße/Adelheidisstraße). Der in ein 1785 errichtetes Pfortenhaus (anstelle eines Brauhauses) einbezogene Torbogen von 1616, beim Abbruch des Hauses 1970 entfernt, ist 2000/01 durch den Denkmal- und Geschichtsverein Bonn-Rechtsrheinisch e. V. wieder errichtet worden, allerdings um eine Toresbreite seitlich versetzt.

Zu Faksimile - Seite 146-152
„Äbtissinen, Benediktinerinnen, Stiftsdamen, Kanoniker"
Neuere Forschungsergebnisse bis 1500 siehe: Giersiepen, Kanonissenstift, a.a.O. (Personallisten Seite 228 ff), ab 1500 siehe: Riefenstahl, a.a.O., Vilich, Seite 3 ff.

Zu Faksimile - Seite 148 **(Äbtissinnen)**
Wilhelmine Margaretha von **Gevertzhagen** (verschiedene Schreibweisen), Äbtissin 1668 – 1693, ist auch die Mitstifterin einer Glocke von 1673 in Küdinghoven *(Faksimile-Seite 266)*.
Das **Steinkreuz** der Agnes Adriana von Bocholz, Äbtissin 1693 – 1727, ist das von 1693 an der Straße Am Herz-Jesu-Kloster in Pützchen. Der „Stein mit ihrem Wappen" von 1696 lässt sich heute nicht mehr erklären. (Sie scheint mit dem Komtur von Ramersdorf Edmund Gottfried Freiherr von Bocholz verwandt zu sein, dem Stifter des dortigen „Kommendekreuzes" (*siehe dazu Anmerkung zu Faksimile - Seite 279, „Ramersdorf"*).
C. von Satzenhofen wird mit C. A. Graf Belderbusch, Herr auf Schloss Miel, dem Premierminister des (vorletzten) Kölner Kurfürsten Max Friedrich von Königsegg, in Verbindung gebracht, dessen Bruder mit einer ihrer Schwestern verheiratet war.
M. J. von Zandt erlässt 1787 die Baurmeisterverordnung für Geislar *(Text siehe Anhang)*.

Grabplatte aus der Stiftskirche, vermutlich der Äbtissin Elisabeth (+ 1219)

Zu Faksimile - Seite 150 ff **(Kanoniker)**
Über die Stellung der „Kanoniker" als Stiftsherren und Pfarrer siehe: Giersiepen, Kanonissenstift, a.a.O., Seite 125 ff.
Die Grabplatte von **J. Th. Schevastes**, seit 1719 in der Karmeliterkirche zu Pützchen, wurde im Zug des Wiederaufbaus dieser Kirche um 1950/55 neben der Adelheidiskapelle beim Brünnchen an der Stiftsmauer aufgestellt.
Das von ihm 1692 (nicht 1690) an einem Weg zwischen Pützchen und Vilich errichtete **Wegekreuz** steht seit 1865 in Vilich an der Schillerstraße.

Sein **„Heiligenhäuschen"** ist das an der Adelheidisstraße, Ecke Am Mühlenberg.
Die gleichen Hinweise finden sich ein weiteres Mal auf Faksimile-Seite 173; siehe dazu Anmerkungen zu Faksimile - Seite 172 f („Pützchen"). - Zum Heiligenhäuschen ging eine Küdinghovener „Hagelfeier-Prozession" (Siehe dazu Faksimile-Seite 286 („Küdinghoven"). In Geislar gab es eine Hagelbrot-Tradition.

Zu Faksimile - Seite 152 f
„Das Ende des Stifts"
Die rechts des Rheins gelegenen Landesteile des Kurfürstentums Köln waren außer dem Vilicher Ländchen Königswinter mit Petersberg und Ittenbach, Linz mit Hinterland sowie (Köln-)Deutz.

Zu Faksimile - Seite 157 - 160
„Die Kirchen"
Siehe dazu Anmerkung zu Faksimile - Seite 164 sowie Faksimile - Seite 166. Zur Pauluskirche siehe: Achter, Stiftskirche, a.a.O., Seite 237 ff, mit Abbildungen Seite 3.

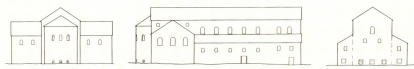

Stiftskirche St. Peter vor 1200. Rekonstruktion der großen Grabes- und Wallfahrtsbasilika (I. Achter)

Zu Faksimile - Seite 160
Der **Gedenkstein auf dem ehemaligen Stiftshof** ist nicht mehr vorhanden.
Ergänzung:
(St. Paulus-Pfarrkirche)
Bei den Fundamentierungsarbeiten im Jahre 1994 für den (bisher jüngsten) Schulbau von 1995, der sich im Bereich der ehemaligen Pauluskirche befindet, wurden die Fundamente dieser ehemaligen - 1765 eingestürzten und dann abgeräumten - Pfarrkirche („Taufkirche") weithin freigelegt sowie Teile des ehemals anschließenden Kirchhofs. Archäologische Untersuchungen fanden nicht statt. Dadurch ist die einmalige Chance, aus den einzig erhaltenen Grundmauern einer der Vilicher Ostturmkirchen Erkenntnisse zu Maßen und Gestalt dieser frühen Kirchbauten zu erlangen, vertan. Die Fundamente wurden durch das Einbringen von Neubaufundamenten teilweise zerstört; darüber wurde eine Betonplatte gegossen. Die oberen Erdschichten des umliegenden Kirchhofs wurden abgefahren. Gerettet wurden durch den Denkmal- und Geschichtsverein Bonn-Rechtsrheinisch e. V. zwei ehemals innerhalb des Kirchenschiffs befindliche Grabplatten der Beueler Brückenmeister-Familie

Vilich um 1725. Blick von Schwarzrheindorf. Links Pfarrkirche St. Paulus, 1765 zerstört. Skizze von R. Roidkin.

Stammel-Mehlem 1756-1782 (heute am Mehlemschen Haus in Beuel) sowie der Wundarzt- und Kaufmannsfamilie Mertens-Corty 1756-1804 (heute im Heimatmuseum Beuel).

Zu Faksimile - Seite 160 f
„Die Altäre"
Bei der Kriegszerstörung der Kirche am 18. Oktober 1944 wurden die Altäre soweit beschädigt, dass sie bei der Wiederherrichtung in den 1950er Jahren entfernt wurden. Dagegen ist 1988 der vor 1222 geweihte Altar in der Adelheidiskapelle, nach Abbruch 1954, unter Verwendung einer aufgefundenen Altarplatte und von Spolien der Paulus-Kirche rekonstruiert worden, unter Ergänzung durch den Triptychon-Aufsatz des Malers R. Hieronymi von 1921.

Zu Faksimile - Seite 161 f
„Glocken"
Von den in die Stiftskirche übernommenen Glocken aus der Pfarrkirche St. Paulus von 1631, 1636 und 1643 waren bei der Zerstörung der Stiftskirche am 18. Oktober 1944 noch die Glocke von 1643 verblieben, außerdem zwei unter Pfarrer G. J. Herck (1777-1824) neu gegossene von 1792 und 1808. Vermutlich ist aber nicht nur die von 1808, wie Maaßen berichtet, sondern auch die von 1792 aus einem Umguss der St. Paulus-Glocken von 1631 und 1636 entstanden. Alle Glocken sind 1944 untergegangen. (Oder waren sie oder einige von ihnen bereits zuvor zu Kriegszwecken abgeliefert worden?)
Ob, wie in der Fußnote erwähnt, die beim Glockenneuguss von 1808 „aus dem Übergewicht" gegossene „kleinere von 375 Pfund" möglicherweise nach Schwarzrheindorf gekommen ist, lässt sich nicht ermitteln, ist aber denkbar, weil dort nach 1804 drei Glocken verloren gegangen sind. – *Siehe dazu Anmerkung zu Faksimile - Seite 422 f („Schwarzrheindorf").*

Die lateinischen Glockeninschriften lauten übersetzt:
Glocke von 1636:
> „Der Jungfrau [und] Schutzherrin Maria ihre gottesfürchtigen
> Herzen aufgrund eines Gelübdes / brachten dar im Jahre 1643
> Johannes Müller, Pastor und Stiftsherr, Heinrich Schevastes,
> Schultheiß, mit seinem Sohne / Robert / Schevastes, Kellner [Verwaltungs-
> leiter] des rühmlichen Vilicher Konvents."

Glocke von 1808 (Chronogramm):
> „Zum Altar, zu Versammlungen und zu Gebeten lade ich ein.
> Und die Verstorbenen der Pfarrei tue ich kund.
> P. Boitel und C. Renaud [zu Kreuzau] hat [haben] mich gemacht."

Glocke von 1792 (Chronogramm):
> „Aus Mitteln der Pfarrei ∗ Vilich unter der Sorge des Pastors Gottfried
> Herck der seligen Jungfrau und dem heiligen Petrus geweiht.
> Michael Stocky zu Dattenfeld hat mich gegossen."

Chronogramme sind Verse, in denen die als römische Zahlzeichen gebrauchten, meist durch Größe, aber auch durch Farbe hervorgehobenen Buchstaben summiert die Jahreszahl des zum Text gehörenden Ereignisses angeben.

Zu Faksimile - Seite 162
„Kunstgegenstände"
Wichtige Ausstattungsgegenstände wie die **Parler-Muttergottesstatue** um 1400 sowie der Heysacker-Holzkruzifixus von 1510, die vor der Kriegszerstörung bewahrt werden konnten, werden von Maaßen genau so wenig erwähnt wie der Taufstein aus der Paulus-Pfarrkirche.

Zu Faksimile - Seite 163
„Reliquien"
Zu der spätromanischen **Adelheidiskapelle mit dem Hochgrab der Hl. Adelheid** (seit 1208, vorher in einer Ringkrypta unter dem Hochaltar) *siehe: Achter bei Passavanti, a.a.O., Seite 217 ff.*
1936 wurden bei Erneuerung des Daches über dem Nordchor unter dem Zerstörungsschutt des 16. und 17. Jahrhunderts drei Schädel sowie Skelettreste gefunden. *Achter* fragt sich, ob es sich dabei um den „Bergungsort der seit 1583 verschollenen Stiftergebeine" gehandelt haben könnte. Über ihren Verbleib berichtet ausführlich: *Schlafke (in Band Achter), Seite 310 - Siehe auch oben Anmerkung zu Faksimile - Seite 124 f.*
Ergänzung:
(Vilicher Fluchtgang)
1988 konnte im Zuge des Kanalbaus auf der Käsbergstraße der Denkmal- und Geschichtsverein Bonn-Rechtsrheinisch e. V. auf einen **unterirdischen Gang** aufmerksam machen, der auf etwa 1200 datiert wird, ein für das Rheinland

einmaliges Bauwerk. Ein Teil davon ist heute in unmittelbarer Nachbarschaft oberirdisch (unter Schutzdach) geborgen. Der auf einer Sohle in etwa vier Meter Tiefe aus dem Stiftsbezirk nördlich zur Siegaue verlaufende Tunnel, mit einer lichten Weite von 1,20 Meter (Höhe) und 0,55 Meter (Breite) und einem Gefälle von etwa 3,6 Prozent, der nach Süden in Richtung Stiftsgebäude in einer Länge von über 45 Meter erkundet werden konnte, dürfte für die sichere Fortschaffung der Reliquien im Kriegsfall bestimmt gewesen sein, wird aber stattdessen auch, wofür freilich nur wenig spricht, als Abwasserkanal gedeutet *(Wentscher, J., Bonner Jahrbücher 190 (1990), Seite 506 f, sowie 192 (1992), Seite 409 f).*

Zu Faksimile - Seite 164 / Fußnote
Peter Schevastes. Das Familiengrab Schevastes im Bereich der 1765 zerstörten Paulus-Pfarrkirche, das zu Zeiten von Maaßen „noch vorhanden" gewesen sein soll, ist spätestens seit den 1940er Jahren aufgelöst, der „Denkstein" verloren. - *Siehe dazu oben Anmerkung zu Faksimile - Seite 158 ff.*

Ergänzung:
Ein von diesen Eheleuten 1714 gestiftetes Wegekreuz, ehemals am **Schevasteshof** steht heute vor der Apsis der Stiftskirche. Dieser, auch „Schultheißenhof" genannte, aus dem Barock herrührende Hof der bedeutenden Vilicher Familie Schevastes war u. a. in der Zeit von 1825 bis 1855 das Wohn- und Amtshaus des Bürgermeisters Gabriel von Pfingsten. Dort starb am 29. 5. 1841 der Dichtersohn Ernst von Schiller; er war von Pfingstens Schwager. Am 24. 12.1944 wurde das Anwesen durch eine Luftmine zerstört.

Hl. Adelheid. Liegefigur auf Sarkophag. 17. Jahrhundert.

Ein um 1820 auf dem Limpericher Finkenberg aus Werkstücken des Heisterbacher Kreuzgangs errichteter romantischer **Aussichtstempel**, der dort vorrückendem Steinabbau weichen musste, wurde 1896 in den Garten des Schevasteshofes transloziert. Hier ist er 1976 wegen einer umfassenden Neubebauung des Hofgeländes entfernt worden; Säulen, Basen und Kapitelle sind in das Magazin des Rheinischen Landesmuseums gewandert *(siehe auch Abbildung und Anmerkung zu Faksimile - Seite 258 f, „Limperich")*.

Zu Faksimile Seite - 165 oben
Die **Vikarie St. Anna** war vermutlich der Anfang der heutigen Pfarrei St. Anna in Hangelar (1911). Dort war 1761 eine erste – der heiligen Anna geweihte - Kapelle errichtet worden, an der seitdem ein Vilicher Kaplan (Vikar) tätig wurde. - *Siehe dazu Anmerkung zu Faksimile - Seite 191 („Hangelar")*.

Zu Faksimile Seite - 165
„Prozessionen. Bruderschaften"
Eine nachhaltige Herz-Jesu-Verehrung fand vor allem in Schwarzrheindorf statt, wo sogar 1747 eine besondere **Herz-Jesu-Bruderschaft** gegründet (und von Bischof und Papst 1756 genehmigt) worden war. Diese dürfte nach Aufhebung des Schwarzrheindorfer Stifts an die Pfarrkirche nach Vilich verlegt worden sein. Dafür spricht auch, dass die Herz-Jesu-Prozession bis zur dortigen Pfarrgründung 1868 nach Schwarzrheindorf ging. - *Siehe dazu Faksimile-Seite 165, 407, 425 sowie: „Herz-Jesu-Verehrung 1756-1981", a.a.O.*

Ein Grabstein von insgesamt 241 in der Friedhofsmauer. 16. bis 18. Jahrhundert

Auch die **Marianische Bruderschaft** wurde von Schwarzrheindorf nach Vilich verlegt; ihre Kapitalien durften der Pfarre Vilich zufließen. Sie besteht nicht mehr, wie auch die übrigen genannten Vilicher Pfarrinstitutionen aufgelöst sind, ausgenommen die St. Sebastianus-Bruderschaft.

Zu Faksimile - Seite 165 f
„Kirchhof"
In seiner heutigen Größe und Gestalt dürfte er im Zuge einer Neuordnung des Gesamtgeländes nördlich der Stiftskirche, die durch den ersten Schulneubau 1874 (Ziegelsteinbau) erforderlich wurde, entstanden sein.

Ergänzung:
Zugleich wurden 241 verwaiste Grabkreuze quasi zur Dekoration in die Ziegelummauerung aufgenommen; auf Betreiben des Denkmal- und Geschichtsvereins Bonn-Rechtsrheinische. V. wurden 1983 rund 75 der besterhaltenen restauriert und anschließend vor der Mauer frei aufgestellt. Das älteste stammt, gemäß der erhaltenen Inschriften, von 1590, das jüngste von 1789. - *Siehe: Bachem, Rettung Grabkreuze, a.a.O.*
Auf dem Friedhof wurden die ersten drei Bürgermeister der 1808 gegründeten Gemeinde Vilich/Beuel beerdigt; die Grabstätten von Gabriel v. Pfingsten (1825-1855) und Ignaz Schnorrenberg (1855-1891) sind erhalten; für Leonard Stroof (1808-1825), dessen Grabstätte bereits 1862 nicht mehr als bekannt galt, findet sich lediglich seit 1952 eine bescheidene Erinnerungsplatte. Der Friedhof steht in seiner Gesamtheit unter Denkmalschutz. -
Das Gelände der ehemaligen **Paulskirche** einschließlich eines kleinen ehemaligen Kirchhofteils blieb bis 1995 abgetrennt. - *Siehe dazu Anmerkungen oben zu Faksimile - Seite 160 und 164 (Fußnote).*
Im Zuge der Ausgrabungen innerhalb der kriegszerstörten Stiftskirche in den Jahren 1949 bis 1954 wurden die **Grabplatten** nach außen geschafft, wo sie lange Zeit planlos lagerten. Einige wenige mit noch lesbarer Inschrift wurden an den Außenwänden aufgestellt, die übrigen vor der Westfront wahllos in den Boden eingelassen.

Zu Faksimile Seite - 166
„Pfarrstelle"
Das **Pfarrhaus von 1874** stand an der Adelheidisstraße gegenüber dem heutigen Zugang zum St. Adelheidis-Stift. Kriegsbeschädigt und renovierungsbedürftig wurde es um 1966/67 zur Straßenverbreiterung sowie zugunsten des heutigen Parkplatzes niedergelegt; ein Neubau entstand 1966 in der Schillerstraße 20, daneben ein weiterer als Küsterhaus. Das mittelalterliche Pastorat, ältestes profanes Haus im rechtsrheinischen Bonn (neben den Wohntürmen von Burg Lede, Wolfsburg und Burgruine Limperich), wurde um 1970 grundlegend restauriert; es dient heute Zwecken der Pfarrbücherei; im Obergeschoss birgt es ein Vereinszimmer sowie Wohnräume.
Der **Uckendorfer Hof** im Ortsteil Uckendorf von Niederkassel wurde erstmals 1338 erwähnt.

Zu Faksimile - Seite 168
Pfarrer P. J. Peiffer dürfte einer der bedeutendsten Pfarrer der jüngeren Zeit sein. Die von ihm besorgte „Verschönerung der Kirche" schloss auch die Entbarockisierung der Kirche ein, was allerdings zum Verlust bedeutender Ausstattungsgegenstände geführt haben muss. Die verbliebenen beiden barocken Beichtstühle stammen aus der Karmeliterkirche von Pützchen *(siehe dazu Anmerkung zu Faksimile - Seite 175-177, „Pützchen").*

Paul Joseph Peiffer, Pfarrer in Vilich von 1860 bis 1881, in Küdinghoven von 1854 bis 1860.

Peiffer förderte nachdrücklich die Wiederherstellung der Doppelkirche sowie die Errichtung der Tochterpfarreien St. [Maria und] Klemens Schwarzrheindorf und St. Josef Beuel. Bei der Offenlegung der Wand- und Deckenmalereien in der Doppelkirche war laut Maaßen er es, der als erster deren Sinnbezug (Das himmlische Jerusalem nach dem Buch Ezechiel) erkannt hat. - *Siehe dazu Anmerkungen zu Faksimile - Seite 418-422 („Schwarzrheindorf").* Seine Grabstätte ist auf dem Vilicher Friedhof erhalten (+ 1881) – wie auch die Grabstätten der Pfarrer W. Franken (+ 1887), Heinrich Joseph Müller (+ 1901) und Gerhard Loben (+ 1907) sowie der Nachkriegspfarrer Gerhard Werner Körvers (+ 1971), Karl Lambertz (+ 1981) und Karlklemens Brabeck (+ 2007).

Zu Faksimile - Seite 169 f
„Kapläne und Vikare"
Mit der seit 1831 (zum Teil seitens der Zivilgemeinde Vilich) dotierten Stelle eines „Hülfsgeistlichen", der seine Wohnung auf Dauer in Schwarzrheindorf nahm, konkurrierte die Finanzierung einer Vikarsstelle (Rektor) in Pützchen. Dieser Wettbewerb setzte sich nach Errichtung der Pfarrei in Schwarzrheindorf mit eigener Pfarrersstelle 1868 insoweit fort, als Vilich 1869 erneut eine gemeindlicherseits fest dotierte Vikarsstelle durchsetzen konnte, diese aber in Vilich einrichtete.
Das als **Kaplanei** erworbene „Haus in günstiger Lage, in der Nähe des Kirchhofs" befindet sich noch an der Käsbergstraße, nahe beim Ledenhof, steht aber seit 1967 nicht mehr in Pfarreigentum.
Die Grabstätte des **Vikars Matthias Gau** (+1887) hat sich auf dem Vilicher Friedhof erhalten (Pfeiler-Ketten-Einfassung); sie wurde 2004 vom Denkmal- und Geschichtsverein Bonn-Rechtsrheinisch e. V. umfassend restauriert.

Literatur zu Vilich

Die bedeutendsten Forschungsergebnisse zur Geschichte des rechtsrheinischen Bonn seit Maaßen sind bezüglich Vilichs zu verzeichnen. Zur Gründerfamilie und Gründungsgeschichte des Stifts sowie zu dessen früher Geschichte sind wichtige Untersuchungen von S. Corsten, H. Giersiepen (Gründungsbesitz) und E. Wisplinghoff erschienen. Die umfassendste Arbeit aber ist die Dissertation von Helga Giersiepen (Kanonissenstift). Von unschätzbarem Wert sind die Untersuchungen zur Baugeschichte der Stiftskirche von Irmingard Achter - im Verein mit der gründlichen Aufarbeitung der Literatur zur Heiligen Adelheid durch Jakob Schlafke. Eine kompakte Darstellung der Stifts- und Dorfgeschichte bietet der Jubiläumsband von 1978: 1000 Jahre Stift Vilich, herausgegeben von D. Höroldt.

Achter, Irmingard: *Die Baugeschichte der Vilicher Kirchen*, in: 1000 Jahre Stift Vilich 978-1978. Beiträge zur Gesch. u. Gegenwart von Stift u. Ort Vilich, Bonn 1978, S. 98-133

Achter, Irmingard: *Die Stiftskirche St. Peter in Vilich* (Die Kunstdenkmäler d. Rheinl., Beiheft 12) Düsseldorf 1968 – *zitiert als „Stiftskirche"*

Adelheidis Virgo O.S.B. – Positio. Ed. Sacra Rituum Congregatio, Sect. Hist. n. 110, Rom-Vatikan 1961

Bachem, Carl J.: *Die Pfarrbücherei an St. Peter im geschichtl. Umfeld des 19. Jh.*, in: 150 Jahre Bücherei St. Peter in Vilich 1846-1996, Bonn o. J. (1996), S. 5-10

Bachem, Carl J.: *Rettung für die Vilicher Grabkreuze. Unersetzl. Zeugnisse der Vilich/Beueler Gesch. des 16. bis 18. Jh.* (Beiträge zu Denkmal u. Gesch. des Rechtsrhein. Bonn 2), Beuel 1985 – *zitiert als „Grabkreuze"*

Böhringer, Letha: *Der Kaiser u. die Stiftsdamen. Die Gründung des Frauenstifts Vilich im Spannungsfeld von religiös. Leben u. adliger Welt*, in: Bonner Geschichtsbll. 53/54, Bonn 2004, S. 58-77 - Sonderdruck

Brodesser, Heinrich: *Die Fischerei-Bruderschaft zu Bergheim an der Sieg*, Troisdorf 1987 – *zitiert als „Fischerei-Bruderschaft"*

Bücher, Johannes: *Vilich im 19. und 20. Jh.*, in: 1000 Jahre Stift Vilich 978-1978. Beiträge zur Gesch. u. Gegenwart von Stift u. Ort Vilich, Bonn 1978, S. 60-76

Bücher, Johannes / Höroldt, Dietrich: *Stift u. Ort Vilich vom 13. bis zum ausgehenden 18. Jh.*, in: 1000 Jahre Stift Vilich 978-1978. Beiträge zur Gesch. u. Gegenwart von Stift u. Ort Vilich, Bonn 1978, S. 41-59

Clemen, Paul: *Die Kunstdenkmäler der Stadt u. des Kreises Bonn*, Düsseldorf 1905, Seite 368-378

Corsten, Severin: *Megingoz und Gerberga, Gründer des Stiftes Vilich*, in: Bonner Geschichtsbll. 30, Bonn 1978, S. 7-25

Detig, Marieluise: *Die Baulast an dem Turm der kath. Pfarrkirche St. Peter zu Vilich (Beuel)*, Köln 1966

Ehlers, Caspar: *Königliche Pfalzen u. Aufenthaltsorte im Rheinland bis 1250*, in: Rhein. Vjbll. 68, Bonn 2004, S.36-63

Engels, H. J.: *Das Fischerei-Privileg an der unteren Sieg*, in: Heimatbll. des Siegkr. 33, 1965, S. 1904-116

Francke, Ursula: *Die Ausgrabungen im Adelheidisstift Vilich in Bonn*, in: Archäologie im Rheinl. 1998 (Landschaftsverb. Rheinl.), Köln 1999, S. 114-116

Goeters, J. F. Gerhard: *Vilich in der Zeit der Reformation u. der Gegenreformation* – siehe: Holzla**r**

Giersiepen, Helga: *Das Kanonissenstift Vilich von seiner Gründung bis zum Ende des 15. Jhs.*, (Veröfftlgen. des Stadtarchivs Bonn 53), Bonn 1987 – *zitiert als „Kanonissenstift"*

Giersiepen, Helga: *Zum Gründungsbesitz des Stiftes Vilich*, in: Annalen des Histor. Vereins für den Niederrh. 191, 1988, S. 17-21

Herborn, Wolfgang: *Die ersten Protestanten am Fuße des Siebengebirges von etwa 1550 bis 1570*, in: Heimatbll. des Rhein-Sieg-Kr. 68/69-2000/2001, Siegburg 2001, S. 109-122

Höroldt, Dietrich (Hrsg.):*1000 Jahre Stift Vilich 978-1978. Beiträge zur Gesch. u. Gegenwart von Stift u. Ort Vilich*, Bonn 1978

Höroldt, Dietrich / Joch, Waltraud (Hrsg.): *Ev. Kirchen und Gemeinden der Kirchenkreise Bonn, Bad Godesberg, An Rhein u. Sieg*; Bonn 1996 – Ev. Kirchengemeinde Beuel: S.106 f (A. Hansmann), Haus der Gemeinde: S. 108 f (A. Belz)

Neu, Heinrich: *Die vermutlichen Gebeine der Stifter des Klosters bzw. Stiftes Vilich*, in: Annalen des Histor. Vereins für den Niederrh. 131, 1937, S. 149-151

Neu, Heinrich: *Überblick über die Gesch. u. Denkmäler von Stift u. Ort Vilich*, in: 1000 Jahre Stift Vilich 978-1978. Beiträge zur Gesch. u. Gegenwart von Stift u. Ort Vilich, Bonn 1978, S. 9-22

Passavanti, Wilhelm (Hrsg.): *Bonner Kirchen und Kapellen*, Bonn 1989, Vilich: S. 215-217 (N. Schloßmacher), S. 217-221 (I. Achter) – V.-Müldorf: S. 222 f (M. Wegner)

Piesik, Heinz (Bearb.): *Vita Adelheidis. Das Leben der hl. Adelheid von Vilich. (Lateinisch –Deutsch)*, (Hrsg. Stadtarchiv Bonn), Bonn 2003

Riefenstahl, Helen: *Zur Geschichte der drei Damenstifte Vilich, Schwarzrheindorf und Dietkirchen*, Bonn 1917

Schieffer, Rudolf: *Die Besuche mittelalterlicher Herrscher in Bonn*, in: Bonner Geschichtsbll. 37, Bonn (1985) 1988, S. 7-40

Schlafke, Jakob: *Leben u. Verehrung der Heiligen Adelheid von Vilich*, in: Achter, I., Die Stiftskirche St. Peter in Vilich (Die Kunstdenkmäler des Rheinl., Beiheft 12), Bonn 1968, S. 261-343 - Sonderdruck 1968 – *zitiert als „(in Band Achter)"*

Schlafke, Jakob: *Leben und Verehrung der Heiligen Adelheid von Vilich*, in: 1000 Jahre Stift Vilich 978-1978. Beiträge zur Geschichte u. Gegenwart von Stift u. Ort Vilich, Bonn 1978, S. 77-97

Schmitz, Gerhard: *Der Vylicher große Busch*, in: Holzlarer Bote 12/1, Bonn 1998, S. 1-5

Schmitz, Gerhard: *Die Stiftswindmühle zu Vilich und ihre Müller* (Studien zur Heimatgesch. des Stadtbez. Bonn-Beuel 31), Bonn 1998

Schnorrenberg, C. M. J. M.: *Die letzten Tage des Stiftes Vilich*, in: Rhein. Geschichtsbll. 5, 1900/01, S. 97-109, 145-152, 171-182, 232-241, 273-278, 289-296, 365-372

Strecker, K.: *Die Grabinschrift der Stifter des Klosters Vilich*, in: Neues Archiv für die Erforschung des Mittelalters 50, 1935, S. 439-445

Weffer, Herbert: *Familien in Stift u. Ort Vilich*, in: 1000 Jahre Stift Vilich 978-1978. Beiträge zur Geschichte u. Gegenwart von Stift u. Ort Vilich, Bonn 1978, S. 23-40

Wisplinghoff, Erich: *Gründung und Frühgeschichte des Stiftes Vilich*, in: 1000 Jahre Stift Vilich 978-1978. Beiträge zur Geschichte u. Gegenwart von Stift u. Ort Vilich, Bonn 1978, S. 23-40

Wisplinghoff, Erich: *Zur Frühgeschichte von Vilich*, in: Rhein. Vjbll. 18, 1953, S. 78-83 - *zitiert als „Frühgeschichte"*

Pützchen

verdankt seinen Namen dem Brunnen der h. Adelheid, welcher einst zur Zeit großer Dürre auf das Gebet dieser h. Jungfrau der Erde entquoll und seitdem, d. i. seit 900 Jahren, unaufhörlich fortquillt. Sonst war Pützchen ein unbekannter Ort, allein der wunderbare Ursprung der Quelle zog bald viele Pilger an, welche Hülfe in schweren Anliegen suchten, zumal Augenleidende. Denn es erging der Ruf, daß Blinde auf die Fürbitte der h. Adelheid das Licht der Augen mitunter erhalten hätten[1]).

Bald entstand bei dem Brunnen eine kleine Kapelle. Die Quelle wurde eingefaßt und in ein Brunnenhaus geleitet, in welchem Kranke und Gebrechliche baden konnten. Den Dienst der Kapelle besorgten zwei Eremiten, welche in der Nähe ihre Wohnung hatten. Von diesen sind nur wenige dem Namen nach bekannt. Im J. 1679 finden sich N. Bascha, Bruder Wilhelm und Bruder Victor[2]). Letzterer hatte beinahe ganz Europa durchreist, zwanzig Jahre Kriegsdienste in verschiedenen

---

[1]) Provincial-Blätter, 1835, Band I, 279. Vgl. Dr. Hauptmann, Bonn und seine Umgebung. Adelheidspützchen 13 ff.

[2]) Archiv des erzbischöfl. General-Vicariats Köln.

Ländern geleistet, und war als Obristlieutenant aus der dänischen Armee geschieden. Sein bewegtes Leben fand schließlich in der Eremitage zu Pützchen eine Ruhestätte.

Der letzte Eremit, Heinrich Hasert, liegt in Küdinghofen begraben. Sein Grabkreuz trägt die Inschrift:

```
        BRU
        DER
     HENRIH HAS
    ERT EREMITA
        ANS
        BRUN
        NEN
        ADEL
        HITS
        ANNO
        IHS
       Ao 1702.
```

Da die Eremiten meistens Laien waren, so wurde bei den Pilgern eine Lücke in Beziehung auf Gottesdienst und Sacramentenspendung fühlbar. Deshalb stiftete die Abtissin Margaretha von Geverzhaen am 24. Juli 1679 eine Kaplanei an die Kapelle, damit „zu Vermehrung der Andacht ein gottesfürchtiger und erbaulicher Priester und Beichtvater daselbst residire". Die Stifterin erklärt, sie habe „deswegen diese dem Vilicher Stift zugehörige und auf dessen eigenthümlichem Grund errichtete Kapelle bereits vor etlichen Jahren dem Priester Wilhelm Flohe übertragen, damit er an allen Sonn= und Feiertagen zwischen neun und zehn Uhr Vormittags den Gottesdienst mit Lesung einer Messe verrichte, den ankommenden Pilgern mit Beichthören und Spendung der Communion aufwarte, an allen Werktagen zu bequemer Stunde die Messe fein ordentlich lese, die Kapelle beaufsichtige, daß darin nichts bemakelt noch ausgetragen werde, was an Opfer in Geld und Wachs zum Altar gebracht wird"[1]).

Die Thätigkeit des Kaplans scheint die Wallfahrten neu belebt und zur Befriedigung der religiösen Bedürfnisse der vermehrten Pilgerzahl nicht mehr ausgereicht zu haben. Daher übertrug Pfalzgraf Johann Wilhelm im J. 1688 auf Anhalten des P. Florentius, General=Commissar der niederrheinischen Ordensprovinz der Carmeliter, die Kapelle am Adelheidsbrunnen und die von dem Eremiten Victor erbaute Wohnung, worin bisher ein Priester aus dem Franciscanerorden sich ad interim aufgehalten, dem Carmeliterorden.

---

[1]) Annalen des h. V. XXIV, S. 321.

Kaum im Besitz der Kapelle, begannen die Carmeliter den Bau eines Klosters und einer größern Kirche. Den größten Theil der Kosten trug die Ordensprovinz, das Fehlende wurde durch milde Gaben ergänzt. Der „Convent der Carmeliter" zählte zwölf Ordenspriester und vier Laienbrüder. Das Kloster wurde nach Inschriften der Fenster im J. 1706 vollendet, oder der Vollendung nahe gebracht; die Kirche, welche auf dem Portale die Jahreszahl 1724 zeigt, wurde am 28. September 1760 durch den Bischof Joseph Franz von Gondala¹) consecrirt, nachdem die Benediction wahrscheinlich lange vorhergegangen war.

Das Aeußere der Kirche hatte wenig Ansprechendes; hingegen überraschte das Innere durch schöne Verhältnisse, und erfreute den gewöhnlichen Geschmack durch luftige, helle Räume²). Die Ausstattung war dem Stil entsprechend in Roccoco gehalten. Cannelirte, aus der Wand vorspringende Säulen mit zierlichen jonischen Kapitellen trugen das hölzerne Gewölbe, welches frei und leicht den ganzen Raum überspannte. Ein weiter, flacher Triumphbogen schied das Chor vom Schiff. Den recht hübsch geschnitzten Altar, angeblich das Werk eines kunstfertigen Carmeliterbruders, schenkte, wie das kurfürstliche Wappen anzeigte, der Erzbischof Clemens August (1723—1761). Den Altar zierte eine große Statue der h. Adelheid, darüber sah man eine Gruppe, die Ueberreichung des Scapuliers darstellend. Das Tabernakel war merkwürdig durch eine innere mechanische Vorrichtung zum Oeffnen und Verschließen³). Man brauchte bloß auf einen Knopf zu drücken, und wie von selber schoben die Thürflügel sich zur Seite und ließen das Allerheiligste hervortreten.

Als Wohlthäter der Kirche sind zu nennen:

Kurfürst Karl Philipp von der Pfalz. Ein Distichon auf dem Fries des Architravs über dem Portal bezeichnet ihn als Donator. Es lautet:

ELECTOR CAROLVS STABILIT PORTALE PHILIPPVS. ECCE
MARIAPOLI IANVA FIET EI.

Deutsch: Kurfürst Karl Philipp errichtet das Portal. Sieh', es wird ihm ein Thor zur Marienstadt werden.

Der Kölner Kurfürst Clemens August schenkte die Beichtstühle und einige andere Mobilien; Canonicus Hülsmann an St. Severin in Köln (1697) ein schönes Bild der h. Adelheid. Ein werthvolles Bild

---

¹) „Josephus Franciscus ex comitibus de Gondola et ordine s. Benedicti episcopus Tempensis sufraganeus Paderbonensis."
²) Dr. Hauptmann, „St. Adelheids-Pützchen", S. 18.
³) Eine ähnliche kunstvolle Mechanik ist in der Pfarrkirche zu Rheinbach.

der altkölnischen Schule, das Geschenk eines unbekannten Wohlthäters, stellte auf Goldgrund die Krönung Mariens dar.

In der Kirche befanden sich mehrere Grabmäler mit Inschriften. Nur zwei der letztern waren zu entziffern. Die eine, des Canonicus Johann Theodor Schevastes, auf einer eingemauerten Steinplatte zur Linken des Hochaltars, lautet in der Uebersetzung: Am 20. Juni 1719 starb der ehrwürdige, ausgezeichnete und sehr gelehrte Herr Johann Theodor Schevastes, apostolischer Protonotar des kurfürstlichen Archidiakonats zu den hh. Cassius und Florentius in Bonn, wie auch Capitular-Canonicus der Collegiatkirchen des freiadeligen Stifts St. Peter in Vilich. Er ruhe im Frieden [1]).

Die andere Inschrift auf dem Grabstein des Freiherrn Caspar von Proff und seiner Gemahlin Felicitas von Keyner lautet:

> Zwei Körper ruhen in diesem Grabe.
> An einem Ort hält Liebe sie vereint [2]).

Liebe vereinigt die theuern Gatten, die durch Freigebigkeit gegen die Armen und tadellosen Wandel stets sich Achtung erwarben. Wie niemals im Leben die Zwietracht sie trennte, so hat selbst der Tod sie nicht geschieden. Diese waren der Edelherr Johann Caspar von Proff, ehemaliger Amtsrichter oder Landdinger von Blankenberg unter dreien Kurfürsten, Herr von Menden, Auel und Honrath, und die Edelfrau Eucharia Anna Felicitas von Keyner, des Herrn von Proff innigstgeliebte Gattin.

Die Grabstätte in der Kirche verdanken die Genannten ohne Zweifel ihrer Wohlthätigkeit. Von dem Canonicus Schevastes ist bekannt, daß er an die Kirche zu Vilich ein Anniversar stiftete. Sein Andenken wird ferner bewahrt in einem Steinkreuz mit dem Familienwappen und der Inschrift:

Joannes Theodorus Schevastes Canonicus in Vilich me posuit.
Anno 1690 den 22. April.

Es stand früher im Felde bei Pützchen und wurde, nachdem es zusammengestürzt war, durch einen spätern Verwandten zu Vilich wieder aufgerichtet. Derselbe Canonicus ließ auch das Heiligenhäuschen zwischen

---

[1]) Die Inschrift ist in lateinischen Majuskeln ausgeführt. Ueber derselben befindet sich das Schevastes Wappen (drei grüne Blätter in Silber) mit den Prälaten-Insignien. Annalen des h. V. XXXI 149 und 151.

[2]) Das Original zeigt als Kopf folgendes Chronicum:
bIna sVb hoC Vno reqVIesCVnt ossa sepVLCro Vno bIna LoCo Corpora neCtIt aMor. (1734).

Vilich und Beuel errichten, in welchem „Jesus betend am Oelberg" verehrt wird[1]).

Seit Errichtung des Klosters stieg die Zahl der Pilger in kleinen Truppen und in Processionen. Unter letztern war die aus Köln die bedeutendste.

Anfangs von den Capucinern, später von den Carmelitern geführt zog dieselbe am ersten Samstag im September nach gehaltener Segensmesse von der Carmeliterkirche aus über Wesseling, wo der Pastor mit dem Hochwürdigsten entgegenkam und in der Kirche den Segen gab. In Bonn setzte man mit der Schiffbrücke in einzelnen Abtheilungen über den Rhein, besuchte zuerst das Grab der h. Adelheid in Vilich und begab sich sodann zu dem „heylsamen Brunnen", wo die Patres wie in Wesseling die Pilger empfingen und eine Wachskerze geopfert wurde.

Alle Quartiere, bis auf Scheunen und Heuböden, waren mit Gästen überfüllt. Manche zogen es vor, die Nacht unter Gebet und Gesang in der erleuchteten Kirche zuzubringen. Ein Andachtsbüchlein von 1713 ermahnt die Pilger, durch Empfang der h. Sacramente die Wallfahrt verdienstlich zu machen, wie auch der Predigt, der sacramentalischen Procession und dem Hochamt beizuwohnen. Nach dessen Beendigung wurde Sonntags=Mittag (um 12 Uhr) die Rückreise angetreten und die Andacht in der Carmeliterkirche zu Köln mit Segen beschlossen.

Eine zahlreiche Pilgerschaar strömte am 8. September aus Honnef zusammen, fuhr mit dem Schiff rheinabwärts bis unter Obercassel und legte den fernern Weg nach Pützchen und die Heimreise zu Fuß zurück[2]).

Der antikirchliche Geist des 18. Jahrhunderts bereitete dem Kloster den Untergang.

Am 13. September 1769 ordnete die kurpfälzische Regierung eine Untersuchung über das Collectiren der Bettelorden an. Die Scheffen und Vorsteher des Amtes Löwenburg sollten berichten, wann und wie oft die „bettelnden Geistlichen" zu Pützchen terminirten und welche Dienste sie dem Gemeinwesen leisteten. Die Antwort lautete günstig für die Carmeliter: „Sie leisteten überall Aushülfe in der Seelsorge, und seien, da die Pfarrgeistlichen überbürdet, nicht zu entbehren. Auch sei ihnen das Terminiren zu gestatten, da sie selbst keine Renten hätten.

Eine Frist wurde den Carmelitern gewährt, das Terminiren sollte einstweilen noch geduldet werden, unterdessen aber hätten die Mönche die Fonds zu ihrer Unterhaltung zu besorgen.

---

[1]) Annalen des h. V. l. c. 151.

[2]) Trips schreibt: 8. Septembris s. Adelheidis solemnitas e regione Bonnae, ubi modo morantur P.P. Carmelitae. Mane ex Honnef huc est processio, quo catervatim convolant, non tam devotionis, quam voluptatis amore, cum hic multa millia conveniant. Aehnlich drückt sich einer seiner Nachfolger aus.

Ein Schritt weiter zur Vernichtung war eine Verordnung vom 5. October 1802, wodurch die pfälzische Regierung, wiewohl selbst in Todesnöthen, den Klöstern die Aufnahme neuer Novizen verbot.

Nachdem der Reichsdeputationshauptschluß vom 25. Februar 1803 den Fürsten das Recht zuerkannt hatte, die in ihren Ländern bestehenden Ordenscorporationen aufzuheben und ihr Eigenthum einzuziehen, traten auch für das arme Carmeliterkloster in Pützchen die letzten Dinge ein. Am 18. April 1803 mußte der Prior der Regierung ein Inventar über bewegliches und unbewegliches Vermögen einreichen. Das werthvollste Besitzthum war eine kupfervergoldete Monstranz und ein Ciborium mit silberner Kuppe. Am 12. December deß. J. erfolgte das Aufhebungs= decret. J. W. Sauer, Verwalter des Amtes Löwenburg, erschien am 9. Januar 1804 im Kloster und las den "anwesenden Individuen" das Decret vor.

Den Mönchen wurde die Wahl gelassen, das Kloster zu Rösrath zu beziehen und den Pfarrdienst zu versehen, oder mit einer Pension von 50 Rthlr. in die Welt zurückzukehren; den Laienbrüdern war ge= stattet, ihren Aufenthalt in Rösrath zu nehmen, oder mit einmaliger Abfindung von 25 Florin und 25 Rthlr. aus dem Orden zu treten. Der Prior Modestus Jerusalem erbat achttägige Bedenkzeit, welche auch zugestanden wurde. Sodann schärfte Amtsverwalter Sauer dem Prior nachdrücklichst ein, daß weder er noch sonst ein Priester seines Klosters sich unterstehen dürfe, in der Predigt die mindeste Anspielung auf die landesherrlichen Verfügungen zu machen, indem die erste Pflicht eines Predigers verlange, dem Volke Unterwürfigkeit gegen die Obrigkeit bei= zubringen. Der Prior sei in dieser Beziehung für sich und alle Con= ventualen verantwortlich.

Nun ging es an die Abschätzung der Klosterländereien. Es waren $3^{1}/_{4}$ Morgen Weinberg, $5^{1}/_{4}$ Morgen Garten und Wiesen, 2 Morgen Ackerland, $^{1}/_{4}$ Morgen Busch, alles zusammen taxirt zu 1504 Rthlr. 47 Stüber[1])

An Activ=Capitalien besaß das Kloster 330 Rthlr. 14 Stüber 8 Heller, dagegen betrugen die Schulden 697 Rthlr. 4 Stüber.

Zur Zeit der Auflösung bewohnten das Kloster sechs Priester und drei Laienbrüder. Wir geben ihre Namen bekannt, mit der Erklärung, die sie nach Ablauf ihrer Bedenkzeit dem Amtsverwalter kund gaben:

1. Der Prior Modestus Jerusalem aus Eupen, 60 Jahre alt, er= klärte sich bereit, zu seinen Verwandten in die Heimath zu ziehen.

---

[1]) Nach dem öffentlichen Anzeiger der Kölner Regierung betrug das Terrain der zum Kloster gehörigen Gebäude und Gärten 12 Morgen (Reichsztg. Nr. 254 vom 12. Sept. 1886).

2. Alexander Rey aus Eschweiler, 59 Jahre alt, erklärte, wie bisher die Pfarreien Bergheim und Mondorf versehen zu wollen.

3. Marcus Monheim aus Köln, 35 Jahre alt, wurde Vicar zu Steinbach.

4. Gerhard Rheden aus Köln, 49 Jahre alt, wählte die Pension von 50 Rthlrn, ebenso

5. Everhard Schenk aus Sinzenich und

6. Vincenz Oberhäuser aus Weng, beide letztere 31 Jahre alt.

Die drei Laienbrüder waren: Marian Hellbrunn aus Heilbrunn, 64 Jahre alt, Arnold Ricken aus Cleve, 56 Jahre alt, Maurus Müller aus Erpel, 37 Jahre alt.

Am 1. Juli 1804 wurden die Mönche aus dem Kloster verjagt, mit Ausnahme des P. Schenk, dem Sauer die Schlüssel und die Aufsicht über das verlassene Kloster übergab, mit dem Auftrag, den Gottesdienst fortzusetzen.

Aus dem geringen Besitzthum des Klosters durften die Mönche die Einrichtung ihrer Zelle behalten, das Uebrige wurde in alle Winde zerstreut. Aus der Kirche verschwand ein Theil des Mobilars. Zwei Beichtstühle kamen nach Küdinghofen, zwei nach Vilich, zwei blieben in Pützchen. Die große Orgel, zum Preise von 80 Thalern verkauft, theilten die protestantischen Gemeinden zu Burscheid und Gräfrath. Die Bibliothek, 436 Bände, blieb einstweilen im Kloster; später wurde sie der Bonner Universität übergeben.

Das Klostergebäude verpachtete anfänglich die Regierung dem Bergrath Leopold Bleibtreu; im October 1825 verkaufte sie es demselben für 3300 bergische Thaler. Kirche und Kapelle blieben vom Verkauf ausgeschlossen und der Gemeinde Pützchen zum Zweck des Gottesdienstes überlassen. Nach Bleibtreu's Tode kaufte die Regierung das Kloster von dessen Erben für 11500 Thaler wieder an, um es als Detentionsanstalt für verkommene Weibspersonen einzurichten. Andere wollen es lieber Correctionshaus nennen. Mit der Correction oder Besserung schien es jedoch nicht recht vorwärts zu wollen. Die Anstalt wurde 1862 aufgehoben, das leerstehende Gebäude 1866 dem Dr. Besser vermiethet, welcher es zu einer Privat-Irrenanstalt verwendete und schließlich im Jahre 1873 von der Regierung als Eigenthum an sich brachte. Herren aus Bonn hatten auf der öffentlichen Ausstellung das höchste Gebot gethan, um den Ankauf für einen religiösen Orden sicher zu stellen. Der Zuschlag erfolgte trotzdem zu Gunsten des Dr. Besser. Man wundert sich über dieses Verfahren nicht, denn es war die Zeit, wo der Culturkampf begann seine giftigsten Blüthen zu treiben, wo die Ordensleute als Vaterlandsfeinde in's Ausland verbannt wurden, und die Zahl der Irren im deutschen Vaterlande sich in bedenklicher Weise vermehrte.

An der Klosterkirche fungirten als Deservitoren:

Pater **Everhard Schenk**, 1804, 1811 zugleich als Deservitor von Hangelar bezeichnet.

Balthasar Mödder, früher Subsidiar zu Stieldorf, starb im März 1827[1]).

Pater **Marcus Monheim**, kehrte gegen das Jahr 1827 von seinem letzten Wohnort Dransdorf nach Pützchen zurück und übertrug die Gebeine seiner verstorbenen Ordensbrüder aus der Gruft, welche später als Keller diente, an eine geweihte Stelle auf der Südseite der Kirche, bezeichnet durch eine Tafel mit der Inschrift:

Exultabunt ossa humiliata
†
A. D. 1846 hic reposita sunt ossa collecta ex coemeterio Carmeli Adelheidani.

Nicht lange nach der Uebertragung wird Pater Marcus, der letzte Carmeliter am Brunnen der h. Adelheid, an der Seite seiner heimgegangenen Ordensbrüder die letzte Ruhestätte gefunden haben. Nach Errichtung der Detentionsanstalt wurde im Jahre 1849

Pastor **Anton Wandels** zu Küdinghofen mit der Seelsorge der Detinirten und dem Gottesdienste an der Kirche beauftragt. Dieser erkrankte und

Pastor **Theodor Hartmann** zu Oberdollendorf trat für ihn ein.

Dr. **Franz Philipp Kaulen**[2]), 1853—1858, seither Rector an der Kapelle zu Dottendorf, ward am 7. März 1853 von Erzbischof Johannes von Geissel „zu der seit längerer Zeit erledigten Rectorstelle zu Pützchen mit gleichzeitiger Uebernahme der Seelsorge an der Detentionsanstalt" ernannt.

Kaulen führte unter schwierigen Verhältnissen einen regelmäßigen Gottesdienst ein und dehnte den Krankenbesuch und Religionsunterricht auch auf die Ortschaften Bechlinghofen, Holzlar, Kohlkaul und Hangelar aus, wiewohl es zu einer staatlichen Abgrenzung dieses Bezirks nicht gekommen ist. Die im Jahre 1688 errichtete und 1824 erloschene Scapulier-Bruderschaft stellte Kaulen wieder her.

---

[1]) Das Amtsblatt Stück 13 von 1827 enthält die Anzeige: „Die Kaplanstelle zu Pützchen ist durch den Tod des bisherigen Kaplans Mödder vacant. Die um diese Stelle sich bewerbenden Geistlichen haben sich unter Beifügung der Zeugnisse der ihnen zunächst vorgesetzten geistlichen und weltlichen Obern an uns zu wenden." Daselbst Stück 21 die Ernennung Monheim's d. d. 4. Mai.

[2]) Ueber Dr. Kaulen vgl. Geschichte des Dekanats Hersel S. 89 f.

Matthias Krautwig, 1858—1861, trat in den Dominicaner-Orden.

Johann Wilhelm Wassong, 1861—1869, geboren zu Satzvey am 7. Juli 1830, Priester seit 30. August 1856, vor seiner Berufung (13. Mai 1861) Vicar zu Godorf, seit 8. November 1869 Pfarrer zu Stockheim, seit 12. Februar 1890 Pfarrer zu Rheincassel, Dekanat Lövenich.

1862 ward die Detentionsanstalt aufgehoben, die Insassen nach Brauweiler überbracht.

Dr. Johann Kirschbaum, 1870—1886, geboren zu Eisbach, Pfarre Oberpleis am 25. September 1844, zum Priester geweiht am 27. März 1869, am 2. September zum Deservitor in Pützchen, am 3. April 1886 zum Vicar in Meckenheim ernannt.

Johann Matthias Laurenz Windmüller, geboren zu Lessenich am 21. August 1840, wurde Priester am 2. September 1866, hierauf Vicar zu Rheincassel, am 27. April 1886 Rector zu Pützchen.

Ueber Wohnung und Einkommen des Deservitors haben wir Einiges nachzutragen.

Nach Aufhebung des Klosters behielt Pater Schenk seine Wohnung in demselben. Bergrath Bleibtreu übernahm als Pächter die Verpflichtung, dem Deservitor bestimmte Räume als Wohnung und einen Morgen Garten zu freier Benutzung zu überlassen. Diese Verbindlichkeit löste Bleibtreu beim Abbruch des Klosters dadurch ab, daß er ein Häuschen (Nr. 22) als Kaplanswohnung ankaufte, etwas vergrößerte und reparirte. In diesem Häuschen lebten und starben: Pater Schenk, Mödder und Monheim. Rector Dr. Kaulen wohnte anfangs in dem zur Pfarre Küdinghofen gehörigen Limperich, weil die Wohnung in Pützchen allzu bedeutende Mängel hatte.

Später kaufte die Regierung das Haus Nr. 24 in Pützchen als Dienstwohnung, eben so defect als gesundheitsschädlich. Unter Rector Wassong ward Neubau geplant, aber nicht ausgeführt, weil Fiscus und Gemeinde über die Baupflicht uneins waren. Schließlich erkannte die Regierung ihre Verpflichtung an und miethete 1873 eine andere Wohnung. Ein neuer Entwurf zu einem neuen Hause kam abermals nicht zur Ausführung, indem das Sperrgesetz hindernd in den Weg trat. Dr. Kirschbaum bezog ein aus Privatmitteln seines Vaters erbautes Haus, welches auch vom jetzigen Rector Windmüller miethweise bewohnt wird.

Das Einkommen bestand bis zur Aufhebung der Detentionsanstalt (1862) aus 240 Thalern der Staatskasse. Dann folgten lange Verhandlungen zwischen Gemeinde und königl. Regierung wegen anderweiter Regulirung der Gehaltsfrage, deren Abschluß folgender war.

Der Staat zahlt als bei der Kloster-Aufhebung übernommene Leistung 69 Thaler und 100 Thaler Zulage, die Gemeinde Vilich ebenfalls 100 Thaler. Die Gemeindezulage wurde in Folge des Sperrgesetzes von 1875 bis 1877 vorenthalten, jedoch auf Verfügung des königl. Ministeriums nachgezahlt.

Pützchen's Markt.

Am Feste Mariä Geburt herrscht reges Leben in Pützchen. Von Nah und Fern strömen unabsehbare Menschenmassen herbei und füllen die Kirche, die Häuser, die öffentlichen Plätze. Doch der Andächtigen sind weniger als der Vergnügungssüchtigen und der Kauflustigen, die der Jahrmarkt herbeiführt. Denn alle erdenklichen Sachen für Haus und Küche, Geräthe für Garten und Feld, Stoffe in Lein und Wolle, Sachen für Groß und Klein; ja, wer kann die Gegenstände alle nennen und zählen: Alles ist für Geld zu haben.

Aber auch an Gelegenheit zu Lust und Tanz, an Schaubuden und Carroussels fehlt es nicht; an Speise und Trank kein Mangel. Kurz: Vergnügen aller Art und lauter Lärm überall. Der Jahrmarkt verdankt seine Entstehung dem natürlichen Bedürfnisse zahlreich herbeiströmender Pilger; Pützchen mit wenigen Häusern konnte die Mittel zur Bewirthung so vieler Gäste nicht darbieten. Daher kamen die Buden in Aufnahme. Allmälig aber warf sich die Speculation auswärtiger Händler auf die allgemein gangbarsten Artikel der Industrie; im Jahre 1776 erweiterte sich der Jahrmarkt durch den Viehhandel. So hat schließlich das materielle Interesse die Oberhand über das geistige gewonnen.

Im Jahre 1830 wurde wegen Einführung der neuen Festordnung die Feier von Mariä Geburt und damit der Jahrmarkt auf den folgenden Sonntag verlegt. Als aber die königl. Regierung im Jahre 1856 auf Anordnung des Oberpräsidenten der Rheinprovinz für Abhaltung des Marktes einen Wochentag bestimmte, so wehrten sich die Gemeindebehörden mit Entschiedenheit, weil die Blüthe des Jahrmarkts von der Zahl der Wallfahrer und der kirchlichen Feier abhängig sei. Durch Verlegung des Jahrmarkts wäre ein großer Theil des Standgeldes, das früher in die bergische Hofkammer geflossen und durch Decret der französischen Regierung vom 13. September 1811 vom Jahre 1812 an der großherzoglichen Domainen-Direction der Bürgermeisterei Vilich überwiesen worden war, verloren gegangen.

Uebrigens verdankt die Kirche am Adelheidsbrunnen dem Jahrmarkt ihre Erhaltung. Um nämlich die Unterhaltungskosten zu sparen, war die königl. Regierung im Jahre 1827 geneigt, die Kirche abzubrechen. Dagegen erhob die Gemeinde Widerspruch: der Markt mit einer durchschnittlichen Einnahme von 140 Thalern an Standgeldern sei eine ihrer Haupt-Einnahmequellen; würde die Kirche abgebrochen, so hörten die Wallfahrten auf und der Markt hätte seine Bedeutung verloren.

Das Ende

der Geschichte von Pützchen ist ein großer Brand, welcher am 23. Juni 1887 in der Besser'schen Anstalt ausbrach, mit rasender Geschwindigkeit um sich griff und die Kirche in der Zeit von 4 bis 7 Uhr Nachmittags bis auf das äußere Mauerwerk vollständig in Asche legte. Die Löschmannschaften hatten die äußerste Mühe, die Gebäude der Umgebung vor Anzündung zu retten, zumal bei der herrschenden Dürre und den Schwierigkeiten, das Wasser herbeizuschaffen.

Es gelang zur Noth, das Allerheiligste und die heiligen Gefäße zu retten, während die Meßgewänder und andere kirchliche Geräthe dem verheerenden Element zum Opfer fielen. Empfindlich war der Verlust der Orgel, welche erst kürzlich für 4500 Mark beschafft worden war. Die in den Altären niedergelegten Reliquien fand man unversehrt in würfelförmigen Bleikapseln, desgleichen die Consecrations-Urkunde des Hauptaltars[1]), während die der beiden Nebenaltäre unleserlich geworden waren. Das ganze Mobilar der Kirche war unrettbar verloren, die Glocken geschmolzen. Die größere im Jahre 1870 gegossene trug die Inschrift:

IesV DeI genItrICI VIrgInI aC sanCtae aDeLheIDI
Cura P. S. Peiffer Coloniensis, parochi Vilicensis, duplo maior facta sum quam fui.
Christian Claren me fecit.

Die kleinere:

REGINAE SINE MACVLA CONCEPTAE
INQVE SALVTEM MVNDI NATAE SACRA SVM

Darunter:

Christi fideles ad fontes sanctae Adelheidis convoco Beatae Mariae de monte Carmelo devotos.
Christian Claren me fecit 1853.

---

[1]) Bei der Consecration der Kirche und (vier) Altäre am 28. September 1760 hatte der Weihbischof Gondola von Paderborn Reliquien der Thebaischen Martyrer aus der Gesellschaft des h. Gereon, der h. Irmgardis u. a. in die Altäre eingeschlossen.

Die Wiederherstellung der Kirche mit Beibehaltung des alten Mauerwerks steht nach zweijähriger Verzögerung in naher Aussicht. Die Ausführung übernimmt der Staat gegen Empfang der Versicherungssumme von 60 000 Mark.

Anmerkungen zu Pützchen

Schule: *siehe Faksimile - Seite 193 („Schulwesen Vilich").*

Zu Faksimile - Seite 170
(Name Pützchen)
Je jünger der Ortsname, desto sicherer seine Erklärung. 1808 erscheint erstmals „Putzgen", dann 1814 und 1823 „Pützgen", erst 1827 das heutige „Pützchen". Pützchen ist die Verkleinerungsform zu Pütz, lateinisch „puteus", was Brunnen, Quelle bedeutet. Der von der Hl. Adelheid zutage geförderte Brunnen wird als solcher erstmals 1367 erwähnt: „bi sente Aleyde borne", 1688 erscheint er als „St. Adelheidis Brunnen", um 1689 als „Adelheidiß Pütz".
- Siehe dazu Schlafke (in Band Achter), a.a.O., Seite 306 f.
„Einst zur **Zeit großer Dürre**": Hungersnöte lassen sich nach neuerer Forschung für die Jahre 1000, 1005, 1006 und 1009 nachweisen *(zitiert bei Schlafke (in Band Achter), a.a.O., Seite 280, Fußnote 67).*

Zu Faksimile - Seite 171
Dass der letzte Eremit **Heinrich Hasert** in Küdinghoven begraben sei, ist allein schon deshalb unwahrscheinlich, weil sein – hier beschriebenes – Grabkreuz von 1702 (heute noch) in Pützchen steht, und zwar (neben einem weiteren) in der Grünanlage außen am Chor. *- Siehe dazu Anmerkung zu Faksimile - Seite 269 („Küdinghoven").*

Die ehemalige Klosterkirche, heutige Pfarrkirche, mit dem Türsturz Herzog Carl Philipps von 1724.

Zu Faksimile - Seite 171 f
Pfalzgraf Johann Wilhelm II. (reg. 1679–1716) ist der Herzog von Berg aus dem Hause Pfalz-Neuburg, zu dessen Territorium Pützchen gehörte; 1690 wurde er zugleich Kurfürst von der Pfalz, residierte aber in der Landeshauptstadt Düsseldorf. Dort erinnert das große Reiterstandbild an ihn (Jan Wellem).
Der bildhauerisch gestaltete **Portalsturz der Kirche**, der das Errichtungsdatum (1724) sowie den Errichternamen nennt, wurde beim Wiederaufbau der kriegszerstörten Kirche 1950-1955 durch ein Replikat ersetzt, das eine Inschrift nicht mehr aufweist. Das Original von 1724 ist im Innenhof des anliegenden ehe-

maligen Karmeliterklosters gelagert. Herzog **Carl Philipp** (reg. 1716-1742) war gleichfalls Kurfürst von der Pfalz und residierte bereits nicht mehr in Düsseldorf, sondern in Mannheim. Sein unmittelbarer Nachfolger, nunmehr aus der Linie Pfalz-Sulzbach, ist **Karl Theodor** (reg. 1742-1799), gleichfalls Kurfürst von der Pfalz und in Mannheim residierend. Er war Freund des Kölner Kurfürsten Clemens August (reg. 1723 – 1761).

Zu Seite Faksimile - 172 f
(Kirche)
Siehe dazu Clemen, a.a.O., Seite 326 f, sowie Passavanti, a.a.O., (Hansmann, W.) Seite 203 ff.

Das St. Adelheidis-Brünnchen vor der Wallfahrtskapelle. An der Mauer Grabplatten aus der Pfarrkirche. Um 1955.

Die beiden **Grabmäler** (richtiger: Grabplatten) von J. T. Schevastes sowie den Eheleuten C. und F. von Proff sind seit der Wiederherstellung der am 5./6. 4.1943 erneut zerstörten Kirche außen an der Immunitätsmauer neben der Wallfahrtskapelle beim Brünnchen aufgestellt.

Die Information bezüglich des **Wegekreuzes** und des **Heiligenhäuschens** an der Schillerstraße bzw. der Adelheidisstraße, beide von J. Th. Schevastes errichtet, erscheint bei Maaßen zweimal. Allerdings ist hier richtigzustellen, dass das Wegekreuz nicht 1690, sondern – wie seine Inschrift deutlich ausweist – 1692 gestiftet worden ist *(siehe die Anmerkung zu Faksimile -Seite 151, „Vilich").*

Zu Faksimile - Seite 174
Über **Kapuziner,** die nach Maaßen anfänglich in Pützchen gewirkt haben sollen, gibt die Literatur nichts her.
„**Terminieren**" bedeutet, milde Gaben in regelmäßigem Turnus zu bestimmten festen Terminen zu sammeln.

Zu Faksimile - Seite 174 f
Die **kurpfälzische oder pfälzische Regierung** war die kurpfälzische Staatsverwaltung in Mannheim, die identisch mit der des Herzogtums Berg in Düsseldorf war. Die Kurfürsten waren ja in Personalunion Herrscher über beide Territorien *(siehe Anmerkung oben zu Faksimile - Seite 171 f).*

Zu Faksimile - Seite 175 - 177
(Aufhebung des Klosters)
Die beiden in die Pfarrkirche von Küdinghoven gelangten Beichtstühle sind dort durch Kriegseinwirkung am 27. 12. 1941 verbrannt, während die beiden in die Stiftskirche von Vilich verbrachten den Brand vom 18. 10. 1944 überstanden. - S*iehe Anmerkung zu Faksimile - Seite 168 („Vilich").*
Zu Faksimile - Seite 176
„Detentionsanstalt für verkommene Weibspersonen"
Darunter ist eine „Besserungs-" oder „Correctionsanstalt" für Prostituierte zu verstehen, die wegen unzulässiger, nämlich nicht genehmigter und nicht registrierter Tätigkeit mit Gefängnis bestraft, aber anschließend nicht freigelassen, sondern zum „Ablassen von ihrer Sucht" (lat. detinere = ablassen) weiterhin unter gefängnisähnlichen Bedingungen, aber ohne jedes diesbezügliche Gerichtsurteil festgehalten wurden. Die Anstalt wurde 1863 (nicht 1862) wegen Scheiterns ihres Erziehungsauftrags geschlossen und 1866 in eine (private) Nervenheilanstalt (Bessersche Anstalten) umgewandelt. – *Siehe dazu: Neu, Arbeitsanstalt, a.a.O.*

Zu Faksimile - Seite 177
Als **Deservitoren** an der Klosterkirche fungierten E. Schenk von 1804 bis 1812, M. Monheim 1812/1813 sowie von 1827 bis 1846/1850, V. Oberhäuser 1818/1819 und B. Mödder von 1819 bis 1827. Monheim starb 1850. - *Siehe dazu: Bachem, Vorgeschichte, a.a.O., Seite 17.*
Das Todesdatum des letzten Karmeliters am Pützchen, **Markus Monheim**, ist sehr wohl bekannt; es ist der 19. Dezember 1850.
Der Text der Tafel mit der lateinischen Inschrift lautet in deutscher Übersetzung *(H. Piesik 2007)*:
> *„Jubeln sollen die Glieder, die Du erschlagen hast."*
> *[Zitat aus Psalm 50,10]*
> *„Im Jahre des Herrn 1846 sind hier zur Ruhe gelegt worden die*
> *Gebeine, gesammelt von den Ruhestätten / des Adelheid-Karmels".*

Die Tafel als solche ist nicht mehr vorhanden. Stattdessen erinnert heute der große künstlerisch gestaltete Basaltlava-Block in der Grünanlage an diese Ruhestätte. Er wird aber von der Pfarrgemeinde wohl auch als Gedenkstätte für die Opfer der Kriege und der Gewaltherrschaft angesehen.
Zu Faksimile - Seite 177 unten
In der Tat bildet sich unter dem Rektorat des ersten Geistlichen nach der Karmeliter-Zeit, Dr. F. Ph. Kaulen (1853-1856), erstmals der spätere **Seelsorgebezirk Pützchen** heraus, aus dem 1897 das Pfarrrektorat („Kapellengemeinde") und 1906 die selbständige Pfarre hervorgehen, (allerdings ohne Einbezug Hangelars, das 1899 zur Kapellengemeinde und 1911 zur eigenen Pfarrei erhoben wird *(siehe dazu Anmerkung zu Faksimile - Seite 191)*. Kaulen hat sich anschließend an der Bonner Universität für das Fach Bibelwissenschaften ha-

bilitiert, wo er 1868 einen ordentlichen Lehrstuhl erhält. Wissenschaftler internationalen Rangs, ist er am 11. 7. 1907 gestorben. – *Siehe dazu: Bachem, Vorgeschichte, a.a.O.*

Zu Faksimile - Seite 178 unten
(Pfarrhaus)
L. Bleibtreu, der das Karmeliterkloster zunächst 1815 gepachtet hatte (vorher seit 1811 das Stift Vilich) und damit die Verpflichtung eingegangen war, dem Ortsgeistlichen darin freie Wohnung zu gewähren, erwarb das Kloster 1825 und entledigte sich seiner Verpflichtung durch Ankauf eines kleinen in der Nähe der Kirche gelegenen Fachwerkhauses (Nr. 22, J. Hartfeld). Mödder und Monheim sind in diesem Hause gestorben, nicht aber, wie Maaßen dartut, Schenk (der tot auf dem Dachboden des Klosters aufgefunden wurde). Da

Pilgerblatt mit der Darstellung der heiligen Adelheid und Ansichten von Vilich, Siegburg und Pützchen, mit Bildnissen von Krankenheilungen. Um 1678.

dieses Haus aber zunehmend verfiel, kaufte der Staat, der nunmehr seinerseits für die Geistlichenwohnung zu sorgen hatte, 1853 ein anderes, anspruchsvolleres Haus, wiederum ein Fachwerkgehöft (Nr. 24, H. Emmerich). Aber auch dieses war unzureichend, so dass sich 1875 Rektor Dr. J. Kirschbaum gezwungen sah, auf seine eigenen Kosten ein Pfarrhaus auf einem Grundstück (Im Thelenpfand) zu errichten, das er aus politischen Gründen (Kulturkampf) auf den Namen seines Vaters erworben hatte. Also nicht der Vater hat, wie Maaßen meint, das Haus gebaut, sondern der Sohn. 1885 hat der Staat es ihm und seiner Schwester (als formalen Erben des Vaters) abgekauft, um es dem Seelsorgebezirk Pützchen als Wohnung des Geistlichen zur Verfügung zu stellen. Es behielt seine Funktion bis zur Errichtung des jetzigen Pfarrhauses in der Karmeliterstraße 1969. Es steht unter Denkmalschutz. – *Siehe dazu: Bachem, Vorgeschichte, a.a.O., Seite 17 und 24.*

Zu Faksimile - Seite 180
„Das Ende"
Widerspruch gegen die zeitweiligen **Absichten** des Staates, die ehemalige Karmeliter-Klosterkirche abzubrechen, erhob die Zivilgemeinde Vilich, während

innerhalb der Kirchengemeinde Vilich auch gegensätzliche Meinungen dazu laut wurden. Denn es bestand die durchaus begründete Sorge um eine ausreichende Finanzkraft zur Erhaltung von gleich drei Kirchen innerhalb der Pfarrgemeinde – Vilich, Schwarzrheindorf, Pützchen. Kultur- und kunsthistorische Aspekte spielten dabei keine Rolle.

Die lateinische Inschrift der größeren **Glocke** (1870) lautet übersetzt (Chronogramm):
> „Der Jesus-[und] Gottesgebärerin, Jungfrau, und der Heiligen Adelheid.
> Durch die Bemühung von P. J. [nicht: S.] Peiffer aus Köln, des
> Vilicher Pfarrers, bin ich um das Doppelte größer /
> geworden, als ich gewesen bin. –
> Christian Claren hat mich gemacht."

Die lateinische Inschrift der kleineren Glocke (1853) lautet, gleichfalls übersetzt *(H. Piesik 2007)*:
> „Der Königin, der ohne Makel empfangenen /
> und zum Heil der Welt geborenen, bin ich geweiht.
> Die Christgläubigen rufe ich zu den Quellen der heiligen Adelheid,
> die der seligen Maria / vom Berge Karmel ergeben sind.
> Christian Claren hat mich gemacht 1853."

Die Glockengießerei des Christian Claren befand sich im 19. Jahrhundert in Sieglar.

Inneres der ehemaligen Klosterkirche, heutigen Pfarrkirche, vor ihrer Zerstörung 1942.

Zu Faksimile - Seite 180, Fußnote 1)
Zu den **„thebäischen Märtyrern aus der Gesellschaft des hl. Gereon"** *siehe die Anmerkungen zu Faksimile - Seite 383 („Oberkassel").*

Zu Faksimile - Seite 181 oben
Die **Wiederherstellung der Kirche** erfolgte 1890/91, die Konsekration am 27. 6. 1896 durch Weihbischof Antonius Fischer, den späteren Erzbischof.
Ergänzung:
Am 5./6. 4. 1942 ist die Kirche durch **Kriegseinwirkung** erneut ausgebrannt. Vor ihrer Wiederherstellung fanden um 1950/51 im Kirchenraum

unter Leitung des Pfarrers H. Marten Ausgrabungen statt, die aber weder fachlich begleitet noch wissenschaftlich dokumentiert worden sind. Lediglich aus Presseberichten ist bekannt, dass dabei Grundmauern aus „gotischer Zeit" zum Vorschein gekommen sein sollen; dies würde bedeuten, dass für die Wallfahrer zum Brünnchen schon wesentlich früher, als bisher angenommen, Baulichkeiten zur Verfügung gestanden hätten.

Der Wiederaufbau erfolgte 1953/55; die erste Hl. Messe war am 14. 8. 1955. Der Sakristeianbau stammt von 1956.

Patronin der Karmeliterkirche war von Anfang an, wie bei allen Karmeliter-Kirchen, Unsere liebe Frau vom Berge Karmel. Bei der Konsekration von 1906 hat Weihbischof Melchers dieses Patrozinium bekräftigt und den Hauptaltar auf den Titel U. l. F. vom Berge Karmel geweiht, sich zugleich, unsicher, ob Adelheid von Vilich kirchenrechtlich offiziell als Heilige anerkannt sei, geweigert, einem der Nebenaltäre den Titel der heiligen Adelheid zu geben. Dies war der Anlass, 1914 einen formalen Heiligsprechungsprozess anzustreben. Zwischen den beiden Weltkriegen wegen der Ungunst der Zeitverhältnisse zum Erliegen gekommen, wurde dieser 1956 wieder aufgenommen und am 27. 1. 1966 mit der förmlichen **Heiligsprechung Adelheids** abgeschlossen. - *Siehe dazu: Schlafke (in Band Achter), a.a.O., Seite 321 ff.*

Für eine Umwidmung des Karmel-Patroziniums in ein solches der Hl. Adelheid, die seit den 1930er Jahren behauptet wird, sind kirchenrechtliche Urkunden nicht auffindbar.

Viehmarkt auf Pützchens Markt. Um 1925.

Literatur zu Pützchen

Bachem, Carl J.: *Die Vorgeschichte der Pfarrgründung am Pützchen. Eine Skizze*, in: Festschrift 100 Jahre Pfarrgemeinde Pützchen. 1906-2006, Beuel 2006, S. 16-32 – *zitiert als „Vorgeschichte"*

Clemen, Paul: *Die Kunstdenkmäler der Stadt u. des Kreises Bonn*, Düsseldorf 1905, S. 326 f

Höroldt, Dietrich / Joch, Waltraud (Hrsg.): *Ev. Kirchen u. Gemeinden der Kirchenkreise Bonn, Bad Godesberg, An Rhein u. Sieg,* Bonn 1996 – Ev. Kirchengemeinde Beuel: S.106 f (A. Hansmann), Nommensen-Kirche: S. 109 f (A. Belz)

Neu, Heinrich: *Die ehem. Arbeitsanstalt in Pützchen. Ein Kapitel aus der Gesch. Beuels u. der Bemühung um soziale Fürsorge um die Mitte des 19. Jh.* (Studien zur Heimatgesch. des Stadtbez. Bonn-Beuel 11), Beuel 1967

Passavanti, Wilhelm (Hrsg.): *Bonner Kirchen u. Kapellen,* Bonn 1989, Pützchen: S. 201 f (N. Schloßmacher), 203 f (W. Hansmann) – Karmeliterkloster-Kapelle: S. 204 f (I. Achter), Sacre Coeur: S. 206 f (W. Geis)

Schloßmacher, Norbert: *Alles ist wegen Aufhebung der Klöster u. Stifter zerstört. Das Personal der Bonner Stifte und Klöster am Vorabend der Säkularisation*, in: Bonner Geschichtsbll. 54/54, Bonn 2004, S. 203-268

Schmitz-Reinhard, Johann Ignaz: *Pützchens Markt. Zur Gesch. der altehrwürdigen Wallfahrt zur hl. Adelheid u. des Jahrmarktes in Pützchen* (Studien zur Heimatgesch. des Stadtbez. Bonn-Beuel 9), Beuel 1967

Schumacher, Hans Ludwig: *Gedanken zum Retabel des Hauptaltars* [in St. Adelheid Pützchen], in: Pfarr- und Wallfahrtskirche St. Adelheid-Pützchen. Festschrift, Pützchen 1993, S. 28-31

Vogt, Helmut: *Vermögen der Klostergemeinden als Beute des Staates*, General-Anzeiger Bonn 14. 5. 1993, S. 13

Beuel.

Beuel am Rhein, der Stadt Bonn gegenüber, wird 1139 Buiela[1]), 1143 Buele, 1156 und 1333 Buwele, 1732 Bewell genannt. Beuel, Buel oder Bühel bezeichnet eine Erhöhung. In unserm Falle ist diese Bedeutung nur in beschränktem Maße zutreffend.

Was man gewöhnlich Dorf Beuel nennt, ist ein Complex von drei Ortschaften: 1. das eigentliche Beuel mit dem südlich gelegenen Rüls=dorf[2]), 2. Combahn, 3. Vilich=Rheindorf. Beuel erstreckt sich vom süd= lichen Ende bis an die vom Rhein nach der Eisenbahnstation führende Straße einschließlich der rechten Seite derselben. Die Häuser zur Linken rheinabwärts gehören zu Combahn bis an das Höhnergäßchen. Was weiter nördlich sich anschließt, heißt Vilich=Rheindorf und bildet einen Theil der Pfarre Schwarz=Rheindorf.

Beuel ist bekannt durch seine Jutefabrik und Wäschereien, deren Kundschaften sich bis in die entlegensten Großstädte Deutschlands er= strecken. Die größte Bedeutung hat es durch seine Verbindung mit Bonn. Die in der kurfürstlichen Zeit mit Privilegien ausgestattete Rheinfähre wurde durch Bonner und Beueler Fahrberechtigte ausgeübt, worüber Näheres unter Obercassel und Schwarz=Rheindorf zu ersehen ist[3]). Die Landungsstelle der Gierponte und der Schiffe war höher rheinauf= wärts als die jetzige, und bei Bonn an der Giergasse, wie solches der Name schon andeutet. Mit Rücksicht auf die veränderte Zeitlage schreibt Dr. Hundeshagen: „Die fliegende Brücke oder Drachenfähre zwischen Bonn und Beuel, beinahe allen Verkehr auf sich nehmend, zwischen den beider= seitigen Uferstätten . . . gehört mit ihren ausschließenden Rechten und Privilegien jetzt (1832) wieder einer Anzahl sogenannter Brückenbeerbter, an die Erbmannen des alten Verona (Bonn) erinnernd, so von der Einnahme dasjenige, was nach Abzug der Kosten, Bau und Besserung der Schiffe 10 Procent reinen Gewinnes übersteigt, der Staatskasse ab= geben"[4]). Vordem war sie kurfürstlich, und das stolze Fahrzeug versah

---

[1]) Günther I, Nr. 124, S. 255; 133, S. 275; Lac. III 266, S. 125; Annal. d. h. V. XXV 272. — [2]) Rulisdorf praedium Erzbischof Arnold's II, s. Schwarz=Rhein= dorf. — [3]) Vgl. Annalen d. h. V. XV 156 f.

[4]) Laut Urkunde Erzbischofs Heinrich von 1345 zahlten die Fahrmeister dem Kur= fürsten auf seinen Hof Merhusen zu Bonn (?) insgesammt jährlich 10 Schillinge und waren nebstdem verpflichtet, demselben zu Rheinreisen 5 Fahrschiffe und 10 Frachtschiffe zu stellen. Annal. l. c. 160.

den traurigen Dienst, den im prächtigen Sarkophag befindlichen Leichnam des Erzbischofs und Kurfürsten angesichts der längs dem Rheinufer aufgestellten Geistlichkeit, Kirchenleute und Schuljugend Bonn's, gefolgt von einer zahlreichen Flotte, nach Köln zu überbringen; der letzte Kurfürst veranlaßte auf demselben Schiffe — einen Ball."

Am 2. October 1794 trug sie ihn auf der Flucht zum letzten Mal von Bonn hinüber. Die Zeit der Kurfürsten war zu Ende. Die seit der Franzosenherrschaft eingetretenen mancherlei Veränderungen in der Geschichte der Rheinfähre übergehen wir. Die fliegende Brücke wurde den Beerbten im Jahre 1809 durch die französische Regierung ohne Entschädigung entzogen und die Fährgesellschaft ihres uralten Rechtes beraubt. Der Fortschritt der Neuzeit hat der Gierponte ein Dampfschiff zugesellt, wodurch der Verkehr zwischen beiden Ufern sehr erleichtert wird. Mit staatlicher Genehmigung constituirte sich am 16. Mai 1878 eine Bonn-Beueler Fähr-Actien-Gesellschaft, deren Landungsbrücke bei Bonn wenig unterhalb der St. Josephsstraße sich befindet. Höher hinauf ist nebenbei seit dem 1. Juli 1875 eine Nachenfähre eingerichtet an der Stelle der alten Rheinfähre[1]). Am 7. August 1886 trug ein neues Dampfschiff, das erste von Eisen, den Herrn Erzbischof Philippus auf der Firmungsreise in festlichem Aufzug von Bonn nach Beuel[2]).

Zu den ältesten Besitzungen gehörten die Güter des Bonner Cassiusstifts, des Klosters Rolandswerth, des Stifts Schwarz-Rheindorf, Stifts Vilich, der Commende Ramersdorf, wozu später noch ein Weingut der Abtei Siegburg kam.

Roingus, ein Bonner Bürger, und sein Sohn Gottfried geben unter anderm dem Cassiusstift zwei Weingärten zu Beuel zur Stiftung einer Memorie für das Heil ihrer Seele. Davon sollen auch zwei Wachskerzen, jede zu zwei Pfund, bezahlt werden, deren eine am Tage der Aufnahme Maria's (15. August) in der ihr geweihten Krypta (der Stiftskirche), die andere in der Krypta des h. Grabes am Tage ihrer Einweihung angezündet werden[3]).

Heribordus und Richza schenken für ihre Tochter Alverada[4]) dem Kloster Rolandswerth einen Weingarten zu Beuel nebst anderweiten Gütern.

Lützo von Beuel (Butwel) hatte dem Pastor von Königswinter von einem halben Morgen Weingarten des Klosters zu Vilich „in der Planken" jährlich ein halbes Malter Weizen zu liefern[5]).

---

[1]) Vortrag, gehalten von Dr. F. Hauptmann zu Bonn am 28. Januar 1889. — [2]) l. c. — [3]) Günther I 124, S. 255. — [4]) Günther hat „Alurada". l. c. 133, S. 275. — [5]) Urkunde des Kölner Officials von 1372 im Staatsarchiv zu D.

Kaiser Friedrich I. bestätigt der Kirche zu Schwarz-Rheindorf den Hof zu Rulisdorf und drei Morgen Weingarten zu Beuel 1156 den 17. September[1]).

Abt Johann Christoph von Hagen erwirbt durch Tausch von Freiherrn Joseph Wilhelm von Lüning u. A. ein Weingut zu Beuel[2]).

Die Commende Ramersdorf besaß daselbst ein Haus nebst Stallung und Scheune, welches nebst andern Gütern von der preußischen Domaine verkauft wurde. Es war unter dem Namen „Lazarethhaus" bekannt. Das Zehntrecht in Beuel war dem Stift Vilich zuständig.

Beuel gehörte zur Hälfte unter das Amt Löwenburg und dessen Untergericht zu Küdinghofen. Durch seine Lage gegen Bonn hat Beuel zu Kriegszeiten stets die Aufmerksamkeit der Strategen in unliebsamer Weise auf sich gezogen.

Der durch seine Raubzüge berüchtigte Oberst Martin Schenk von Nideck hatte 1587 in Beuel als Stützpunkt und zum Schutze seiner Besatzung in Bonn eine Schanze errichtet. Sie wurde im Mai 1588 von den kurfürstlichen Truppen eingenommen, worauf bald die Uebergabe von Bonn nach hartnäckiger Gegenwehr gegen die langwierige und nachdrückliche Beschießung erfolgte.

Im Jahre 1689, als die Franzosen Bonn besetzt hielten, hatten diese sich ebenfalls in der Beueler Schanze befestigt, wurden aber schließlich durch den brandenburgischen General von Barbuß von Vilich aus angegriffen und aus ihrer Position geworfen. Siebenzig Franzosen fielen den Siegern als Gefangene in die Hände, während die Uebrigen, welche sich auf Nachen über den Rhein zu retten suchten, in den Fluthen ertranken.

Daß bei den mit Erbitterung geführten Kämpfen Beuel zum großen Theil der Zerstörung anheimfiel, ist auch ohne besondere Meldung der Geschichtsbücher als sicher anzunehmen. Als Andenken finden sich an der Schanze noch heutzutage Steinkugeln, u. a. im Boden.

Die Einwohner von Beuel-Combahn besuchten von Alters mehr die nähere Stiftskirche in Schwarz-Rheindorf, als die fernere Pfarrkirche in Vilich; deshalb vereinigten sie sich im December 1806 mit Rheindorf, als der Gottesdienst daselbst sistirt war, zu einer Eingabe an das General-Vicariat zu Deutz um Wiederherstellung desselben — ohne Erfolg. Abhülfe kam erst im Jahre 1831 durch Anstellung eines Kaplans, und 1867 eines Pfarrers zu Rheindorf. Aber die Beueler waren doch hier nur als Gäste geduldet, während die Stimme der Mutterkirche sie

---

[1]) Lac. I 389, S. 270. — [2]) Müller, Siegburg und Siegkreis, II 159. Vgl. Niederpleis.

nach Bilich rief. Die Meisten besuchten den Gottesdienst in Bonn, Einzelne kamen gar nicht dazu. Unterdessen stieg die Zahl der Bevölkerung über 1200. Da erhoben sich die Katholiken von Beuel-Combahn wie ein Mann und faßten am 20. Januar 1867 den Entschluß, aus freiwilligen Gaben eine eigene Kirche zu bauen. Auf die bezügliche Mittheilung vom 25. Februar sprach der Generalvicar Dr. Baudri seine hohe Befriedigung und fromme Segenswünsche für den glücklichen Fortgang des Vorhabens aus. Am 17. März fand eine Versammlung statt, welche den h. Joseph zum Patron der zu erbauenden Kirche wählte, einen Männerverein unter dem Titel St. Josephs-Bauverein constituirte und den Pfarrer Peiffer zum Vorsitzenden wählte. Das Beispiel der Männer ermunterte die Jungfrauen, am 2. Juni einen Marienverein, die Frauen, bald nachher einen Annaverein zu gründen, denen sich noch ein Jünglingsverein anreihte. So kamen bis 1871 1800 Thaler 5 Sgr. 9 Pfg. zusammen. Der Culturkampf brachte Verzögerung, aber keine Unterbrechung. Im Jahre 1876 erfolgte der Ankauf eines gut gewählten Bauplatzes auf den Namen von Johann Thiebes[1]). Am 2. December 1878 stellte der Bauverein das Gesuch an die königl. Regierung um die Erlaubniß zur Erbauung der Kirche. Die Antwort vom 27. Januar 1879 war ablehnend.

Die Kölner Regierung gab sich, wie Oberregierungsrath Guionneau erklärte, nicht ein Mal die Mühe, die vorgelegten Baupläne zu prüfen, „zumal das für den Gottesdienst bestimmte Gebäude ohne vorherige Consecration nicht benutzt werden darf, die Consecration aber nur durch den Bischof bewirkt werden kann, ein solcher jedoch zur Zeit nicht vorhanden ist."

Ebenfalls abschlägig war ein vom Oberpräsidenten von Bardeleben ertheilter Bescheid vom 3. April 1879, wie auch die Antwort auf ein Gesuch des Herrn Johann Thiebes um die Erlaubniß zur Errichtung einer Privatkirche. Das alles war gewiß nicht ermuthigend. Aber die Beueler standen fest; sie wandten sich am 4. December 1879 an den Minister von Puttkamer, bei dem der Abgeordnete des Kreises Bonn, Herr von Fürth, ein guter Fürsprecher war. Unter dem 26. April 1880 erfolgte nunmehr von höchster Instanz die Erlaubniß zum Kirchenbau. Sofort wurde Hand an's Werk gelegt, die Kirche nach dem Plan des geistlichen Herrn Joseph Karl Maria Prill aus Beuel, damals am Campo Santo in Rom, später Religionslehrer am Realgymnasium in

---

[1]) Im November 1888 bringt das Amtsblatt der königl. Regierung zu Köln die Anzeige von dem Vermächtniß des Kaufmannes Jacob Gilles zu Combahn, bestehend in einem Grundstück von 44 Ar 8 Quadratmeter an die katholische Kapellen-Gemeinde zu Beuel-Combahn.

Bonn, in Angriff genommen. Am 15. August, dem Feste Mariä Himmelfahrt 1880, ward in feierlichster Weise der Grundstein gelegt (grauer Tuffstein aus der Katakombe der h. Lucina in Rom). An demselben Feste 1882 vollzog der eifrige Förderer des Werkes, Dechant Samans, die Einsegnung der Kirche und das erste feierliche Hochamt.

Von der Kirche ist bisher nur die östliche Hälfte vollendet, aus Chor, Kreuzschiff und einem Joch des Langschiffes bestehend. Es ist eine gothische Kreuzkirche mittlerer Größe. Die Kreuzarme treten jedoch nur wenig über das dreischiffige Langhaus vor. Nach Osten schließt sich an das Kreuzschiff das aus dem Achteck geschlossene Chor und als Verlängerung der Seitenschiffe zwei viereckige Seitenchörchen. Ueber der Vierung erhebt sich ein Dachreiter mit provisorischem Geläute. Im Westen wird später, nach dem vollständigen Ausbau des Langhauses, ein kräftiger, etwa 60 Meter hoher Thurm vorliegen. Zu beiden Seiten des Chors befindet sich eine Sacristei.

Die Pfeiler sind, wie das Mauerwerk überhaupt, aus Ziegeln gebaut mit vorgelegten schlanken Diensten, und entsprechen in ihrer Gliederung der Construction der Wölbung. Die Fenster sind ungetheilt mit Ausnahme derjenigen im Querschiff und später des westlichen Thurmes. Trotz ihrer Einfachheit befriedigt die Kirche durch die wohl abgewogenen harmonischen Verhältnisse und die einheitliche, klare Entwickelung. Die ganze äußere Länge beträgt 50,80 Meter, die Breite 23,58 Meter; die innere Länge des Schiffes bis zur Communionbank 28,50 Meter, die des Chors 11 Meter; die innere Breite $9,17 + 2 \times 4,76 = 18,67$ Meter, die des Querschiffs 19,96 Meter.

Die drei (noch nicht consecrirten) Altäre sind Fixa. Der Hauptaltar mit Aufsatz von Bildhauer Bong in Köln enthält über dem Tabernakel eine Gruppe: die Geburt Christi. Die Aufsätze der Seitenaltäre, welche größere Einheit und Harmonie verrathen, sind nach Zeichnung des Herrn Prill von Meister Hachenberg in Mülheim a. Rh. ausgeführt. Der Altar auf der Evangelienseite zeigt eine Copie des bekannten Bildes von der immerwährenden Hülfe in reich geschnitztem Rahmen, von Engeln getragen, mit Statuetten des h. Dominicus und der h. Elisabeth zu den Seiten — ein Geschenk der Jungfrauen; auf der Epistelseite der h. Antonius in Holzstatue, zu den Seiten Johannes von Nepomuk und Nicolaus (als Patrone der Schiffer), darüber die h. Cäcilia. Dieser Altar ist das Geschenk der Jünglinge.

Zu bemerken ist noch besonders der Taufstein aus belgischem Granit, von Prill in frühgothischer Form gezeichnet und von Acker in Bonn für 300 Mark ausgeführt; der Holzdeckel mit Statuett des h. Johannes Baptist von Hachenberg[1]).

Am 4. November 1888 sind die Kreuzwegstationen, das Geschenk eines ungenannten Wohlthäters, durch den Franciscaner-Pater Didymus aus Fulda feierlich eingeweiht worden.

Ein eigener Geistlicher konnte wegen des noch fortwüthenden Culturkampfes nicht angestellt werden, jedoch fand Gottesdienst an Sonn- und Feiertagen, sowie zwei Mal in der Woche ziemlich regelmäßig durch die Geistlichen der Nachbarschaft statt.

Wie bei der Grundsteinlegung und Kirchweihe, so war am gleichen Tage des Jahres 1884 zu Mariä Himmelfahrt wiederum Freudenfest in Beuel. Der erste geistliche Rector der Kirche, Herr Gottfried Claren, hielt an dem Feste, Sonntag den 17. August, unter Assistenz des Herrn Dr. Kirschbaum aus Pützchen und dessen Vetters, Dr. Gratzfeld, spätern Geheimsecretairs des Cardinals Dr. Melchers in Rom, das erste Hochamt[2]).

Gleich nach Anstellung des Rectors hatte die geistliche Oberbehörde demselben die Erlaubniß ertheilt, an allen Sonntagen, wie an den höchsten Festtagen zwei h. Messen zu celebriren und die Wöchnerinnen auszuweihen. Die Gerechtsame mehrten sich, nachdem der zur Spendung der h. Firmung 1886 in Bonn weilende Herr Erzbischof Dr. Philippus Krementz am 7. August die Kirche zum h. Joseph zur größten Freude von Beuel-Combahn besucht hatte. Die österliche Communion, sowie die erste Communion der Kinder im Jahre 1887, die erste Kindtaufe am 20. November folgten als neue Errungenschaften, belebten und steigerten Begeisterung und Opfersinn. Die erste sacramentalische Procession war bereits am Feste Mariä Himmelfahrt 1886 vorhergegangen.

Alle diese Gerechtsame fanden ihre feste Grundlage in der Errichtung des Kapellensystems und der Erlangung der Corporationsrechte. Die zu diesem Zweck gestellten Anträge bei dem erzbischöflichen Ordinariat und der königl. Regierung waren von erwünschtem Erfolg. Letztere gab ihre Genehmigung am 18. Juni 1887, nachdem die erzbischöfliche (2. Mai) vorausgegangen war.

---

[1]) Mobilar und (kostbare) Paramente sind (das Gebäude ausgeschlossen) für 33 000 M. gegen Feuerschaden versichert. Weiter unten findet man Nachrichten über die Schule zu Beuel.

[2]) Rector Gottfried Claren, geboren zu Brenig am 21. September 1850, geweiht zu Köln von Herrn Weihbischof Dr. Baudri am 23. August 1874, während der Erzbischof Paulus im Gefängniß schmachtete, war dann fast 10 Jahre in Württemberg thätig. Am 15. August 1884 nach Beuel berufen, bezog er eine gemiethete Wohnung bei Joh. Thiebes, Besitzer einer Badeanstalt zu Bonn. Seit 1. November 1888 ist ihm ein Haus nebst Gärtchen in der Nähe der Kirche für 400 Mark gemiethet. Er bezieht als festes Gehalt 1200 Mark, Bination eingeschlossen.

Sonntag den 26. Juni 1887 verkündete Herr Dechant Samans in der Nachmittags-Andacht die Erhebung von Beuel-Combahn zur Kapellen-Gemeinde.

Nun schritt man unter dem Vorsitz des Herrn Peter Joseph Brodesser zu der Wahl von 8 Kirchenvorstehern und 24 Kirchengemeinde-Vertretern. Erstere wurden einstimmig aus den Vorstandsmitgliedern des Bauvereins gewählt und Herr Brodesser als Präsident. Rector Claren trat als gesetzliches Mitglied ebenfalls in den Kirchenvorstand ein.

Den Küsterdienst übernahm Lambert Schmitz, als Einsammler von Beiträgen zum Kirchenbau bewährt; die Orgel der Hauptlehrer und Dirigent des Kirchengesanges Johann Hilarius Nockher. Letzterer führte nach dem Tode des Rendanten Johann Thiebes auch die Kasse der Kirche und des Bauvereins.

Confessioneller Kirchhof.

Der St. Josephs-Bauverein schenkte der katholischen Kapellen-Gemeinde zu Händen des Kirchenvorstandes ein am Bilicher Wege gelegenes Grundstück, groß 49 Ar, zu einem Kirchhof. Die Genehmigung des hochwürdigsten Herrn Erzbischofs erfolgte am 23. Mai 1888, die der königl. Regierung ließ, da von Seiten der Beueler der confessionelle Standpunkt betont wurde, noch mehrere Monate auf sich warten. Die Kapellen-Gemeinde stellte einen gesonderten Theil des Kirchhofs für Andersgläubige zur Verfügung, worauf die königl. Regierung am 6. August zustimmte [1]).

So konnte am 2. December die Einweihung des katholischen Kirchhofs vollzogen werden. Es war ein Sonntag, wo Herr Dechant Samans unter Assistenz mehrerer Priester und großartiger Betheiligung den Weiheact vornahm und bei der feierlichen Schlußandacht in gefüllter Kirche eine herzergreifende Ansprache hielt.

Die katholische Gemeinde zu Beuel ist nach allen diesen segensvollen Ereignissen so weit fortgeschritten, daß die selbständige Pfarre in nahe Aussicht gestellt und ihre Errichtung nur eine Frage der Zeit ist.

---

[1]) Die betr. Urkunden sind im Kirchenarchiv zu Beuel.

Anmerkungen zu Beuel

Fähre *(Fliegende Brücke): siehe Faksimile - Seite 356 ff („Oberkassel")*
Schule: *siehe Faksimile - Seite 193 („Schulen. Schulwesen im Bezirk Vilich")*

Zu Faksimile - Seite 181
(Der Name Beuel)
Der Bühel (Hügel), auf dem Beuel entstand, ist, anders als Maaßen meint, deutlich in den Straßenzügen, insbesondere im Bereich von Josefskirche und Josefshospital, zu erkennen.
Maaßens Erwähnung von 1156 ist „Buele" (nicht „Buwele"). „Beuel" erscheint zum ersten Mal 1770. - *Siehe dazu auch: Bursch, a.a.O., Seite 27 f.*

Rölsdorf (nicht „Rülsdorf") war eine kleine Siedlung an der Limpericher Straße in Höhe der Einmündung der (heutigen) Johannesstraße. Rückwärtig wurde 1977 eine Neubaustraße als Rölsdorfstraße benannt. Der Name ist bis heute ungeklärt. - *Siehe Anmerkungen unten zu Faksimile - Seite 183 sowie zu Faksimile - Seite 402 f („Schwarzrheindorf").*

Blick auf Combahn (mit Fährstelle, ganz links, und Mehlemschem Haus) und auf Beuel (mit Josefskirche, erster Bauabschnitt) sowie im Hintergrund den Finkenberg. Um 1890.

Die Ortschaft **Combahn** wurde erst 1892 mit **Beuel** vereinigt.
Auch Vilich-Rheindorf, nördlich von Combahn gelegen, war stets eine eigenständige Ortschaft; sie hat - entgegen der Auffassung von Maaßen - niemals zu Beuel (oder Combahn) gehört. - *Siehe dazu auch Anmerkung zu Faksimile - Seite 134 („Vilich").*
Als „nach der Eisenbahnstation" (Bahnhof Deutsche Bahn) führende Straße versteht Maaßen die heutige Siegfried-Leopold- und Obere Wilhelmstraße. Die entlang dieses Straßenzuges stehenden Häuser gehörten auf der Nordseite zu Combahn; auf der Südseite bildeten sie die (Beueler) Siedlung Heckelsberg. Eine weitere (Beueler) Siedlung befand sich im Bereich der heutigen Gottfried-Claren-Straße, Hanen genannt. Die Mitte dieses Straßenzuges stellte die Landesgrenze zwischen Berg und Köln dar. Bis zur Säkularisation 1803 gehörte Beuel mit Heckelsberg und Hanen zum Herzogtum Berg (Untergericht Küdinghoven), während Combahn und Vilich-Rheindorf Teil des Kurfürstentums Köln waren (Herrlichkeit Vilich). Alle Ortschaften aber waren

Glieder der Kirchengemeinde Vilich. Dies hielt auch über 1803 hinaus an, bis 1868 Schwarzrheindorf mit Vilich-Rheindorf zu einer eigenen Pfarrei erhoben wurde - wie 1893 auch das gesamte Beuel (mit Combahn).

Ergänzung:
(Der Name Combahn)
Combahn - erstmals 1343 „Kumban", aber 1485 „Kabain", dann: vor 1689 „Comban" - lässt sich aus den Silben Kumme, Komme (Bodensenke, mit Wasser gefüllt - siehe die „Gumme" in Bonn) und Bahn (aufgeschüttetes Terrain) ableiten, was für diese Ortschaft einleuchtet, die entlang Altrheinrinnen gelegen war, die sich an das „Muchewasser" nach Norden anschlossen. - *Siehe hingegen: Bursch, a.a.O., Seite 37, aber abgelehnt von Derks.*

Zu Faksimile - Seite 181 f
Die Schiffslände und **Fährstelle** ist im Laufe der Jahrhunderte mehrfach verlegt worden, im 11. oder 12. Jahrhundert von Schwarzrheindorf im Norden, in Höhe der Arnoldstraße (Standort des Römerdenkmals) gegenüber dem Bonner Römerlager (Augustusring), zunächst zur Johannesstraße, gegenüber der Bonner Ersten Fährgasse, im Süden und von dort schließlich zurück nach Combahn (beim heutigen Bröltalbahnhof). Die Landungsstelle der Gierponte am linken Rheinufer wanderte zwischen Giergasse (heute Bonner Wasserbahnhof) und der Josefstraße, gegenüber der Beueler Combahnstraße.
Am 3. 10. 1794 kam der letzte Kurfürst **Max Franz** auf der Flucht vor den Franzosen mit der Gierponte nach Beuel, am 6. 11. 1811 auch der französische Kaiser **Napoléon Bonaparte**, um vom Finkenberg aus zu entscheiden, dass Bonn und sein Umland nicht erneut befestigt werden sollten. - *Siehe dazu Anmerkung zu Faksimile - Seite 258 f („Limperich").*
Die Beueler Nachenfähren hatten ihren Platz weiterhin an der Johannesstrasse (St. Nepomuk-Denkmal) und nördlich davon. Daraus hat sich die heutige Motorbootfähre entwickelt („Bötchen"), die zunächst parallel zur Gierponte zwischen Combahnstraße und Josefstraße verkehrte. Nach Einweihung der **Rheinbrücke** („Beueler Brücke", heute „Kennedybrücke") 1898 wurden die Transportfähren Gierponte und Dampfschiff eingestellt. Die Brücke wurde am 8. 3. 1945 gesprengt, 1949 durch die heutige ersetzt (Einweihung 12. 11. 1949).

Zu Faksimile - Seite 183 oben
Der **Hof zu Rulisdorf** meint einen (Vilicher) Hof in Rölsdorf. - *Siehe dazu auch oben Faksimile - Seite 181 sowie unten Faksimile - Seite 400 und 402 („Schwarzrheindorf").* 1291 veräußerte der Lehnsinhaber Berholph von Rölsdorf den Vilicher Stiftswald bei (vermutlich) Holzlar an die Deutschordenskommende Ramersdorf. Der Rölsdorfer Hof ist möglicherweise identisch mit dem dortigen **Hof der Kommende Ramersdorf**, weil von den Deutschherren dem Stift abgekauft. Er ist vielleicht auch das vormalige Vilicher Gut Roden, das *Giersiepen* nicht lokalisieren kann; denn es hieß *(nach J. Bücher)* „das Rot(t) *(siehe da-*

zu: Giersiepen, a.a.O., Seite 176 ff, Seite 203 f, insbesondere Seite 205. Siehe auch Anmerkung zu Faksimile - Seite 127 und 133 f („Vilich").
Seine Lage in der Rölsdorfer Gemarkung ist unbekannt. Zwischen Rölsdorf und Limperich unterhielt die Kommende ein Siechenhaus (Leprosenhaus?), vermutlich das hier erwähnte „Lazarethhaus"; zwischen dem Hof und dem Siechenhaus wäre ein Zusammenhang denkbar (*Mitt. J. Bücher 1990*).

Zu Faksimile - Seite 183
Unter Beuel versteht Maaßen ein vereinigtes **Beuel-Combahn**, das aber förmlich erst 1892 entsteht. Dieses „neue" Beuel gehörte in der Tat (bis 1808) in seiner (nördlichen) Hälfte (das ehemalige Combahn) zum Kurfürstentum Köln und in seiner (südlichen) Hälfte (das ehemalige Beuel mit Heckelsberg, Hanen, Rölsdorf) zum Amt Löwenberg, Sitz Honnef, mit dem Untergericht Küdinghoven. - *Vergl. oben Faksimile - Seite 181 und 183.*

Erstürmung Bonns 1689 von der Beuel-Combahner Schanze aus.

Beuel und Combahn, in gemeinsamer Brückenkopf-Funktion der kurfürstlichen Landeshauptstadt gegenüber gelegen und wiederholt über Jahrzehnte mit entsprechenden Festungsbauwerken **(Schanze)** ausgestattet, teilten in der Tat das Schicksal des linken Rheinufers.

Zu Faksimile - Seite 184 (Fußnote):
Bei dem von Jacob Gilles vererbten **Grundstück** handelt es sich nicht etwa um das Kirchengrundstück an der (heutigen) Hermannstraße, sondern vermutlich um das Friedhofsgrundstück an der heutigen Combahn- und St. Augustiner Straße - *Siehe dazu auch Anmerkung unten zu Faksimile - Seite 187.*

Zu Faksimile - Seite 185 (unten) und 186
(Kirche)
Der zweite Bauabschnitt mit **Langhaus und Westwerk mit 76 Meter hohem Turm** erfolgte von 1901 bis 1903. Er wurde am 20. 8. 1882 eingeweiht. - *Siehe dazu Passavanti, a.a.O., (Knopp) Seite 186 f).*
Der „Modernisierung" der Kirche anfangs der 1950er Jahre fielen die Aufbauten aller Altäre zum Opfer; der heutige **Hauptaltar** mit den Ölgemälden der

Apostelfürsten St. Peter und Paul, im Anklang an die Mutterpfarrei Vilich, stammt aus der (abgebrochenen) Kirche St. Michael in Dormagen; er wurde 1985 aufgestellt.

Der **Taufbrunnen** - wie auch die abgebauten Nebenaltäre - sind nach Entwürfen des aus Combahn gebürtigen Geistlichen **Joseph K. M. Prill** gefertigt, der auch die Pläne für die Kirche entworfen hatte. Er ist auch der Planer der Kirchen St. Joseph in Geislar (1880/1901) sowie St. Marien in Bonn, Heerstraße (1887/92). Einen ähnlichen Taufstein hat er um 1900 für St. Agnes in Köln entworfen.

Die St. Josefskirche, erster Bauabschnitt von 1882, vor der Erweiterung zur heutigen Pfarrkirche 1903. Um 1890.

Zu Faksimile - Seite 187
„Kirchhof"
Der Vilicher Weg ist die heutige St. Augustiner Straße. An das Grundstück des St. Josef-Bauvereins schloss sich vermutlich das von J. Gilles ererbte Grundstück *(vergl. Fußnote Faksimile-Seite 184)* östlich an, der heutigen Combahnstraße entlang. Bis dato war der Vilicher Kirchhof auch der Friedhof für die Beuel-Combahner gewesen.

Die Erhebung der Kapellengemeinde (seit 1887) zur selbständigen und von Vilich unabhängigen **Pfarrei** St. Josef Beuel erfolgte 1893. - *Siehe dazu: Bachem, Von Vilich nach Beuel, a.a.O.*

Ergänzung:
(Kirche St. Paulus)
1957/58 wurde an der Siegburger Straße in **Beuel-Ost** eine weitere Kirche errichtet, nach Plänen von Dominikus und Gottfried Böhm. Sie wurde am 12. 10. 1958 konsekriert, in Erinnerung an die erste Pfarrkirche in Vilich unter dem Titel des Heiligen Paulus. Zugleich wurde ein Pfarrzentrum gebaut. Beuel-Ost wurde 1958 zur von St. Josef unabhängigen Tochterpfarre erhoben. Im Jahre 2002 wurden beide Pfarren wieder zu einer einzigen, jetzt St. Josef und Paulus, zusammengelegt. - *Siehe zum Bau von St. Paulus: Passavanti, a.a.O., (Wegener) Seite 188 f.*

Literatur zu Beuel

Bachem, Carl J.: *Von Vilich nach Beuel. Kapläne fungierten als Bauherr und Architekt,* in: 125 Jahre Josefskirche 1882-2007, Sonderausgabe des Pfarrbriefs, Bonn 2007, S. 19-30 – *zitiert als „Von Vilich nach Beuel"*

Bücher, Johannes: *Die Beueler St.-Josephs-Pfarre* (Hrsg. Kath. Kirchengemeinde St. Joseph in Bonn-Beuel), Bonn 1976

Clemen, Paul: *Die Kunstdenkmäler der Stadt und des Kreises Bonn,* Düsseldorf 1905, S. 262

Höroldt, Dietrich / Joch, Waltraud (Hrsg.): *Ev. Kirchen u. Gemeinden der Kirchenkreise Bonn, Bad Godesberg, An Rhein u. Sieg, Bonn 1996* – Ev. Kirchengemd. Beuel: S.106 f (Aenne Hansmann), Versöhnungskirche: S. 106 f (S. Gierschner)

St. Josef-Hospital (Hrsg.): *50 Jahre St.-Josef-Hospital Beuel. Zur Jubiläumsfeier am 19. 3. 1956,* Beuel 1956

Passavanti, Wilhelm (Hrsg.): *Bonner Kirchen und Kapellen,* Bonn 1989, St. Josef: S. 185 f (N. Schloßmacher), S. 186 f (G. Knopp) – St. Paulus: S. 188 (N. Schloßmacher), S. 188 f (M. Wegner)

Geislar.

Geislar mit 892 Einwohnern liegt an dem Siegufer, etwa 20 Minuten von Bilich, 30 Min. von der Siegmündung. Von diesem Ort schrieb sich ein adeliges Geschlecht, welches einen schwarz über weiß quergetheilten Schild und Helm mit ebenso getheiltem offenen Flug führte[2]).

---

[2]) Gef. Mittheilung des Herrn von Oidtman.

Im Jahre 1247 ist Th. (?) von Geislar Zeuge in einer Urkunde des deutschen Ordens [1]).

1405 ist Johann von Geislar der Junge, genannt Bruyninck, unter den Helfern des Grafen Heinrich von Leiningen in der Fehde gegen Adolph von Berg.

1436 Arnold von Geislar, Bevollmächtigter der Stadt Andernach bei dem Schiedsspruch zwischen Erzbischof Dietrich von Köln und der Stadt Neuß [2]).

1466 ist Gutgin, Wittwe Dietrich's von Geislar, Gattin Arnold's Kolb von Wassenach, und Jungfrau Hadwig von Geislar, Mutter Ailffs von Roida, genannt Ketzer, eheliche Schwester Junker Hermann's und Sander's von Geislar selig. Junker Hermann von Geislar und Paitze, seine eheliche Hausfrau, hatten eine Tochter Paitze, vermählt mit Arnold von Stryffen; dessen Nachkommen besitzen ein Gut zu Geislar.

Im Jahre 1672 hatte Freiherr von Blanckhart zu Gühofen adeligen Sitz, 66 2/4 Morgen Artland, zu Geislar 42, zu Müllendorf 11 2/4 Morgen, zusammen 120 Morgen, 9 Morgen Benden, 3 Morgen Weingarten [3]).

Etzbach (zu Dückeburg) den Roderhof, 41 2/4 Morgen Artland, im Grund 3 1/2 Morgen, alles zur Halbscheid; die andere Halbscheid 20 3/4 Morgen mit Artland und in Grund 3 1/2 Morgen hat Gerhard von Bonn.

Etzbach hat noch den Trapperhof 3 1/4 Morgen, 6 Morgen Artland, zu Müllendorf 3/4 Morgen 23 Ruthen, zu Geislar 2/4 Morgen.

Mitz alias Hohen hat zu Geislar den Batlerhof (Ballerhof?) 4 2/4 Morgen, im Grund 42 2/4 Morgen Artland, zu Müllendorf 17 2/4 zu Schwarz-Rheindorf 2 2/4, 1 2/4 Morgen Weingarten [4]).

Geistliche Güter zu Geislar.

Die Abtei Siegburg besaß in Geislar fünf Mansus und einige kleinere Aecker, welche Erzbischof Anno derselben im Jahre 1066 „aus dem Beneficium des Cono" schenkte [5]). Erzbischof Hidolph bestätigte 1076 der Abtei ihre Besitzungen zu Geislar [6]), Erzbischof Friedrich I. im Jahre 1116 [7]). Später scheint das Gut der Abtei abwendig geworden zu sein; denn unter dem Abt Nicolaus von Siegburg wird „das Beneficium zu Geislar von Becelius," dem damaligen Besitzer, wieder eingelöst, und Erzbischof Reinald verbietet am 15. August 1166, Güter der Abtei zu veräußern oder als Lehen zu vergeben [8]).

---

[1]) Hennes, Codex dipl. ord. st. Mar. Teut. Urk. 76.
[2]) Lac. IV, Nr. 221, S. 261. Veranlassung gab die Stadt Neuß, welche den Erzbischof mit Waffengewalt genöthigt hatte, den wegen Raubfehde verhafteten Johann von Kriekenbeck auszuliefern.
[3]) Steuerbeschreibung des Erzstifts Köln 1671/72 unter Vilich. — [4]) l. c. — [5]) Lac. I, 203, Note zu S. 131. — [6]) l. c. 228, S. 148. — [7]) l. c. 278, S. 180. — [8]) l. c. 421, S. 337.

Bilich.

Der Siegburger Abtshof zu Geislar wurde bei der Säcularisation auf 100 3/4 Morgen geschätzt und von der preußischen Regierung nach dem Jahre 1818 verkauft [1]), desgleichen der Bramerhof (der Abtissin zu Vilich) mit 190 1/2 Morgen [2]); der Bergerhof mit 119 1/4 Morgen [3]).

Das Stift Vilich besaß in Geislar drei lehnrührige Güter [4]). Diese waren: 1. der Ballerhof, ein Mannlehn mit Haus, Hof, Garten, Baumgarten, hatte an 52 Morgen 2 Viertel 2 Pinten 3 3/4 Ruthen, an Wiesen 1 Morgen 3 Viertel, Weingärten 2 Morgen 1 Pinte 4 Ruthen 1 Fuß. Das Weidengewächs ist unbestimmt. Der Hof war „im großen Busch" berechtigt mit 3 1/2 Gewald, im Dambroich mit 1 1/2 Gewald, bezog im vollen Jahre 1 Ohm weißen Wein, den Zehnten in Kommerich, an Grundpachten 1 Malter 1 Sümmer Korn und einige Hühner, war außer dem Zehnten und adeligen Simpeln lastenfrei. Letzter Lehnträger war Ludwig Forsbach.

2. Der halbe Rodderhof, Mannlehn im Oberdorf. Haus, Hof, Stallungen und Garten haben an Grund 1 Morgen 2 Viertel, an Länderei 20 Morgen 2 Viertel 3 Pinten, an Weingärten 1 Morgen 3 Viertel 3 Pinten, an Wiesen 3 Morgen, an Büschen 14 Morgen 1 Viertel 1 Pinte. Dieser Hof war kurmüdig an das Hofgeding zu Siegburg-Müldorf, zahlte jährlich 1 Sester Hafer, an Geld 1 Albus 6 Heller, war im großen Busch berechtigt mit 2 1/2 Gewald, hatte den Zehnten von 6 1/2 Viertel im Schnaufertsfeld, eine Rente von 15 1/2 Huhn oder für jedes Stück 6 Stüber, an Weinpacht 219 Viertel 1 Quart 2/3 Pinte, an Grundpacht 2 Malter 2 Viertel Korn und 2 Sümmer 2 2/3 Quart Weizen. Der Hof hatte die adeligen Simpeln an den General-Empfänger zu entrichten, den Zehnten von pflichtigen Stücken abzuführen und als Kurmut dem Münsterstift in Bonn jährlich 2 Hühner 6 hr (Heller) zu geben.

3. Die andere Hälfte des Rodderhofs hatte kein Haus, an Länderei 19 Morgen 3 Viertel 1 Pinte, Weingarten 1 Morgen 3 Viertel 2 Pinten, den Pützbongart, an Wiesen 1 Morgen 2 Viertel, welche letztere „der Vasall" zwei Jahre, und die Gemeinde das dritte Jahr benutzt; eine Wüstenei 1 Morgen 2 Viertel, und einen Busch 1 Morgen 4 Viertel 1 Pinte 1 Ruthe groß. Der Hof war im großen Busch mit 1 1/2 Gewald berechtigt, hatte den Zehnten von 6 1/2 Viertel im Scheunefeld, an Renten, Pachten und Lasten wie erste Hälfte, und zahlte an den Frohnhof zu Menden 1 Albus 6 Heller, und dem dasigen Schultheiß ein Fuder Hafer und 1 Albus 9 Heller. Lehnsträger der beiden Hälften des Rodderhofs war zur Zeit der Säcularisirung Servatius Contzen.

---

[1]) Nach dem öffentlichen Anzeiger der königl. Regierung. — [2]) l. c. — [3]) l. c. — [4]) Verzeichniß der zur Abtei Vilich lehnrührigen Güter im Archiv des Bürgermeister-Amts.

Anmerkungen zu Geislar

Geislar "an der Sieg": *siehe oben zu Faksimile - Seite 122 ("Vilich").*

Zu Faksimile - Seite 187
(Der Name Geislar)
Auch bei Geislar ist – wie bei Vilich – die Ortsnamenforschung zwar vorangekommen, ohne aber eine unumstrittene Deutung zuwege zu bringen. Geislar – karolingisch sowie 1066 (nicht erst 1076) „Geislare" - lässt sich zweifellos aus den Silben Geis und lar ableiten. Das Wort Lar, das man früher bereits in Zusammenhang mit Weide, auch Viehhürde gebracht hat („Flechtwerk") wird inzwischen mit dem althochdeutschen gilari „Wohnung, Gemach im Sinne gerüstlichen Werks des Zimmermanns" gesehen; es bedeutet also mehr, nämlich „gehegte Siedlung" (*Derks*), so dass eine Deutung wie „Lage, gelegen" (*Bursch*) allein nicht befriedigt. In Geis wird sich wohl ein Gewässerwort verbergen, vielleicht Goss, Gyssel. Insofern ergäbe sich für den Namen Geislar eine Erklärung, die angesichts der Lage der Ortschaft (oberhalb inzwischen verlandeter Altarme von Sieg und Rhein) überzeugen könnte: umfriedete Siedlung am Wasser. – *Siehe dazu: Bursch, a.a.O., Seite 54 ff, sowie die Rezensionen dazu von Derks und Neuss.*

Zu Faksimile - Seite 188
Inzwischen sind wesentlich mehr **„Herren von Geislar"** bekannt, als Maaßen sie benennt. Der erste ist nicht „Th. von Geislar" (1247), sondern sind die Brüder Godefridus und Theodericus de Geislere (1139). Im 13. Jahrhundert folgen ihnen Th., nämlich Theil von Geislar (1234/1245/1247) und Peter (1273) von Geislar. – *Siehe dazu: Neu, Adel und Burgen, a.a.O., Seite 13 ff, 16 ff, 22 ff.*
Als letzte Vertreter des Geschlechts derer von Geislar erscheinen in einem Zeugnis des Schöffengerichts zu Vilich 1466 die Geschwister Hadwig, Herman und Sander von Geyslar. Von ihnen berichtet Maaßen. Sie treten in Verwandtschaft mit Rembolt (Reimbold) von Plettenberg und Arnold von Stryffen (Striefen/Blankenberg). Unter ihren Abkömmlingen sind ein Benediktinermönch in Siegburg (1463 Präsenzmeister der Abtei) sowie eine Nonne in Herchen/Sieg. Über Sander (Alexander) ist nichts bekannt.
„Artland" bedeutet Ackerfläche, **„Halbscheid"** die Hälfte.
Wer **„Blanckart zu Gühofen"** und **„Etzbach zu Dückeburg"** ist, konnte bisher nicht geklärt werden.
Bis heute ist auch eine Zuordnung der aus dem Mittelalter herrührenden Höfe-Namen auf die überkommenen Gutshöfe nicht vollends gelungen:
Roderhof, auch **Rodderhof** oder Rödderhof, ist der heute Abtshof genannte Hof an der Abtstaße. - *Siehe dazu Anmerkung oben zu Faksimile - Seite 133 („Vilich").*
Als Trapperhof, auch **Trappenhof**, ist das Anwesen, zu vermuten, das sich, bis zur totalen Erneuerung 2004, an der Ecke Meindorfer- und Oberdorfstraße befunden hat (im 20. Jahrhundert Buchholz, dann Kreuer).

Der „Batlerhof" dürfte in der Tat, wie auch Maßen annimmt, eine Verschreibung von **Ballerhof** sein; dieser hat sich auf der Südseite der Oberdorfstraße 4, am Abhang zum Alten Pütz hin, befunden (im 19. Jahrhundert Heider-Schumacher-Schütz, heute Gewerbebetrieb). Das südlich benachbarte Gewann heißt „En de Ball". - *Siehe dazu Anmerkung oben zu Faksimile - Seite 133 f („Vilich") und nachfolgend zu Faksimile - Seite 188 f.*

Zu Faksimile - Seite 188 f
„Geistliche Güter"
Der Siegburger **Abtshof** war nicht der heute als Abtshof bekannte Hof, sondern eine Hofanlage auf der Ostseite der Oberdorfstraße zwischen den ersten beiden Kurven in Richtung Alter Pütz. Nach der Säkularisation wurde er von der Pächterfamilie Clemens Brambach übernommen, aber (vermutlich wegen weitgehenden Verfalls) zugunsten des heute Abtshof genannten Gutes aufgegeben, auf das aber die Tradition übertragen wurde. Dieser Hof war seit dem Mittelalter der **Rodderhof**

Der (neue) Abtshof in der Abtsstraße. Um 1950.

(Rödderhof), später wohl auch Fabri-Hof genannt. Das südlich benachbarte Gewann heißt „Unter dem Fabri-Berge". – *Siehe dazu Anmerkung oben zu Faksimile - Seite 133 f („Vilich").*

Der **Bramerhof** war seit dem Mittelalter als bedeutender Gutshof bekannt, der in der Ziemel gelegen haben muß, vermutlich am Weg zum Marienhof in leicht erhöhter Lage (Gewann „Et sammete Wissje") am Westrand des modernen Wassergewinnungskomplexes (bewaldete Brunnenanlage). Seit der Mitte des 18. Jahrhunderts erscheint er nicht mehr; möglicherweise ist er durch Hochwasser – vielleicht durch das von 1765, das die Vilicher Pfarrkirche St. Paulus zum Einsturz gebracht hat – vernichtet worden. Er spielte eine besondere Rolle in der Geschichte der Bergheimer Fischer-Bruderschaft. - *Siehe dazu Anmerkung oben zu Faksimile - Seite 132 („Vilich") sowie: Brodesser, Fischerei-Bruderschaft, a.a.O.*

Der **Bergerhof**, Besitz des Klosters Merten, lag seit dem Mittelalter an der Bergergasse, wo er im Laufe des 19. Jahrhunderts abgegangen ist; das dortige

Der (neue) Bergerhof in der Oberdorfstraße. Um 1950.

Fachwerkhaus auf der Westseite dürfte noch ein letzter Teil von ihm sein. Vermutlich Ende des 18. Jahrhunderts wurde seine Tradition auf ein wohl neu errichtetes Gut an der Oberdorfstraße 10, in der zweiten Kurve in Richtung Alter Pütz, übertragen, das seither den Namen Bergerhof trug (Brodesser, seitdem Mohr-Kurscheid).

Zum **Ballerhof** siehe: oben zu Faksimile - Seite 188. Der heute Ballerhof genannte Hof an der mittleren Oberdorfstraße 29 hat im 19. Jahrhundert die Tradition des mittelalterlichen Ballerhofes an der Oberdorfstr. 4 übernommen (Schumacher-Schütz-Strotmann).

Unklar ist die **Teilung des Rodderhofes** *(siehe oben Faksimile - Seite 188)* in eine Hälfte ohne Baulichkeiten (Wüstung) und eine zweite Hälfte mit Baulichkeiten (Gutshof). Der genannte Lehnsträger zur Zeit der Säkularisation Servatius Contzen – der auch den Vilicher Viehhof (Ledenhof) besaß – hat wohl beide Teile an den Lehnsträger des Abtshofes Clemens Brambach verkauft. Seither gilt der Rodderhof, dann Fabri-Hof, als Abtshof *(vergleiche oben)*. Die Lage des ehemaligen zweiten Rodderhofes, der bei der Säkularisation bereits nicht mehr bestand, ist unklar.

Unklar bleibt auch noch die Zuordnung der **übrigen größeren Güter**, die sich bis heute, wenn auch baulich erneuert, in Geislar erhalten haben, so unter anderen an der oberen Abtstraße (Brodesser-Klaes-Kuck sowie Heider-Kloster/Kindergarten) und an der oberen Oberdorfstraße (Heider-Klaes), sowie der nur aus der Geschichte bekannten weiteren Güter, wie unter anderen der bereits erwähnte zweite Rodderhof („Wüstung") sowie ein Hof des Alexianer-Ordens zu Köln, den gleichfalls der erwähnte Contzen zu Ende des 18. Jahrhunderts besessen hat.

Ergänzung:
(Kirche St. Joseph)
Als Maaßen sein Werk verfasst, sind in Geislar ernsthafte Bemühungen um eine eigene Kirche virulent. Gleichwohl geht Maaßen darauf nicht ein.
Die Ortschaft Geislar, von altersher mehr als doppelt so groß wie Vilich, war stets eine starke Stütze der Pfarrei gewesen, verlangte aber seit Anfang des 19. Jahrhunderts, als erstmals ein gemeindlicher **Schulbau** anstand, diesen wegen des überweiten Schulwegs nach Vilich im eigenen Ort. Als dieser aber

entgegen der amtlichen Zusage 1834 in Form des Erweiterungsbaus an der vormaligen Stiftschule errichtet wurde, begann sich das harmonische Verhältnis zwischen Geislar und Vilich abzukühlen. Es verfiel vollends, als 1874 der Geislar nun mit besonderer Bestimmtheit zugesagte erste völlige Neubau eines Schulhauses wiederum in Vilich entstand (Ziegelsteinbau, Erschließung des Schulgeländes nördlich des Kirchhofs). - *Siehe dazu Anmerkung zu Faksimile - Seite 192 f ("Schule. Schulwesen im Bezirk Vilich").*

Einer der Gründe, weshalb die Geislarer bei ihrem Bestreben auch keine Förderung durch die kirchlichen Behörden erfuhren, war das Fehlen einer **Kirche**, wie ihnen beispielsweise der Dechant (Th. Samans) klarmachte. Deshalb verlegten sie sich seitdem mit aller Macht auf die Errichtung einer eigenen Kirche, die ihnen 1901 auch gelang. Sie errichteten den Kirchbau (kirchenrechtlich zunächst nur „Kapelle"), den sie ausschließlich aus eigenen Mitteln finanzierten, gegen den Willen der Pfarrei als solcher und des Generalvikariats. Selbst eine schriftliche Baugenehmigung lag am Tag der Einweihung noch nicht vor, weil die Ortschaft sich weigerte, kostenlos auch die Erschließungsstraße (Baguettestraße) zu erstellen.

Die Baupläne stammten von Joseph K. M. Prill *(siehe Anmerkung zu Faksimile - Seite 185, „Beuel")* und dem Geislarer Baumeister Clemens Kümpel. Die Grundsteinlegung erfolgte am 1. 7. 1900, die Benedizierung am 15. 9. 1901. In den Altar wurde auch eine Reliquie des hl. Cassius eingesenkt *(siehe Anmerkung zu Faksimile - Seite 383, „Oberkassel").* Am 13. 2. 1906 wurde die (praktisch noch völlig rechtlose) „Kapellengemeinde" ein von Vilich abhängiges Rektorat.

Am 8. 7. 1906 kam der erste Geistliche (Vilicher Vikar, genannt Rektor) nach Geislar (Dr. J. Baguette). Am 1. 4. 1921 wurde Geislar eine von Vilich vermögensmäßig unabhängige Kapellengemeinde, um aber erst 1929 zur selbständigen Rektoratspfarre St. Joseph erhoben zu werden. Der letzte eigene Rektoratspfarrer verließ Geislar am 2. 5. 1987; seitdem wird Geislar (wieder) in Personalunion von Vilich mitbetreut.

Siehe dazu: Passavanti (Hrsg.), a.a.O., (Wegener) Seite 190 ff, sowie vor allem: Bachem, Baugeschichte, a.a.O.

Die St. Josephskirche, erster Bauabschnitt von 1901, vor der Erweiterung zur heutigen Pfarrkirche 1930.

Literatur zu Geislar

Bachem, Carl J.: *Die Baugeschichte der St. Josephskapelle von 1901. Ein Kapitel aus der Ortsgesch. Geislars,* in: 100 Jahre St. Joseph Geislar. Festschrift (Kirchenvorstand der Rektoratspfarre St. Joseph Bonn—Geislar), Bonn 2001, S. 16-84 – *zitiert als „Baugeschichte"*

Braschohs, Christian: *Geislar – Geschichte in Stichworten,* Faltbl., Geislar 21. 3. 1982

Bücher, Johannes: *Geislar, auch seine Häuser und Grundstücke. Anno 1752* (Studien zur Heimatgesch. des Stadtbez. Bonn-Beuel 25), Bonn 1987

o. N. (Müller, Hans Josef): *50 Jahre Glocken in St. Joseph Geislar. 1947-1997,* Faltblatt z. Pfarrfest 21. 9. 1997, Bonn 1997

Passavanti, Wilhelm (Hrsg.): *Bonner Kirchen u. Kapellen,* Bonn 1989, S. 190 (N. Schloßmacher), S. 190 f (M. Wegner)

Holzlar. Kohlkaul. Bechlinghofen. Hangelar. Holzlarer Weisthum.

Holzlar, ein kleines Dörfchen am Fuße des Hartberges, mit dem nahen Kohlkaul zur Specialgemeinde Hangelar in der Bürgermeisterei Menden, Kreis Sieg gehörig, bildete ehemals mit Kohlkaul und der Hälfte von Bechlinghofen (bei Pützchen) eine Honschaft im Amte Blankenberg, während die andere Hälfte von Bechlinghofen dem Gerichte Küdinghofen im Amt Löwenburg zugetheilt war[5]. In Holzlar hatten die Herren von Löwenburg einen Hof. Durch Vergleich vom 12. October

---

[5] Die in Annalen d. h. V. XXV, 233 auf Bechlinghofen gedeutete Stelle aus Lac. I Nr. 283 bezieht sich auf Birlinghofen in der Pfarre Stieldorf.

1396 zwischen Johann II. von Loën, Herrn zu Heinsberg und Löwenburg, und Johann von Stein kam dieser Hof bei der Löwenburg'schen Erbvertheilung sammt allem Zubehör an die Dynasten von Stein¹). Nach dem Holzlarer Weisthum²) bestand in dem Ort (Holzlar) das Gericht der Gebühren („Burengeding") der mit Grundbesitz ansässigen Männer, welche in drei jährlichen Sitzungen unter dem Präsidium des Baurmeisters mit Zuziehung von vierzehn Geburen Recht und Gerechtigkeit handhaben. Unter den Geburen war einer des Vilicher Stiftshofs (Kirmeshof) zu Bechlinghofen, einer vom Hof des Herrn von Stein (Steinen) zu Holzlar.

„Der Capitelshof ist ein freier Hof, also daß keine Person, aus was für Ursache es wäre, einen Verbrecher, der in dessen Bezirk seine Zuflucht nimmt, innerhalb dreien Tagen gefänglich angreifen darf" (14).

Der Hof hält den Nachbaren der Honschaft eine Tränke, eine Lehmgrube, einen Stier. Der Halfmann des Hofes gibt dem Schützen jährlich acht Garben (15).

Wer zum Gebur angesetzt wird, gibt den Nachbaren einen Gulden Kölnisch (48).

Wann ein Einheimischer oder Auswärtiger sich in der Nachbarschaft „zu Haus setzt", soll er den Nachbaren als „Erkenntniß" zwei Gulden Kölnisch geben (47).

Wer von auswärts kommt, soll von der Obrigkeit Bescheid bringen über sein Verhalten in der frühern Nachbarschaft, und bevor ihm das neue Nachbarrecht ertheilt wird, fünfzig Reichsthaler Caution stellen und demnächst den Eid leisten.

Wer wegen Raub, Diebstahl, Mord oder Ehebruch angeklagt ist, wird von den Nachbaren ausgeschlossen und ganz „abgewiesen", bis er beim Fürsten Geleit erlangt und das Urtheil bestanden hat (54).

Niemand soll bei nächtlicher Schlägerei, sei es Mann und Weib oder Andere, aufreizen, woher allerlei Fluchen und Schwören entsteht und Zorn Gottes sich erhebt (55).

So ein Nachbar etwas gegen den andern hätte und also seinethalben das Geding versammeln ließ, soll er vorher Caution für die Belohnung stellen, und nach gegebenem Urtheil derjenige, welcher im Unrecht befunden wird, jedem Nachbar 5 Schillinge zu geben schuldig sein (56).

Alle, so die Sonn- und Feiertage nicht halten, sondern mit ihrer Arbeit Aergerniß geben, sind der Obrigkeit mit Strafe und den Nachbaren mit der höchsten „Kühr" verfallen.

Wann in der Nachbarschaft eine „Hauptleiche" ist³), soll jeder Nachbars-Mann „an der Laden helfen machen", auch aus jedem Hause zwei

---

¹) Annalen l. c. — ²) l. c. 240 ff. — ³) Leiche eines Erwachsenen.

Personen mitgehen zum Begräbniß und die Leiche, wie bräuchlich, zur Erde bestatten helfen. Wer ausbleibt, soll die gewöhnliche Strafe erlegen (58). Von einer Hauptleiche sind, wie von Alters, vier Gulden zu geben (59).

Ist ein Kind gestorben, so soll eine Person aus jedem Hause die Leiche zur Beerdigung begleiten und werden als Gebuhr gegeben 12 Albus (60).

Der sonstige Inhalt bezieht sich auf Wegerecht, Flurgrenzen und Viehtrift.

Hangelar mit 638 katholischen und 8 protestantischen Einwohnern, 40 Minuten von der Pfarrkirche, tritt in der Geschichte gegen kleinere Dörfer bescheiden zurück. Nur in dem Holzlarer Weisthum[1]) wird erwähnt, daß das Oberhaupt der Geburen von Bechlinghofen, Holzlar und Kohlkaul seinen Sitz in Hangelar hatte[2]). Außer dem Landbau, welcher die vorherrschende Erwerbsquelle ist, beschäftigt eine Thonwaarenfabrik an 130—140 Arbeiter. Unter den Fabricaten sollen die Verblendsteine sich durch ihre Qualität vortheilhaft auszeichnen.

Hangelar hat eine Kapelle zur heiligen Anna, mit Altar der Patronin, und zwei Glocken. Sie wurde im Jahre 1743 von Pastor Broichhausen benedicirt. Das Gebäude mißt bis zur Chorwand ungefähr 48 Fuß in der Länge, in der Breite beinahe halb so viel. Dem Mangel an Raum hat man durch eine weit hervorragende Bühne abzuhelfen gesucht, ohne dem Bedürfniß vollständig zu genügen. Rector Windmüller in Pützchen celebrirt jeden Sonntag und zwei Mal in der Woche in der Kapelle zu Hangelar.

Hangelar besitzt eine Schule mit zwei Lehrern.

---

[1]) Annalen des hist. V. XXV 241. — [2]) Von den confiscirten Gütern zu Hangelar finden sich im öffentlichen Anzeiger zwei Rottparcellen, 21 Morgen 71 Ruthen groß, durch die Domainen-Verwaltung zu Königswinter am 20. Sept. 1836 zum Verkauf ausgestellt.

Anmerkungen zu Holzlar. Kohlkaul. Bechlinghoven. [Hangelar]

Kapitelshof/Kirmeshof Bechlinghoven: *siehe zu Faksimile - Seite 122 und 132 („Vilich").*
Vikarie Hangelar: *siehe zu Faksimile - Seite 165 („Vilich").*

Ergänzung:
(Die Namen Holzlar, Kohlkaul, Bechlinghoven, Hangelar)
Holzlar: Erste Erwähnungen 1291 „Lare", 1383 „Houlezlair" und 1396 „Houltzlaere". Eine Erklärung ergibt sich aus den Silben Holz- (Wald) und -lar (eingefriedigte Siedlung).
Kohlkaul: Erste Erwähnungen 1646 „Kohlkaul", „auf der Kohlkaulen" und 1715 „Colekuhl". Der Name ist leicht durch das Braunkohlenvorkommen erklärlich, das sich von der Holtorfer Hardt herab bis dorthin ausbreitet.
Bechlinghoven: Erste Erwähnungen 1299 „Bechellinchoven" und „Beghillinchoven" (Abschrift 1370) und 1367 „Bechilkoven". – Der Name ist schwieriger zu deuten. In jedem Fall erinnert er an einen Hof („-hoven"). Vielleicht ist das Grundwort auch ein „–inghofen"; vermutlich ist es mit einem Personenamen Bachilo, dazu Bech oder Bechil, alemannisch als Pecchilo belegt, in Verbindung zu bringen.
Hangelar: vermutlich aus Hang- (des Niederbergs) und –lar.
Siehe zu den Namen auch: Bursch, a.a.O., (Holzlar) Seite 77 f, (Kohlkaul) Seite 85 und (Bechlinghoven) Seite 120 ff, sowie die Rezensionen dazu von Derks und Neuss.

Zu Faksimile - Seite 189
Holzlar liegt am nördlichen Fuß der (Holtorfer) Hardt.
Es war wie auch **Bechlinghoven** territorial zweigeteilt gewesen; die Grenze verlief jeweils entlang des Mühlenbachs (Vilicher Bach). In ihrem nördlichen Teil gehörten beide Ortschaften, Holzlar wie Bechlinghoven, jeweils zum Amt Blankenberg (Blankenberg/Hennef), in ihrem südlichen Teil zum Amt Löwenberg (Löwenburg/ Honnef). Allerdings wiesen Holzlar südlich des Bachs wie umgekehrt Bechlinghoven nördlich des Bachs keine nennenswerte Besiedlung auf, so dass verwaltungsmäßig Holzlar zur Gänze – wie auch Kohlkaul - als blankenbergisch, Bechlinghoven aber zur Gänze als löwenbergisch galten. Unabhängig davon ist allerdings die gemeindliche Struktur zu sehen: Holzlar, Bechlinghoven und Kohlkaul bildeten seit jeher eine gemeinsame Kommune („Honschaft"), in der sie sich durch eine Art Gemeindeordnung (sogenanntes Weistum) miteinander verbunden hatten. - *Siehe dazu Fußnote auf Faksimile - Seite 134.*
Dies änderte sich erst 1808, als Holzlar und Kohlkaul Teil des Amtes Menden, Bechlinghoven aber Teil der Gemeinde Vilich wurden. Damit fielen sie zugleich unterschiedlichen Kreisen zu, dem Siegkreis beziehungsweise dem

Landkreis Bonn. Erst im Zuge der großen Gebietsreform von 1969 erfolgte ihre Wieder-Zusammenführung, nunmehr innerhalb des Stadtbezirks Beuel. – S*iehe dazu Anmerkungen zu Faksimile - Seite 122 und 134 („Vilich").*

Zu Faksimile - Seite 189 ff
Der Holzlarer Hof der Herren von Löwenberg war vermutlich ein befestigtes Haus (Wohnturm: Burg von Holzlar). 1502 wird der Burghof erstmals mit zugleich der **Mühle** genannt. Den Burghof vermachte 1502 Ritter Bertram von Nesselrode, bergischer Erbmarschall und Herr zu Ehrenstein im Bröltal, dem Landdrosten Wilhelm von Nesselrode zum Steyn, mit zugleich den Höfen Limperich (Burghof Finkenberg) und Menden. – *Zur Mühle siehe: Lenders, W., a.a.O.* –
Zum **Weistum** von Holzlar-Bechlinghoven-Kohlkaul s*iehe: Cramer /Thiebes, a.a.O.*
Zum **Kapitelshof** *siehe: Anmerkungen zu Faksimile - Seite 132 sowie: Bachem, Bechlinghoven, a.a.O.*

Ergänzung:
(Pfarre Christ König)
Mit der Herausbildung eines eigenen Seelsorgebezirks am Pützchen unter Rektor Dr. Ph. Kaulen um 1850 werden neben Pützchen und Bechlinghoven auch Holzlar und Kohlkaul wie auch Hangelar Teile dieses Bezirks. Daraus entwickelt sich schließlich auch die Kapellengemeinde Pützchen von 1897, allerdings ohne Hangelar, das ab 1899 schrittweise zur eigenen Selbständigkeit gelangt. Holzlar und Kohlkaul, 1906 zusammen mit Pützchen und Bechlinghoven unabhängige Pfarrei Pützchen geworden, werden daraus zu einer eigenen Pfarre Christ König herausgetrennt, die 1953 ihre Eigenständigkeit als Rektorat und ab 1955 als **Pfarre Christ König** erlangt. – *Siehe dazu: Linden, a.a.O.*
Die Kirche wird nach Plänen des Architekten Hermann Hagen 1952/53 errichtet; 1978 folgt der Bau des Pfarrzentrums. - *Siehe dazu: Passavanti, a.a.O., (Geis) Seite 224 f.*

Zu Faksimile - Seite 191
(Hangelar)
Zur **Territorialgeschichte** *siehe: Anmerkung zu Faksimile - Seite 122 („Vilich").*
Zur **Kapelle** *siehe: Anmerkung zu Faksimile - Seite 165 („Vilich").*
Hangelar wurde 1899 Kapellengemeinde (mit eigener Vermögensverwaltung) und 1911 selbstständige Pfarre (St. Anna). Eine Schule bestand bereits seit 1811.

Literatur zu Holzlar. Kohlkaul. Bechlinghoven. [Hangelar]

Bachem, Carl J.: *1299-1999. 700 Jahre Bechlinghoven: >700 Jahre abseits des Weltenlärms<.* Festschrift anläßl. der 700-Jahrfeier von Bechlinghoven im Jubiläumsjahr 1999, Bonn o. J. (2000), S. 7-27 – zitiert als „Bechlinghoven"

Becker, Oswald: *Der ev. Friedhof von Holzlar u. das älteste Kirchenbuch der >nach Gott reformierten Gemeinde zu Oberkassel<*, in: Festschrift 10 Jahre Ev. Kirchengmd. Holzlar, Bonn 1979, S. 9-23

Bücher, Johannes: *Limperich u. Holzlar mit ihren Weistümern* (Studien zur Heimatgesch. des Stadtbez. Bonn-Beuel 24), Bonn 1985

Cramer, Rudolf: *Der alte ev. Friedhof von Holzlar.* Aufsatzserie in: Holzlarer Bote (Bürgerverein Holzlar e. V.) 17/4 (2003) – 20/3 (2006)

Cramer, Rudolf: *350 Jahre Holzlarer Weistum. Die Verwaltung Holzlars von den Anfängen bis heute*, in: Holzlarer Bote 10/3, Bonn 1996, S. 1-7

Cramer, Rudolf: *Zur Geschichte der Ortschaften Holzlar, Kohlkaul, Heidebergen, Roleber, Gielgen u. Hoholz. Festschrift zum Ortsjubiläum 600 Jahre Holzlar. 1394-1994*, Bonn 1994

Cramer, Rudolf / Thiebes, Hermann: *Die Honschaft Holzlar, Bechlinghoven u. Kohlkaul mit ihrem Weistum von 1646* (Studien zur Heimatgesch. des Stadtbez. Bonn-Beuel 28), Bonn 1994

Goeters, J. F. Gerhard: *Vilich in der Zeit der Reformation u. der Gegenreformation*, in: Festschrift 10 Jahre Ev. Kirchengmd. Holzlar, Bonn 1979, S. 5-9

Goeters, J. F. Gerhard: *Der Protestantismus im Raum Bonn von der Reformationszeit bis zum Jahre 1967, in:* Höroldt, Dietrich / Joch, Waltraud (Hrsg.): Ev. Kirchen und Gemeinden der Kirchenkreise Bonn, Bad Godesberg, An Rhein u. Sieg, Bonn 1996, S. 1-12

Höroldt, Dietrich / Joch, Waltraud (Hrsg.): *Ev. Kirchen u. Gemeinden der Kirchenkreise Bonn, Bad Godesberg, An Rhein u. Sieg,* Bonn 1996 – Ev. Kirchengemd. Holzlar: S.112 (A. Hansmann), Ev. Gemeindezentrum: S. 112 f (H. Köhren-Jansen)

Jacobi, Franz: *Kirchenchronik von Hangelar*, Hangelar 1936

Lenders, Hella: *Eine eigene Schule für Holzlar*, in: Holzlarer Bote 14/2, Bonn 2000, S. 1-7

Lenders, Winfried: *Holzlarer Mühle fast 500 Jahre alt,* in: Holzlarer Bote 13/3, Bonn 1999, S. 1-3

Lenders, Winfried: *Vor 500 Jahren: Bertram von Nesselrode vererbt die Holzlarer Mühle,* in: Holzlarer Bote 16/2, Bonn 2002, S. 1-4

Lenders, Winfried (Hrsg.): *Die Holzlarer Mühle*, Bonn 1999

Linden, Brigitte: *Die Kath. Kirchengemeinde Christ König. Ihre Entstehung u. Entwicklung*, in: Holzlarer Bote 15/1, Bonn 2001, S. 1-9

Marten, Heinrich: *Alt-Holzlar. Die Holzlarer u. Kohlkauler Fußfälle*, Siegburg 1956

Passavanti, Wilhelm (Hrsg.): *Bonner Kirchen u. Kapellen*, Bonn 1989, S. 223 f (N. Schloßmacher), S. 224 f (W. Geis)

Schulen.

Unter den Verdiensten der h. Adelheid wird vor allem die Sorgfalt gerühmt, welche sie der Schule zuwendete. Die Schulchronik von Bilich berichtet, daß seit unvordenklichen Zeiten daselbst eine zum Eigenthum des Stifts gehörige Schule bestanden habe, welche von demselben unterhalten und von der Abtissin beaufsichtigt wurde. In späterer Zeit war das Amt des Lehrers mit dem Küsterdienste an der Stiftskirche verbunden, und der Lehrer als „Stiftsoffermann" bekannt. Die vereinigten Aemter haben sich lange in der Familie Stroof vererbt bis auf den letzten Inhaber, welcher Bürgermeister wurde und bis 1825 als solcher wirkte. Die dem Stift eigenthümlich zugehörige Küsterei diente als Schule und als Wohnung des Offermanns. Das letzte am Ende

---

[1]) Annalen des hist. B. XXV 241. — [2]) Von den confiscirten Gütern zu Hangelar finden sich im öffentlichen Anzeiger zwei Rottparcellen, 21 Morgen 71 Ruthen groß, durch die Domainen-Verwaltung zu Königswinter am 20. Sept. 1836 zum Verkauf ausgestellt.

des vorigen Jahrhunderts errichtete Gebäude, die jetzige Lehrerwohnung, diente noch lange nach Aufhebung des Stifts als Schulhaus.

Die Schule war bis 1831 einklassig. Am 30. April 1833 wurde eine zweite Lehrkraft, Johann Schlug aus Godesberg, berufen als Lehrer der Oberklasse, während der langjährige frühere Leiter der Schule, Minzenbach, die Unterklasse übernahm. Dieser ließ sich in demselben Jahre in Ruhestand versetzen, und Lehrer Schlug versah bis 5. December 1834 alternirend den gesammten Unterricht. Damals erhielt er in dem Unterlehrer Johann Peter Asbach von Oberpleis einen Gehülfen. Ein neuer Anbau aus dem Jahre 1834 enthielt unten einen Theil der Wohnung für den ersten Lehrer, oben einen Schulsaal; im alten Gebäude blieb der Schulsaal für die zweite Klasse; die Wohnungsräume wurden zwischen dem ersten und zweiten Lehrer (einem Aspiranten) getheilt.

Im Jahre 1847 fand die Errichtung einer Schule bei Pützchen statt, welche auch die Kinder von Vilich-Müldorf und Bechlinghofen aufnahm. Das Gebäude liegt isolirt an der Beuel-Siegburger Straße.

Im Jahre 1857 sah man sich wegen vermehrter Kinderzahl wiederum zur Bildung eines neuen Schulbezirks in Schwarz-Rheindorf genöthigt; Vilich-Rheindorf und Beuel wurden mit demselben vereinigt, Vilich-Müldorf von Pützchen abgetrennt und neuerdings nach Vilich überwiesen.

1866 wurde zu Vilich eine Lehrerin, Frl. Gebertz aus Poppelsdorf, angestellt, was die Trennung der Geschlechter in der Oberklasse zur Folge hatte. Die Mädchen erhielten als Schulzimmer die untern Räume der Lehrerwohnung. Die Lehrerin hatte Wohnung im obern Stock des ältern Hauses nach der Straße, der Aspirant nach dem Hofe. Für den ersten Lehrer wurde das schöne Schevastes'sche Haus mit eben so schönem Garten gemiethet.

Eine neue Verordnung der Regierung untersagte inzwischen die Verwendung von Präparanden. Demzufolge erhielt auch die zweite Klasse im März 1867 einen qualificirten Lehrer, Johann Lützler aus Königshofen. Ihm folgte im August 1874 der aus dem Seminar zu Brühl entlassene Peter Schell aus Schwarz-Rheindorf, bis 1878, Peter Ewig bis Ostern 1882, Lehrer Schlug wurde im September 1874 nach beinahe 50jähriger Wirksamkeit mit 240 Thaler jährlicher Pension in Ehren entlassen, und Hermann Joseph Schütz aus Berrendorf zum ersten Lehrer ernannt.

Im Herbst desselben Jahres war in dem Schulgarten ein dreistöckiges Schulgebäude fertig geworden. Es enthält im Erdgeschoß den Schulsaal für die gemischte Unterklasse, darüber den für die größern Knaben, und im obern Stock drei Wohnzimmer für den zweiten Lehrer. Im ältern Gebäude blieb die obere Mädchenklasse und die aus der obern

Knabenschule eingerichtete Wohnung der Lehrerin. Der älteste Theil ward vollständig für den ersten Lehrer umgebaut. Derselbe hat außer freier Wohnung nebst Garten an festem Gehalt 1125 Mark, seit 1. April 1883 1200 Mark, Alterszulage aus der Staatskasse 90 M., seit 1878 180 M. Die Lehrerin Elise Deon aus Bonn (seit 1871) bezog als Gehalt 825 M., seit 1885 900 M. In dem Jahre 1885 machte die vermehrte Kinderzahl die Einrichtung einer vierten Schulklasse nothwendig, wozu die Candidatin Katharina Schütz aus Vilich mit einem monatlichen Honorar von 50 M. provisorisch berufen wurde.

In Beuel befand sich zu Anfang unseres Jahrhunderts eine Schule in einem gemietheten Raume des Zollhauses an der Fähre. Von 1820 bis 1837 unterrichtete nach Mittheilung des Lehrers Nockher der nicht geprüfte Lehrer Böhmer im neuen Schulhause 160—170 Kinder abwechselnd mit seiner Frau. Im Jahre 1837 wurde der erste geprüfte Lehrer Peter Weinreis angestellt und die Schule durch eine zweite Klasse erweitert. 1861 kam Frl. Elbers aus Bonn als erste Lehrerin nach Beuel, welche 1876 dem Fräulein Dicke die Stelle räumte. Diese ging im Februar 1886 in's Kloster. Seitdem wirkt Agnes Trimborn aus Bornheim als erste Lehrerin. Seit 1863 war die Schule dreiklassig, seit 1879, wo L. Weinreis starb, vierklassig, und 1885 trat die fünfte Lehrkraft ein.

Die im Jahre 1820 erbaute Schule wurde 1854 auf den Abbruch verkauft und durch ein größeres Gebäude ersetzt, welches jetzt zu Lehrerwohnungen dient, und in den Jahren 1873, 1879 und 1884 als dritte Schule erweitert. Die Zahl der schulpflichtigen Kinder erreicht (1888) 450 und macht bei andauernder Steigung eine sechste Lehrkraft nothwendig [1]. Es wirken gegenwärtig an der ersten Knabenklasse Nockher, der zweiten Hülsebusch, der dritten (gemischte Unterklasse) Oepen; an der ersten Mädchenklasse Frl. Trimborn, an der zweiten Frl. Conradi.

Durch Verfügung der königl. Regierung vom 2. Februar 1875 wurde Pfarrer Peiffer der Local-Schulinspection entsetzt und am 8. Juli die Ertheilung des schulplanmäßigen Religionsunterrichts, ja sogar das Betreten der Schule demselben untersagt. Der Beigeordnete Lander zu Beuel ward als Peiffer's Nachfolger mit der Schulaufsicht betraut, und nach dessen freiwilligem Rücktritt im Jahre 1881 Herr Bürgermeister Schnorrenberg. Im Jahre 1880 trat insofern eine Wendung ein, daß der Pfarrer den Religionsunterricht in der Schule wieder ertheilen durfte.

---

[1] Ist inzwischen bereits eingetreten.

Anmerkungen zum Schulwesen im Bezirk Vilich:
Vilich, Beuel, Schwarzrheindorf, Pützchen

Zu Faksimile - Seite 191 - 193
(Schule in Vilich)
Man wird die **Klosterschule** für die jungen Novizinnen *(siehe dazu: Giersiepen, Kanonissenstift, a.a.O., Seite 105, und: Frizen, Schwarzrheindorf, S. 80 u. 94)* von einer öffentlichen Schule der Gemeinde unterscheiden müssen. 1787 hat die Äbtissin die Mittel für den Neubau einer öffentlichen Schule, nämlich des Gebäudes hinter dem romanischen Torbogen, vorgeschossen (Das vorherige war baufällig). Zu Maaßens Zeit wurde dieses Gebäude samt seines Anbaus von 1834 ausschließlich als Lehrerwohnung genutzt, da seit 1874 bereits der große Neubau (Ziegelbau) auf dem neuen Schulgelände bestand. Seit 2003 ist das geschützte Baudenkmal nach grundlegender Restaurierung wieder ausschließlich für Unterrichtszwecke hergerichtet. - *Siehe dazu auch Anmerkung zu Faksimile - Seite 188 f / Ergänzung („Geislar").*

Die vereinigten Ämter von **Lehrer und Küster** sind in der Familie Stroof aber nur von 1750 bis 1789 anzutreffen, und zwar durch Anton Josef Stroof (1750-1772) und dessen Sohn Leonhard, den späteren Bürgermeister (1775-1789).

„Das schöne **Schevastessche Haus**" war der in der Schillerstraße 13-15 gelegene Schevasteshof; es wurde am 24. 12. 1944 zerstört. – *Siehe dazu Anmerkung zu Faksimile - Seite 164 („Vilich").*

Der seit März 1868 (nicht 1867) in Vilich tätige **Lehrer** Johann Lützler aus Königshofen bei Bergheim/Erft wechselte 1874 zur Schule nach Küdinghoven, die er bis 1901 leitete. Von dem Lehrer Peter Ewig könnte die Ewigstraße (Seitenstraße zur Adelheidisstraße) ihren Namen erhalten haben.

Das **„dreistöckige Schulgebäude"** von 1874 ist der oben genannte heute noch genutzte Ziegelbau im damals neu geschaffenen Schulgelände nördlich des Kirchhofs. Das „ältere Gebäude" ist der oben erwähnte erste erhaltene Schulbau von 1787/1834, hinter dem großen Torbogen gelegen.

Zu Faksimile - Seite 192
(Schule in Pützchen)
Zur Mitte des 19. Jahrhunderts wurden auch weitere Schulbezirke eingerichtet. Bereits 1829 sollte in Pützchen für Holtorf und Pützchen eine Schule gebaut werden, die aber stattdessen 1847 für die Ortschaften Pützchen und Bechlinghoven wie auch für Vilich-Müldorf im freien Gelände zwischen diesen Dörfern, an der Siegburger Straße 337 (Nähe Gesamtschule), entstand, während Holtorf 1849 eine eigene Schule erhielt. 1897 wurde der Bau an der Siegburger Straße zugunsten eines Schulneubaus am heutigen Schulplatz in Pützchen (Friedenstraße/Marktstraße) aufgegeben, hat aber als privates Wohnhaus bis heute überdauert. Ob Vilich-Müldorf bereits vorher, wie Maaßen schreibt, nach Vilich zurückgeführt worden ist, muss offen bleiben.

Zu Faksimile - Seite 192
(Schule in Rheindorf)
Für die beiden Rheindorfs wurde 1856 ein eigener Schulbezirk eingerichtet, der auch 1855/56 bereits mit einer ersten Schule ausgestattet wurde; ein erster Lehrer kam 1857. Zuvor hatten die Schwarzrheindorfer Kinder die Vilicher, die Vilich-Rheindorfer die Beueler Schule besucht. Es müssen Zweifel bestehen, ob auch die Kinder von Beuel und Combahn, wie Maaßen berichtet, 1857 nach Rheindorf umgeschult worden sind. Sie hatten ja in Beuel ein eigenes Schulhaus, das im selben Jahr erst durch einen Neubau ersetzt worden war. Der heutige (alte) Rheindorfer Schulbau ist am 2. 5. 1870 eingeweiht worden.
- *Siehe dazu auch Faksimile-Seite 430 („Schwarzrheindorf").*

Zu Faksimile - Seite 193
(Schule in Beuel)
Es spricht einiges dafür, dass es die Gemeinde Vilich war, die unter ihrem Bürgermeister L. Stroof alsbald nach ihrer Konstituierung (1808) für die vom Kirchort am weitesten entfernten Ortschaften Beuel und Combahn – in angemieteten Räumen - eine Schule einrichtete, und zwar an der Combahner Fährstelle. Einen Anbau am Fährhaus hatte dafür ein gewisser Dreesen, Sohn des Stiefbruders von Stroof, kostenlos zur Verfügung gestellt. 1820 entstand in geringer Entfernung davon, aber bereits auf Beueler Boden, nämlich an der Agnesstraße, ein erster Vilicher Schulbau in diesem Gemeindeteil. 1854 wurde er durch ein größeres Gebäude ersetzt, von dem trotz Zerstörungen im Zweiten Weltkrieg heute noch Teile vorhanden sind.
Die von Maaßen angesprochenen Veränderungen bei der amtlichen Schulaufsicht sind dem Kulturkampf geschuldet.

Zu den **Schulen Küdinghoven und Holtorf**
siehe: Faksimile - Seite 275 und Anmerkung dazu („Küdinghoven").
Zur **Schule Oberkassel**
siehe: Faksimile-Seite und Anmerkung zu Seite 393 f („Oberkassel").

Rheindorfer Mädchenklasse. Um 1890.

Literatur zum Schulwesen im Bezirk Vilich

Arnold-von-Wied-Grundschule (Hrsg.): *150 Jahre Schule im Dorf. 1857-2007*, Bonn 2007

Bachem, Carl J.: *Wer Bücher leiht, muß lesen können - Anmerkungen zum soziokulturellen Umfeld der Vilicher Pfarrbibliotheksgründung um 1840*, in: 140 Jahre Bücherei an St. Peter in Vilich. 1846–1986, Bonn o. J. (1986), S. 2-14

Bücher, Johannes: *Schreib- und Rechenfertigkeit der einzelnen Berufsangehörigen in der Bürgermeisterei in Vilich zwischen 1810 und 1857*, in: Festschrift J. Dietz (E. Ennen u. D. Höroldt, Veröfftl. des Stadtarchivs Bonn 10), Bonn 1973, S. 340-351

Küdinghofen.

Küdinghofen, 1144 Cudengoven[1]), 1157 Kudinchoven[2]), 1181 Godinghovin[3]), 1333 Kudekoven[4]), bildet mit Ramersdorf, Limperich, Nieder- und Ober-Holtorf einen Pfarrbezirk in der Bürgermeisterei Vilich, der Kreisstadt Bonn schräg gegenüber.

Der Name (Godinghovin) wird, wie Godesberg, von einigen Etymologen auf eine Opferstätte des Gottes Wodan zurückgeführt, was auf ein sehr hohes Alter hindeutet. In dem Pfarrbezirk befinden sich 2418 katholische und 39 protestantische Einwohner, welche sich also vertheilen: Küdinghofen hat 707 Katholiken, 3 Protestanten in 116 Wohnhäusern. Ramersdorf mit Alaunhütte, Rheintraject und Cementfabrik 717 Katholiken, 29 Protestanten; Nieder-Holtorf 349 Katholiken, 2 Protestanten; Ober-Holtorf mit Fuchskaul 161 rein katholische Einwohner.

Der Pfarrbezirk wird bei Limperich der Länge nach von der Beuel-Linzer Landstraße und der Eisenbahn durchschnitten. Die Stationen Beuel abwärts, Obercassel aufwärts sind beide in 20 Minuten vom Pfarrorte aus zu erreichen. Das Rheinufer, welches die westliche Grenze der Pfarre bildet, ist nur wenig über ein Kilometer von der Kirche entfernt.

Die bei Küdinghofen in buntem Wechsel von Wald und Feldflur, Wiesen und Saatfeld, Gärten und Rebhügeln ansteigende Landschaft ist als beliebter Ausflug den Freunden der schönen Natur vortheilhaft bekannt. An der Kirche vorbei steigt man nach dem Ennert hinauf, wo sich an Foveaux Häuschen, ungefähr 400 Fuß hoch, eine großartige Aussicht nach Köln, Bonn, dem Siebengebirge mit der ganzen Pracht malerischer Glanzpunkte vor dem Beschauer ausbreitet.

Küdinghofen war Sitz eines Untergerichts mit Schultheiß und Scheffen im Amt Löwenburg. Seine Gerichtsbarkeit erstreckte sich über die Honschaften Küdinghofen, Ramersdorf, Bechlinghofen, die Hälfte von Limperich und Beuel[5]).

Die Gerichtssitzungen wurden in dem jetzigen Hause der Gastwirthschaft „Zur schönen Aussicht" auf dem Streffen gehalten. Eine Inschrift im Innern gibt das Jahr 1618 als Zeit der Erbauung an. Das

---

[1]) Lac. I 350, S. 238. — [2]) l. c. 478, S. 338. — [3]) l. c. II 447, S. 243.
[4]) l. c. III 266, S. 215. — [5]) Annalen d. hist. V. XXV 233 u. 272.

Bruchstück eines Steines erinnert angeblich an den Pranger. Der Richter (Schultheiß) bewohnte das jetzige Vicariegebäude in Ramersdorf, welches noch heute als „Richterhaus" im Kataster bezeichnet ist.

Küdinghofen stellte 24 Kugelschützen zu der Ehrenwache der Herren von Löwenburg. Ueber die Bedeutung, Rechte und Pflichten derselben ist unter Honnef berichtet worden [1]).

Im Jahre 1333 den 21. Januar tragen Heinrich von Löwenburg und seine Gattin Agnes dem Grafen Wilhelm von Jülich für 1500 Mk. und künftigen Schutz unter Anderm ihre Herrschaft und das Hofgericht in Küdinghofen mit den dazu gehörigen Dörfern Ramersdorf, Holtorf, Limperich und Beuel auf [2]).

1338 „up Antdage sente Martins des heligen buschobes" übergaben dieselben diese Besitzungen unter denselben Bedingungen dem Grafen Dietrich von Loën und Chiny, Herrn von Heinsberg und Blankenberg [3]).

Zum Eigenthum der von Löwenburg gehörte auch eine Windmühle, unfern vom Rhein bei Obercassel, wovon der Stumpf noch vorhanden ist.

Die Herren gaben die Mühle mit der Berechtigung zum Zwangsmahlen für Küdinghofen, Limperich, Beuel, Ramersdorf, Holtorf, Bechlinghofen und Holzlahr in Erbpacht. Im dreißigjährigen Krieg ward dieselbe von den Schweden bis auf den Stumpf zerstört, scheint aber bald wieder hergestellt worden zu sein. Denn im Jahre 1661 war sie an Margaretha Katharina von Scheiffart, geborene von Stein und Erben verpachtet, und am 13. August deff. J. für zwölf Malter Roggen kölnisch dem Freiherrn von Gymnich zu Blatten mit der Maßgabe übertragen, daß er von jedem Malter 1 Viertel Molter, wie herkömmlich und nicht darüber nehmen dürfe.

In dem Vertrag waren dem Herrn von Löwenburg für den Fall längern Rückstandes die sämmtlichen Güter des Erbpächters zum Unterpfand gestellt, jedoch wenn „langwieriges Kriegswesen einfallen sollte, wodurch man von Haus und Hof zu laufen gezwungen wäre", sollte Nachlaß eintreten [4]).

Der Mühlenweg über Beuel nach Vilich-Rheindorf hat bis heute den Namen Eselsweg (Esel trugen die Säcke) behalten.

Was die Sage über den Mühlenstumpf erfunden, und wie gelehrte Forschung ihn als Wartthurm mit dem Hexenthurm in Walberberg in Beziehung gebracht hat, können wir füglich mit Stillschweigen übergehen.

Auf den Hartbusch bei Küdinghofen stellte der Herr von Löwenburg, beziehungsweise der Herzog von Berg einen Markgenossen, deren

---

[1]) Annalen, l. c. 273. — [2]) Lac. III, Nr. 266, S. 215. — [3]) l. c. Note 2.
[4]) So nach einer Rechnung der Löwenburgischen Rentmeisterei in der Bonner Zeitung.

im Ganzen vierzig waren, wegen des Lehnhofs zu Holtorf. Das Märker=
recht war bei der Erkundigung von 1555 an Heinrich Berm verpachtet.
1732 war Hofrath Fabri in Bonn Inhaber desselben. Die Abtissin
zu Vilich ernannte den Waldschultheißen[1]).

Geistliche Güter.

Richwinus von Kempenich schenkt dem Frauenkloster auf der Insel
Rolandswerth eine Wohnstätte (mansio) nebst einer Parzelle Weingarten
und zwei Ackerparzellen in Küdinghofen, wovon im Herbst ein Sester
Wein geliefert und die Ligatur der Trauben besorgt wird. Die Schen=
kung bestätigt Erzbischof Arnold I. im Jahre 1143[2]).

Die Abtei Meer (bei Neuß) besaß in Küdinghofen ein Gut, welches
sie dem Burggrafen Johann von Wolkenburg und dessen Gattin Agnes
tauschweise gegen Weingärten in Rhöndorf überließ 1157[3]).

Die Abtei Siegburg hatte daselbst 1166 einen Hof auf dem „Vinken=
berg" von Becelin, einem Siegburger, erworben, wovon drei Schillinge
gezahlt wurden[4]), und im Orte Godenghoven ein anderes Hofgut, welches
zwei Mark kölnischer Währung einbrachte, und von Gerard von „Hach=
gine" mit der Bestimmung geschenkt war, daß ihm die Gemeinschaft
(societas) und Fürbitte des Klosters gewährt werde. Die Besitzungen,
welche der Abt Nicolaus der Abtei Siegburg erworben, wurden im
Jahre 1166 den 15. August von Erzbischof Rainald und 1181 den
18. November von Papst Lucius III. derselben bestätigt[5]).

---

[1]) Lacomblet, Archiv III, 2, 286. Vgl. Annalen d. h. V. XXV 274: „Zu Küde=
hoven ist ein Busch, die Hart genannt, darzu ungefähr 40 Markgenossen gehörig, und sein
Ihre churfürstl. Dhlt. wegen des Hauß zu Holtorp Markgenossen, so Johann Wilhelm
Ohman sambt selbigem Hauß mit Appertententien, nunmehro denen Erbgenahmen des
Kammer=Rathen Schönenbeck zuständig, und ist zu jetziger Zeit possessor Hoffrath Fabri
binnen Bonn." Verständlicher würde der Text, wenn es hieß, „dem p. p. Ohman früher,
nunmehr dem p. Schönenbeck zuständig.

[2]) Günther I 133, S. 272. — [3]) Lac. II 447, S. 243. — [4]) Lac. I 421,
S. 292. — [5]) l. c. 478, S. 337 f.

[6]) W. Arnold, Ansiedlungen, S. 477. — [7]) Nach einer Notiz des Hrn. Dechanten
Samans. — [8]) Annalen d. h. V. XXVI—XXVII 338.

Anmerkungen zu Küdinghoven / Teil I

Zu Faksimile - Seite 255 oben
(Der Name Küdinghoven)
Die Ortsnamenforschung ist seit Maaßen fortgeschritten, ohne dass sie aber über die Bedeutung des Namens „Küdinghoven" völlige Klarheit gebracht hätte. - *Siehe dazu: Bursch, a.a.O., sowie die Rezensionen dazu von Derks und Neuss.*
Küdinghoven – karolingisch („Cutichoba", „Kudinckhoven"), 1139 „Kudeckouen", 1143 „Cudinkoven", 1144 „Cvdengouen" sowie 1157 „Kudinchoven" enthält im zweiten Teil zweifellos das fränkische –hoven (Hof, Hofstatt). Es spricht einiges dafür, dass der Name auf den Namen eines fränkischen (wie Bechlinghoven) oder gar bereits keltischen Hofbesitzers verweist (*Bursch* spekuliert mit „Cotus"; *Derks* bringt einen Kudo, Kudbert ins Spiel; aber *Neuss* widerspricht lebhaft.). Auch das von *Bursch* angezogene „Coventhoven" für einen Hof, der im Beueler Raum zu belegen ist, das er als ein verschriebenes „Codenchoven" nicht ausschließen will, könnte insofern weiterhelfen, als darin ein fränkischer Personenname „Kobo" erkannt werden will (*H. Dittmaier, Siedlungsnamen und Siedlungsgesch. des Berg. Landes, Neustadt / Aisch 1956, S. 25*). Die Belege für die von Maaßen referierte Deutung als Opferstätte des Gottes Wodan hält *Bursch* für zu spärlich und isoliert.

Zu Faksimile - Seite 255
Maaßen unterschlägt, wohl versehentlich, die **Statistik von Limperich** (1885): 486 Einwohner (Katholiken und Protestanten) sowie 92 Wohnhäuser.

(Zu Ramersdorf)
Außerhalb der Ortschaft gab es zu Zeiten Maaßens drei kleine Siedlungen, jeweils eine Ansiedlung von einigen wenigen Häusern: Die „Alaunhütte" ist der bis 1876 betriebene Gewerbebetrieb im Gewann „Fuchskaule" im Ankerbachtal oberhalb Ramersdorfs (an der Oberkasseler Straße, Fuchskaulenweg), das „Rheintrajekt" die Fährstelle des von 1871 bis 1914 betriebenen Eisenbahntrajekts zwischen Oberkassel und der Bonner Gronau und die „Cementfabrik" die 1985 aufgelöste Oberkasseler Zementfabrik, die ja ausschließlich auf Ramersdorfer Gelände lag. Die Trajekthäuser sind unter der Rampe zur 1972 eingeweihten Konrad-Adenauer-Brücke verschwunden, die Wohnhäuser der Zementfabrik (bis auf die sogenannte Direktorenvilla) und das Steigerhaus der Alaunhütte Anfang des 20. Jahrhunderts bis auf kärgliche Reste abgebrochen. Die von Maaßen der Ortschaft Oberholtorf zugeordnete „Fuchskaul" dürfte mit der „Alaunhütte" identisch, also verwechselt sein. – *Siehe dazu auch Anmerkung zu Faksimile - Seite 259 („Holtorf").*

(Zu Holtorf und Limperich)
Die zur Pfarre Küdinghoven zählenden **Ortschaften Holtorf** (Nieder- und Oberholtorf) und **Limperich** wurden 1929 bzw. 1960 zu eigenen Pfarren erhoben. Niederholtorf erhielt 1921 eine erste (Not-)Kirche, dann 1926 einen ersten (E. Endler) und 1972 den heutigen Kirchbau (R. Stappen), Limperich 1962

eine Notkirche, dann 1966/68 die heutige Kirche (A. von Branca). Das Limpericher Kirchenzentrum (Kirche, Kloster, Pfarrhaus) steht unter Denkmalschutz. - *Siehe dazu Passavanti, a.a.O., Holtorf (Geis) Seite 192 ff, sowie Limperich (Wegener) Seite 199 ff.*

Das **Foveauxhäuschen** auf dem Ennert ist 1820 von dem Besitzer des Mylendoncker Hofs in Limperich (am 18. 10. 1944 zerstört), Heinrich Joseph Foveaux, einem Kölner Tabakfabrikanten, aus Werkstücken und Steinen der ab 1818 abgebrochenen Abtei Heisterbach errichtet worden. - *Siehe dazu Anmerkung zu Faksimile - Seite 258 f („Limperich").* Auf dem Finkenberg baute Foveaux in ähnlicher Weise, gleichfalls aus Doppelsäulen des Heisterbacher Kreuzgangs, einen Aussichtstempel, der bei vorrückendem Steinabbau 1896 in den Garten des Vilicher Schevasteshofes transloziert wurde, wo er aber 1976 niedergelegt worden ist *(siehe dazu auch Anmerkung zu Faksimile - Seite 164, „Vilich").* Auf Foveaux dürfte auch das auf Bildern festgehaltene Gipfelkreuz auf der (abgebauten) südlichsten Anhöhe des Finkenbergs zurückgehen. Er war ein Wohltäter der Orte Limperich und Küdinghoven. So schenkte er der Schule ein Grundstück, den Nachtwachen eine Unterkunft. Seine (zweite) Frau Catharina geb. Scholl trat 1825 als Patin bei einer dreifachen Glockenweihe in Erscheinung *(siehe Faksimile - Seite 266).*

Zu Faksimile - Seite 255 f
Das **Untergericht Küdinghoven** im Amt Löwenberg umfasste die genannten Ortschaften Küdinghoven, Ramersdorf und Bechlinghoven (der südliche, aber hauptsächliche Teil), aber auch Beuel und Limperich, und zwar beide zur Gänze und nicht, wie Maaßen meint, je zur Hälfte, sowie - von Maaßen überhaupt nicht erwähnt - Nieder- und Oberholtorf. Die als Gerichtsort erwähnte Gastwirtschaft „Zur schönen Aussicht" lag im Küdinghovener Ortsteil Streffen, auf der Erhöhung zwischen Königswinterer Straße und Streffenweg. Von dort bot sich bis zur Bebauung der westlichen Straßenseite der Königswinterer Straße (ab etwa 1910) ein Ausblick in das Rheintal vom Siebengebirge bis zur Bonner Innenstadt. Das Gasthaus wurde um 1912 durch das heutige Hotel-Restaurant samt Tanzsaal (heute Bankbetrieb) ersetzt; „Inschriftentafel 1616" und „Prangersteinfragment" gingen verloren. Möglicherweise hat es daneben aber noch ein eigenes Gerichtsgebäude gegeben: einen durch Größe und Proportion auffallenden Fachwerkständerbau etwas weiter nördlich an der Königswinterer Straße (Nr. 301); dieser wurde 1998 zugunsten eines Neubaus des genannten Betriebs abgerissen.

(Zu Ramersdorf)
Das Wohnhaus des letzten Bergischen Richters in Ramersdorf (**„Richterhaus"**) erwarb um 1816 zu Wohnzwecken der vormalige Neusser Kanoniker Leonhard Jos. Mehlem, der dem Beueler Patrizierhaus Mehlem entstammte (heute Musikschule). 1831 verschrieb er es testamentarisch seinen überlebenden Schwestern als Vorerben, von denen es nach dem Tod der Letztverstorbenen 1852 in eine **Vikarie**, Sitz eines Küdinghovener Kaplans („Vikar"), umgewandelt wur-

de. - *Siehe dazu auch Anmerkung unten zu Faksimile - Seite 274 („Küdinghoven / Vikarie") sowie Faksimile - Seite 426 und 429 („Schwarzrheindorf").*

Zu Faksimile - Seite 256
Die löwenbergischen **Kogelschützen** (nicht „Kugelschützen") waren nicht nur Ehrenwache der Herren von Löwenberg, sondern auch örtliche Polizeitruppe. Sie hatten ihren Namen von ihrer Kopfbedeckung, die kapuzenähnlich bis auf die Schulter reichte. Als weitere Erkennungszeichen trugen sie später eine Armbinde mit den weiß-braunen Farben des Herzogtums Jülich-Berg. Bürgermeister Stroof von Vilich (1808 – 1825) hat die Truppe in Küdinghoven beibehalten und in Vilich ein Gegenstück gegründet; beide hat er auf je 100 Mann verstärkt. Von ihm als Polizeigarden bezeichnet, hat er sie als Hilfspolizisten, bei der Feuerwehr, zur Kontrolle der Nachtwachen und schließlich auch – allerdings nur den Küdinghovener Truppenteil - bei der Überwachung des Pützchens Marktes eingesetzt.

(Zu Limperich)
Die genannte **Windmühle** war die heute als „Möllestomp" (Mühlenstumpf) bekannte Turmruine am Rheinufer in der Gemarkung Limperich, nicht Küdinghoven. Sie gehörte, anders als Maaßen angibt, nicht dem Hause Löwenberg, sondern der Deutschordenskommende Ramersdorf, mindestens seit 1291 und noch mindestens bis in den Dreißigjährigen Krieg hinein. – Der **Eselsweg** als Verbindungsweg zur Vilicher Stiftsmühle ist als solcher über längere Strecken noch erhalten, trägt aber neuere Namen – *Siehe dazu Anmerkung zu Faksimile - Seite 130 f („Vilich").*

Zu Faksimile - Seite 256 f
Der „Hartbusch" ist der **Wald auf der Hardt**, also dem Bergrücken, der sich östlich hinter dem Ennert, von Holzlar aus südwärts ansteigend, vor den Ortschaften Nieder- und Oberholtorf bis zum Ankerbach hinzieht. Das in Deutschland weit verbreitete Wort Hardt bedeutet Bergwald.

Zu Faksimile - Seite 257
„Geistliche Güter"
Wo die Höfe von Kloster Nonnenwerth („Rolandswerth"), der „Abtei Meer (bei Neuss)" sowie der Abtei Siegburg (in „Godenghoven") zu lokalisieren sind, ist ungeklärt. Anders der erstmals 1166 erwähnte Hof der Abtei Siegburg auf dem „Vinkenberg"; es ist der ehemalige Limpericher Burghof, der auf Katasterplänen noch Anfang des 19. Jahrhunderts östlich der Burgruine auszumachen ist.

**Fortsetzung:
Anmerkungen zu Küdinghoven / Teil II
siehe Seite 183**

Limperich.

Der Name Limperich oder Lindberg wird mythologisch durch Lint (basiliscus) erklärt⁶), und von Einigen auf eine Besitzung der Herren von Limburg zurückgeführt⁷). Das Kloster der 11000 Jungfrauen in Köln besaß in dem Dorfe „Lintberge" einen Weinberg 922⁸). Kaiser Otto I. bestätigt dem Marienstift zu Aachen u. A. die von dem Grafen

---

¹) Lacomblet, Archiv III, 2, 286. Vgl. Annalen d. h. V. XXV 274: „Zu Küdekoven ist ein Busch, die Hart genannt, darzu ungefähr 40 Markgenossen gehörig, und sein Ihre churfürstl. Dhlt. wegen des Hauß zu Holtorp Markgenossen, so Johann Wilhelm Ohman sambt selbigem Hauß mit Appartentenien, nunmehro denen Erbgenahmen des Kammer-Rathen Schönenbeck zuständig, und ist zu jetziger Zeit possessor Hoffrath Fabri binnen Bonn." Verständlicher würde der Text, wenn es hieß, „dem p. p. Ohman früher, nunmehr dem p. Schönenbeck zuständig.

²) Günther I 133, S. 272. — ³) Lac. II 447, S. 243. — ⁴) Lac. I 421, S. 292. — ⁵) l. c. 478, S. 337 f.

⁶) W. Arnold, Ansiedlungen, S. 477. — ⁷) Nach einer Notiz des Hrn. Dechanten Samans. — ⁸) Annalen d. h. V. XXVI—XXVII 338.

Pfarreien (XXVIII. Königswinter). 17

Immo eingetauschten Besitzungen zu Limberge im Auelgau 996 den 17. Januar[1]).

Leo von Limperg besaß daselbst im 13. Jahrhundert Haus und Hof, einen Morgen Weingarten, zwölf Morgen Ackerland, einen Antheil am Wunschwald und zwei Antheile am Westerholz, beiläufig eine halbe Hufe im Ganzen[2]). Diese Besitzung unterwirft Leo am 22. Februar 1285 der Löwenburg'schen Vogtei und befreit dadurch den Hermann Butz zu Schwarz-Rheindorf mit seinem Grundbesitz aus seiner Abhängigkeit von derselben. Auf welche Weise Leo von Hermann Butz entschädigt wurde, ist nicht ersichtlich.

Zu Limperich gab es zwei adelige Güter, den Burghof und den Mylendoncker Hof[3]). Von dem Burghof (angeblich altes Eigenthum der von Lymburg) sind noch Ruinenreste über dem Dorf in herrlichster Lage vorhanden. Derselbe war, wie es scheint, bergisches Lehen[4]). Den Burghof vermachte Ritter Bertram von Nesselrode, Herr zu Ehrenstein, bergischer Erbmarschall, im Jahre 1502 dem Landdrosten Wilhelm von Nesselrode zum Steyn, mit den Höfen zu Holzlahr und Menden. Im Jahre 1732 wird als Inhaber Nesselrode zum Stein genannt[5]). Der Schnorrenberger Hof des Klosters Bödingen bei Stieldorf war dem Limpericher Hof des Herrn von Stein zu eines Pferdes Kurmut verpflichtet[6]).

Das später Mylendoncker Hof genannte Gut gab die Abtissin zu Meschede 1297 dem Burggrafen von Drachenfels in Erbpacht. 1343 belehnte Wilhelm von Arnsberg, Propst zu Meschede, den Burggrafen Heinrich von Drachenfels mit einem Hofe zu „Lymperg", im Lande von Lewenberg, sowie sein Vater damit belehnt gewesen war. Durch die Erbtochter von Drachenfels kam das Gut dann an die Freiherren von Mylendonck, von denen es den Namen behielt. Von den Mylendonck kam es mit Schloß Mylendonck an den Fürsten Croy. Fürst Philipp von Croy verpfändete den Hof an die Jesuiten zu Köln. Diese verkauften ihn 1688 dem Freiherrn Franz von Nesselrode. Von dem Grafen Nesselrode erwarb ihn 1812 der Kölner Kaufmann Heinrich Joseph Foveaux[7]). Dessen Wappen befindet sich über der dem Baumgarten zugekehrten Thüre. Sein Erbe (Sohn) Franz Foveaux machte sich durch manchfache Verschönerung der Landschaft verdient, so durch das nach ihm benannte Häuschen auf dem Ennert, eine Basalt-Pyramide

---

[1]) Lac. I, Nr. 107, S. 63. — [2]) Annalen d. hist. V. XXXVIII, S. 32 u. 114—115. — [3]) Gefällige Mittheilungen des Herrn von Oidtman. — [4]) Annalen d. hist. V. XXV 273. — [5]) l. c. — [6]) Real-Status des Kl. Bödingen vom Ende des 18. Jahrhunderts. — [7]) Die Foveaux im „Kardinal" zu Köln sind als Fabrikanten von Schnupftabak bekannt.

auf der Höhe östlich von Limperich, Errichtung eines mit selten schönen Säulchen aus Heisterbach verzierten Tempelchens[1]) oberhalb des Dorfes u. dgl. mehr.

Das Gut ist jetzt Eigenthum eines Herrn Kolb in Bonn.

Als Merkwürdigkeit sei noch erwähnt, daß der letzte Kölner Kurfürst Max Franz auf der Flucht von Bonn vor den heranrückenden Franzosen die Nacht des 3. October 1794 in der Villa zu Limperich bei dem Regierungs-Präsidenten von Nesselrode mit dem geheimen Rath Wurzer zubrachte. Am folgenden Morgen begab sich der Kurfürst nach Mülheim, um mit dem österreichischen General Clairfait, der die rechte Rheinseite besetzt hatte, zusammenzutreffen.

---

[1]) Jetziges Eigenthum der Familie Bleibtreu zu Vilich.
[2]) Lac. III, Nr. 266, S. 215.
[3]) Der Name eines Geschlechts von Holtorp findet sich u. A. in Urkunden von 1416 bis 1760 der Annalen des h. V., Ulrich von Holtorf zu Wenau 1416, Johann v. H., Amtmann zu Münstereifel 1559, Abrecht v. H., 1615, Johann v. H. Dr. iuris 1733, Freiherr von H. zu Sintzenich 1760, Katharina v. H., Priorin zu Rolandswerth 1608, Elisabeth v. H., Kellermeisterin daselbst. Vgl. Annalen d. h. V. Register S. 316. Ob dieses Geschlecht mit unserm Ort in Verbindung zu bringen ist?

Anmerkungen zu Limperich

Finkenberg:
siehe Anmerkung zu Faksimile - Seite 257 („Küdinghoven, geistliche Güter").
Kirmes:
siehe Anmerkung zu Faksimile - Seite 274 („Küdinghoven, Prozessionen").
Pfarre Heilig Kreuz:
siehe Anmerkung zu Faksimile - Seite 255 („Küdinghoven").
Statistik Limperich:
siehe Anmerkung zu Faksimile - Seite 255 („Küdinghoven").
Wegekreuz
(„Honschaftskreuz"): siehe Anmerkung zu Faksimile - Seite 286 („Küdinghoven").
Windmühle
(„Möllestomp"): siehe Anmerkung zu Faksimile - Seite 256 („Küdinghoven").

Blick vom Ennert über den Finkenberg nach Bonn. Links die St. Galluskirche (vor Errichtung des heutigen Langhauses 1845), dahinter der 1944 zerstörte Mylendoncker Hof. Lithographie von J. N. Ponsart um 1835.

Zu Faksimile - Seite 257
(Der Name Limperich)
Limperich – erstmals 922 „Lintberge", 966 „Lim-/Linberge", 1139 „Limperch" - lässt sich, in seine beiden Teile lint/lim/lin- (feuchtes Gelände) und -berg zerlegt, bei Kenntnis der Örtlichkeiten leicht deuten, nämlich als eine Siedlung, die sich durch einen Berg oberhalb eines Gewässers definiert, also: die Siedlung am Finkenberg über den Altrheinrinnen („die Maar"), die sich als Teil der Alluvialrinne von Dollendorf entlang der heutigen Stadtbahntrasse bis zum sogenannten Muchewasser nach Beuel zieht. Das lim mit der Bedeutung feucht – wofür freilich eine letzte Sicherheit fehlt - liegt auch der Vielzahl des Namens Limburg zugrunde. Die Erklärung Maaßens indessen – lint gleich Lindwurm - vermag nicht zu überzeugen; allenfalls mag noch der Hinweis *Burschs* angehen, lint bedeute Linde. - *Siehe dazu: Bursch, a.a.O., Seite 93 f, sowie die Rezensionen dazu von Derks und Neuss.*

Zu Faksimile - Seite 258
Die zu einem einfachen Wohnhaus erweiterten Ruinenreste der **Limpericher Burg**, während der Steinbruchtätigkeit von etwa 1850 bis etwa 1935 Verwaltungsgebäude eines Steinbruchunternehmens, anschließend privates Wohn-

haus, werden seit etwa 1967 von einem Radio-Amateur-Club als Funkstätte und Clubheim genutzt. -
Siehe zur Burg: Neu, Adel und Burgen, a.a.O., Seite 13 ff sowie 39 ff.

Zu Faksimile - Seite 258 f
Der **Mylendoncker Hof**, dessen einfache tonnengewölbte Gartenkapelle schon 1911 der Straßenbahntrasse hatte weichen müssen, brannte bei dem alliierten Großangriff auf Beuel-Zentrum und Bonn am 18. 10. 1944 aus; seine Außenmauern wurden abgeräumt. Es verblieben zur Erinnerung

Der barocke Mylendoncker Hof. Um 1930. Die barocken Löwenskulpturen, um 1820 aus Kloster Heisterbach, heute vor dem Heimatmuseum Königswinter.

lediglich Teile der Bruchsteinummauerung des Gartens sowie das – von der Straße zurückgesetzte – Gartentor. – *Siehe dazu auch: Neu, Adel und Burgen, a.a.O., Seite 43 ff.*

Wie der letzte Bonner Kurfürst Max Franz am 3./4. 11. 1794 auf seiner Flucht, so kam am 6. 11. 1811 auch Kaiser **Napoléon Bonaparte** nach Limperich, ritt für eine Viertelstunde auf den Finkenberg, um von dort aus, Bonn und die Höhen ringsum musternd, zu entscheiden, dass Bonn und sein Umland nicht erneut befestigt werden sollten *(siehe: Bachem, Napoléon, a.a.O.)*.

Das von J. H. Foveaux (nicht Sohn Franz) um 1820 errichtete **Aussichtstempelchen** aus Doppelsäulen des Kreuzgangs von Heisterbach ist bei vorrückendem Steinabbau 1896 nach Vilich auf das Gelände des Schevasteshofes transloziert worden, wo es 1976 wegen einer umfassenden Neubebauung des dortigen Geländes *(siehe dazu auch Faksimile - Seite 164, „Vilich")* niedergelegt wurde; die sechs romanischen Doppelsäulen mit ihren Basen und Kapitellen gelangten in das Magazin des Rheinischen Landesmuseums. Auch die von Foveaux errichteten **Basaltpyramide** sowie Gipfelkreuz auf einer der (abgebauten) Südkuppen des Finkenbergs müssen dem Steinbruchbetrieb zum Opfer gefallen sein. Die barocken Heisterbacher Löwenskulpturen aus dem Mylendoncker Vorgarten liegen heute in Front des Heimatmuseums in Königswinter.

Der Aussichtstempel aus Doppelsäulen des Heisterbacher Kreuzgangs. Um 1820 auf dem Finkenberg errichtet und 1896 nach Vilich transloziert, dort um 1976 abgebrochen. Um 1930.

Literatur zu Limperich

Bachem, Carl J.: *Napoléon auf dem Finkenberg. Die zeitgenössischen Berichte von Stroof u. Bleibtreu über den 6. Nov. 1811* (Beiträge zu Denkmal u. Gesch. des Rechtsrhein. Bonn 3) Beuel 1986 – *zitiert als „Napoleon"*

Bücher, Johannes: *Holzlar u. Limperich mit ihren Weistümern* (Studien zur Heimatgesch. des Stadtbez. Bonn-Beuel 24), Bonn 1985

Clemen, Paul: *Die Kunstdenkmäler der Stadt u. des Landkreises Bonn*, Düsseldorf 1905, S. 314 („Wartturm" / ehem. Windmühle: s. unter „Küdinghoven", S. 310)

Höroldt, Dietrich / Joch, Waltraud (Hrsg.): *Ev. Kirchen u. Gemeinden der Kirchenkreise Bonn, Bad Godesberg, An Rhein u. Sieg*, Bonn 1996 – Ev. Kirchengemd. Beuel: S.106 f (A. Hansmann), Nachfolge-Christi-Kirche: S. 107 f (C. Berg)

Passavanti, Wilhelm (Hrsg.): *Bonner Kirchen u. Kapellen*, Bonn 1989, S. 199 (N. Schloßmacher), S. 190 ff (M. Wegner)

Ober- und Nieder-Holtorf.

Nieder-Holtorf liegt auf dem Plateau des Hardberges an der Straße von Beuel über Pützchen nach Stieldorf, Ober-Holtorf 1 Kilometer in dieser Richtung weiter. Zwischen Nieder-Holtorf und Pützchen befindet sich ein Braunkohlenlager, dessen Entdecker, ein schlichter Landmann, sein Bergrecht dem Bürgermeister Bleibtreu verkaufte. Dieser benutzte es zur Anlage einer Alaunfabrik, welche bis 1856 in Betrieb war. Heute kann das hiesige Fabricat mit dem americanischen nicht mehr concurriren, weshalb der Betrieb, welcher seiner Zeit 300 Arbeiter beschäftigte, eingestellt ist.

Heinrich von Löwenburg schenkt seinen Hof zu Holtorf den geistlichen „Leuten" des Convents Heisterbach für das Heil seiner Seele und seiner Gemahlin Agnes 1333 den 21. Januar [2]).

In Ober-Holtorf [3]) besaß die ritterbürtige Familie von dem Burgthorn aus Coblenz einen Hof. 1513 wurde Reinhard von dem Burgthorn damit belehnt. Ein Grabstein in der Castorkirche zu Coblenz zeigt Reinhard v. d. B. und seine Gattin Jutta von Blanchart in ganzer Figur. Ihr Sohn Otto Joachim starb 1547 als letzter Mann der vier adeligen Geschlechter von Coblenz. Seine Schwester Anna war Gattin Georgs von Eltz zu Schöneck. Philipp von Eltz, Ulrichs Sohn, hatte 1524 als Vormund Reinhard's von dem Burgthorn unmündiger Kinder

---

[1]) Jetziges Eigenthum der Familie Bleibtreu zu Vilich.

[2]) Lac. III, Nr. 266, S. 215.

[3]) Der Name eines Geschlechts von Holtorp findet sich u. A. in Urkunden von 1416 bis 1760 der Annalen des h. V., Ulrich von Holtorf zu Wenau 1416, Johann v. H., Amtmann zu Münstereifel 1559, Albrecht v. H., 1615, Johann v. H. Dr. iuris 1733, Freiherr von H. zu Sinzenich 1760, Katharina v. H., Priorin zu Rolandswerth 1608, Elisabeth v. H., Kellermeisterin daselbst. Vgl. Annalen d. h. V. Register S. 316. Ob dieses Geschlecht mit unserm Ort in Verbindung zu bringen ist?

die Belehnung mit dem Hofe vom Herzog von Jülich-Berg empfangen. 1571 wurde Anton Herr zu Eltz mit dem Hof zu Holtorf als Jülich'sches Mannlehen belehnt. „Da keine Mannerben von Burgthorn vorhanden, aber Anton's Mutter, Reinhard's von dem Burgthorn Tochter und seine Großmutter in die 36 Jahre in diesem Gut sitzen geblieben und erst vor acht oder neun Jahren gestorben ist, so hat ihn der Herzog auf Intercession des Erzbischofs Jacob von Trier mit dem Hof als Mannlehn belehnt" [1]).

Im Jahre 1652 hat Johann Michael Heister, der im Jahre 1637 Richter des Amtes Löwenburg geworden, den Burghof zu Ober-Holtorf von Johann Anton von Eltz (vermuthlich Sohn des vorigen) unter Zustimmung des Herzogs Wolfgang Wilhelm durch Tausch erworben.

Durch Abstammung von Johann Michael Heister's Tochter Maria Katharina und dessen Gatten Adam von Schlössern vererbte sich der Hof an Sibylla Katharina von Schlössern, welche den Düsseldorfer Geheimrath Johann Reiner von Pfeilsticker († 1744) heirathete. Die Tochter Maria Josepha von Pfeilsticker († 1728), verehelicht mit Johann Heinrich von Schlössern († 1728), hinterließ als Erbin Katharina Elisabeth Francisca von Schlössern. Diese heirathete den Geheimrath Georg Peter Andreas Hagens († 1762). Aus dieser Ehe entsprossen die beiden Söhne Johann Adolph Constantin von Hagens, Dechant zu Jülich, gestorben 1812 und Hofkammerrath Erasmus Jacob von Hagens. Der Sohn des Letztern, Franz Karl († 1847), ist der Vater der Brüder Franz von Hagens, Oberlandesgerichtsrath a. D. in Köln, und Joseph von Hagens, Landgerichtsrath a. D. in Düsseldorf, in deren Besitz der alte Burghof sich noch heute befindet.

---

[1]) Gef. Mittheilung des Herrn von Oidtman.
[2]) Lac. I, Nr. 350. — [3]) l. c. Nr. 545, S. 380. Vgl. Lac., Archiv, V 9, S. 247.

Anmerkungen zu Ober- und Niederholtorf

Kirche: *siehe Faksimile - Seite 255 („Küdinghoven").*
Missionskreuz: *siehe Faksimile - Seite 286 („Küdinghoven").*
Schule Holtorf: *siehe Faksimile - Seite 276 („Küdinghoven").*

Zu Faksimile - Seite 259
Ergänzung:
(Der Name Holtorf)
Erste Erwähnungen erfolgten 1183 als „Holzdorp" und 1271 bereits als „Holtorp". Die Unterscheidung in Nieder- und Oberholtorf erscheint erstmals 1715 beziehungsweise 1735. – Die Bedeutung liegt auf der Hand. Vergleiche auch „Holzlar" und „Hoholz". - Siehe dazu: Bursch, a.a.O., Seite 108 f.
Bleibtreu war nicht „Bürgermeister", sondern Bergmeister. - *Siehe dazu auch Anmerkung zu Faksimile - Seite 412 („Schwarzrheindorf").*
Ergänzung:
(Braunkohlenabbau und Alaunfabrikation)
Die Braunkohlenlagerstätte befindet sich in Wirklichkeit in einem wesentlich weiterreichenden Ausmaß. Bereits für 1753 wird der erste Braunkohlenabbau belegt, so dass das Braunkohlenvorkommen längst bekannt war, als die (protestantischen) Bleibtreus von Neuwied hierher kamen, um Kohle für ihr Kupfererzbergwerk Virneberg bei Rheinbreitbach zu gewinnen. Zunächst erwirbt Vater Carl Philipp Bleibtreu (1746-1812) 1804 eine erste Kohlengrube, bei der Sohn Leopold Bleibtreu (1777-1839), Königlicher Bergmeister (nicht „Bürgermeister", *siehe dazu auch: Faksimile - Seite 412, „Schwarzrheindorf")* „durch Zufall" (wie gerne kolportiert wird) auf den Gehalt von Alaun stößt, dessen industrielle Gewinnung er zur zeitweise größten Alaunfabrikation Preußens führt. Eine erste Alaunfabrik („Alaunhütte I") errichtet er 1806 auf halber Hanghöhe an der Pützchens Chaussee, unterhalb des Parkplatzes, und eine zweite 1809 (mit Konzession für seinen Bruder Abraham Bleibtreu (1775-1852),

Alaunhütte I an der Pützchens Chaussee. Um 1860. Erhalten ist das Verwaltungsgebäude von 1853 (ganz rechts).

gleichfalls Bergmeister, südlich Holzlars (Hardtweiherstraße) am Aufstieg zur Hardt („Alaunhütte II"). Eine dritte Alaunhütte wurde alsbald von Mathias Jäger aus Beuel oberhalb Ramersdorfs im Gewann „Fuchskaule", im oberen Ankerbachtal, errichtet („Alaunhütte III"). 1853 fusionierten beide Unternehmen zur Aktiengesellschaft „Bonner Bergwerks- und Hüttenverein", von der 1856 unter Leopolds Söhnen Gustav und Dr. Hermann die Begründung der Portland-**Zementfabrikation** am Ramersdorfer Rheinufer („Oberkasseler Zementfabrik") ausging. – *Siehe: Hoschützky/Müller, Aktie Bonner Bergwerks- und Hüttenverein, a.a.O.*
Während von der Alaunhütte II (bei Holzlar) selbst geringste Spuren nicht mehr sichtbar sind, ist von der Alaunhütte I das 1853 von der neugegründeten Aktiengesellschaft errichtete Verwaltungsgebäude erhalten (heute NRW-Forschungsanstalt für Wildschadenverhütung und Jagdkunde); es steht unter Denkmalschutz. Überdies sind von der Alaunhütte III in der Fuchskaule noch einige Fundamente und Restmauern erhalten (*siehe Anmerkung zu Faksimile - Seite 255, „Küdinghoven"*). Diese sichtbaren Überreste der im 19. Jahrhundert bedeutendsten industriellen Tätigkeit im Stadtbezirk Beuel will der Denkmal- und Geschichtsverein Bonn-Rechtsrheinisch e. V. im Gesamtzusammenhang mit weiteren signifikanten, das heutige Waldgelände morphologisch charakterisierenden Zeugnisse (Kanäle, Teiche, Abraum- und Aschehalden, Rampen, Dämme, Loren- und Wegetrassen u. a.) sowie mit bronzezeitlichen Hügelgräbern auf Ennert (Nähe Foveauxhäuschen) und Hardt (Ortseingang von Niederholtorf) als betonter Teil einer **„Historischen Kulturlandschaft"** für die Zukunft gesichert sehen und allgemein erlebbar machen.

Zu Faksimile - Seite 259 f
Eine dem Burghof vergleichbare Bedeutung dürfte auch dem, seit dem 19. Jahrhundert so genannten **Heuserhof** zukommen, zumal ohnedies das Verhältnis beider Höfe zueinander, vermutlich beide auf dem ehemaligen Burggelände gelegen, bislang nicht geklärt ist. –
Siehe: Neu, Adel und Burgen, a.a.O., Seite 45 ff.
Ergänzung:
(Saalkirche von Oberholtorf)
Bei Ausgrabungen 2000/01 auf einem seit langem als grundmauerträchtig vermuteten Gelände in Oberholtorf in nächster Nähe zu den beiden Höfen, nur durch einen künstlichen Graben (Hohlweg) davon getrennt, wurden die Grundmauern eines für seine Zeit großen Kirchenbaus (Saalkirche) aus spätestens dem 11. Jahrhundert freigelegt, dessen Geschichte bislang ungeklärt ist. Kindesbestattungen sind für 1024 und 1161 nachgewiesen. Im 12. Jahrhundert war er wohl schon bedeutungslos, vermutlich Ruine. Der im Gewann „Auf der Pelle" („Ka-pelle"?) gelegene Fundplatz wurde 2005 unter Nachzeichnung der Fundamentführung als **Archäologische Stätte** gestaltet.

Literatur zu Holtorf

Breitgraf, Hans J.: *Leopold Bleibtreu. Von Neuwied nach Bonn* (Stat. 1 Doku-Reihe Die Bleibtreus), Bonn 2004

Falk, Friedrich: *Ein vergessenes rhein. Braunkohlenrevier. Braunkohlenbergbau unter Tage am Nordabfall des Siebengebirges* (Veröfftl. des Gesch. u. Altertumsv. für Siegburg u. den Rhein-Sieg-Kreis 22), Siegburg 2002

Gechter, Michael: *Stadt Bonn. Die unbekannten Kirchen von Oberholtorf*, in: Archäologie im Rheinl. 2002 (Landschaftsverb. Rheinl.), Stuttgart 2003, S.140-142

Gechter, Michael: *Die unbekannten Kirchen von Oberholtorf*, in: Holzlarer Bote, 15/Nr. 4/Dez. 2001, S. 1-3

Gechter, Michael: *Die unbekannten Kirchen von Oberholtorf. Eine Nachlese*, in: Holzlarer Bote, 16/Nr. 4/Dez. 2002, S. 1-3

Gerwing, Heinrich: *(1) Vorgeschichte – (2) Der Ortsname Niederholtorf / Oberholtorf im Wandel der Gesch.*, in: Die vergessene Gesch. unserer Orte Niederholtorf, Oberholtorf u. Ungarten, Bonn 1997

o. N. (Gerwing, Heinrich / Kiefer, Walter): *Kirche in Holtorf. Eine Chronik*, in: 1929-2004. 75 Jahre Kath. Kirchengemeinde St. Antonius Bonn-Holtorf, Bonn 2004, S. 16-29

Hansmann, Aenne: *Die unbekannten Kirchen u. der Burghof von Oberholtorf im Spiegel schriftl. Quellen*, Holzlarer Bote 17/Nr. 2/März 2003, S. 1-3

Hoschützky, Arnold / Müller, Claus: *Die Aktie der Bonner Bergwerks- und Hütten-Verein AG. Spiegelbild des Wirkens der Familie Bleibtreu im Bonner Raum*, in: Der Anschnitt. Ztschr. f. Kunst u. Kultur im Bergbau 59, Bochum 2007, H. 2-3, S. 55-69 - Sonderdruck 2007

Passavanti, Wilhelm (Hrsg.): *Bonner Kirchen und Kapellen*, Bonn 1989, S. 192 (N. Schloßmacher), S. 193 ff (W. Geis)

Schüller, Christian: *Die Alaunhütten auf der Ennert-Hardt*, Bonn 1997

Schüller, Christian: *50 Jahre Pfarrgemeinde St. Antonius*, Bonn 1979

Wolfgarten, Horst: *Unsere engere Heimat. Das größte zusammenhängende Abbaugebiet für Braunkohle im Rheinland um die Mitte des vorigen Jh.*, in: Die vergessene Gesch. unserer Orte Niederholtorf, Oberholtorf u. Ungarten, Bonn 1997 - Sonderdruck 1998

Kirchliche Verhältnisse.

Küdinghofen stand ursprünglich in gleicher Abhängigkeit vom Kloster zu Vilich, wie Königswinter. Daher haben wir das hierauf Bezügliche mutatis mutandis hier nur kurz zu recapituliren.

Küdinghofen hatte in fränkischer Zeit eine Kapelle. Diese war als Filiale der Mutter- und Taufkirche zu Vilich dem dortigen Frauenkloster im Jahre 1444 incorporirt [2]).

Der Deservitor der Kapelle wurde von der Abtissin zu Vilich präsentirt, d. h. thatsächlich ernannt und aus den Gütern des Klosters unterhalten. Die von Kaiser Konrad III. 1444 dem Kloster garantirten Pfarrrechte und Güter erhielten die Bestätigung des Papstes Cölestin III. am 28. April 1195 [3]). Die Analogie von Königswinter läßt vermuthen, daß Küding-

---

[1]) Gef. Mittheilung des Herrn von Oidtman.
[2]) Lac. I, Nr. 350. — [3]) l. c. Nr. 545, S. 380. Vgl. Lac., Archiv, V 9, S. 247.

hofen schon damals als Pfarre bestand. Das Schweigen der Urkunden kann nicht als Beweis angeführt werden. Thatsache ist, daß lange vor dem Jahre 1372 die Erhebung der Pfarrstelle stattgefunden hatte. Denn in dem genannten Jahre treffen die Rectoren der fünf Filialkirchen (ecclesiarum) von Vilich, unter ihnen Volquinus von Lomere, zu Küdinghofen, mit der Abtissin Lucardis von Alster eine Einigung über Erhöhung ihrer Competenz[1]). Rector ecclesiae ist offenbar der Pfarrer. In Königswinter findet sich statt der Kapelle die Bezeichnung ecclesia schon um die Mitte des 12. Jahrhunderts. Warum sollte unter gleichen Verhältnissen nicht auch eine Pfarrkirche in Küdinghofen bestanden haben?

Jedenfalls konnte der Rector Volquinus nicht sofort eine Erhöhung der Competenz beanspruchen, wenn nicht schon einer oder mehrere seiner Vorgänger Pfarrer gewesen wären.

Wir bemerkten schon, daß die Abtissin zu Vilich das Recht der Ernennung besaß. Der Archidiakon zu Bonn vollzog die Investitur[2]).

Dazu kam in späterer Zeit das Placet der Herzoge von Berg, auf welchen Rechtsgrund ist nicht klar, da weder der Pfarrkirche vor der Säcularisation noch dem Pfarrer staatliche Zuschüsse gewährt wurden. Nur war es seit der Reformation immer mehr Gebrauch geworden, daß sich die Staatsgewalt auch ohne Rechtstitel in geistliche Angelegenheiten einmischte.

So stellt Herzog Wolfgang Wilhelm dem Heisterbacher Priester Petrus Buermann, nachdem er am 2. September 1624 von der Abtissin zu Vilich die Collation der Pfarrstelle zu Küdinghofen empfangen, unter dem 28. d. M. die Bestallungsurkunde aus und weist ihm alle dem Pfarramt gehörigen Renten und Gefälle zu[3]).

Der Appetit nimmt zu mit dem Essen.

Als nämlich „Herr Johann Peter Bey um das landesherrliche Placet (placitum) über die von der Abtissin zu Vilich ihm conferirte Pfarrei Küdinghofen eingekommen, hat der Kurfürst (Karl Philipp) befohlen, Erkundigungen einzuziehen, wer über die genannte Pfarre Collator sei, und ob ihm die Collatio pastoratus nicht wenigstens alternative zukomme. Darüber geben nun Scheffen, Vorsteher und Meistbeerbte zu Küdinghofen die Erklärung ab, daß sie nicht anders wissen, als daß die Abtissin die einzige Collatrix sei, und daß sie niemals gehört von einem alternativen Recht mit dem Kurfürsten, obgleich doch einige von ihnen bis zu neun Pastoren hierselbst erlebt hätten." Act d. d. 17. Februar 1721[4]).

---

[1]) Urkunde vom 24. Mai 1372 im Staatsarchiv zu Düsseldorf.
[2]) Dumont, Descriptio, 15. — [3]) Original-Urkunde v. 28. Sept. 1624, mitgetheilt von Karl Unkel. — [4]) Extractus protoc. Judicialibus.

Diese Erklärung muß die Sache entschieden haben, denn am 10. März deff. J. schreibt Johann Peter Berg an die Abtissin, daß er demnächst kommen werde, um vom Landdechanten die Installation zu erhalten.

Trotzdem heißt es in dem Verzeichniß der Pfarreien, ihrer Collatoren u. s. w. im Herzogthum Jülich und Berg aus dem (16. und) 17. Jahrhundert: im Kirspell Küdinghoven ist Collatrix die Abtissin in Vilich „in suo mense", d. h. in dem ihr zuständigen Monate. Dieser Ausdruck setzt, wenn er überhaupt einen Sinn haben soll, doch wohl ein alternirendes Collationsrecht voraus. Allein hieraus darf nicht auf ein wirkliches Recht des Bergischen Herzogs geschlossen werden. Das fragliche Verzeichniß war allem Anschein nach einseitig von der herzoglichen Regierung aufgestellt [1]).

Die Pfarrkirche.

Die im Jahre 1144 erwähnte Kapelle hat mit Ausnahme des riesig starken romanischen Thurmes keine Spur zurückgelassen. Wir können nur über die Lage derselben mittheilen, daß das Schiff nicht, wie heute, an die Ostseite des Thurmes, sondern westlich nach dem Rheine angebaut war und nach Ausweis des vorhandenen Raumes nicht über fünfzig Fuß in der Länge messen konnte.

Im Jahre 1754 war die ursprüngliche Kapelle längst verschwunden und hatte, wer weiß wie oft, einer neuen Pfarrkirche den Platz geräumt. Damals fertigte man einen Aufriß der bestehenden Kirche an. Er zeigt uns ein unansehnliches Bauwerk, wie es die Noth schwerer Kriegszeiten rechtfertigen mag, aber die Kunst nicht versöhnen wird. Das Ganze bestand aus drei Theilen: der „alten Kirche", der „neuen Kirche" und einem Abhange [2]). Nehmen wir Stellung vor dem mittlern Eingang auf der Westseite, so befinden wir uns der neuen Kirche, in der Breite mit dem Thurm sich deckend, gerade gegenüber, von derselben durch eine Mauer getrennt zur Rechten (Südseite) die alte Kirche und zur Linken der neuen Kirche (Nordseite) den Abhang.

In dem genannten Jahre (1754) war die Kirche reparaturbedürftig, und es entstand ein Streit zwischen der Gemeinde und der baupflichtigen Abtei Vilich, ob die alte Kirche zum Hauptschiff gehöre oder als

---

[1]) Binterim u. Mooren, Erzd., II 148.
[2]) Wie das dreitheilige Compositum entstanden ist, läßt sich errathen. In ältester Zeit stand das Schiff der romanischen Kirche vor dem Thurm. Als es nicht mehr genügte, baute man die sogen. alte Kirche mit Beibehaltung der anstoßenden früheren Seitenmauer an. Aber auch diese alte Kirche war nicht ausreichend auf die Dauer. Daher trat die neue an die Stelle der ursprünglichen mitten vor dem Thurm, und der von der Gemeinde links hinzugefügte Abhang aus den Basaltgruben in der Nähe von Küdinghofen.

Abhang zu betrachten sei. Im erstern Falle wären die Kosten der Reparatur beider Theile dem Stift, im letztern die des Abhanges der Gemeinde zur Last gefallen. Die Herstellung des Abhanges auf der Nordseite kam nicht in Frage, weil die Gemeinde dieserhalb ihre Verpflichtung anerkannte.

Der Streit wurde durch einen Vergleich geschlichtet, wonach das Stift Vilich ein geräumiges Kirchenschiff westlich vor dem Thurm errichten ließ und der Gemeinde die Uebernahme der Reparaturen für die Zukunft zusicherte. Das ganze dreitheilige vorige Gebäude scheint bei Gelegenheit des Neubaues niedergelegt worden zu sein.

Das neue Bauwerk muß aber nicht sehr solid gewesen sein; denn schon im Jahre 1796 klagt Pastor Thynen bei der herzoglichen Regierung über den schlechten Zustand der Kirche, deren Neubau die Abtei Vilich bereits vor zwölf Jahren zugesagt, aber wegen fehlender Mittel nicht habe ausführen können. Die politischen Umwälzungen, welche die Aufhebung des Stifts im Jahre 1804 zur Folge hatten, und die anhaltenden Kriegsstürme ließen noch lange auf den Bau einer neuen Kirche warten. Als die Stürme sich gelegt, auch unter König Friedrich Wilhelm IV. der kirchliche Friede hergestellt war, schritt man am 13. Juni 1843 zur Grundsteinlegung und am 19. October 1845 zur feierlichen Consecration der jetzigen Kirche. Es war dieser 19. October der Tag, an dem Erzbischof Clemens August, der glorreiche Vorkämpfer für die Freiheit der katholischen Kirche, in die Freuden seines Herrn einging, und sein Coadjutor Johannes von Geißel als dessen Nachfolger in seine Rechte eintrat. Ueber Form und Beschaffenheit des Baues ist wenig zu sagen.

Ein Schiff, aufgeführt aus Basaltbruchsteinen, im Innern 90 Fuß lang, ungefähr halb so breit, fünf Paar rundbogige Fenster, ein Chor in Kreisform angebaut, das Ganze mit flacher Holzdecke überspannt; auch das Chor, gegen alles Herkommen ohne Wölbung, mit flacher Decke geschlossen, ist das Geschmackloseste, was das Auge sehen kann. Das Kirchenschiff ist, wie bemerkt, nach Osten an den Thurm angebaut, wo der nothwendige Raum allein zu gewinnen war.

Der altehrwürdige Thurm hat auch einen großen Theil seiner ursprünglichen Schönheit eingebüßt. Vergleicht man ihn mit den Thürmen von Obercassel und Oberdollendorf, so fehlen ihm die zierlichen Giebel, daher setzt sich, statt der aus vier Parallelogrammen bestehenden Bedachung, eine aus vier Dreiecken gebildete Kappe auf dem geradlinigen Mauerwerk an. Außerdem hat das Mauerwerk an der Nordseite eine unförmliche Verstärkung und ein eben so unförmliches Treppenhaus als Zusatz erhalten; kleinere Unregelmäßigkeiten nicht zu erwähnen.

Als Decimatoren haben zu den Kosten des Kirchenbaues im Gesammtbetrage von 11 206 Thalern 9 Silbergroschen 4 Pfennigen beigetragen: der Fiscus 6089 Thaler 1 Silbergroschen 8 Pfennige, Fürst Salm-Dyck-Reifferscheid 5117 Thaler 7 Silbergroschen 8 Pfennige. Für die Zukunft ist mit Rücksicht auf die Erweiterung, welche die neue Kirche gegen die frühere erfahren hat, und die im Jahre 1854 vom Fürsten Salm bewirkte Ablöse die Baupflicht in folgender Weise festgestellt und genehmigt. Der k. Fiscus ist verpflichtet mit $^{32}/_{206}$, das Ablöse-Capital des Fürsten, welches vom Kirchenvorstand verwaltet wird, ist berechnet zu $^{27}/_{206}$, die Kirchengemeinde hat wegen der Vergrößerung den Rest mit $^{147}/_{206}$ zu zahlen. Wenn wir diese Feststellung mit den Beiträgen des Fiscus und des Fürsten Salm zum letzten Neubau vergleichen, so ist ersichtlich, daß diese beiden Decimatoren die ganze Bausumme geleistet und dadurch der Gemeinde die Last ihres zu zahlenden Antheils abgenommen haben.

Im Jahre 1866 war bereits eine Erneuerung des Daches, der Verschalung und des Anstrichs nothwendig. Nachdem lange zwischen der Gemeinde und dem Ficsus über die Verpflichtung zur Zahlung der Kosten gestritten worden, bewilligte König Wilhelm I. ein Gnadengeschenk von 640 Thalern, womit der Streit zu Ende kam. Die Mängel sind nunmehr durch solide Arbeit für 2050 Thaler beseitigt[1]).

Verbürgte Nachrichten nennen bis zum Jahre 1676 als Titularheilige (Patrone) der Pfarrkirche die maurischen Martyrer aus der thebäischen Legion, so u. a. das Erkundigungsbuch vom Jahre 1582, das Verzeichniß der Pfarreien im Herzogthum Jülich-Cleve-Berg aus dem 16. und 17. Jahrhundert[2]) und schließlich das Bergische Erkundigungsbuch vom Jahre 1676[3]). Dann aber taucht wenige Jahre später (1680) urplötzlich der h. Gallus, Apostel der Alemannen († 640), als Pfarrpatron auf. In der ältern Pfarrkirche befand sich ein Altar aus Trachit, welcher beim Neubau im Jahre 1846 hinter dem damaligen Hauptaltar sich vorfand und in das Rheinische Museum vaterländischer Alterthümer zu Bonn übertragen wurde[4]). Der 62 Cm. hohe Aufsatz enthielt ein gemaltes Mittelbild, die Verkündigung des Engels, mit dem

---

[1]) Gefl. Mittheilung des Herrn Dechanten Samans.
[2]) Binterim und Mooren, Erzd., II 148: Patroni ss. Mauri martyres.
[3]) Bint. u. Mooren, Erzd., II 148: „ecclesiae tit(ulo) ss. Maurorum martyrum."
[4]) Overbeck, Katalog vaterländischer Alterthümer des K. Museums. Bonn 1851, S. 154 Nr. 7. — Lotz spricht in seiner Kunsttopographie Deutschlands I, S. 88 von einem gothischen Bilde auf einem Altarstein aus Küdinghofen im Museum römischer Alterthümer zu Bonn.

Portrait des Donators, 85 Cm. breit. Diesem Hauptbilde waren zwei Engel diesseits und jenseits als Standbilder zugekehrt. Außer den Hauptfiguren befanden sich auf dem Gemälde zwei Personen, ein gewappneter Krieger mit dunkeler Gesichtsfarbe als Mohr und durch den Nimbus als Heiliger gezeichnet. Unter dem heiligen Krieger steht das Fragment einer Inschrift, welche anscheinend auf den h. Martyrer Gregorius, Anführer in der thebäischen Legion, zu deuten ist. Als solcher wird derselbe nach Gelenius von Alters her auch in der Kirche zum h. Gereon in Köln verehrt[1]).

Wir hätten demnach in dem alten Altar eine Bestätigung für die h. maurischen Martyrer als Titularheilige der Pfarrkirche in Küdinghofen in früherer Zeit. Wie nun seit 1680 der h. Gallus an ihre Stelle getreten ist, bleibt künftiger Aufklärung vorbehalten.

Die drei Altäre der Kirche

sind mit einfachen Aufsätzen von Bildhauer Stephan in Köln versehen und haben nichts Bemerkenswerthes aufzuweisen.

Der Hauptaltar ist durch einen großen geschnitzten Christus überragt, wozu die drei gemalten Chorfenster einen passenden Hintergrund bilden. Das mittlere Fenster zeigt einen trauernden Engel mit den Leidenswerkzeugen, die beiden Seitenfenster die Mutter Jesu und den h. Johannes. Die Glasgemälde stehen in engster Beziehung zu Christus am Kreuze, wie dieses durch die Auswahl der dargestellten heiligen Personen und ihren mitleidsvollen Ausdruck und theilnehmende Stellung sich darstellt.

Der Altar auf der Evangelienseite ist der Muttergottes, und der auf der Epistelseite dem h. Gallus geweiht; sie sind ebenmäßig durch Glasgemälde in den nächsten Seitenfenstern illustrirt: einerseits ein Medaillon der h. Jungfrau, anderseits des h. Patrons Gallus. Das gemalte mittlere Fenster in der Chornische ist das Geschenk des Herrn Dechanten Samans, die andern wurden von dem für die Ausschmückung der Kirche thätigen „Gallus-Verein beschafft". Die Glasgemälde sind von Fr. Geißler in Ehrenbreitstein ausgeführt.

Die Kanzel, in einfacher Sculptur mit niedlichen Standbildern der vier Evangelisten, ist auch von Stephan gefertigt.

Die Beichtstühle stammen aus der Carmeliterkirche zu Pützchen.

---

[1]) Gelen., de adm. magnit. Col., p. 731.

Die Kirche hat drei harmonisch tönende Glocken. Die mittlere ist die älteste und trägt diese Inschrift:

IOANNES V. BOCK ABT UNT HERR Z(u) S(iegburg) SEGNET MICH, IOANNES HEISCHE ICH FREIHERR V. BAVE Z FRANCKENBERG AMBTMAN NAMET MICH. WILHELMEINA MARGARETHA VON GEFFERTSHAGEN ABTISSA Z FIELICH. HOITZ S. I. KLASSEN.
IOANNES BOVRE(L) ME FECIT ANNO D. 1673.

Auf der Glocke befindet sich ein Muttergottesbild mit dem Jesukinde.

Die Inschrift der großen Glocke lautet:

BEATISSIMAE VIRGINI MARIAE PRINCEPS ET COMES IOSEPHVS DE SALM-REIFFERSCHEID-DYCK. IOSEPHA. L. B. DE BOESELAGER COMITISSA DE BELDERBVSCH MDCCCXXV. EDM. THIENEN P. T. PASTOR.

Die Inschrift der kleinern:

ST. GALLO ABB(ati) PATRONO PHIL. IOS. SCHAEFER CONSIL. DOMAN. ET QVAESTOR. CATHARINA FOVEAVX NATA SCHOLL. MDCCCXXV.
EDM. THIENEN P. T. PASTOR.

Auf beiden Glocken aus dem Jahre 1825: Gegossen durch Georg Claren in Sieglar.

Eine neue Orgel hat Meister Müller aus Viersen zum 24. December 1859 fertig gestellt, nachdem die Musikdirectoren Weber in Köln und Töpler in Brühl dessen Disposition als empfehlenswerth anerkannt hatten. Sie fand lobende Beurtheilung durch Herrn Scharrenbroich, Organist an der Münsterkirche zu Bonn. Das innere Orgelwerk kostet 1200 Thaler, Kasten und Bühne zusammen ungefähr 600 Thaler.

Reliquie. Auf die Bemühung des Pfarrers Peiffer und durch Vermittelung des Paters Zweisig S. J. erhielt die Pfarrkirche eine kostbare Reliquie ihres Kirchenpatrons, des h. Gallus. P. Zweisig hatte sich am 27. October 1855 von dem Herrn Bischof von St. Gallen in der Schweiz eine Partikel von den Reliquien des daselbst ruhenden h. Gallus für die Pfarrkirche in Küdinghofen erbeten. Der hochwürdigste Herr ertheilte seinem Domcustos Pfarrer Good den Auftrag, in huldvoller Berücksichtigung des an ihn ergangenen schriftlichen Gesuchs, das Fragment von einem in der Kapelle des h. Gallus aufbewahrten Armbeines abzulösen und dem P. Zweisig zu übermitteln. Die Authentik des Bischofs von St. Gallen wurde der Reliquie beigefügt. Nach geschehener Zusendung ließ der Pfarrer durch Goldarbeiter Hellner in

Kempen ein gothisches Reliquiarium anfertigen. Erzbischof Johannes Cardinal von Geissel bestätigte nach vorheriger Prüfung die Authenticität. Die darüber ausgefertigte Urkunde wurde nebst der Reliquie in das Reliquiarium eingeschlossen und die Uebertragung in die Pfarrkirche am Patrociniumsfest, dem 18. October 1856, hochfeierlich begangen. Pater von Mehlem S. J. hielt die Festpredigt.

Stiftungen.

Besonders erwähnenswerthe Stifter von Memorien:

1. Arnold Hoitz, kurfürstlich Pfalz-Neuenburger Schultheiß des Kirspiels Küdinghofen und Scheffen des Dingstuls Dollendorf, Amts Löwenburg, stiftet 19. December 1681 [1]).

2. Gottfried Ludwigs, Pastor an St. Gangolph zu Bonn, auch der hohen Stiftskirche Sti. Cassii et Florentii Canonicus, d. d. 27. August 1689, beglaubigt von Johannes Hoitz, apostolischem Notar der hochfürstlichen Hofkanzlei in Düsseldorf.

3. Die edelgeborene „Juffer Maria Catharin de Graf, deren Bruder, Johann Hermann de Graf, Richter des Amtsgerichts Löwenburg war und in Ramersdorf wohnte, stiftet am 9. October 1728.

4. Gerhard am Berg und Cäcilia Zangen, 8. Juli 1737.

5. Johann von der Rennen, letzter Rentmeister der Commende Ramersdorf, stiftet am 13. Januar 1765 für seine beiden verstorbenen Ehefrauen Anna Katharina Meermanns und Maria Sibylla Clasens [2]).

6. Franz Karl Rennen stiftet am 5. August 1787 für seine verstorbene Frau Sibylla Ludovica geborene Lemmen.

Bis 1880 waren im Ganzen 40 Jahrgedächtnisse gestiftet.

Bruderschaften.

1. Die älteste Bruderschaft ist die von Jesus, Maria und Joseph zur Beförderung der christlichen Lehre;

2. vom h. Herzen Mariä, gegründet im Jahre 1855 bei Abhaltung einer h. Mission mit 1726 Mitgliedern;

3. zu Ehren des h. Erzengels Michael, gegen das Jahr 1859 gegründet mit 210 Mitgliedern.

Religiöse Vereine.

Der Missions-Verein unter dem Schutze des h. Franciscus Xaverius, gegründet im Jahre 1855 mit 1099 Mitgliedern;

---

[1]) Die Urkunde im Archiv der Pfarrkirche ist unterschrieben von Bernhard Middeldorf, Gerichtsschreiber der Stadt und des Gerichts Siegburg, und beglaubigt vom apostolischen Notar Petrus Klingen.

[2]) Der Stifter ist der Onkel der noch lebenden Gebrüder Rennen, des Geheimraths und Präsidenten der linksrheinischen Eisenbahn und des frühern langjährigen ersten Beigeordneten der Stadt Köln.

der Verein von der h. Kindheit Jesu für Rettung der Heidenkinder mit 106 Mitgliedern;

der Gallus-Verein, bestehend aus Männern und Jünglingen mit 98 Mitgliedern, gegründet am 13. November 1859, wirkt u. a. für würdige Ausstattung der Kirche und christlich-geselliges Leben;

der Marianische Kirchen-Gesangverein besteht seit 1855 mit ca. 26 bis 30 Mitgliedern.

Processionen.

1. Die Frohnleichnams-Procession nimmt ihren Weg nach Limperich, wo nebst der kirchlichen auch eine häusliche Feier am Frohnleichnamsfeste stattfindet.

2. Die Marcus-Procession nach Pützchen.

3. Procession am Christi-Himmelfahrtsfeste zur Feier der ersten Kinder-Communion besteht seit 1856.

4. Die Hagelfeier am Tage nach Christi-Himmelfahrt besteht in einer Procession der Bewohner von Limperich nach dem Heiligenhäuschen (Christus am Oelberg) bei Vilich und von dort nach Pützchen, wo dieselben der h. Messe beiwohnen. Zweck der Andacht ist Abwendung von Hagel und Ungewitter und die Erflehung von Gottes Segen für das Gedeihen der Feldfrüchte[1]). Der Ursprung ist in ferner Vergangenheit zu suchen.

5. Am ersten Sonntag im Mai und October werden aus Anlaß der halbjährigen Versammlung der Bruderschaft vom h. Herzen Mariä Processionen gehalten.

6. Eine Procession ging s. Z. am Feste des h. Georg, des Patrons der deutschen Ordensritter, nach der Kapelle bei der Commende in Ramersdorf[2]). Mit Wegfall der Kapelle hat dieselbe aufgehört.

Missionen.

Eine Mission vom Jahre 1763 wird bezeugt durch das Chronicum[3]):

MIssIo VerNa XrIsto penDVLo saCrabat.

Dasselbe befindet sich auf einem Steinkreuz aus dem Jahre 1727 zu Limperich und auf einem andern, welches vom „Streffen" zu Küdinghofen auf den Kirchhof übertragen worden ist. Es trägt die Inschrift:

KÜDINCHOVIENSES POSUERUNT.

Eine zweite Mission wurde im Jahre 1855 abgehalten.

---

[1]) Hagelfeier-Processionen waren in alten Zeiten nichts Seltenes. Vgl. Maaßen, Gesch. d. Def. Hersel, 110. [2]) Für die Leitung der Procession und Abhaltung des Hochamtes am Georgiusfeste gab die Comthurei Ramersdorf dem Pfarrer von Küdinghofen zu Martini zwei Malter Roggen. — [3]) Diese Mission erwähnt auch Bürgermeister Hülder zu Oberdollendorf. Vgl. „Mission" unter Königswinter.

Der Kirchhof

lag früher um die alte Kirche und hatte feste Grenzen an zwei Dorfwegen. Bei Erbauung der neuen größern Kirche im Jahre 1845 ging ein Theil desselben als Baustelle ab, und der Rest genügte dem Bedürfnisse nicht mehr. Deshalb beschaffte die Civilgemeinde das anliegende, höher östlich befindliche Grundstück zu einem neuen Kirchhof und erweiterte denselben im Jahre 1877 durch Ankauf zweier Parzellen an der Südseite. Der Kirchhof zu Küdinghofen ist im ausschließlichen Gebrauch der Katholiken, während die wenigen Protestanten der Pfarre ihre Todten zu Obercassel beerdigen.

Außer dem erwähnten Missionskreuz ist zu erinnern an das dem Andenken des Eremiten Bruder Heinrich Havert gewidmete Kreuz mit Inschrift aus Pützchen[1]).

Die Pfarrstelle.

Aus dem Dorfe führt der Weg nach Foveaux' Häuschen links an der Kirche und höher rechts an der Pfarrwohnung vorbei. Der oberhalb des Hauses gelegene Pfarrgarten gestattet freien Blick über ein großartiges, von den südlichen Höhen am Rheine, der Eifel und dem Vorgebirge umrahmtes Panorama, welches nach Norden in eine unabsehbare Ebene über Köln sich erweitert.

Vor dem Jahre 1825 bewohnte der Pfarrer einen Theil des jetzigen Wirthshauses, welches dem Joseph Badorf gehört.

Im Jahre 1805 den 18. Mai versammelte der Dechant Cornelius Sauer zu Hennef die Bestbeerbten der Pfarre Küdinghofen im Auftrag des Landdingers Hofrath Legrand, Amts Blankenberg, unter herzoglich nassauischer Regierung im Kloster zu Pützchen, „um über die Nothwendigkeit eines neuen Pfarrhauses oder allenfalls mögliche Verlegung der Pfarrwohnung Bericht zu erstatten". Richter Sauer, Bruder des Dechanten, hat aber dem Pastor zugeredet, noch etwas zu warten, bis die Gemeinde sich von den Kriegsdrangsalen erholt haben würde. Allein die Kriegsdrangsale hielten an, und der Neubau kam erst im Jahre 1825 zu Stande, wie sich aus nachstehendem Chronicum des Pfarrers Thynen ergibt:

AETERNI FAVENTE GRATIA CONSTANTI PASTORIS CVRA ANNVENTE
GVBERNIO TANDEM ERECTA.

Das Haus ist umgeben von einem Vorgarten mit einer von Dechant Samans angelegten Wasserleitung, Garten und Baumgarten zwei Morgen

---
[1]) S. Pützchen unter Vilich.

groß, und im Jahre 1856 durch Erwerbung zweier neuen Parcellen vergrößert. Die Vergrößerung hat die angenehme Folge gehabt, daß der nahe am Hause vorbei führende Weg auf die Höhe von demselben mehr entfernt und der Pastorat größere Ruhe gesichert ist.

Die Pfarrdotation wurde nach Vereinbarung des Stifts Vilich mit dem Rector der Kirche durch den Kölner Official 1372 den 25. Mai festgestellt wie folgt[1]: „Volquinus von Lomer, Rector der Kirche in »Kudichoven« soll erhalten und genießen im Namen der genannten Kirche, und seine Nachfolger sollen erhalten und genießen jedes Jahr zu ewigen Zeiten von den Herren des Deutschordens zu Ramersdorf sechs Sümmer Weizen von den Gütern ihres Hofes in Berchhofen[2]). Item von Gerard von Wolkenburg ein Malter Weizen von einem Stück (petia) Weingarten, gelegen zu Kudichoven in den »Hovewingarden«. Item von Johann von Bueken in Siegburg sechs Sümmer Weizen von sechs Morgen Ackerland im Felde von Geislar. Item von Adolph „de Aquila" in Siegburg ein halb Malter Weizen von einem Morgen Weingarten in der Pfarre Bergheim an der Sieg, in der großen »Vlaichten«[3]) zu Kreuzberg. Item von Hermann genannt Oeme ein halb Malter Weizen von einem Hausplatz mit Baumgarten, gelegen in Vilich, zu liefern am Feste des h. Remigius (1. October). Item von Johann genannt Dolesever eine halbe Ohm Wein von den Erben Heyno's genannt Goylkins von einem halben Morgen Weingarten daselbst. Item von Telo Hovemar, Aleide, Erbin des Heydolph, und Elsa, Erbin des Gickin, eine Ohm Wein von einem Morgen Weingarten, gelegen in Limperich am Grindel[4]), zu liefern um das Fest des h. Martinus."

Der heutige Güterbestand der Pfarrgüter bei Vilich, Geislar, Pützchen[5]) läßt nicht undeutlich den Zusammenhang mit genannten Einkünften erkennen.

Die Dotation bestand nach dem Verzeichniß des Herzogthums Berg im 16. und 17. Jahrhundert in 9 Malter drei Sümmer Pacht von 12½ Morgen Artland und den halben Trauben von 1 Morgen 1 Pinte Weingarten[6]).

---

[1]) „Stift Vilich Urk. Nr. 65" nach gefälliger Mittheilung des Geh. Archivraths Dr. Harleß zu Düsseldorf. — [2]) Berghofen in der Pfarre Obercassel. — [3]) „Vlaichte" = Feldflur, zuweilen auch Localname für solche. Annal. XXX 34. — [4]) Grindel ist Falderthor.

[5]) Pützchen bestand zur Zeit obiger Feststellung noch nicht. Die unten folgenden Güter in dieser Gemarkung sind also für die Vergangenheit unter Vilich zu subsumiren.

[6]) Binterim u. Mooren, Erzd., II 148. — Nach einem Bericht vom Ende des 18. Jahrhunderts an den Archidiakon: „Habet (pastor) in terra arabili 14 Morgen, deren 7 in der farth, 1½ Viertel Weingarts, 1 Pinten Weiden, etwelche 2 Morgen Rahmbusch faciens 1 Kahr Rahmen, item domum dotis cum hortis et pomerijs."

Theils wegen der Zeitverhältnisse, theils wohl auch wegen der geringen Besoldung war während der Wirren des dreißigjährigen Krieges die Pfarrstelle zu Küdinghofen mit Obercassel durch einen Priester besetzt. Dieser Zustand sollte beseitigt werden. Auf Befehl des Erzbischofs Ferdinand versammelten sich am 20. April 1645 Deputirte zu Bonn, um zu berathen, „wie den beiden Gemeinden Obercassel und Küdinghofen, jeder ein Pastor mit genügender Competenz gegeben werden könne"[1]. Das Resultat der Berathungen ergibt sich aus den Thatsachen. Bei der nächsten Anstellung erhielt jede der beiden Pfarren ihren eigenen Seelsorger, und zwar Küdinghofen Dionysius Hoen am 16. September 1656. Zur Verbesserung der Competenz übertrug die Abtissin von Vilich, Helena von Haeften, demselben am 10. März 1657 die erledigte Vicarie der h. Maria Magdalena in der Stiftskirche zu Vilich[2].

Seit dem Jahre 1679 waren die Pfarrer beständig Vicare des Altars der 11000 Martyrer zu Vilich. Dieses Beneficium bildet noch heute den größten Theil der Pfarrdotation in Aeckern und Wiesen bei Vilich und Pützchen nebst dem Zehnten von 18 Morgen[3].

Das gesammte Areal der Pfarrstelle umfaßt 44 Morgen 60 Ruthen, darunter 28 Morgen 55 Ruthen Ackerland bei Vilich-Geislar, 9 Morgen Wiesen bei Pützchen, 3 Morgen Busch, 3 Viertel Morgen Weingarten, meistens von geringer Qualität.

Der große Zehnte von 18 Morgen, berechnet zu 28 Thaler jährlich, der kleine, abgeschätzt zu 5 Thaler, wurde auf Grund des Gesetzes von 1850 durch Receß vom 1. Mai 1865 mit erzbischöflicher Genehmigung vom 3. Juni dess. J. für 825 Thaler abgelöst zum fünfundzwanzigfachen Betrag.

Der Pfarrer bezog früher folgende Renten: $2^1/_2$ Viertel Weizen zu Lasten der Erben Pfingsten in Vilich, abgelöst am 8. August 1869, $1^1/_2$ Viertel Weizen der Pastorat zu Vilich, abgelöst am 9. dess. Monats, $^1/_2$ Malter Weizen vom Hammer-Hof zu Bergheim a. d. Sieg ist verloren und vom erzbischöflichen General-Vicariat unterm 9. August 1866 niedergeschlagen worden. Sämmtliche Zinsen betragen 120 Mark.

---

[1] „Pastoraten Obercassel u. Küdinghofen." Act vom 11. April 1645 im Staatsarchiv zu Düsseldorf. — [2] l. c.

[3] Das unbedeutende Einkommen in früherer Zeit läßt folgende Notiz im Kirchenarchiv erkennen: „Pastor Jacob Peter Schmitz, als schwachsinnig pensionirt, erhielt 80 Rthlr. aus den Pastoratsrenten, welche dessen Nachfolger Wilhelm Koch zahlen mußte. Dazu wird bemerkt, daß dies nicht von Bestand sein könne, „weilen die völlige Pastorats-Einkünfte kaum 150 Rthlr. auswerfen".

Die Pfarrer.

Volquinus von Lohmar (de Lomere), 1372.

Adamus pastor.

Pastor Mertens zu Obercassel bediente 1607 die Pfarre Küdinghofen.

Martinus Currens, resignirt 1624.

Petrus Buirmann (Baurmann), Priester aus dem Kloster Heisterbach, seit 1624.

Johann Hönlingen, investirt zu Bonn für Küdinghofen und Obercassel am 10. Juni 1643.

Dionysius Hoen, seit 16. September 1656 Pastor zu Küdinghofen und seit 10. März 1657 Vicar des Magdalenen-Altars zu Vilich, resignirt 1659.

Johann Unkelbach 1659, präsentirt am 1. September[1]).

Petrus Rheindorf, z. Z. Kaplan in Ronsdorf. Mit der Pastorat in Küdinghofen wird ihm die derselben incorporirte Vicarie zu den 10000 Martyrern übertragen, 1679.

Georg Hochrath, seither Stiftsvicar in Vilich, wird am 18. December 1683 Pfarrer in Küdinghofen und Vicar zu den zehntausend Martyrern, mit der Verpflichtung, an dem gewöhnlichen Tage jeder Woche in der Collegiatkirche zu Vilich den Gottesdienst zu halten. Er starb 1720 am 9. Januar.

Johann Peter Bey, Februar 1721, ging 1729 als Pastor nach Lülsdorf.

Johann Joseph Roes (und Roez), investirt am 3. September 1729, war Secretair des Siegburger Capitels, starb am 1. Nov. 1746.

Johann Leonard Gartzen, investirt am 17. Februar 1747, gestorben am 27. Februar 1775.

Jacob Schmitz, 1776—1784, war schwachsinnig und fand Aufnahme bei den Alexianern in Köln.

P. Wilhelmus, Carmeliter, war Deservitor 1784, nachdem die Pfarrstelle erst am 17. April dess. J. vacant erklärt worden.

Wilhelm Koch, in das Capitel aufgenommen 1785, wird im Februar 1786 nach Frelenberg versetzt.

Matthias Wilhelm Huppertz, starb am 8. October 1795, 36 Jahre alt, nachdem er neun Jahre Pfarrer gewesen.

---

[1]) Unkelbach wurde präsentirt am 1. Sept. 1659, nachdem Hoen resignirt hatte. (D. Staatsarchiv.) Dieselbe Quelle meldet: „Cornelius Ruthen, investirt am 26. Mai 1658." Wie beide Angaben sich reimen? Vielleicht war Ruthen zuerst Hülfspfarrer.

Edmund Thynen, geb. zu Rheinbach am 10. Juli 1765, zum Priester geweiht 1792, zuerst Frühmesser in Rodenkirchen, dann Schulvicar zu Königswinter, und als Pfarrer zu Küdinghofen[1]) ernannt am 10. October 1795 von der Administratorin von Frenz des Stifts Vilich. Wegen der Kriegsunruhen konnte er die Pfarrstelle noch nicht antreten. Er schrieb an den Erzbischof, daß die Pfarrkirche erst durch Diebe, dann durch die Franzosen ausgeplündert, die Pfarrländereien arg verwahrlost seien; es erscheine also dringend nothwendig, daß er baldigst in den Besitz der Pfarrstelle komme; er könne aber das landesherrliche Placet vor empfangener cura principalis nicht bekommen, daher habe er an die Generalvicariats-Administration zu Arnsberg sich gewandt, sei aber beschieden worden, daß der Erzbischof die diesseitigen Pfarreien dem Generalvicariat in Köln zugewiesen habe; er müßte sich deshalb an den Landdechanten wenden. Dies sei aber wegen der über die Sieg verhängten Sperre nicht möglich, er bitte daher den Erzbischof, ihm die von der Generalvicariats-Administration in Arnsberg bereits ertheilte cura subsidiaria pro cura principali zu extendiren. Am 16. März 1796 trat Thynen in den Besitz der Pfarrstelle. Er starb, als Senior des Dekanates, am 30. Mai 1832.

Anton Wandels, geboren zu Königswinter am 20. Februar 1805, Priester seit 21. April 1829, war Kaplan an St. Remigius zu Bonn, zu Broichhausen und an St. Ursula zu Köln, Pfarrer in Küdinghofen vom November 1832 bis 22. December 1853.

Paul Joseph Peiffer aus Köln, vom Juni 1854 bis 26. September 1860, wird hierauf Pfarrer in Vilich.

Theodor Samans, geboren in Ratingen bei Düsseldorf am 8. October 1824, wurde Priester am 8. September 1849, am 26. deff. Mts. Vicar in Oberpleis, am 22. September 1852 Vicar in Ramersdorf, seit 17. Dec. 1860 Pfarrer, seit dem 12. März 1880 Dechant.

---

[1]) Einen Concurrenten für die Pfarrstelle hatte Thynen in dem vormaligen Bonner Kirchenrechts-Professor Hedderich. Dieser war vor den anrückenden Franzosen nach Honnef geflüchtet und bat nun in einer wehmüthigen Eingabe den Erzbischof, ihm als Ordensgeistlichen (er war Franciscaner) die Uebernahme der Pfarrstelle zu K. zu gestatten, welche ihm zu übertragen die Abtissin (richtiger die Administratorin der Vilicher Abtei) nicht abgeneigt sei. Seine zukünftige Ruhe und Glückseligkeit (o Wechsel der Zeiten!) hange einzig davon ab, daß er die Stelle bekomme! Trotzdem erhielt er die Stelle nicht. Vielmehr wies der Erzbischof, da er sich bei Erledigung der Abtissinswürde durch Verfügung vom 6. April 1795 die Besetzung der zur Collation der Abtissin gehörigen heimfallenden Pfarrstellen vorbehalten hatte, die Administratorin des Stifts an, den in der aushülflichen Seelsorge stehenden Schullehrer zu Königswinter zu ernennen.

Vicarie. Vicare.

Die Vicarie zu Ramersdorf ist die Stiftung des ehemaligen Canonicus am Quirinsstift zu Neuß, Leonard Mehlem. Er war geboren zu Bonn im Jahre 1752, trat nach Aufhebung der Klöster und Stifter (1802) in das Privatleben zurück und lebte seit 1816 in dem „Richterhaus" zu Ramersdorf, welches er nebst Zubehörungen von dem frühern Eigenthümer, dem Richter Commans, für 4000 Thaler erworben hatte. Dieses Haus mit Nebengebäuden und Garten, 5 Morgen 82 Ruthen 10 Fuß groß, 2 Morgen 92 Ruthen 34 Fuß Baumgarten, 3 Morgen 144 Ruthen 40 Fuß Weingarten, 11 Morgen 57 Ruthen 50 Fuß Ackerland, 12 Morgen 75 Ruthen 90 Fuß Wiesen, 50 Morgen 147 Ruthen 60 Fuß Holzung, vermachte Canonicus Mehlem durch Testament vom 31. März 1831 zur Stiftung einer Vicarie, mit der Verpflichtung, die Sonn- und Feiertags-Frühmesse, jedoch mit freier Application, zu halten, und nach Beendigung derselben drei Vater unser und Ave Maria für die Seelenruhe des verstorbenen Stifters zu beten, sowie an dessen Geburts-, Namens- und Todestage das h. Meßopfer für denselben darzubringen. Leonard Mehlem starb am 2. Juni 1832, 80 Jahre alt.

Der Erzbischof Ferdinand August genehmigte die Stiftung nur unter der von den Verwandten des Erblassers angenommenen Bedingung, daß der Inhaber zur Ausübung der Seelsorge verpflichtet sei, am 5. Juni 1833. Die landesherrliche Genehmigung erfolgte am 3. Januar 1852. Der Stifter hatte seinen zu Beuel wohnenden Geschwistern die lebenslängliche Nutznießung der Güter vorbehalten. Diese verzichteten in großmüthiger Weise auf das ihnen zustehende Recht, um die Anstellung eines Vicars zu beschleunigen und dem an längerer Krankheit leidenden Pfarrer Wandels die nothwendige Stütze zu verschaffen. Am 11. August 1852 ernannte der Erzbischof-Cardinal von Geissel[1]) als ersten Vicar den

Theodor Samans, seitherigen Vicar zu Oberpleis und nachmaligen Pfarrer zu Küdinghofen. (S. oben.) Sein noch lebender Nachfolger ist

Johann Wilhelm Schröder, geboren in Groß-Königsdorf, Landkreis Köln, am 12. Januar 1830, zum Priester geweiht am 1. September 1857, seit 8. October dess. J. Vicar in Bergheim a. d. Sieg, zum Vicar von Küdinghofen ernannt am 4. März 1861.

Küster.

Der Küster hat die Nutznießung eines Gartens von sechs Ar und eines Weinbergs von vier Ar. Er bezieht als festes Gehalt 75 Mark

---

[1]) Nach der Stiftungsurkunde steht dem Pfarrer mit dem Kirchenvorstande und dem ältesten Manne des Dorfes das Präsentationsrecht zu.

und ungefähr 240 Mark von zufälligen Gebühren. Dienstwohnung ist nicht vorhanden. In frühern Zeiten hatte der Küster einen Nebenverdienst vom Schulunterricht, bis zum Jahre 1832, wo Küsterei und Schule von einander getrennt wurden.

Um das Jahr 1781 war Heinrich Nolden Offermann, welcher „wegen geistlicher Untauglichkeit des Pfarrers Schmitz" auch den christlichen Unterricht ertheilte und sich nach dem Zeugniß des Pfalzgrafen Karl Theodor große Verdienste um die Erziehung der Jugend erwarb. „Wenn der Küster sich nicht viel Mühe im Katechisiren gegeben, so wäre bei der Jugend eine völlige Unwissenheit zu befürchten."

Schule.
1. In Küdinghofen.

Die althergebrachte Verbindung der Schule mit der Küsterei bestand in Küdinghofen bis zum Jahre 1832, wo der noch in gutem Andenken stehende Lehrer und Küster Matthias Brinkmann aus dem Amte schied.

Im Jahre 1815 war ein einfaches Schulhaus in Lehmfachwerk, jetzt Wohnhaus des Philipp Schneider, für 150 schulpflichtige Kinder aus Küdinghofen, Ramersdorf, Limperich, Ober= und Niederholtorf, d. h. aus dem ganzen Pfarrbezirk, erbaut worden. Das Schullocal, 27 Fuß 3 Zoll lang, 15 Fuß 8 Zoll breit, war für das Bedürfniß zu klein. Allmälig kam man zu dem Entschlusse, einen Schulsaal von 30 zu 25 Fuß anzubauen und machte im Jahre 1826 den Kostenanschlag auf 637 Thaler 6 Silbergroschen.

Im Jahre 1828 kaufte die Gemeinde von dem Fürsten Salm das Grundstück in der Nähe der Pfarrkirche unterhalb der Pfarrwohnung, 1 Morgen 111 Ruthen groß, als Bauplatz für zwei Schulsäle und Lehrerwohnung nebst Schulgarten. Die Gebäude wurden im Jahre 1831 fertig gestellt. Die Kosten betrugen, den Bauplatz eingerechnet, 3639 Thaler 14 Silbergroschen 3 Pfennige. Vom Januar 1832 an fungirten zwei Lehrer an der Schule [1]).

Im Jahre 1871 ließ die Gemeinde zwei neue Schulsäle an der Nordseite des Schulgartens errichten und ein Schulzimmer des ältern Gebäudes als Wohnung für eine anzustellende Lehrerin einrichten. An die beiden Schulsäle von 1871 fügte man im Jahre 1879 noch zwei andere an und richtete das ganze frühere Gebäude von 1831 zu Wohnungen für zwei Lehrer und zwei Lehrerinnen ein.

---

[1]) Bürgermeister Pfingsten erließ unter dem 5. Januar 1832 im Amtsblatt Stück 7 diese Bekanntmachung: „Die neu errichtete Unterlehrerstelle bei der Schule zu Küdinghofen soll besetzt werden. Einkommen besteht aus freier Wohnung nebst Garten, 50 Thaler Gehalt, 65 Thaler Schulgeld incl. der für den Unterricht der armen Kinder bewilligten Entschädigung."

2. In Holtorf.

Ein im Jahre 1829 gehegter Plan, in Pützchen eine Schule zu gründen und die (36) Kinder von Holtorf dorthin zu überweisen, fand keine Genehmigung. Im Jahre 1849 kam Ober- und Niederholtorf zu einer eigenen Schule. Schulsaal und zwei Zimmer als Wohnung für den Lehrer mußten anfangs gemiethet werden. Am 19. August 1854 erwarb die Gemeinde ein Haus, welches bei der wachsenden Schülerzahl nicht genügte. Der Flächeninhalt für 74 Kinder betrug 500 Quadratfuß, wovon der Raum für die Utensilien und den Lehrer abzurechnen ist. Man schritt daher im Jahre 1873 zum Bau eines neuen Schulsaales zwischen Ober- und Niederholtorf, berechnet auf 93 Schüler, nach damaligem Bestande. Die Kosten des Schulsaales beliefen sich auf 1896 Thaler 14 Silbergroschen 5 Pfennige.

Anmerkungen zu Küdinghoven / Teil II

Zu Faksimile - Seite 260 f
„Kirchliche Verhältnisse"
Maaßens Kapitel über „Königswinters Abhängigkeit von Vilich" ist in den vorliegenden Faksimile -Auszug nicht aufgenommen. Siehe dazu stattdessen: Giersiepen, Kanonissenstift, a.a.O., Seite 125 ff und 172-175.
Maaßens Jahresangabe „1444" muss in beiden Fällen richtig 1144 lauten *(Seite 260)*. Johann Peter Bey *(Seite 260)* ist natürlich mit Johann Peter Berg *(Seite 261)* identisch; allein „Bey" ist richtig.

Zu Faksimile - Seite 262 - 265
„Die Pfarrkirche"
Siehe dazu: Clemen, a.a.O., Seite 309 ff, sowie: Passavanti, a.a.O., (Knopp) Seite 195 ff, insbesondere M. Schmoll, a.a.O. – zum Neubau des Langhauses 1845 siehe: Schulze, a.a.O.
Die Kirche gehörte zu den von Vilich begründeten **Ostturmkirchen** wie im übrigen in Oberkassel, Nieder- und Oberdollendorf sowie Königswinter (und auch Pfarrkirche St. Paulus in Vilich selbst), in denen sich also das Schiff westlich an den Turm anschloss und das Erdgeschoss des Turmes den Chorraum und eine sich daran

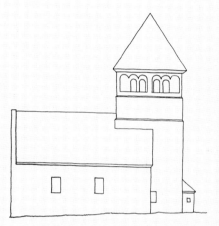

St. Galluskirche vor Abriss des Schiffes (an der Turmwestseite) 1845 und Turmerhöhung. Rekonstruktion (C. J. Bachem). Ansicht von Süden.

östlich anschließende Apsis den Altar aufnahm (Chorjochkirche).
Über die ursprüngliche Dachform des **Turms** ist nichts bekannt; es ist also keineswegs ausgemacht, dass der Turmhelm die von Maaßen als verloren beschriebene Form wie beispielsweise heute Oberkassel und beide Dollendorfs gehabt habe. Wie sonst nur noch der Turm von Oberkassel weist der Turm im ersten Stockwerk einen weiteren gewölbten als Oratorium gestalteten Raum (mit einer Altarnische) auf. Das Treppenhaus ist nicht als „Zusatz" angefügt, also außen angemauert, wie Maaßen meint, sondern fester, architektonischer Bestandteil des Nordmauerwerks des Turms. Dieser ist als einziger der „Vilicher Türme" wehrturmartig gestaltet und dürfte aus dem 11. Jahrhundert stammen, womit er der älteste Kirchturm Gesamtbonns wäre. Das romanisierende Glockengeschoss wurde entweder bei der Aufhängung eines neuen Dreiergeläutes 1825 oder aber bei der Errichtung des klassizistischen Langschiffs von 1845 aufgesetzt; Knopp meint, dass dies 1896 geschehen sei, wofür Gründe aber – außer der Tatsache, dass dies auch schon Clemen behauptet hat

– nicht ersichtlich sind. - *Siehe dazu: Bachem, Der geheimnisvolle Kirchturm, a.a.O., sowie: Bachem, Turm von St. Gallus, a.a.O.*

Zu Faksimile - Seite 264
Fürst Joseph **Salm-Dyck-Reifferscheid** war von 1807 bis zu seinem Tode 1861 Eigentümer der Kommende Ramersdorf und großer Waldanteile auf dem Ennert. Ihm oblag von daher auch ein Anteil an der Baupflicht der Küdinghovener Pfarrkirche, die mit der Säkularisation vom Stift Vilich auf den Staat (Fiskus) und auf ihn übergegangen war. - S*iehe zur Finanzierung des Kirchneubaus: Schulze, a.a.O., Seite 115.*

Zu Faksimile - Seite 264 f
(Patrone der Pfarrkirche)
Die Forschungen von *K. H. Schmoll* haben die Annahme von Maaßen bestätigt, dass auf dem spätgotischen Küdinghovener Altarstein Gregorius Maurus, der Anführer der „Maurischen Märtyrer", abgebildet ist; zugleich haben sie aber auch den Nachweis erbracht, dass dieser nicht der Anführer der „Thebäischen Legion" gewesen ist und dass er insbesondere dieser nicht einmal angehört hat.
Ergänzung:
Die Verehrung des Gregorius Maurus, zuerst in Köln nachgewiesen, findet ihren Ursprung im Traum des 1075 verstorbenen und auf dem Siegburger Michaelsberg beigesetzten Kölner Erzbischofs Anno. Seitdem erfreute sich Gregorius Maurus allerhöchster Verehrung, wie auch beispielsweise sein - erst um 1980 freigelegtes - Bildnis an einem Chorpfeiler des Kölner Doms (um 1350) zeigt. Gregorius Maurus war aber nicht, wie Maaßen annimmt, Anführer der berühmten „Thebäischen Legion"; dies war vielmehr der Heilige Mauritius. Vieles spricht nach *Schmoll* dafür, dass es sich bei den „Maurischen Märtyrern" ursprünglich nicht, wie Maaßen unterstellt, um ein Einzelpatrozinium gehandelt hat. Denn überall dort, wo einst die Maurischen Märtyrer samt ihrem Anführer als Pfarrpatron verehrt wurden, war ihnen ein zweiter Patron zur Seite gestellt, der nicht wie sie nur „in Colonia" anerkannt war.
Bereits in der Weiheurkunde für die Superior-Kapelle in St. Gereon in Köln wird unmittelbar hinter den Maurischen Märtyrern der heilige Gallus erwähnt. Dieses Patroziniums-Muster entspricht ganz der damaligen Tradition Erzbischofs

Das gotische Altarretabel von Küdinghoven mit dem Bildnis des Gregorius Maurus. Seit 1845 im Rneinischen Landemuseum in Bonn. Lithographie von A. Henry um 1842.

Anno, der selber aus dem schwäbisch-alemannischen Raum stammte, wo der heilige Gallus bis heute hochverehrt ist. Nördlich der Mainlinie hingegen sind Gallus-Patrozinien unüblich. Wäre der heilige Gallus nicht schon zu Annos Zeiten hier eingeführt worden, hätte es im - von Maaßen zu recht erwähnten - Jahre 1680 keinerlei Begründung dafür gegeben, gerade diesen an die Stelle der Maurischen Märtyrer

St. Galluskirche. Kriegsschäden von 1941.

zu setzen - und den gotischen Altarstein mit seinem Bildnis hinter einem neuen Altar (in der Turmapsis) zu verstecken *(siehe unten)*.
Die von St. Gereon in Köln ausgehende Maurenverehrung (dort befindet sich das Doppelgrab von Gereon und Gregorius Maurus) hängt eng mit der mittelalterlichen Thebäerverehrung in Bonn, Köln und Xanten zusammen, wo man nämlich die dort bis heute verehrten Märtyrer Cassius, Florentius und Malusisus (Bonn), Gereon (Köln) und Victor (Xanten) als Angehörige der „Thebäischen Legion" ausgab. – Als im 17. Jahrhundert Urkunden auftauchten, die eine Verbindung dieser Heiligen mit der Thebäischen Legion widerlegten (die wahre Matyriumsstätte dieser Militäreinheit – und daher seit dem frühen Mittelalter bedeutender Wallfahrtsort – ist St. Maurice / Rhone in der Schweiz), setzte zunehmend eine innerkirchliche Kritik an dem rheinischen Thebäerkult ein. Dieser Kritik, vor allem der Bollandisten, hat sich dann nach und nach auch die Kölner Kirche angeschlossen. Daher versteht sie in ihrem neueren Brevier diese Heiligen nicht mehr als Angehörige der Thebäischen Legion, sondern wahrheitsgemäß wieder als Märtyrer, die im Rheinland für ihren Glauben gestorben sind. - *Siehe dazu: K. H. Schmoll, a.a.O. - Siehe auch Anmerkung zu Faksimile - Seite 383, „Oberkassel").*
Zu Faksimile - Seite 264 f
Der von Maaßen beschriebene **Küdinghovener Altaraufsatz** befindet sich heute im Depot des Rheinischen Landesmuseums in Bonn. Dort hat er in den 160 Jahren seiner musealen Verwahrung mehr gelitten als in den Jahrhunderten zuvor. Seine Bemalung ist inzwischen bis auf geringe Spuren verloren. Ein nach Vorlage dieses Restbestandes, vor allem aber nach einer Lithographie von A. Henry von 1842 von Wincenty Dunikowski gemaltes farbiges Replikat befindet sich seit 1999 in der Turmkapelle. - *Siehe dazu: Schmitt, a.a.O. und Schmoll, a.a.O. – siehe Abbildung.*

Zu Faksimile - Seite 265 f
„Die Altäre"
Die Altäre, ausgenommen das große Kreuz mit Holzkruzifixus des Hochaltars von C. Stephan um 1850, gingen bei der Kriegszerstörung der Kirche am 27. 12. 1941 verloren, desgleichen *(siehe Faksimile - Seite 265)* Fenster und Orgel und auch die beiden Beichtstühle aus der Karmeliterkirche in Pützchen *(siehe Anmerkungen zu Faksimile - Seite 168, „Vilich", und 176, „Pützchen")* sowie die übrigen Ausstattungsgegenstände, ausgenommen im wesentlichen eine barocke St. Gallusfigur sowie in Teilen das barocke Chorgestühl. Der romanische Taufstein und ein (wohl barockes) Weihwasser-Säulenbecken sind bei der Wiederherstellung der Kirche 1945 bis 1950 in Privathand gelangt.

Zu Faksimile - Seite 266
(Glocken)
Die Johannes-Glocke von 1673 konnte bis heute im Turm gehalten werden, während die beiden übrigen Glocken, beide von 1825, im ersten Weltkrieg für Kriegszwecke abgegeben werden mussten. Als Ersatz dafür kam 1923 ein dreiteiliges Stahlgeläute in den Turm. Die Inschriften der beiden verlorenen Glocken lassen erkennen, dass Fürst von Salm-Dyck-Reifferscheid vermutlich die Marien-Glocke gestiftet hat, dessen Patin eine Gräfin von Boeselager-Belderbusch war, während die Patin der Gallus-Glocke die (zweite) Frau des Eigentümers Foveaux des Mylendoncker Hofs in Limperich gewesen ist, eine Catharina geborene Scholl. - *Siehe Anmerkung zu Faksimile - Seite 258 f („Limperich").*

Zu Faksimile - Seite 267
„Stiftungen"
Die barocke Grabplatte des **Arnold Hoitz**, mit dem Zusatz „Scheffen", aus der alten Kirche ist erhalten und heute an der Choraußenwand befestigt. „Pfalz-Neuenburger Schultheiß" bedeutet, dass er im Dienst des Herzogtums Berg stand (Landeshauptstadt Düsseldorf), dessen Landesherren zu seiner Zeit die Kurfürsten von Pfalz-Neuburg gewesen sind. Zwei weitere Platten am selben Platz erinnern an einen „ Michael Krahe, Scheffen", Pächter auf dem Limpericher Burghof, sowie an einen möglicherweise löwenbergischen Amtsträger; der Text ist nicht mehr erkennbar, wohl aber noch ein Wappen mit prächtiger Helmzier.
„Bruderschaften"
Von den drei genannten Bruderschaften scheint keine mehr zu bestehen, von den vier genannten kirchlichen Vereinen immerhin noch der Kirchenchor von 1855 und der Gallus-Kirchbauverein von 1859.

Zu Faksimile - Seite 268
„Prozessionen"
Als die häusliche Feier in Limperich im Anschluss an die Fronleichnamsprozession könnte die sogenannte Kirschenkirmes oder auch Kleine Kirmes im

Gegensatz zu der Pfarrkirmes am St. Gallustag gemeint sein *(Mitt. J. Bücher 1990).*
Das Zwischenziel der Hagelfeier-Prozession am Christi-Himmelfahrtstag ist das sogenannte Heiligenhäuschen in Vilich an der Adelheidisstraße, Ecke Am Mühlenberg. - *S*iehe Anmerkung zu Faksimile - Seite 151 *(„Vilich")* und Faksimile - Seite 172 *(„Pützchen").*

„Missionen"

Das genannte **Limpericher Wegekreuz** wurde 1727 von der Dorfgemeinschaft („Honschaft") an der Ecke der Königswinterer zur Finkenbergstraße errichtet und um 1965 an den Weinbergweg transloziert. Aus Anlass der Mission von 1763 wurde in **Holtorf** ein eigenes Wegekreuz (Eiche) aufgestellt, das sogenannte Missionskreuz, zunächst in den Schutz eines Backhauses an der Löwenburgstraße / Ecke Mohnweg; seit seiner grundlegenden Restaurierung und Konservierung 2007 steht es unter dem Vordach der Pfarrkirche.

Wegekreuz auf der Streffen von 1734, seit 1845 auf dem Friedhof.

Das spätbarocke **Wegekreuz von der Streff**, dem Küdinghovener Ortsteil im Bereich von Königswinterer und unterer Kirchstraße sowie Streffenweg, wurde vermutlich um 1845 bei der Verlagerung des vormaligen Kirchhofs in den Hangbereich östlich des neuen Langhauses als sogenanntes Hauptkreuz aufgestellt. Es trägt, entgegen Maaßen, nicht die Inschrift KUEDINGOVIENSES POSVERVNT *(Die Küdinghovener haben errichtet)*; diese Inschrift findet sich vielmehr am Wegekreuz von 1743 auf der Ecke Kirch- und Dornenkreuzstraße (Platz der Eierkrone).

Zu Faksimile - Seite 269
„Der Kirchhof"
Bei der durch den Neubau von 1845 erforderlich gewordenen Umgestaltung des Kirchengeländes, die mit der Aufhebung des vormaligen Kirchhofs einherging, wurden 26 verwaiste **Grabkreuze** aus der Zeit von 1620 bis 1787 unbeachtet beiseite gelagert; sie wurden um 1950 in einem eigens gestalteten Grabkreuzegarten neu aufgestellt. – *S*iehe dazu Bachem, Grabkreuzegarten, a.a.O.

Grabkreuz von 1756/1758 im Grabkreuzegarten.

Das Grabkreuz für den Pützchener Eremiten Hasert will Maaßen statt in Pützchen in Küdinghoven sehen; hier irrt er.

Auf dem erweiterten Teil von 1845 sind in einer Priestergrabstätte gegenüber dem Hochkreuz („Wegekreuz von der Streff" – *siehe oben zu Faksimile - Seite 268*) bis auf P. J. Peiffer (+ 1881 Vilich - *siehe dazu Anmerkung zu Faksimile - Seite 168, „Vilich"*) und C. de Groen (1971-1974) alle Pfarrer seit 1853 bestattet: A. Wandels (+1853), Dechant Th. Samans (+1902), C. Esser (+1919), J. Buschhausen (+1940), Dechant K. Rösgen (+1970), H. Wolsing OSC (+ 2001), außerdem der erste Vikar von Ramersdorf W. Schröder (+1911) sowie der Neusser Kanonikus Leonhard Mehlem, der Stifter der Vikarie Ramersdorf (+ 1832 – *siehe dazu Anmerkung unten zu Faksimile - Seite 274*).

„Die Pfarrstelle"

Das erste bekannte Pfarrhaus stand vermutlich an der Gallusstraße, nahe der Schule (Fachwerkhaus) von 1815 (*siehe unten Faksimile - Seite 275*). Wegen dessen Baufälligkeit wurde 1825 am Hang oberhalb der Kirche ein Neubau errichtet. Der von H. J. Foveaux erworbene Bauplatz wurde zuvor von dem baufälligen Junkers-Höfchen freigemacht. Die erhaltene Inschrift im Türbalken (Chronogramm) lautet in der Übersetzung:

„*Dank des Ewigen Gunst*
und aufgrund beharrlichen, über Jahre gehenden Bemühens des Pastors
mit behördlicher Zustimmung endlich errichtet."

Das unter Denkmalschutz stehende Anwesen wurde 1986 an zwei pfarrfremde Familien veräußert. Das neue Pfarrhaus entstand im Rahmen eines Pfarrzentrums an der Gallusstraße, wurde aber als Pfarrerswohnung niemals genutzt, weil die Pfarrer, seit 1971 Kreuzherren-Patres, in ihrem – 2004 aufgelösten - Kloster St. Odilia in Limperich (bei der Heiligkreuz-Kirche) wohnten.

Zu Faksimile - Seite 272 f

„Die Pfarrer"

Maaßen übergeht die Zeit der Reformation, für die inzwischen auch Informationen über Küdinghovener **Pfarrer** vorliegen – S*iehe dazu Goeters, a.a.O., und Herborn, a.a.O.*

Der (umstrittene) Pfarrer E. Thynen hat Anfang des 19. Jahrhunderts – vergeblich - die Verlegung der Pfarrei nach Pützchen betrieben, weil dort Kirche und Klostergebäude leer standen und beste Voraussetzungen für einen Pfarrsitz boten, in Küdinghoven aber sowohl Kirche als auch Pfarrhaus mehr als marode waren. - *Siehe dazu: Bachem, Pfarrsitz, a.a.O.*

Pfarrer A. Wandels betätigte sich auch als Aushilfsseelsorger im (zur Pfarre Vilich gehörenden) Pützchen. – *Siehe Faksimile-Seite 177 („Pützchen") sowie: Bachem, Vorgeschichte, a.a.O.*

Zu Faksimile - Seite 274

Vikarie Ramersdorf -

Siehe dazu auch Anmerkung oben zu Faksimile - Seite 255 f („Richterhaus").

Die Geschwister Mehlem entstammten dem heute sogenannten Mehlem-

Das ehemalige barocke Richterhaus mit landwirtschaftlichen Nebengebäuden. Um 1910.

schen Haus in Beuel (ehemals Combahn); sie waren Kinder dessen Erbauer-Ehepaars Johann Paul Mehlem und Elisabeth, geborene Stammel, die die Fähre („Fliegende Brücke") zwischen Beuel und Bonn betrieben. Alle fünf Kinder blieben unverheiratet. Nach dem Vorbild des Kanonikers Leonhard Mehlem hat sich dessen Schwester Adelheid Mehlem hohe Verdienste um die Güterausstattung der 1867 neu errichteten Pfarrgemeinde Schwarzrheindorf erworben (*siehe dazu auch Faksimile - Seite 426 und 429, „Schwarzrheindorf"*). Die Vikare nach Samans und Schröder waren Josef Brauers (1911-1920) und Josef Schöllgen (1921-1922).

Ergänzung:
(Kloster Ramersdorf)
Nachdem die Pfarre St. Gallus 1920 im Vikarie-Anwesen eine „Landkrankenpflegestelle" eingerichtet hatte, die vom Orden der Rekollektinnen vom Hl. Herzen Jesu aus Eupen (Belgien) betrieben wurde („Herz-Jesu-Kloster"), erwarb dieser Orden das Anwesen 1922 zu Eigentum, um darin wegen des Verlustes seines belgischen (bis 1918 deutschen) Standortes sein neues Mutterhaus einzurichten. Damit endete die Vikarie. Jetzt folgten den Vikaren Kapläne, die aber in Küdinghoven Wohnung nahmen (in der ehemaligen Gaststätte Schäfer, die mit dem Verkaufserlös erworben werden konnte; seit 1924 „Vereinshaus"). Die Ordensschwestern widmeten sich seitdem der ambulante Kranken- und Armenpflege in den Ortschaften der Pfarrei; ihr Haus erweiterten sie kurz nach dem Zweiten Weltkrieg um ein Altenheim, das sie - mit der Errichtung eines größeren Seniorenheimkomplexes entlang der Mehlemstraße in den 1970er Jahren - in ein Studentenwohnheim umwandelten.

Zu Faksimile - Seite 275 oben
Karl Theodor von Pfalz-Sulzbach (reg. 1742-1799) war Kurfürst von der Pfalz und seit 1777 Kurfürst auch von Bayern. Seine Residenzstadt war zunächst Mannheim, wohin er diese von Heidelberg aus verlegt hatte, dann München;

in der Bergischen Landeshauptstadt Düsseldorf war er durch einen Statthalter vertreten. – *Siehe auch Anmerkung zu Faksimile - Seite 171 f („Pützchen")*.

Schulgebäude, errichtet zwischen 1870 und 1894.

Zu Faksimile - Seite 275
„Schule"
Zu den Schulen von Vilich, Beuel, Rheindorf und Pützchen: *siehe Anmerkungen zu Faksimile - Seite 192 ff („Schule. Schulwesen Bezirk Vilich")*, zur Schule von Oberkassel: *siehe Anmerkung zu Faksimile - Seite 393 („Oberkassel")*.

Das Schulhaus von **Küdinghoven** (Fachwerk) – das 1815 nicht, wie Maaßen meint, „errichtet", sondern, wie Bürgermeister Stroof als Zeitzeuge berichtet, erweitert worden ist *(Mitt. J. Bücher 1990)* – war das zweite bekannte in Küdinghoven. Während das erste, bereits 1726 erwähnte, in der Dahlbitze gestanden haben soll, erhob sich dieses in Höhe des heutigen Pfarrzentrums oberhalb der Gallusstraße am Ennerthang. Es wurde nach Bezug des

St. Galluskirche mit Kriegsschäden von 1941, daneben Schulgebäude von 1894 (Ostseite).

ersten Schulbaus nördlich der Kirche 1831 (Basaltstein) privat bewohnt, aber 1961 mitsamt einer gewaltigen Kastanie davor niedergelegt (Gallusstr. 7). Der Schulbau von 1831 ist die zweitälteste Schule im Stadtbezirk Beuel; die älteste ist die ehemalige Stiftsschule in Vilich von 1776. Beide Schulgebäude stehen unter Denkmalschutz.

Die übrigen alten Schulbauten nördlich der Kirche, die 1870, 1878 (nicht 1873 und 1879) sowie 1883/94 entstanden, waren allesamt Ziegelbauten; sie wurden 1957/58 durch die heutigen Neubauten ersetzt; ihr Architekt ist W. Büchel. Als typische Schulbauten ihrer Zeit stehen sie unter Denkmalschutz.

Literatur zu Küdinghoven

Von den vier historischen Vilicher Gründungen ist die Forschung für Küdinghoven seit Maaßen am wenigsten spektakulär verlaufen. Allerdings ist J. Schulze mit seiner Arbeit zur Kirche eine sehr wichtige Grundlagenuntersuchung gelungen. Wertvoll ist der kompakte Überblick, den M. Schmoll mit ihrem „Kunststättenheft" bietet. Weitere Beiträge steuern lediglich Untersuchungsergebnisse zu Teilaspekten bei.

Bachem, Carl J.: *Als der Küdinghovener Pfarrsitz nach Pützchen verlegt werden sollte*, in: Küdinghoven.Unser Dorf (Bürgerverein Küdinghoven) 29, Bonn, Dez. 2006, S.16-18 – *zitiert als „Pfarrsitz"*

Bachem, Carl J.: *Der Grabkreuzgarten*, in: Pfarrbrief d. Pfarrgemd. St. Gallus, Advent 1994, Bonn 1994, S. 28-33 – *zitiert als „Grabkreuzgarten"*

Bachem, Carl J.: *Der geheimnisvolle Turm von Sankt Gallus*, in: Küdinghoven. Unser Dorf (Bürgerverein Küdinghoven) 30, Bonn 2007, S. 4-7

Bachem, Carl J.: *Turm von Sankt Gallus ist der älteste Kirchturm Gesamtbonns*, in: Pfarrbrief d. Pfarrgemd. St. Gallus, Advent 2007, Bonn 2007, S. 31-33

Bücher, Johannes: *Flurnamen und Eigentumsverhältnisse im Süden von Beuel* [Pfarre St. Gallus], (Studien z. Heimatgesch. d. Stadtbez. Bonn-Beuel 19), Bonn 1974

Bücher, Johannes: *Leben und Sterben in der Pfarrei Küdinghoven im 18. u. 19. Jh.*, (Studien z. Heimatgesch. d. Stadtbez. Bonn-Beuel 16), Bonn 1971

Clemen, Paul: *Die Kunstdenkmäler der Stadt und des Kreises Bonn*, Düsseldorf 1905, S. 309 f

Passavanti, Wilhelm (Hrsg.): *Bonner Kirchen und Kapellen*, Bonn 1989, S. 194 f (N. Schloßmacher), S. 195 ff (G. Knopp)

Schmidt, Hans M.: *Auf Stein gemalt. Das gotische Retabel aus Küdinghoven*, in: Das Rhein. Landesmuseum Bonn 4/83, Bonn 1983, S. 52-56

Schmoll, Karl Heinz: *Thebäerkult und Gallusverehrung in Küdinghoven*, in: Pfarrbrief d. Pfarrgemd. St. Gallus, 1+2/April 1985, Bonn 1985, S. 23–32

Schmoll, Magdalena: *Die Pfarrkirche St. Gallus in Bonn-Küdinghoven*, (Rhein. Kunststätten 287), Neuss 1983

Schulze, Jörg: *Kirchenbauten des 19. Jh. im alten Siegkr.*, (Landeskonserv. Rheinland, Arbeitsh. 21), Köln 1977, Seite 115-126

Ramersdorf. Deutschordens=Commende.

Ramersdorf, am südlichen Abhange des Ennert, etwa 15 Minuten von Küdinghofen, schließt sich mit dem Rheintraject und der Cementfabrik eng an Obercassel an. Traject und Fabrik haben die Einwohnerzahl in kurzer Zeit in ungewöhnlicher Weise gesteigert. Im Jahre 1861 waren es im Ganzen 406 Köpfe[1]; 1878: 641 Katholiken und einige Protestanten; 1885: 717 Katholiken, 29 Protestanten.

Die Zugehörigkeit der Honschaft Ramersdorf zu dem Amt Löwenberg und dem Untergericht zu Küdinghofen ist bereits vorhin erwähnt worden. — 1285 tritt Arnold von Ramersdorf als Schöffe von Küdinghofen auf[2].

Das Kloster Heisterbach besaß am Goyldberg in den Ramersdorfer Gemarken zwei Büsche von vier Morgen, in den Klosterhof auf dem Kasselsberg bei Obercassel einschlägig, 1413[3].

In Ramersdorf bestand seit dem Anfang des 13. Jahrhunderts eine der Ballei Altenbiesen[4] bei Mastricht untergebene Deutschordens=

---

[1] Antiquarius III, 8 Bd., 644. — [2] Annalen d. hist. V. XXXVIII 32.
[3] Annalen d. hist. V. l. c. XVII 215, XXXVII 180 ff.
[4] Altenbiesen ist die Uebersetzung des französischen „Vieux-Jonc" (lat. juncus = Binse). Es liegt zwischen Tongern, Bilsen und Mastricht. — Die Ballei Altenbiesen war eine der größten. Dazu gehörten folgende Commenden: 1. Altenbiesen, 2. Mastricht, 3. Bernsheim, 4. Beckevoort, 5. Gemert, 6. Petersfuren, 7. Gruitrode, Vicht, 8. Uerdingen und Holt, 9. Siersdorf, 10. St. Aegidien in Aachen, 11. Jungbiesen in Köln, 12. Ramersdorf. So nach Hennes in der „Monatsschrift für rhein.=westf. Geschichtsforschung", 1877, S. 95. Nach Andern betrug die Zahl der Commenden von Altenbiesen 14, nach Andern sogar 16. „Niederrh. Geschichtsfreund", 1883, S. 140 f. Jede Commende stand unter einem Comthur oder Commandeur, die Ballei unter einem Landcomthur.

Commende. Das Ordenshaus war ein schloßartiges Gebäude, wovon anfangs der letzten vierziger Jahre nur noch das Thor nebst Thür am Eingange und die kleine, aber höchst merkwürdige Schloßkirche zu sehen war. Für das hohe Alter der Commende spricht der romanische Baustil der Kapelle, welche nach dem fachmännischen Urtheil von Lassaulx und Schnaase gegen das Jahr 1200 erbaut ist, also fast gleichzeitig mit der Stiftung des Deutschen Ordens, welche in das Jahr 1190 fällt. Dafür spricht auch eine Urkunde vom 18. October 1254, wodurch Abt Gottfried von Siegburg dem Deutschordenshause zu Händen des Comthurs Werner zu Ramersdorf die Feudalgüter zu Birgel und Muffendorf, welche bis dahin Ritter Theoderich von Muffendorf in Besitz hatte, übertrug[1]). Die Uebertragung setzt ein zeitweiliges Bestehen der Commende voraus.

Die Commende besaß zu Ramersdorf, einige hundert Schritt westlich vom Schloß die Oekonomie „Eichhof"[2]). Der Name weist auf Beziehungen zu dem Deutschordenshause in Rheinberg hin, welches nachweislich in den Jahren 1327 und 1364 nach dem Stifter der dortigen Kapelle, Ordensbruder Georg von Eick, den Beinamen „Haus in Eich" (domus in Eych) führte[3]). Im Jahre 1327 waren die beiden Ordenshäuser zu Ramersdorf und Rheinberg unter einem Commenthur Eberhard von Virneburg vereinigt[4]).

Eine der Commende gehörige uralte Wassermühle wird durch den bei Oberholtorf entspringenden Kelterbach getrieben, der unterhalb Ramersdorf sich in den Rhein ergießt.

Das deutsche Haus zu Ramersdorf hatte die Fischerei im Rhein mit Herrn von Stein gemeinschaftlich[5]). Sie war den Fischern von Bonn verpachtet und reichte wahrscheinlich abwärts bis Beuel und aufwärts bis Dollendorf oder Königswinter.

Im Jahre 1624 erwarb die Commende von der Abtei Siegburg ihren Hof und Zehnten zu Ollheim, 1304 das Allode des Klosters Schillingskapellen zu Odendorf, eine Mühle zu Heimerzheim, sämmtlich im Kreise Rheinbach, Weingärten zu Grav-Rheindorf gegen ein Allode zu Lützermiel und Verzichtleistung auf verschiedene Renten und Gerechtsame des Hofes zu Ollheim. Eine Besitzung zu Lannesdorf verkaufte sie am 18. November 1304 an das Deutschordenshaus[6]) zu Coblenz für die Commende Muffendorf[7]), sowie das Gut Olshoven im Gerichtsbann Heimerzheim am 25. November 1359 dem Heytechin von Holzheim[8]).

---

[1]) Lac. II, Nr. 405, S. 218 f. — [2]) Gef. Mittheilung des Hrn. Dechanten Samans. [3]) Niederrheinischer Geschichtsfreund, 1883, S. 85. — [4]) l. c. S. 59. — [5]) Lac., Archiv, III 286. — [6]) Ordenshaus der Ballei Coblenz, wozu die Commende Muffendorf gehörte.

[7]) Hennes, Cod. dipl. ordin. S. Mariae Teutonicae, II, Nr. 366, p. 320.

[8]) E. aus'm Werth, Wandmalerei des Mittelalters, angeblich nach einer Urkundenhandschrift von Hundeshagen.

Die in der Nähe der Commende belegenen Güter bestanden in Aeckern und Waldungen, in Weingütern in und rings um Ramersdorf, zu Küdinghofen, Limperich, Berghofen[1], (Obercassel), Römlinghofen, in Grundbesitz zu Stieldorf und Hersel. Zu ihren Besitzungen in Hersel gehörte auch wahrscheinlich die dem Landescomthur Iwan von Cortenbach vom Erzbischof Dietrich im Jahre 1415 übertragene Herrschaft und das Grundrecht des Dorfes[2].

In der Geschichte des Deutschen Ordens von Hennes habe ich die Commende Ramersdorf vergebens gesucht. Einzelne Nachrichten über Comthure derselben finden sich in Urkunden und genealogischen Werken zerstreut.

Werner (1254) und Everhard von Virneburg.

Zobbo von Drachenfels, Comthur zu Ramersdorf, verkauft dem deutschen Hause zu Coblenz Güter in Lannesdorf für 400 Mark, 1304 den 18. November[3].

Everhard Hardefuß, 1326[4].

Walram, Bruder des Abtes Ruprecht von Corvey, 1337 und 1338. Beide Brüder übergeben ihre Dörfer Großbüllesheim, Roitzheim und Billig dem Markgrafen Wilhelm von Jülich, 1337 den 2. Sept.[5].

Erzbischof Walram verleiht dem Abte Robert, der seinen Hof zu Meckenheim dem Erzstift schenkt, und seinem Bruder Walram, Commandeur zu Ramersdorf, jenen Hof und das Schloß Münchhausen zu lebenslänglicher Nutznießung, 1338 den 29. Mai[6].

Comthur von Reuschenberg wird am 9. December 1585 von den Truchsessen zu Ramersdorf gefangen genommen, aber von den benachbarten Bauern befreit[7].

Rütger Caspar von Schöler, Sohn des Amtmannes von Mettmann, Bertram Schöler, welcher 1631 Anna von Metternich heirathet[8]. Rütger Caspar wird wohl zwischen 1670 und 1680 Comthur zu Ramersdorf gewesen sein.

Johann Caspar von Hillesheim, 1732 Statthalter, später Comthur zu Ramersdorf und Oberst eines kurpfälzischen Infanterieregiments[9].

N. Freiherr von Belderbusch, im Weisthum des Bischofshofs zu Obercassel als Lehnsträger, 1751 den 4. August[10].

Johann Joseph van Noot zu Carlo, Kuirassier-Major, Comthur zu Ramersdorf zwischen 1750 und 1760, später zu St. Gilles in Aachen, 1761—1763 in Gemert[11].

---

[1] S. oben „Pfarrstelle". — [2] Lac. IV 156. Vgl. Maaßen, Dekanat Hersel, S. 125.
[3] Hennes, Codex dipl. ord. Teut., Nr. 366, S. 320.
[4] Gef. Mittheilung des Hrn. Ev. v. Claer. — [5] Lac. III, Nr. 315, S. 253.
[6] l. c. Nr. 327, S. 261. — [7] Ennen, Gesch. d. Stadt Köln, V 178. — [8] Fahne, Geschlechter, S. 392. — [9] Strange, Beiträge, X 23. — [10] Lac., Archiv. Neue Folge, II 2, 327. — [11] Antiquarius III, 8 Bd., 733 f.

Franz Johann Nepomuk Fidelis von Reischach, k. k. Oberst zu Fuß, Comthur 1767, hierauf nach Gruyterode versetzt, zuletzt Landcomthur[1]).

Heinrich Johann von Droste zu Hülshof, Oberst Münsterschen Kavalerieregiments, Comthur 1774[2]).

Friedrich Freiherr von Bentinck, 1786[3]).

Heinrich August Marschall von Ostheim, fürstlich Bambergischer Geheim- und Hofkriegsrath zu Forchheim und Bamberg, Comthur 1779—1788, 1794 in Aachen, zuletzt in Uerdingen. Er starb am 20. November 1869[4]).

Wilhelm Eugen Joseph von Wal, Sohn Philipp's und der Margaretha von Anthinne in Belgien, geboren 1736, Deutschordensritter und Comthur zu Ramersdorf, verfaßte eine Geschichte des Deutschordens „L'histoire de l'ordre Teutonique" in acht Bänden[5]).

An der Straße von Ramersdorf nach Obercassel befindet sich ein Steinkreuz mit der Inschrift:

EMVNT · GOTTFRIED
VON · BOCHOLTZ · V. OREY HERR
ZV · GRANVILLE · TEVTSCHEN
ORDENSRITTER · COMMENTHVR
ZV MASTRICHT · LANDCOMMENTHVR
DER · BALLEY · ALDENBIESEN · FREIHER
ZV · GEMERT · VND · S. PETER
· · · · STORVEN DEN APRILIS[6]).

Die Jahreszahl fehlt, wie auch der Raum dafür. Ueber der Inschrift steht das gevierte Wappen: 1 und 4 das Deutschordenskreuz, 2 und 3 das Bocholtz'sche Wappen: drei Leopardenköpfe[7]).

Auf dem linken Rheinufer gingen die sämmtlichen Besitzungen der Commende an die Franzosen verloren. Die Ballei Altenbiesen berechnete bei den Verhandlungen in Regensburg die erlittenen Verluste, wie von Stramberg behauptet, zu der geringen Summe von 4613 Gulden.

Die in Folge des Reichsdeputations-Hauptschlusses von 1803 vom Großherzog von Berg eingezogene Commende Ramersdorf mit ihren Ländereien, Waldungen und Weingärten, hat der Altgraf Joseph von Salm-Dick im Jahre 1808 für 500000 Gulden angekauft. Im Jahre 1816 in den Fürstenstand erhoben, ließ er das durch eine Feuersbrunst

---

[1]) l. c. 644. — [2]) l. c. — [3]) Kurkölnischer Hofkalender 1786, S. 129.
[4]) l. c. H. von Stramberg erwähnt noch (l. c. 65) den Friedrich August von Ostheim, Erblandmarschall, als Comthur zu R. ohne Zeitangabe.
[5]) Annalen des h. V. VIII 100, Note. — [6]) Freiherr Edmund Gottfried, Deutschcomthur zu Altenbiesen, starb 1690. — [7]) Antiquarius l. c. 732.

1842 vernichtete Schloß neu aufbauen. Der Schloßkapelle, einem Meisterwerk romanischer Baukunst, drohte die Vernichtung, um Raum für den herrschaftlichen Neubau zu gewinnen. Durch Vermittelung des Bauinspectors von Lassaulx wurde, wie wir bald sehen werden, die Kapelle nach Bonn übertragen.

Das Gut kam durch Erbschaft an die französische Familie von Francq. Freifrau von Francq, geborene St. Remy, verkaufte dasselbe im Jahre 1880 für 360000 Mark an die Eheleute Rudolph Herberz und Anna Kreuser und diese überließen es 1884 mit Gewinn dem jetzigen Besitzer Albert Freiherrn von Oppenheim zu Köln, welcher die Schloßgebäude bedeutend erweiterte und mit Parkanlagen verschönerte. Die Bauten sind von Baumeister Hoffmann aus Paris, die Parkanlagen vom Director der Flora in Köln ausgeführt.

Von der Commende ist nur ein romanischer Thorbogen enthalten.

Die St. Georgs-Kapelle der Deutschordens-Commende zu Ramersdorf.

Dem trefflichen Manne, dessen Bemühungen wir die Erhaltung dieser „unvergleichlichen" kleinen Kirche verdanken, dem königlichen Bauinspector Johann Claudius von Lassaulx, sei das erste Wort bei ihrer Beschreibung eingeräumt [1]).

„Ramersdorf war bekanntlich eine zur Ballei Altenbiesen gehörige Commende und die dortige kleine Kirche eine Art Schloßkirche, indem das noch vorhandene, wie es scheint, gleichzeitige ansehnliche Doppelportal (ein großes Einfahrtsthor im Halbkreise, mit einem kleinern im Spitzbogen für Reiter und Fußgänger daneben, alles in Werkstücken und mit Ecksäulen und Cylinder-Archivolten geschmückt) eine größere Ausdehnung der ehemaligen burgartigen Gebäude vermuthen läßt.

„Die Kirche muß, nach dem Baustile zu schließen, um das Jahr 1200 erbaut sein, indem mit einziger Ausnahme der schwach gespitzten Querbogen über den Abseiten und der Mittelbogen unter dem Hauptgesimse noch alles andere den reinsten Rundbogen zeigt. Sie mißt zwar nur 51¼ Fuß in der Länge bei 30½ Fuß Breite, verdient aber dennoch den Namen einer solchen (Kirche), da sie alle Theile einer großartigen enthält; sie besteht nämlich aus einem durch zwei Paar Säulen in drei Schiffe von gleicher Kämpferhöhe getheilten Langhause, im Lichten 24 Fuß 6 Zoll weit, 32 Fuß 8 Zoll lang, mit eben so vielen Chören, wovon der mittlere einen Kreis von 10 Fuß 3 Zoll Durchmesser bildet, welcher mit einer Sehne von 8 Fuß 9 Zoll gegen ein eben so weites, 5 Fuß 6 Zoll langes Zwischenfeld geöffnet und hierdurch mit dem

---

[1]) Joh. Cl. von Lassaulx, Bausteine. Coblenz 1847, S. 9.

zwischen den Säulen 9 Fuß 4 Zoll breiten Mittelschiffe verbunden ist, wie denn auch jedes der beiden Seitenschiffe durch ein 6 Fuß 3 Zoll weites, 1 Fuß 3 Zoll langes Vorfeld in eine halbkreisförmige Nische endigt."

Indem wir die fernern detaillirten Ausführungen den fachmännischen Kunstfreunden empfehlen, hören wir nunmehr, welchen Gesammteindruck das Kirchlein auf einen der ersten Kenner[1]) des Baustils gemacht hat: „Nicht wie der stolze Bau von Drachenfelser Trachit, St. Georg in Köln, sondern von schlichtem Tuffstein, auch nicht von so ausgezeichneter Technik ausgeführt, aber durch sinnreiche und zierliche Anlage interessant, ist die jetzt auf den Friedhof zu Bonn versetzte Kapelle der ehemaligen Deutsch-herren-Commende zu Ramersdorf. Sie hat drei Schiffe von gleicher Höhe, was an Kirchen dieser Gegend sonst noch nicht vorkommt, aber bei einer so kleinen Kapelle eben so wenig wie bei Krypten auffallen kann. Ihre spitzbogigen Rippengewölbe werden von vier schlanken Ring-säulen und von Gewölbdiensten getragen, welche auf gleicher Höhe mit jenen Ringen von Consolen an Wandpilastern aufsteigen. Die Chor-nische hat eine ungewöhnliche Höhe, indem ihr Umfang etwa drei Viertel eines Kreises enthält, also gewissermaßen einen hufeisenförmigen Bogen beschreibt und sich über die Breite des Mittelschiffes erweitert. Die Fenster des Langhauses sind dicht unter den Schildbögen als vierblätterige Rosen angebracht, offenbar, um bei der geringen Höhe des Gebäudes das Licht mehr von oben zu erhalten. Die durch die Schaftringe der Säulen und die Consolen an den Wänden angedeutete Linie wiederholt sich im Chore als Gesims der Fensterbrüstung, die Rippen sind noch rund pro-filirt, der Spitzbogen findet nirgends eine Stelle, es läßt sich mithin keine Spur der Einwirkung des gothischen Stils aufzeigen, aber das ganze kleine Gebäude macht schon den Eindruck des Heitern und Schlanken, der diesen Stil sonst von romanischen Bauten unterscheidet. Wir werden nicht irren, wenn wir es in die ersten Jahre des 13. Jahrhunderts versetzen."

Die innern Schönheiten der Kirche erhöhten die Wandmalereien, welche der Universitätsmaler Höhe unter der Tünche im Jahre 1845 zuerst entdeckte, und durch Copieen der Vergessenheit entrissen hat[2]).

Es waren im Ganzen 65 Bilder und zwar vierzehn an der Decke des Mittelschiffs, acht an der Decke des Mittelchors, an den Seitenwänden desselben fünf, wovon zwei in kleinen Nischen zur Rechten und zur Linken. Die beiden Seitenchörchen enthielten zusammen zwanzig Bilder. An den

---

[1]) Schnaase, Geschichte der bildenden Künste im M. A., 3 B. 259 f. 1872.

[2]) Nach den Originalaufnahmen hat Höhe die Bilder mehrfach vervielfältigt, welche sich zum Theil in der Sammlung der Handzeichnungen des Berliner Museums, zum Theil in Privatbesitz befinden. Das Verdienst, die Bilder zuerst eingehend beschrieben zu haben, gebührt Herrn Schnaase. Rheinisches Jahrbuch von G. Kinkel 1847. Domblatt 1847, Nr. 24.

(drei) Seitenwänden befanden sich achtzehn einzelne Figuren, an fünf Fuß sechs Zoll hoch.

„Entsprechend dem jugendlich schlanken Baustil der Kirche nehmen auch die bildlichen Figuren den Charakter der Schlankheit und Jugendlichkeit an, aber der Ernst der (dem 13. Jahrhundert angehörigen) Gemälde tritt nicht gegen die ältere Auffassung zurück. In cyklischem Zusammenhang gliedern sich das Leben Jesu an den Chorwänden, die Passion und die Wiederkunft des Herrn und die zukünftigen (letzten) Dinge an der Gewölbedecke als einheitlicher Gedanke. In reicher und dramatischer Weise gelangt derselbe zur Anschauung." Außer dem in innerm Zusammenhang stehenden Bildercyklus, beginnend mit der Verkündigung, Visitation, der Geburt des Heilandes und der Anbetung der h. Dreikönige, und endigend nach dem letzten Gerichte in der Gewölbedecke mit der ewigen Anbetung des Lammes, waren in den Gewölbefeldern und an den Fensterwänden der Seitenchöre Einzel-Darstellungen angebracht, theils Scenen aus dem Leben Jesu und Maria's, theils Figuren von Heiligen, welche in näherer Beziehung zum Ritter-Orden stehen.

„In der Chordecke befanden sich an den Seitenwänden statuarische Heilige, u. a. die h. Elisabeth und die h. Katharina, welche als Patroninnen des Deutschordens an verschiedenen Stellen der Decke und in Spitzbogen-Nischen wiederkehren. Der blaue Hintergrund der Malereien wird durch Hinzufügung goldener Sterne zum Himmelszelt gehoben. Die Gewänder ahmen schon der Zeittracht Musterung und Goldbrocat nach"[1]).

Franz Kugler rühmt an den Figuren „das feine Oval der Köpfe, den Ausdruck der Geberden und ganz besonders den Gesammtumriß der Körper, von lebendigem Sinn für Schönheit und Anmuth zeugend. „Die schwebende Haltung mancher Gestalten, die Innigkeit der Flehenden und Anbetenden, der freie Schwung in den Gewändern, ja, die leicht hingeworfene Ausführung selbst verleihen den Malereien einen Reiz, welcher den Werken der (mehr) entwickelten Zeit nicht selten abgeht"[2]).

Leider war bei der Aufnahme der Copieen ein Theil der Malerei im Gewölbe des Mittelschiffes vernichtet. Die vom Architekten Lambris angefertigten Zeichnungen bedecken nicht die Hälfte der Gewölbefelder, während Schnaase der Ansicht ist, daß sie alle mit Malereien geschmückt waren[3]).

Nachdem das Gotteshaus im Jahre 1842 durch Brand das Dach verloren hatte, und die dazu gehörigen Ordensgebäude bis auf ein Portal im Mauerbering schon früher abgebrochen worden waren, beschloß der

---

[1]) Ernst aus'm Werth, Wandmalereien des Mittelalters, Seite 20.
[2]) Dr. Franz Kugler, Handbuch der Geschichte der Malerei. Berlin 1847. I, S. 191.
[3]) Kunstgeschichte, 2. Aufl. VI, S. 382.

Besitzer, Fürst Salm, im Jahre 1844, die Kapelle als nutzlose Ruine niederzulegen. Da trat der Königliche Bauinspector von Lassaulx zur Zeit der höchsten Gefahr in's Mittel und setzte seine ganze Kraft und Entschiedenheit ein für die Erhaltung des bewunderten Kunstdenkmals. Mit aller Mühe gelang es ihm, den Abbruch zu verhindern, und nachdem viele andere Kunstfreunde die Erhaltung befürwortet, auch des Königs Majestät Friedrich Wilhelm IV. denselben Wunsch auszudrücken geruht hatte, fand auf Lassaulx' Vorschlag die Uebertragung auf den Kirchhof der Stadt Bonn, als der passendsten Stelle zu kirchlicher Benutzung, im Jahre 1847 statt.

Fürst Salm, mit der Versetzung zufrieden, gab zu den Kosten einen Beitrag von 600 Thalern, der König das Doppelte; eine Subscription brachte einige hundert Thaler ein, und die Stadt Bonn übernahm das Fehlende an den zu 2800 Thaler veranschlagten Baukosten. Stadtbaumeister Werner übernahm unter Mitwirkung Lassaulx' die Leitung des Baues. So ist der Neubau genau in Form und Dimension des alten, mit Gottes Hülfe glücklich vollendet worden [1]).

Ueber dem Eingang befindet sich eine Platte mit der Inschrift:

SACELLVM
RAMERSDORFIO HVC TRANSLATVM
1847.

Die Kapelle hat im Jahre 1854 kunstvolle Glasgemälde in den drei Chornischen aus München erhalten. Im Hauptchor zeigen die drei Fenster links vom Beschauer die Verkündigung, rechts die Aufopferung Jesu im Tempel, und in der Mitte die Auferstehung.

Das Seitenchor zur Linken hat ein Fenster mit dem Bilde der Geburt Christi, und das zur Rechten diesem entsprechend die mater dolorosa mit Ecce homo.

Die Geburt Christi ist das Geschenk von Sulpiz Boisserée, alle andern Darstellungen tragen den Namen der Stifterin: Mechtildis Boisserée, geborene Rapp, mit der Jahreszahl 1854. Die Bilder sind mit aller Feinheit und Anmuth moderner Kunst ausgestattet, und der Würde und Erhabenheit des Gegenstandes angepaßt.

---

[1]) Lassaulx, Bausteine, 1847, S. 11. Die letzte Bemerkung ist zu beschränken. Es hat an der Südseite der Kapelle dicht am Seitenchor nach Lassaulx ein Thurm gestanden, worin sich die Sacristei befand, der aber schon vor der Uebertragung (im J. 1844) zerstört war. l. c. S. 10.

Anmerkungen zu Ramersdorf

Siedlungen:
Alaunhütte Fuchskaule, Trajekt, Zementfabrik: siehe Faksimile - Seite 259 („Holtorf").
Vikarie Ramersdorf:
(Richterhaus, Kloster): siehe Faksimile - Seite 255 f und 274 („Küdinghoven").
Fränkische Gräber:
auf dem Zementfabrikgelände: siehe Faksimile - Seite 355 f („Oberkassel").

Zu Faksimile - Seite 276
Ergänzung:
(Der Name Ramersdorf)
Erste Erwähnungen erfolgten in karolingischer Zeit („Ramerstorph"), dann 966 „Rameresdorf", 1135 „Remerstorf" und 1246 „Rameresdorp"; die heutige Form „Ramersdorf" erscheint zum ersten Mal 1814. - Es überwiegt die Deutung, die dem Dorfnamen mit Ramhari oder Ramheri einen fränkischen Personennamen zugrundelegt, Kurzform von Hrabanheri oder Hrabanahari. – *Siehe dazu auch Anmerkung zu Faksimile - Seite 128, („Vilich"). - Siehe auch: Bursch, a.a.O., Seite 85 ff, sowie die Rezension dazu von Derks.*
„Deutschordenskommende"
Nach wie vor ungeklärt sind die Flur- oder wenigstens Gewannbezeichnungen „Goyldberg in den Ramersdorfer Gemarken" und „Kasselsberg bei Obercassel". Während einerseits vieles für den Bereich von Steinerhäuschen bis nördlich des Arboretums Park Härle spricht, auf dem sich der Heisterbacher Besitz („De Steyne Hus" und „Monchobe") befunden hat (*siehe dazu Anmerkung zu Faksimile - Seite 362, „Oberkassel"*), so lässt sich dafür aber auch der Hügel nicht völlig ausschließen, auf dem sich die Kommende befindet, mitsamt der leichten Anhöhe davor mit dem ehemaligen Pfortenanwesen. Denn noch heute wird der hier benachbarte Bereich um die Lindenstraße südlich der Mehlemstraße im Volksmund „Kesselburg" genannt (Kasselburg, Kaystilburg, Kastellburg? – eine „Burg" oder ein befestigtes Haus (Wohnturm) der Herren von Sayn?). Nicht völlig auszuschließen wäre allerdings auch eine Verbindung mit dem Oberkasseler Kirchberg oberhalb des Rheins (Pfarrkirche St. Cäcilia), auf dem immerhin, wenn

Die Kommende vor dem Abbruch der romanischen Kapelle 1846. Lithographie von C. Hohe um 1840.

auch archäologisch kaum mehr nachprüfbar, bereits ein römischer Platz vermutet worden ist (Name -kassel / Castellum).

Zu Faksimile - Seite 277
Das Pfortenanwesen (**Torbogen mit Pfortenhaus**) wurde um 1886/90 von dem neuen Kommende-Eigentümer Albert von Oppenheim (seit 1884) an Stelle des aus dem Mittelalter überkommenen Wirtschaftshofes der Kommende, **„Eichhof"**, errichtet. Dieser befand sich also nicht, wie Maaßen angibt, westlich, sondern südlich der Kommende (Hardtstraße, Ecke Lindenstraße). – *Siehe dazu Anmerkung zu Faksimile - Seite 364 („Oberkassel"); siehe dazu: Bergmann, a.a.O.* - Zugleich entstand für die Wasserversorgung der Kommende an der Königswinterer Straße (heutiger Platz des Kommendekreuzes) ein Tiefbrunnen mit „Pumpenhaus" (bis 1986). - *Siehe dazu Schüller, Deutschordenskommende, a.a.O.*

Die Kommende mit den beiden romanischen Torbogen (rechts) vor dem Umbau von 1885. Auf dem Ennert (rechts) das Foveauxhäuschen. Lithographie von A. Duncker 1868.

Erhalten vom Eichhof ist als einziges ein **Wegekreuz**, das die Eheleute Christian Kemp und Sybilla Schmitz, Pächter des Eichhofs bis etwa 1740 („Eichhalfen"), dort 1730 errichtet haben. Zwei Grabsteine einer späteren Pächterfamilie Velten stehen im Küdinghovener Grabkreuzegarten.

Die **Wassermühle** der Kommende befand sich, bei einem angestauten Teich, bis zum Autobahnbau um 1960/70 im Bereich des nördlich des Kommendegebäudes neu errichteten Straßenabschnitts der Oberkasseler Straße. Von jeher führt der Bach von hier aus aufwärts den Namen Ankerbach, abwärts aber den Namen Keltersbach.

Die **Fischereigrenze** dürfte in der Tat, wie Maaßen annimmt, im Norden bis Beuel, also an die Grenze des Vilicher Ländchens (Bergheimer Fischerbruderschaft) gereicht haben, die dort vom Rhein („Asenweiden") landeinwärts bis Pützchen (Grenzstein am Brünnchen) verlief. - *Siehe dazu Anmerkung zu Faksimile - Seite 127, Fußnote 4 („Vilich").*

Zu Faksimile - Seite 278
Wenn Hennes die **Deutschordensgeschichte** von Ramersdorf nicht berücksichtigt habe (Codex Diplomaticus ordinis Teutonicorum), wie Maaßen bedauernd feststellt, so ist diese seitdem aber beispielsweise von H. Neu 1961 eingehend untersucht worden (a.a.O.).

Missverständlich ist der Hinweis „von den **Truchsessen** zu Ramersdorf gefangen". Gemeint ist die Gefangennahme des Komturs von Reuschenberg 1585 im

Das Kommende-Kreuz von vor 1690 an der Königswinterer Straße. Standort bis 1965.

sogenannten Kölnischen (Reformations-)Krieg, der aus dem Entschluss des Kurfürstenerzbischofs Gebhard II. Truchsess von Waldburg (1577-1584) resultiert (auch „Truchsessischer Krieg"), sein Erzstift zu reformieren, weshalb er als erstes 1582 zum protestantischen Bekenntnis übergetreten ist.

Zu Faksimile - Seite 279
Da der Stifter des **Kommende-Kreuzes** an der Königswinterer Straße, E. G. von Bocholz, 1690 stirbt, kann das Kreuz spätestens in jenem Jahre errichtet worden sein. Ursprünglich weiter nördlich, etwa gegenüber der Einmündung des Weges neben dem Autohaus, wurde es um 1965 an seinen derzeitigen Platz übertragen, mit erneuter geringfügiger Versetzung 2007.

Die Abschrift der Inschrift durch Maaßen ist zu ergänzen:
    EMUNT GOTTFRIED FREYHERR VON BOCHOLZ ... FREIHERR ZU GEMERT, GRAVENRODE UND S. PETER [GE]STORVEN DEN ... APRILIS ... –
Die Vilicher Äbtissin Agnes Adriana Freifrau von Bocholz, Stifterin des Kreuzes von 1693 an der Straße Am Herz-Jesu-Kloster in Pützchen, dürfte eine nahe Verwandte des Komturs sein. - *Siehe Anmerkung zu Faksimile - Seite 148 ("Vilich").*

Zu Seite 281 - 283
„Die St. Georgskapelle" (auf dem Alten Friedhof in Bonn)
Der „Friedhof zu Bonn" ist der sogenannte Alte Friedhof an der Bornheimer Straße. Beim Wiederaufbau wird das Südportal durch einen achsialen Eingang im Westen ersetzt, während auf die Rekonstruktion des Glockenturms ganz verzichtet wird. Der Universitätsmaler ist Christian Hohe (1798-1868). Seine Zeichnungen werden 1901 von Ernst aus´m Weerth publiziert.

Die romanische Kapelle der Deutschordenskommende, seit 1847 auf dem Alten Friedhof in Bonn. Nach einer Lithographie wohl von A. Henry um 1850.

Der Text auf der Inschriftenplatte lautet in deutscher Übersetzung:
    Diese Kapelle wurde von Ramersdorf hierher übertragen, 1847.
Die kriegszerstörten Glasfenster von 1854 wurden durch Fenster von Georg Meistermann ersetzt.

Literatur zu Ramersdorf

Achter, Irmingard: *Die Wandmalereien der Kapelle der Deutschordensritter-Kommende Ramersdorf*, in: Herrschaft, Hochgericht + Kirchspiel Küdinghoven. Chronik der Ennert-Orte 1/1958, Bonn 1958, S. 33-45

Bergmann, Andreas: *Die früheren Höfe in Oberkassel* (Heimatv. Bonn-Oberkassel 2) Bonn 1977 (Eichhof, S. 26)

Clemen, Paul: *Die Kunstdenkmäler der Stadt und des Kreises Bonn*, Düsseldorf 1905, S. 327-329

Cremer, Sabine G.: *Die Ramersdorfer Kapelle. Ein Beispiel für rhein. Denkmalpflege in der ersten Hälfte des 19. Jh.*, in: Bonner Geschichtsbll. 47/48, Bonn 1998

Gechter, Michael / Müssemeier, Ulrike / Willer, Frank: *Der merowingerzeitl. Friedhof in Bonn-Oberkassel*, in: Horn, G. – u. a.: Fundort Nordrhein-Westfalen. Millionen Jahre Geschichte, Mainz 2000, S. 365-369.

Neu, Heinrich: *Die Deutschordenskommende Ramersdorf. Geschichte eines rhein. Hauses des Deutschen Ritter-Ordens*, Bonn 1961 – zitiert als „Kommende"

Passavanti, Wilhelm (Hrsg.): *Bonner Kirchen und Kapellen*, Bonn 1989, S. 198 (W. Geis)

Hoschützky, Arnold / Müller, Claus: *Die Aktie der Bonner Bergwerks- u. Hütten-Verein AG. Spiegelbild des Wirkens der Familie Bleibtreu im Bonner Raum* - siehe: Holtorf

Schüller, Christian: *Die Deutschordenskommende Ramersdorf. Anmerkungen zu ihrer Baugesch. u. zu ihrem Schicksal im 19. u. 20. Jh.* (Beitr. zu Denkmal u. Geschichte im Rechtsrhein. Bonn 4) Bonn 1988 – zitiert als „Kommende"

Obercassel.

Obercassel, circa fünf Kilometer oberhalb Beuel am Rhein und an den Ausläufern des Siebengebirges, mit Eisenbahnstation und Rhein-Traject nach Bonn, ist Sitz der gleichnamigen Bürgermeisterei, wozu noch die Gemeinden Ober- und Niederdollendorf und Heisterbacherrott gehören, im Amtsgerichtsbezirk Königswinter.

Die Pfarre Obercassel mit den 10—15 Minuten entfernten Ortschaften Hosterbach, Büchel, Berghoven und Broich zählt 1592 katholische, 280 protestantische, 12 jüdische, zusammen 1884 Einwohner gegen 709 im Jahre 1861. Die Zunahme erklärt sich durch die Steinbrüche (Basalt), die großartige, in der Pfarre Küdinghofen, aber näher bei Obercassel gelegene Cementfabrik und die leichten Verkehrsmittel.

Der Name Obercassel im Gegensatz zu Niedercassel erklärt sich aus einer alten Kriegsbefestigung (castellum).

„Ober- und Niedercassel," schreibt Ritter, „gehörten zu jenen fünfzig Burgen, welche Drusus zur Beschützung des Rheinlandes hat errichten lassen[1]). Die beiden Castelle, das eine oberhalb, das andere in gleicher Entfernung unterhalb der Siegmündung, hatten ihre Bedeutung für Bonn und die römische Flotte, welche zur Zeit dem Bonner Castrum gegenüber gegen feindliche Angriffe von der rechten Rheinseite operirte. Die Flotte mit dem Hafen an der Siegmündung besaß in Ober- und Niedercassel vortreffliche Schutzwehren am rechten Rheinufer, welche der am linken Ufer bei Bonn in der Art entsprachen, daß von vier Punkten Hülfe dahin eilen konnte, wo Feindeshände diese Werke anzugreifen wagten"[2]).

Die neuesten Forschungen des Obersten Wulff haben bisher folgendes Resultat erzielt[3]). „Obercassel hat nur einen Punkt, welcher beim Aufsuchen des römischen Castells in's Auge zu fassen wäre, den Platz, auf welchem die katholische Kirche inmitten des Friedhofes steht. Der alte Kirchthurm, wahrscheinlich aus dem 12. Jahrhundert stammend, aus Basalt-Bruchsteinen erbaut, vier Meter im Quadrat, macht den Eindruck eines Befestigungsthurmes. Anscheinend ist er auf altem

---

[1]) Bonner Jahrbücher XXXVII, 19. Florus II, 30.
[2]) B. J. l. c. Bonner Festschrift 1868. I 6 ff.
[3]) Nach einem unter der Presse befindlichen Bericht der Bonner Jahrbücher, Heft LXXXIX.

Mauerguß=Fundament errichtet, im Munde des Volkes heißt er Römer=
thurm" [1]). Des Weitern berichtet Herr Wulff über bedeutsame Funda=
mentirungen, welche sich im letzten Januar beim Ausschachten des Kellers
der im Bau begriffenen neuen Pfarrwohnung hart südlich des Kirchhofs
vorfanden. „Auf 1½ Meter Tiefe zeigte sich eine regellose Masse von
kleinen Basalt=Bruchsteinen, untermischt mit grobem Kies und durchsetzt
mit Mörtel. Erst nahe der Bausohle trat regelrechte Fundamentirung
zu Tage, aus großen Basaltsteinen bestehend, ohne Mörtelverbindung."
„Ueber das muthmaßliche Alter dieser Fundamente geben die über zwei
Meter tief im Mörtelschutt meist von mir selbst aufgelesenen, sowohl
früher wie späterer Zeit angehörenden Scherben roh gearbeiteter Gefäße
von rother, blaugrauer und weißer Farbe einigen Ansatz. Hoch inter=
essant ist das ebenfalls von mir tief im Fundament gefundene, zweifel=
los römische, zwei Centimeter dicke Ziegelfragment mit eingeritzter Figur
und (räthselhafter) Inschrift. . . .

„Die ganze Anlage hat auf mich den Eindruck gemacht, als ob das
hier vermuthlich bestandene römische Castell ursprünglich ohne Mauer=
werk gewesen, möglicherweise schon zu den von Drusus am Rhein er=
bauten 50 Castellen gehörig, und erst in spätrömischer Zeit mit flüchtig
und schlecht gearbeiteten Mauern und Thürmen versehen worden sei,
welche dann bei dem wiederholten fränkischen Ansturm leicht der Zer=
störung anheimfielen."

Die meisten Alterthumsfunde in Obercassel stammen aus christlich=
fränkischer Zeit. Professor Dr. Schaaffhausen berichtet über Reihengräber,
welche im Jahre 1874 neben der Cementfabrik bei Obercassel entdeckt worden
sind: „Sie bestehen aus Basaltplatten, welche ohne Mörtel sowohl die
Seitenwände als die Decke des Grabes bilden. In einem Grabe war
die rechte Seitenwand durch aufrecht stehende Platten, die linke durch
übereinander gelegte kleinere Basalte hergestellt. Die Länge des Grab=
raumes war 2,17 Meter, die Breite 57 Cm. Das Gesicht des Todten
war nach Osten gerichtet. Eine früher 40 Schritte von hier nach dem
Rheine zu gefundene goldene Fibula mit eingesetzten Steinen, im Grabe
mit derselben ein Schwert, farbige Thonperlen, kupferne Ringe von etwa
zwei Zoll Durchmesser und eine kupferne Platte mit der Figur eines
lateinischen Kreuzes läßt vermuthen, daß die Gräber aus dem fünften
bis achten Jahrhundert sind. In vier geöffneten Gräbern, von denen
eins zwei Todte barg, fanden sich nur zerstörte Knochenreste und durch
Rost ganz unkenntliche Stücke von Eisenwaffen. An der Seite eines
Todten lag ein Schwert von anderthalb Fuß Länge. Die Schädelknochen

---

[1]) General von Veith vermuthet unter dem Thurm der Kirche die Fundamente eines
römischen Wartthurmes.

zeichnen sich durch ihre Dicke aus. Es gelang, einen Schädel in Bruchstücken zu gewinnen, der die gewöhnliche germanische Form hatte und die damals nicht seltene Stirnnaht zeigte [1]).

Bis Ende des 18. Jahrhunderts gehörte Obercassel unter das Gericht von Oberdollendorf im bergischen Amte Löwenburg.

Godart von Bonn und dessen Gemahlin Philippa von Jülich verkaufen das Kirspel Obercassel mit Honrath, Altenrath, Sieglar und Rheidt dem Grafen Wilhelm von Berg und Ravensberg, Godart's Schwager. Durch Vertrag vom 6. Januar 1363 wird genannten Eheleuten gestattet, die verkauften Dörfer binnen Jahresfrist rückkaufen zu dürfen [2]). Der Rückkauf erfolgte. Johann von Loen, Herr zu Jülich, Heinsberg und Löwenburg, stellt dem Erzbischof Dietrich von Köln, welcher die Herrlichkeit Gruyterode aus dem Lehnsverbande entlassen hat, die Dörfer Obercassel, Rheidt, Sieglar und Rodenkirchen zu Lehen mit Herrlichkeit, Gericht, Mannen, Burgmannen, Leuten, Landen, Höfen, Büschen, Aeckern, Jägereien, Fischereien, Mühlen, Schatzungen, Diensten und andern Zubehörungen, und nimmt diese Dörfer wiederum vom Erzbischof zu Lehen, 1432, 6. Juli [3]).

„Des Dorfs Ober-Cassel Gerechtigkeit" des Fahrs

zu Bonn und Beuel bestand nach dem Weisthum also [4]):

„Es ist Gebrauch nach Gerechtigkeit des Dorfs Obercassel, daß die Nachbaren auf Allerseelentag Geding halten und Macht haben, einen Bürgermeister ab- und anzusetzen." Der alsdann eingesetzte Bürgermeister ist schuldig, den ehrsamen Fahrmeistern am ersten Sonntag vor oder nach St. Martini ein kostenfreies Essen zu geben. Im Verhinderungsfalle hat der Bürgermeister einen andern Tag zu bestimmen. Zu dem Essen erscheinen zwei Fahrmeister und ein Knecht, zwei Fahrerben, einer der ältesten und einer der jüngsten. Der älteste soll „die Gerechtigkeit des Fahrs erzählen" und der jüngste zuhören und behalten helfen, auch zwei Nachbars Männer, der ältesten und der jüngsten einer, sollen zuhören, helfen behalten und die Gerichtsbarkeit vollziehen; soll auch haben einen Scheffen, so einer im Kirspel ist, den Herrn Pastor und den Offermann. Der Herr Pastor soll gratias beten, der Offermann die Kerzen schneuzen, ein Nachbar Schütze soll die Birnen braten, ein anderer die Kohlen schütten. Will dann der Bürgermeister einen Nachbar oder zwei aus gutem Willen dazu laden, so steht's ihm frei.

---

[1]) Bonner Jahrb. LVIII 218—19.
[2]) Lac. III 634, S. 534. — [3]) l. c. IV 205, S. 235.
[4]) Annalen d. h. V. XV 156—159. Text in abgekürzter Form.

„Am bestimmten Tage sollen die ehrsamen Fahrmeister von Bonn und Beuel auf Einladen des Bürgermeisters erscheinen und in Cassel in die Kirche gehen, wie von Alters gebräuchlich, den Gottesdienst und das Wort Gottes anhören und demnach zum Bürgermeister in's Haus kommen, der Bürgermeister die ehrsamen Fahrmeister willkommen heißen mit Hand und Mund, und soll sie setzen an einen Ort, wo es nicht zu kalt, auch nicht zu warm ist, und die Tafel decken mit reinen Laken, darauf setzen einen »schmeckigen Wein und reine Pötte«, dabei Salz, Teller, Brod, Weißbrod von Anfang bis zu Ende, dürres Fleisch, Erbsen, Grünfleisch mit Kappes oder was zeitig ist, auch Mostert, Gebrat (Sauce?) und Pfeffer, Käs und Butter, zu jedem Gericht frische Teller." Eine wahrhaft homerische Schilderung, die wir nicht weiter ausspinnen wollen.

Nach der Mahlzeit wird Rechnung gehalten mit den Nachbaren wegen der Fähre. Jeder Einwohner von Obercassel und Römlinghofen, der jährlich einen Morgen Landes besäet, hat als jährliches Fahrgeld den Fahrmännern zur Erntezeit eine gute Garbe Korn zu liefern, wer keinen Morgen besäet, oder der Hausarme zahlt im Ganzen einen Raderschilling, den die Schützen erheben und am Tage des Gedings in Rechnung bringen. Die von Obercassel wie die von Römlinghofen sollen bei Eisgang oder Hochwasser halbes Fahrgeld zahlen. Wird es dem Einen oder Andern nachgelassen, so hat er dafür zu danken.

Die Nachbaren zu Obercassel erkennen „den Fahrern zu Bonn und Beuel, und sonst Niemanden, das Recht, zu schiffen und für Bonn zu laden von der Dürnenbach[1]) bis an die alte Sehe (Sieg), und wenn Einer es wagen sollte, binnen gemeldeten Stellen zu schiffen, was zu Bonn ausgeladen werden soll, ohne der Fährer Rath und Willen, alsdann sollen die Fahrmeister den Bürgermeister zu Obercassel anzusprechen die Macht haben, die Glocken läuten zu lassen, und die Nachbaren mit ihrem besten Gewehr den Fahrern zu ihrem Rechte verhelfen.

„Dagegen sind die ehrsamen Fährer zu Bonn und Beuel schuldig, den Nachbaren zu Obercassel und Römmelkofen jeden Mittwoch[2]) und Samstag ein reines trockenes Fährschiff zu Obercassel an der Kirche[3]) bereit zu halten und daselbst sie einzunehmen für ein Altmürchen[4]) und nach Bonn zu fahren und an der Fährgasse[5]) freiwillig auszulassen.

---

[1]) Der Dürnenbach = Dürrenbach fließt von der zu Oberdollendorf gehörigen Ortschaft Römlinghofen in den Rhein.
[2]) Im Original „Gutestag".
[3]) In der Nähe der Kirche ist die geeignetste Stelle zum Landen und seitwärts die bequemste in das Dorf führende Fahrgasse.
[4]) Kleine Münze.
[5]) Die Fährgasse war an der heutigen Giergasse.

„Wenn sie dann Markt gehalten haben und zurückkommen, so sollen die ehrsamen Fährer oder deren Diener dieselben gutwillig einnehmen, wieder über den Rhein zurück oder an ihre Kirche fahren und unverletzt auf's Land und nach Hause gehen lassen."

Das Fährschiff bot freies Asyl. Nämlich, „wann es Sache wäre, daß Einer von Obercassel oder Römmelkofen sich vergreifen sollte oder unversehens in Unglück käme, z. B. sich gegen den Landesfürsten vergangen hätte, und könnte drei Fuß auf der Fährer Schiffung oder Boot kommen, soll er so frei sein, als wenn Ihro kayserliche Majestät ihn gefreyet und in Schutz genommen hätten.

„Wenn Einer von Obercassel oder Römmelkofen von der Nacht überfallen oder durch Nothfall eilfertig hinüber müßte, und der Fährer Niemanden rechtzeitig zur Hand hätte, soll er den Fahrnachen mit den geringsten Kösten (selbst) losmachen und überfahren, den Nachen in gutes Verwahr nehmen und einen Raderschilling alb. in den Nachen legen; damit soll er allen Schaden bezahlt haben."

„Wenn dann dieses also geschehen und erzählt ist, so soll der Bürgermeister ein Tuch quer über den Tisch decken, darauf Teller, Brod, Weißbrod und Salz stellen, auch ein gebratenes Huhn mit seinen Sporen, »wie es auf dem Miste gegangen hat«; das sollen die Fahrmeister nach ihrem Gefallen theilen, dabei »Gebrat« und Pfeffer, gebratene Birnen, Käs und Butter, und was sonst des Bürgermeisters guter Wille ist. — Wenn die Mahlzeit auf und gehalten, der Herr Pastor nochmals das gratias gesprochen, und alles richtig beschlossen und die ehrsamen Fahrmeister von Bonn und Beuel gemeint sind, daß sie nach dem Rhein ihres Fahrnachens gesinnen, so soll der Bürgermeister mit einer Kanne Weins bis in ihren Fahrnachen Geleit thun, und von den ehrsamen Fahrmeistern einen lieblich- und freundlichen Abschied machen und sie befehlen in den gnädigen Schutz und Schirm des Allerhöchsten, daß sie das nächste Jahr wiederum mit Gott, Ehren und Gesundheit mögen zusammenkommen, das verleihen wolle der getreue Gott. Amen."

Erzbischof Heinrich von Köln verordnet[1]) im Jahr 1325 am Vorabend des Festes Petri Kettenfeier: „In der Stadt Bonn sollen zwanzig dem Erzbischof verpflichtete erbliche Schiffer sein, Uns vereidigte Diener, welche außer Uns keinen andern Vorgesetzten haben, der ihnen gebieten könnte. Die Schiffer, und sonst Niemand, sollen frei und ermächtigt sein, den Rhein von der Dürrenbach, Plittersdorf gegenüber, oberhalb des Dorfes Cassele, bis an die sogenannte alte Sieg (alde Seyge) bei Mondorf zu fahren. Innerhalb dieser beiden Grenzorte darf kein

---

[1]) Annalen d. h. V. XV 160. Lac. Archiv. II 309.

anderer Schiffer, oder wer auch immer es sein mag, weder hin noch zurückfahren; wofern Jemand dem zuwiderhandeln sollte, so geben wir den berechtigten Schiffern das Recht, die Schiffe der Freveler an sich zu nehmen, zu zertrümmern und zu zerschneiden; ein Drittel davon soll unserm Beamten oder Meyer, zwei Drittel den Schiffern zufallen. Die Schiffer haben unserm Schiffsbeamten jährlich am Feste des h. Martinus die Renten auf unsern Hof zu Merhusen[1]) im Betrag von 12 Schillingen kölnisch zu liefern. Dieselben sind verpflichtet, wenn wir oder unsere Nachfolger eine Rheinfahrt auf- oder abwärts anstellen, uns und unsere Begleitung mit fünf sogenannten Fährschiffen (Verschiff) und zehn Frachtschiffen (Vlotschiff), jedoch auf unsere Kosten, zu befördern, und wenn wir oder unsere Nachfolger mittels Rheinboot außer der Diöcese reisen und den Schiffern der Fahrweg nicht bekannt ist, so werden wir ihnen des Rheinbetts kundige Männer zugesellen, ebenfalls auf unsere Kosten; bei der Rückfahrt bis Bonn werden die Schiffer auch die schuldige und angemessene Zahlung erhalten. Wird eine von uns zur Aufbewahrung den Schiffern anvertraute Sache entwendet, so sind dieselben auf ihren Eid verpflichtet, uns oder unsern Beamten den Vorfall in Treue zu offenbaren, sei es, daß sie dazu aufgefordert werden oder nicht. Die Schiffer werden zur Anerkennung ihrer Dienstleistungen und zum Beweise unserer Gewogenheit (familiaritatis) jedes Jahr drei Mal, wenn wir unsern Freunden ein festliches Mahl geben, an demselben als unsere Diener theilnehmen."

Diese Gerechtsame wurden bestätigt von Erzbischof Walram am Donnerstag nach dem Feste des Bischofs Remigius des Jahres 1335, von Erzbischof Ruprecht am achten Tage nach demselben Feste im Jahre 1463[2]) und blieben seitdem noch zwei volle Jahrhunderte in Kraft.

Dann aber befahl Erzbischof Maximilian Heinrich, nachdem er die alten Privilegien der Fähre für Schwarz-Rheindorf, Obercassel und Römlinghofen unter dem 27. August 1665 aufgehoben, den Fahrberechtigten, eine Schiffbrücke oberhalb des neuen Thurms zu Bonn und anderseits Rheindorf anzulegen. Als die Fährer sich dessen weigerten, drohte der Kurfürst, die Brücke selbst zu bauen und die Erträge einzuziehen (27. August 1670)[3]).

---

[1]) Hof Merhusen mit Schöffengericht und Schultheißen in Bonn. Vgl. Bonner Festschrift 1868. IV, 20 u. 30. v. Merhausen ist auch angeblich der Name eines ehemaligen Besitzers des Burghofes am Weier in der Zippergasse zu Obercassel, dessen Ruinen sich auf Manneshöhe in den letzten Jahrzehnten noch vorfanden.

[2]) Lac. Archiv. II 2, S. 310.

[3]) Archiv der Bonner Fähr-(Actien-) Gesellschaft. Nach Vortrag von Dr. Hauptmann.

Im Jahre 1679 gestattete derselbe den Fährern, eine fliegende Brücke, welche die Kaiserlichen im Kriege mit der französischen Besatzung von Bonn hergestellt und später den Fährern geschenkt hatten, zu gebrauchen, mit dem Hinzufügen, daß der Steuerbeamte („Oberkellner") überlegen solle, wie die Sache zur Besserung der kurfürstlichen Gefälle einzurichten sei. Damit waren die alten Fährerrechte auf den Aussterbe-Etat gesetzt.

Mit Erbauung der Schiffbrücke hat die alte Fahrverbindung zwischen Obercassel und Bonn aufgehört. Daher gehört die fernere Geschichte der Bonn-Beueler Fähre auf ein anderes Blatt.

Güter. Der Bischofshof.

Eine der ältesten Besitzungen in Obercassel war das Gut der Gräfin Mechtildis von Sayn. Sie verfügte darüber in einem Codicill zu ihrem Testament vom Jahre 1283: „Ich will und bestimme, daß meine Testaments-Executoren mein Gut zu Reterstorph und mein Gut zu Kassele verkaufen, sei es den Herren vom Dom, sei es meinem Herrn, dem Bischof, und daß man den Erlös (de penninge) für meine Schuld und für meine Seele gebe mit Rath und Geheiß des Priors der Prediger zu Köln, des Bruders Bartholomäus, meines Beichtvaters, des Bruders Gottfried von Duisburg und Herrn Lambrechts, des Unterküsters vom Dom, so wie ich ihnen aufgetragen habe. Im Falle, daß weder der Bischof noch die Herren vom Dom das Gut kaufen wollen, soll man es anderweitig verkaufen" [1]).

Das Gut der Gräfin mag als Erklärung dienen, daß die Herren von Löwenburg (später die von Berg) in Obercassel die Herrschaft führten. Sie waren ja die Erben der Gräfin. Welches aber war das Gut, welches sie dem erzbischöflichen Stuhl bezw. dem Kölner Dom zur Verfügung stellte? Wenn der Name nicht trügt, so war es der Bischofshof [2]), welcher später Eigenthum des Klosters Engelthal in Bonn geworden, aber den alten Namen (Bischofshof) bis in die letzte Zeit behalten hat. In der Volkssprache hat sich derselbe in Buschhof verwandelt [3]).

Der Bischofshof [4]) (Buschhof) neben der Kirche mit Hofgericht, einem Schultheißen und zehn Geschworenen hat seinen Namen „von wegen ihrer

---

[1]) Lac. II 786, S. 463—464. — [2]) Lac., Archiv., VII 2, S. 319 ff.
[3]) Aehnlich wie bei „Buschhofen" im Dekanat Rheinbach, wo ein Bischofshof bestand, der durch die Zusammenkunft Bucer's mit Hermann von Wied eine gewisse Berühmtheit erlangt hat.
[4]) Auszug aus dem Weisthum vom 4. August 1751 in Lac., Archiv, VII 2, 319 ff.

kurfürstlichen Durchlaucht des Erzbischofen von Köln, Herrn des Hofes und seines Gerichts. Das Gericht hatte drei dingliche Tage, und zwar am ersten Montag nach Dreikönigen, nach der Kirchweihe auf St. Petersberg oder weißen Sonntag und nach St. Johann Baptist.

Der Schultheiß spricht, nachdem er das Geding mit Gottes Namen angefangen: „Ihr Geschworenen seid eures gethanen Eides Pflichten ermahnet, daß ihr bei diesem Geding sollt dasjenige vortragen, was diesem freien Hof zuständig[1]) und diesem Geding nöthig ist, sonderlich ob alle churmüdige empfangende Hände (die Inhaber der Hofgüter) noch am Leben sind, oder ob einige churmüdige oder zins- oder pachtschuldige Güter verkauft, vererbt, versplissen . . .; wie man sich gegen alle verhalten soll, welche Zins und Pacht zu rechter Zeit, die zu St. Martini, nicht recht bezichten."

Nach Erledigung dieser Fragen wird das Essen nach Vorschrift des Weisthums gehalten. Die Geschworenen, heißt es, sollen an diesem Tage sich züchtig und still halten; diejenigen, welche sich ungebührlich mit Essen und Trinken oder „sonst unehrlich" betragen, keifen, zanken, fluchen und dergleichen, hat der Schultheiß zu bestrafen.

Die Geschworenen weisen und erklären der ehrwürdigen Hofsfrau[2]) und dem Kloster Engelthal zu Bonn den Bischofshof zu Obercassel als Eigenthum zu; dem „freien" Hof und dessen zeitlicher Herrschaft vier Hauptlehen:

1. Die Commanderie der Deutschordensherren zu Ramersdorf. Bei Abfassung des letzten Weisthums 1751 war Geschworener dieses Lehns Roland Richartz, empfangende Hand des hohen teutschen Ordens Commendeur Freiherr von Belderbusch[3]).
2. Das „geistlich-adelige" Frauenkloster zu Merten an der Sieg. Zu derselben Zeit war Geschworener Heinrich Knip, empfangende Hand Freifräulein von Wolfskehl.
3. Die Abtei Heisterbach, deren Geschworener Konrad Müller, empfangende Hand Pater Franciscus Mohr.
4. Das Kloster Bödingen wegen des Krautscheider Lehns, zur Zeit ohne Geschworenen und ohne Inhaber, weil „in Rechtsstreit zu Wetzlar befangen".

Im Todesfall des Lehn-Inhabers hatten die Erben der „Hoffrau" ein Pferd als Churmut zu leisten, oder nach der Hoffrauen Willkür den Werth desselben; der Hofschultheiß erhielt für Taxirung einen Gold-

---

[1]) Das Original hat: zugegen.
[2]) Abtissin.
[3]) Die Commende hatte einen Hof zu Berghofen bei Obercassel, worauf die Lehnspflicht vermuthlich lastete. Siehe weiter unten.

gulden, ebenfalls einen Goldgulden für die neu empfangende Hand. Für Citation zu der Verhandlung wurden drei Mark an den Boten gezahlt, für Insinuation sechs Albus. Die Geschworenen bezogen für ihre Mitwirkung ihren Wein. So waren alle übrigen Gebühren für Dienstleistung am Gericht und in der Verwaltung im Weisthum festgesetzt[1]).

Der Bischofshof wurde mit andern geistlichen Gütern zu Anfang unseres Jahrhunderts durch den Großherzog von Berg säcularisirt und dem Altgrafen Joseph von Salm-Dick verkauft.

Der Bischofshof ist jetzt im Besitz des Herrn Bauer, welcher ihn angeblich[2]) vom Grafen zur Lippe angekauft hat.

Die Abtei Heisterbach besaß in Obercassel ein Allodialgut, welches die Gräfin Alveradis von Molbach mit allen Zubehörungen, Weinbergen, Baumgärten, bebauten und unbebauten Ländereien, Wäldern, Gewässer, Fischereien, Wiesen, Leibeigenen, wie dieselbe es von ihren Voreltern ererbt und in Besitz gehabt, dem genannten Kloster übertragen hatte. Die Uebertragung geschah kurz nach Errichtung des Klosters zu Anfang des dreizehnten Jahrhunderts[3]).

Edelherr Arnold von Hückeswagen versuchte den Abt und die Brüder des Klosters an der Besitzergreifung der Allodialgüter mit Gewalt zu verhindern, indem er Erbansprüche vorgab. Auf desfallsige Appellation an den päpstlichen Stuhl verordnete Papst Innocenz III. ein Schiedsgericht, bestehend aus dem Kölner Domdekan Konrad, dem Scholastiker C. und dem Canonicus H. vom Andreasstift zu Köln[4]). Da Ritter Arnold auf wiederholte Vorladung nicht erschien, so verhängten die Schiedsrichter die Excommunication über denselben. Hierdurch bewogen, bat er um die Lossprechung, unter eidlicher Versicherung, daß er sich dem richterlichen Urtheil und Befehl unterwerfen wolle; als er aber vom Bann befreit war, beharrte er auf seinen unerwiesenen Ansprüchen und nahm den frühern Standpunkt der Widersetzlichkeit wieder ein. In Folge dessen sprach das Schiedsgericht dem Kloster Heisterbach den rechtlichen Besitz des Allodiums endgültig zu. 1210.

Zum Abschluß kam die Streitsache erst acht Jahre später durch Vermittelung des Erzbischofs Engelbert I., welcher 1218 bekundet, daß er nach Anwendung aller Sorgfalt und Bemühung, unter dem Beistande der göttlichen Gnade, den Edelherrn Arnold sowie dessen Gemahlin Adala und deren Kinder, welche bisher unter seiner Vormundschaft gestanden, bewogen habe, zu Gunsten der Abtei Heisterbach auf das von

---

[1]) Vgl. das Weisthum l. c.
[2]) Gefl. Mittheilung des Kirchenraths-Präsidenten Kniel.
[3]) Annalen d. h. Vereins XVII 211. Bonner Festschrift 1868, IV 13.
[4]) B. Festschrift IV 12.

Arnold widerrechtlich behauptete Allodium von Obercassel zu verzichten[1]). Zu den Besitzungen der Abtei Heisterbach hat Herr Professor Dr. Floß als letztes Andenken seiner litterarischen Thätigkeit vier Urkunden veröffentlicht[2]). Ihr Inhalt ist folgender.

1. Der edle Herr Heinrich von Löwenberg erklärt, von der Abtei Heisterbach eine Strecke Landes und Gehölz neben dem Hofe der Abtei in Cassel zur Benutzung als Wildpark auf Lebenszeit erhalten zu haben. 1335 Februar 22. Die Entnahme von Holz zu den verschiedenen Wirthschaftszwecken, insbesondere zu Weinbergpfählen, wird ausdrücklich der Abtei vorbehalten; das Eigenthumsrecht derselben auf's unzweideutigste anerkannt und gewährleistet. Heinrich erklärt, daß ein schon lange vorhandenes, schweres körperliches Gebrechen ihm die ritterlichen Waffenspiele unmöglich mache, deswegen wolle er Bewegung, Erholung und Zeitvertreib in dem Wildpark suchen, den er in dem zur Benutzung ihm überlassenen Gebüsch anlegen werde[3]).

2. Abt und Convent zu Heisterbach geben in Erbleihe den Weingarten „das Stüffgen" zu Cassel[4]), der zu ihrem Hofe Haistilberg[5]) gehört, und zwei Büsche von vier Morgen am Goldberg in den Ramersdorfer Marken. 1413 November 11. Aus dem „Stüffgen" genannten Weingarten war ein Drittel der Trauben jährlich an die Kelter der Abtei in deren Hof zu liefern. Das „Stüffgen", später dem Pfarrer von Obercassel von der Abtei zur Nutznießung übertragen, wird uns noch als Gegenstand des Streites zwischen der katholischen und protestantischen Kirchenverwaltung begegnen[6]).

3. Abt und Convent von Heisterbach geben siebenzehn Viertel nicht urbares Land am „Steinen Haus" zu Obercassel in Erbpacht, damit es in Weingarten umgewandelt werde. 1566 April 5.

4. Ist ein Revers zu Nr. 3.

An siebenzehn urkundlich benannte Ehepaare werden mit Holz bewachsene Parzellen von einem halben bis zu zwei Viertel Flächenraum, im Ganzen 17 Viertel, unter der Bedingung in Erbpacht gegeben, daß sie in Weinberge umgewandelt werden. Vier Jahre hindurch bleiben die Erbpächter von jeder Leistung frei. Vom fünften Jahre an haben sie eine Geldabgabe, nämlich jährlich zu Martini acht Raderalbus kölnischer

---

[1]) Annalen d. h. V. l. c. V. Festschrift IV 13. Original-Urkunde des Erzbischofs Engelbert befindet sich im Besitz des Herrn H. Lempertz in Köln. Vgl. Ann. d. h. V. XXXVIII 175.

[2]) Annalen d. h. V. XXXVII 177 ff. — [3]) l. c. 187.

[4]) Das „Stüffgen" an der Station der Eisenbahn ist mit dem Eigenthum derselben vereinigt. — [5]) Der „Haistilberg" scheint den Allodialhof zu bezeichnen.

[6]) Reformationswirren unten.

Währung zu entrichten, bei Strafe der Entziehung der betreffenden Parzelle.

Der Besitzstand des Klosters Heisterbach zu Obercassel war im Jahre 1802 auf ein Weingut mit der Hälfte des Ertrags und einige Grundpachten reducirt, welche mit denen zu Oberdollendorf und Heisterbacherrott durchschnittlich 14 Malter Korn und 20 Reichsthaler eintrugen. In dem Vermögensstatus der Abtei, worin diese Angaben verzeichnet sind, ist von dem Allodialgut keine Rede mehr.

Das unter dem Namen „Mönchshof" bekannte Gut auf dem Büchel gehört jetzt dem Matthias Müller, dessen Eltern Pächter des Klosters waren. Als Andenken von Heisterbach steht an der Einfahrt des Hofes ein steinernes Kreuz mit der Aufschrift: „Deo".

Das von der Gräfin Mechtildis (um 1247?) gestiftete Kloster zu Zissendorf bei Blankenberg hatte ein Hofgut zu Obercassel. Johann Herr von Löwenburg befreit dasselbe von jeder Auflage, Gerechtsame oder Dienstleistung, welche ihm oder seinen Nachfolgern in der Herrschaft zustehen mögen, 1288 am Donnerstag nach dem Reinigungsfest der glorreichen Jungfrau [1]). Das Gut, jetzt Eigenthum von Christian Urmacher, welcher es von Herrn von Francq käuflich erwarb, liegt in Flur Hosterbach bei Obercassel.

Der Berghof der Deutschordens-Commende Ramersdorf [2]) wurde nach der Säcularisation von dem Fürsten Salm Dick-Reifferscheid erworben.

Der Eichhof der Commende Ramersdorf im Höhen-Abhang bei Obercassel.

Der Bernsauerhof in der „Bernsauergasse", welche von der Hauptstraße zum Rhein führt, ist im Winter des Jahres 1884 abgebrannt [3]).

Reformationswirren.

Gegen Ende des 16. Jahrhunderts wanderte in Obercassel eine Schaar reformirter Protestanten ein [4]). Da sie bei den katholischen Einwohnern keine Aufnahme fanden, so bauten sie in den waldigen Abhängen der Berge sich Hütten aus Reisern. Von der Aehnlichkeit, welche

---

[1]) Lac. II, S. 202, Note 2.

[2]) Der Hof mit zugehörigen Gütern „bona et curtis dominorum ordinis theutonicorum in Berchoven" kommt 1372 in der Urkunde des Kölner Officials betr. die Einkünfte der Pfarrstelle zu Küdinghofen vor.

[3]) Gefl. Mittheilung des Kirchenvorstands-Präsidenten Herrn Kniel.

[4]) Woher kamen sie? Einige behaupten: „aus Frankreich", zur Zeit, als die Hugenotten mit den Katholiken im Kampfe lagen.

diese Wohnungen mit Schafhürden hatten, soll der Name Hürther herstammen, der noch heute in Obercassel vorkommt.

Die Ankömmlinge bildeten eine reformirte Vereinigung unter Leitung des von der katholischen Kirche abgefallenen Pastors Peter Leiner.

Die holländischen Synoden unterstützten dieselbe durch eine jährliche Spende von 16 Florin. Wiewohl sie eine geringe Minorität der Bevölkerung ausmachten, fünfzehn reformirte Haushaltungen gegen 70 katholische, so verstanden sie es mit Hülfe eines eingedrungenen Predigers, sich zeitweilig in den Besitz der katholischen Pfarrkirche zu setzen. Und da sie sich in derselben nicht behaupten konnten[1]), so haben sie es doch fertig gebracht, das Dotationsgut der katholischen Pfarrstelle an sich zu reißen, und zwar im Widerspruch mit den Reichsgesetzen, im Widerspruch und gegen den Protest der Abtei Vilich, ohne Rücksicht auf den uralten Besitzstand und das Patronat der Abtei, wie auch gegen den Protest des Abtes von Heisterbach, welcher einen Theil des angeblichen Pfarrgutes als Eigenthum seines Klosters reclamirte. Und das konnte geschehen trotz allen zu Gunsten des katholischen Eigenthums entschiedenen Verhandlungen der geistlichen und weltlichen Behörden, trotz allen zu Gunsten der Katholiken sprechenden eidlichen Zeugnissen — unter der katholischen kurpfälzischen Landesregierung.

Wie das alles gekommen, werden wir an der Hand der Thatsachen und Urkunden darlegen.

Daß die katholische Pfarre in Obercassel viele Jahrhunderte bestanden hatte, ehe man von einer reformirten Gemeinde auch nur eine blasse Ahnung hatte, braucht nicht erst bewiesen zu werden. Daß die Pfarrer ebenfalls Jahrhunderte hindurch aus den Gütern und Zehnten der Patronatskirche oder des Stifts Vilich ihre Competenz bezogen, wird der betreffende Status nachweisen. Außerdem hatten sie den Weingarten des Klosters Heisterbach im Stüffgen als besondere Vergünstigung in Nutznießung[2]).

Unter den normalen Verhältnissen des Friedens wäre die Entfremdung eines mit den unantastbarsten Rechtstiteln ausgestatteten Eigenthums undenkbar gewesen. Allein der confessionelle Hader und die Greuel des dreißigjährigen Krieges hatten alle Rechtsbegriffe verwirrt, Raub und Mord herrschten im deutschen Reiche, Unfriede und Zerklüftung in den Gemeinden, und statt der Achtung vor dem ruhigen geheiligten Besitzthum der Haß und die Habgier.

---

[1]) Als die Protestanten sich im Besitz der Kirche nicht behaupten konnten, hielten sie ihren Gottesdienst im Freien, und zwar an der nach ihnen benannten „Geusenbuche" in der Nähe des Mönchshofes. — [2]) Vgl. oben Güter von Heisterbach S. 329.

So war es zur Zeit des dreißigjährigen Krieges auch in Obercassel. Die Leute in Berghofen schlossen sich mit einander zu enger Verbrüderung ab, weil sie im allgemeinen Verkehr den verlorenen Frieden nicht fanden. In diesen traurigen Wirrnissen sollte der Westfälische Friede Ordnung schaffen. Darin war vereinbart, daß Katholiken wie Protestanten im Besitz der Kirchen und Kirchengüter verbleiben sollten, wie sie dieselben im Jahre 1624 besessen hatten. Ob diese Bestimmung auf Recht und Gerechtigkeit beruht, soll hier nicht entschieden werden[1]), wir wollen sie aber als unabänderliche Thatsache annehmen und auf Kirche und Kirchengüter in Obercassel anwenden. Im Jahre 1647, also ein Jahr vor Abschluß des Westfälischen Friedens, hatte der Dechant Petrus Colenius, Pfarrer in Honnef, vor den Schöffen Apollinaris am Seilpütz, Tillmann Rörs und Edmund Weinstock zu Obercassel ein Untersuchungs-Protokoll aufgenommen. Darin heißt es:

1. Die Kirche war vor 1609 und 1612 immer katholisch.

2. Sie wurde von 1606 bis 1611 durch einen Priester des Ordens B. M. V. (der Serviten) zu Trier, dessen Name Martinus, auf Präsentation der Abtissin von Vilich und mit Investitur des Propstes in Bonn verwaltet.

3. Im Jahre 1611 faßten drei rohe Menschen, Hermanns Peter, Daniel Behren und Fritz Plemer Haß gegen Pastor Martinus, weil er den gemeinen Diebstahl von Peter Hermanns' Tochter unvorsichtigerweise aufgedeckt hatte. Sie bereiteten ihm Nachstellungen und gingen in der Verfolgungswuth so weit, daß sie den Pastor aus Kirche und Pfarrwohnung hinauswarfen. Sodann riefen sie gegen den ausdrücklichen Willen der Abtissin von Vilich als Patronin einen reformirten Prädicanten, Johann Lehmann, herbei, der jedoch „bald auf Befehl und öffentliche Edicte der geistlichen und weltlichen Obrigkeit und deren Officiale cassirt und beseitigt wurde".

Ein gerichtliches Untersuchungs-Protokoll gibt als Grund die Absetzung an, daß der Prädicant „sich also verhalten, daß er wegen ausgegossener Blasphemieen Jahr und Tag in Haft gelegen, und die Hand Gottes ihn dergestalt getroffen, daß es schrecklich zu sehen und zu hören gewesen" [2]).

---

[1]) Der Papst hat bekanntlich dem Westfälischen Frieden niemals seine Zustimmung gegeben.
[2]) Die Untersuchung erfolgte am 20. Januar 1648 auf Befehl des Pfalzgrafen von Neuerburg, Herzog zu Jülich-Cleve-Berg, auf Vorladung der Kirchspiels-Unterthanen von Obercassel, Honnef, Sieglar und Mondorf von Seiten des Amtmannes Wilhelm von Zweyffel zu Wahn. Sie erstreckte sich über die schwebenden kirchlichen Angelegenheiten der genannten vier Pfarreien und Küdinghofen.

4. Auf den Eindringling folgte unmittelbar auf Präsentation der Abtissin zu Vilich Petrus Buirmann, Professor zu Heisterbach.

Wir bemerken aus der Bestätigungs-Urkunde des Pfalzgrafen Wolfgang Wilhelm vom 28. September 1624: „Nachdem Vorweiser dieses, Frater Petrus Buirmann, Priester, zum Pastor daselbst präsentirt worden, sich dem gewöhnlichen Examen allhie unterworfen und zu Verwaltung der Seelsorg qualificirt befunden, daß wir ihn darum zum Pastor alda zu Küdinghoven und Obercassel gnädigst admittirt und zugelassen haben. Thun auch solches hiemit und wollen, daß ihm ermelten Petrum Buirmann, als lang er sich erbaulich und seinem Stand gemäß verhalten, auf Vorzeigung gebürlicher Investitur, so er an gehörigem Orten zu gesinnen, zu der Bedienung obgemelter Pfarrer verstattet, ihme alle darzu gehörige Renten und Gefälle folgen lasset, euch auch sonsten gegen ihn, wie sichs gebürt, erweiset, versehen wir uns gnädigst Urkundt unseres hiervor gedrückten Secret-Siegels.

Geben zu Düsseldorff am 28. 7bris anno 1624.

L. S. Aus hochgedachter Ihrer Dl. sonderbaren gnädigst Befehl
gez. Raitz von Frentz"¹).

Es steht demnach authentisch fest, daß der reformirte Prediger Lehmann ohne alle Berechtigung sich eingeschlichen, daß er durch gerichtliches Urtheil der angemaßten Pfarrstelle entsetzt, hingegen der Heisterbacher Priester Peter Buirmann im Jahre 1624 rechtmäßig präsentirter und ernannter Pfarrer²) war und bis 1630, wo er vom Abt nach Heisterbach zurückberufen wurde, geblieben ist.

Dieses bestätigen die seit 1648 vor dem Löwenburger Amtsgericht abgehaltenen zeugeneidlichen Verhöre, worin Katholiken und Protestanten einhellig aussagen, daß Prediger Johann Lehmann im Jahre 1625 abgesetzt war und Peter Buirmann als katholischer Pfarrer eingesetzt worden ist. Zwar sagt des Predigers gleichnamiger Vetter: „Sein Vetter Johannes Lehmann wäre anno 1624 in den Octobri alda Pastor gewesen, damals in Arrest kommen; was auch an Renten gewesen, hätte sein Vetter genossen, wisse auch nit, als daß sein Vetter isto anno die Scholl gehalten."

Also Vetter Lehmann bestätigt, daß der Prediger anno 1624 in Arrest gekommen³), daß er aber bis October Pastor gewesen, ist durch

---

¹) Urkunde im Archiv der Pfarrkirche.
²) Nach einer Aufzeichnung im Archiv hatte Buirmann bereits seit 1619 die Pfarrei interimistisch verwaltet.
³) A. Müller ist also sehr im Irrthum, wenn er (Siegburg und Siegkreis II, 151) schreibt: Johann Lehmann sei im Jahre 1627 von Wolfgang Wilhelm vertrieben worden.

Ernennungs-Urkunde vom 28. September widerlegt. Nun aber entsteht die Frage, wie viele Monate mochten seit der Verurtheilung Lehmann's bis zu der durch alle Instanzen durchgeführten Ernennung Buirmann's verstrichen sein? Also das Zeugniß des Vetters ruht auf schwachen Füßen. Wie es aber mit dem Genuß der Pastoralrenten sich verhielt, das hätte am besten die Abtissin von Vilich beantworten können, in deren Hand es lag, nicht nur den Pfarrer zu präsentiren, sondern auch die Renten zu bewilligen. Wie die Abtissin über die Sache urtheilte, werden wir noch später zu erfahren Gelegenheit haben. Inzwischen lassen wir die Zeugen, und vernehmen ein kurfürstliches Mandat an den Rentmeister (Amtmann) von Löwenburg vom 10. December 1663:

Von Gottes Gnaden Philipp Wilhelm Pfalzgraf bey Rhein, in Bayern, zu Gülich Cleve und Berg Herzog rc. . . .

Lieber Diener. Wir haben unseres geheimen Raths und Ambtmanns daheselbst des von Vellbrück und deinen insgesampt eingeschickten unterthänigsten Bericht (über) den reformirten Prediger, welcher zu Obercassel mit Predigen und Kirchenlehren das Exercitium einzuführen sich unterstehen sollte, empfangen und uns gehorsamst referiren lassen. Nun ist an euerem Bericht und Verrichtung recht geschehen, und weilen sich sonsten aus der von euch angezogenen Zeugen-Kundschaft befindet, daß zu gemelten Obercassel im Jahre 1651 vor damalen Chur-Brandenburg erweckter Kriegsunruhe kein reformirter Prediger gewohnt, so hast du annoch dergleichen nicht zu gestatten, sondern was dessen seithero deme zuwider ganz neuerlich vorgenommen und noch ferner vornehmen wollte, abzuschaffen und alles deme Status gemelten 1651 Jahres hier infalls gemäß halten und dagegen keine Neuerung einschleichen zu lassen. Versehen uns dessen alß gnädigst.

Düsseldorf, den 10. December 1663.

Aus höchstgedachtem Jhrer Churfürstl. Dlt.
sonderbarem gnädigsten Befelch

An Rentmeistern[1])   v. Winkelhausen
zu Lewenburg.   steingen mp.

Aus der kurfürstlichen Entscheidung geht hervor, daß die Reformirten eine Predigerwohnung bis dahin in Obercassel nicht hatten und auf ihr desfallsiges Ersuchen abschlägig beschieden wurden. In einer Sitzung des Amtsgerichts vom 20. April 1664 erneuern sie ihren Antrag und erklären, wegen Ort und Platzes des Predigers sich bei Jhro churfürstlichen Durchlaucht resolution außpringen zu wollen. Unterdessen Herr Dinger (Amtsrichter) nochmals den beiden versammelten Parteien

---

[1]) Der Rentmeister war zugleich Amtmann oder Dinger. Vgl. unter Honnef.

bedeutet, der vorhin ergangenen gnädigsten Verordnung sich zu „bequemen und nicht zu contraveniren".

Die Reformirten, insbesondere der Prediger Adolph Beckmann, hatten sich beschwert, daß die reformirte Gemeinde zu Obercassel und die „zugehörigen Glieder" zu Dollendorf durch eingeführte Neuerungen (!!!) in ihrem Gewissen und exercitio religionis merklich gravirt und beschwert werden, indem man obgemelter Gemeinde und den Gliedern zu Dollendorf auf gewöhnlichen Ortern und Kirchhofe keine Begräbniß noch ihre Todten mit den Glocken zu „beleiden" gestatten wolle, es sei denn, daß ein gewisses Gelt dafür ersetzet werde. Auf diesbezügliche Klageschrift[1]) erließ Pfalzgraf Philipp Wilhelm folgenden Bescheid:

„Dafern die reformirte Gemeinde im Jahr 1651 vor damaligem churbrandenburgischen Einfall in wirklich hergebrachter Uebung gehabt, daß sie ihre Todten auf dem Kirchhof zu Obercassel begraben, und mit Glocke, ohne darob einige Gebühr zu erstatten, beläutet, ihr alsdann denselben auch nunmehr ebener Gestalt gestattet; und weilen sie sich beschwert, daß (die Katholischen) ihre (der Reformirten) Todten zum Grabe begleitende das Kreuz vortragen lassen, solches denselben nicht ferner zuzumuthen sei; daß ihr im Uebrigen gleichwohl die jura stolae wie in vorerwähnter Zeit des Jahres 1651 von besagter Gemeinde einem zeitlichen katholischen Pastoren noch gleichfalls abstatten lasset.

Gegeben zu Düsseldorf, den 22. März 1664"[2]).

In der ad hoc verordneten Gerichtssitzung vom 20. April 1664 erklären die katholischen Deputirten, daß den Reformirten wegen Begräbniß der Todten niemals etwas abgefordert worden sei, gestehen auch, daß (sie) dero Todten begleitet, vordem hingegen wären die Reformirten (auch) mit in die Kirche gegangen und hätten ihr Opfer gethan, auch einem zeitlichen Pastor die Ostereier und Rahmen[3]) gegeben, welches jetzo die Reformirten theils sich weigerten. Die Reformirten hingegen erklären, daß (sie) die Rahmen und Eier hinführo, wie von Alters, geben wollen, auf das Opfern aber könnten sie sich ferner nicht mehr einlassen.

---

[1]) Sie trägt die Unterschrift: Adolphus Beckmann Diener ahn Wort Gottes in der reform. Gemein zu obercaßell.

[2]) Unterschrift: „Winkelhausen". Adresse: „An Beamte zu Lewenberg". Man sieht, daß Pfalzgraf Philipp Wilhelm in seinem Herzogthum den Protestanten über die Beschlüsse des Westfälischen Friedens hinausgehende Concessionen zum Nachtheil der katholischen Unterthanen machte, während sein politischer Gegner, Kurfürst Georg Wilhelm von Brandenburg, erklärte: „Den extraneis (so nannte er die Katholiken), absonderlich in Kurköln, räumen wir nichts ein." Vgl. Die Kölner Kirchengeschichte von Konr. Albr. Ley. 3. Abth., S. 556 ff.

[3]) Rahmen = Weinpfähle und dergleichen.

Ein anderer Streitpunkt war, ob zu Dollendorf „die Todten auf dem Kirchhof zu begraben und zu begleiten nicht gestattet werden wolle, ohne daß ein gewisses an Geld gegeben werde." Die Dollendorfer erwidern, die Reformirten hätten niemals eines Hellers Werth gegeben; sie (die Dollendorfer) hätten allerdings den abgefallenen Reformirten auf dem Kirchhof zu begraben verweigert, wie mit Niklaß Greiff geschehen, so erst katholisch, danach Wiedertäufer und endlich reformirter Religion geworden. Auch hätten vor diesem alle Reformirten ihre Kinder in der Kirche zu Dollendorf taufen lassen, wie auch die Kindbetterinnen jedes Mal durch den katholischen Pastor in der Kirche ausgesegnet, welches etwa vor drei Jahren bei Ankunft des neuen Prädicanten unterblieben sei[1].

Ob in Folge dieser Untersuchung ein neues kurfürstliches Urtheil erfolgt sei, ist in keiner Weise aus den Verhandlungen ersichtlich, wohl aber ergeht neuerdings ein vom 26. Februar 1665 datirter kurfürstlicher Befehl, in dessen Verfolg Dechant Petrus Colenius und Amtsrichter von Lewenberg in sieben Dörfern Zeugenverhör unter protokollarischer Aufnahme anzustellen hatten, gleichsam als ob man erst im Anfange des Streites gestanden, oder alle frühern Aussagen, Protokolle, Entscheidungen an einem capitalen Gebrechen zu Schanden geworden. Die Commissare entledigten sich ihres Auftrages am 24. März 1665 in Ober- und Niederdollendorf, am 27. März in Sieglar, am 31. März in Rheidt, Küdinghofen und Obercassel und am 1. April in Niedercassel. Sämmtliche Untersuchungen hatten kein anderes Resultat, als die frühern seit dem Jahre 1647. Das Ergebniß für Küdinghofen und Obercassel ist durch nachstehendes Protokoll festgestellt:

„Montag den ersten Aprilis des tausend sechshundert und fünf und sechszigsten Jahrs aufs Begehren und Befehl unseres hochwürdigsten Herrn Dechants der Christianität Siegburg, wie dan auch des Edlen Ehrenfesten Herrn Richters des Amts Lewenberg und Herrn Gerichtschreibers von wegen ihnen übertragenen Commission unseres durchlauchtigsten und gnädigsten Landesfürsten und Herrn von wegen der Kirchen zu Oberkassel d. anno 1624 die ältigsten zu befragen, als befinden sich in unserm Kirspel Küdigkofen vier die ältigste, so mit leiblichen Eydschwur und Gewissen bezeugen vor uns Endtsbenannten, daß der Ehr-

---

[1] Das Protokoll in Abschrift ist unterzeichnet von „Joh. Ley, Gerichtsschreiber." Als katholische Deputirte waren anwesend: Gerhard Münster, Pfarrer zu Obercassel, Johann Hoetz, Scheffe zu Dollendorf, Gottertz Theißen, Thiel Mertens, Edmondus Weinstock, Hermann Richartz, Peter Theisen, Johann Mönchshalven, Hermann Roers, Bürgermeister zu Obercassel; auf Seiten der Reformirten: Adolph Beckmann, Prediger, Johannes Kremer, Hubrich Mertens, Hennes Rolands.

würdiger Herr Pater Petrus ordinis S. Bernardi in Heisterbach professi anno sechshundert zwanzig drey im Anfang Augusti unserm Kirspel Küdingkossen bedient mit christlichen Geprauch und Ceremonien, ab anno 1624 ihm auch die Kirch zu Obercassel im Beysein des wohl Edelherrn Amptmanns Stein eröffnet und eingeräumbt worden; weilen aber die reformirter Religion sich widerlegt, Herr Amptmann selbst possession und den Klockenschall geben, und also mit auf Düsseldorf genohmen daselbst sein placitum abgeholt und von der Zeiten die Catholischen in ruhiger possession zu Obercassel verplieben.

Anno, mense et die ut supra.

„Die Katholischen zu Obercassel in ruhiger Possession." Und wie?

Die Antwort gibt der Religionsvergleich, welcher zwischen dem Durchlauchtigsten Fürsten Friedrich Wilhelm, Markgrafen zu Brandenburg, und dem Durchlauchtigsten Fürsten Philipp Wilhelm, Pfalzgrafen bei Rhein usw. über das Religions- und Kirchenwesen in den Herzogthümern Jülich, Cleve und Berg, und in den Grafschaften Mark und Ravensberg am 26. April 1672 zu Kölln an der Spree und am 30. Juli 1673 zu Düsseldorf aufgerichtet worden.

Artikel VI. § 1 dieses von zwei weltlichen Fürsten ohne jede kirchliche Autorität in Religions- und Kirchensachen abgeschlossenen Vergleichs lautet: „Anreichend die Herzogthümer Jülich und Berg da lassen des Herrn Pfalzgrafen Fürstliche Durchlaucht die Augspurgische Confessionsverwandten, sowohl Reformirte als Lutherische, bei denen Exercitiis, Kirchen, Kapellen, Beneficiis, Renthen, Gütern und Einkommen, welche sie bisher innen gehabt . . ."

Artikel VII, § 1 „So viel das Herzogthum Berg angeht, sollen die Augspurgische Konfessionsverwandte reformirter Religion an folgenden (29) Orten die Exercitia publica (öffentliche Religionsübung), Kirchen, Kapellen und Schulen mit den dazu gehörigen Pastoralkirchen, Küsterei- und Schulrenthen, Wieden-Höfen, Vicarien und deren Aufkümsten, inmassen sie solche bis dahin innegehabt, auch künftighin unbeeinträchtigt haben und behalten."

Inmassen sie solche nicht innegehabt, werden sie also consequenter Weise auch künftighin solche nicht besitzen. Behalten kann man ja auch nicht, was man früher nicht hatte. Aber die Sprache ist ja erfunden, um die Gedanken zu verbergen, und da reicht die hausbackene Logik des gesunden Menschenverstandes nicht aus. Unter den 29 Orten, welche den „Augsburgischen Confessions-Verwandten" als Domaine überwiesen werden, steht in dem famosen Religionsvergleich an letzter Stelle: „29 zu Obercassel". In § 4 zu demselben Artikel VII heißt es dann weiter:

Hernächst sollen den Reformirten restituirt werden „die Pastorat=Renthen zu Obercassel." Was heißt restituiren?

Das schienen die Abtissin und sämmtliche Capitularinnen des Stifts Vilich anders zu verstehen wie die Diplomaten. Sie richteten an den Pfalzgrafen Philipp Wilhelm folgende Eingabe:

Durchlauchtigster Fürst, Gnädigster Herr.

Ew. fürstl. Dlt. werden demuthigst zu klagen genöthigt, waß gestalt wir von zeitlichem Pastoren zu Obercassel glaublich berichtet, ob solte wegen einer in anno 1672 zwischen Ihrer fürstlichen Durchlaucht von Brandenburg und Ihro hochfürstl. Dlt. Pfalz=Neuerburg getroffenen Vergleich pagina 30 § 4 unter andern dahin (und zumal unverhört und unberufen) geschlossen sein, der Pastorat zu Obercassel Rhenten sollen restituirt werden als viel nemblig derselbigen die Reformirten anno 1624 in Besitz gehabt.

Nun ist ab der Beylagen lit. A bescheinlig, daß in anno 1624 Petrus Burmann, ein katholischer Priester, nicht allein von damaliger Abtissin des freyadlichen Stiffts Vilich zum Pastoren zu Küdingkoffen und Obercassel präsentirt, sondern auch von Ihro hochfürstliche Durch=laucht Wolfgang Wilhelm höchstseligen Andenkens ad praesentationem debite factam darzu gnädigst admittirt, mehreren Inhaltz lit. A, unan=gesehen, daß man anvertrautes Stift außer allem Zweifel der arths den großen Zehnten zu erheben und dahero zeitliche pastores zu präsen=tiren, denselben die collationes mitzutheilen und competentias zu ver=schaffen von unvordenklichen Jahren her in Besitz gewesen, respective genossen habe, wie annoch verfolglich die Pastorey zu Oberkassel keine andere Rhentgefälle und Güter jemalen gehabt, als welche von unserm Stifft ihren katholischen Priestern ad dies vitae bewilliget und vergün=stiget, so sehen wir nicht, wie per foedus seu pactum inter tertios initum[1]) zum höchsten Nachtheil dahin geschlossen werden könne, daß auch gegen uns und unserer Vorfahren Consens und Willen die etwan einem Pastoren zu Genusse anvertrauten, uns und unserm Stifft aber zuständigen Weingewacks, Rhenten uns und unserer Stiftskirchen, auch denen an der siebenzig zu Obercassel wohnenden Hausgesessen ab und hingegen daselbsten wohnenden nur funffzehn reformirten von Rechts=wegen zugelegt und zuerkannt werden könnten oder solten. Darumb und damit wie billig unseres und unser fryndlichen Stiftskirchen versirende interesse facto tertii laedirt, so viel möglich unserm gut habenden Rechten conservirt und manutenirt werden mögten:

---

[1]) „Durch Bündniß oder Vertrag unter Dritten eingegangen."

Alß gelanget ahn Ewer hochfürstl. Dlt. unsere diemuthigste Bitt, dieselben geruhen nicht allein die anbetretene Exercitien aufzuheben, sondern auch den Catholischen Pastoren bey denen so viele Jahren genossenen Rhenten gnädigst zu manuteniren, wie auch das mir anvertrautes Stifft bey ihren Recht und Gerechtigkeiten künfftigs und gnädigst zu schützen [1]).

Zwei kurfürstliche Commissare, ein brandenburgischer und ein pfälzischer, setzten nach einem der Abtissin von Vilich abgeforderten Verzeichniß am 18. Januar 1683 die sämmtlichen Pastoralrenten von Weingärten, Länderei, „Oelpacht", Büschen, Hühnerpacht amtlich fest.

Zu den Weingärten des Klosters Vilich verordneten die Commissare, auch den der Abtei Heisterbach zugehörigen im „Stüffgen" [2]) aufzunehmen. Dieses veranlaßte den Abt Gottfried, in ähnlicher Weise wie die Abtissin zu protestiren. „Es ist offenbar und außer allem Zweifel," schreibt der Abt, 1. „daß solcher Morgen (das war die Größe) Grund unserm Kloster Heisterbach erb= und eigenthümlich gehört, und zeitlicher Pastor uns jährlich eine sichere Pacht davon zu zahlen schuldig ist; 2. daß derselbe Wingartsgrund weder im Jahre 1624, weder zuvor bei den Pastoratsgütern oder im Besitz und Genuß eines Pastors daselbst (in Obercassel) gewesen ist . . .; 3. wiewohl im Jahre 1628 nach Ausweis der Beilagen dem damaligen Pastor Peter Burmann, so ein Geistlicher unseres Ordens und Profeß unseres Klosters war, solcher zur Verbesserung seiner Competenz auf sein »pittliches Anhalten« beigelegt, auch bisher den Nachfolgern in Händen gelassen worden" u. s. w. „Demnach," so schließt das Actenstück, „gelangt an Ew. hochfürstl. Dlt. die demüthigste Ansuchung, gnädigst geruhen zu wollen, dem katholischen Pastoren bei solchen Ort zu conserviren und gegen alle Störung und Eingriffe der Reformirten oder deren Prädicanten zu manuteniren und mächtig zu schützen."

---

[1]) Datum fehlt. Nachträglich seien hier noch die Zeugnisse erwähnt, welche in erneuter Verhandlung vom 30. April 1682 unter Amtmann von Frankenberg zu Oberdollendorf aufgenommen wurden. Als Zeugen traten 15 der ältesten Personen aus Obercassel, Ober- und Niederdollendorf auf, deren wir nur einige vernehmen wollen. Zeuge Theiß Tives: „Der reformirte Prediger, genannt Lehman, hat 1624 im Busch gepredigt." — Wallraf Drachen, an 60 Jahre alt, dessen Eltern reformirten Glaubens gewesen, sagt aus, daß um das Jahr 1624 die Katholischen die Obercasseler Kirch sampt deren Renten inne gehabt, die Reformirten ihre Lehr hin und wieder im Busch und in Häusern heimlich gehalten. — Jacob Beß: „Im Jahr 1624 hat Petrus Burmann, Pastor zu Obercassel, die Kirchenrenten genossen. Die Reformirten hatten ihre Lehr im Busch (daher der Name Geusenbusch) hin und wieder gehalten; er (Zeuge) wäre damals ein junger Fend gewesen und hätte sie mit seinen Gesellen oftmalen belaustert, welches sie sehr gehaßt." Die übrigen Zeugen bestätigen durchgehends dasselbe.

[2]) S. Annalen d. h. V. XXXVII 180, wo das alte Besitzthum der Abtei erwiesen ist. Vgl. oben S. 329.

Der Abt war der Meinung, falls seinem Protest keine Folge gegeben würde, das fragliche Gut als Eigenthum des Klosters Heisterbach einziehen zu können. Allein er täuschte sich. Seine Beschwerdeschrift hatte denselben Erfolg wie die demüthigste Bitte der Abtissin zu Vilich. Sie wurden einfach ignorirt, während die gerichtlichen Verhandlungen allerdings das Recht der katholischen Partei zum Ausdruck brachten, aber nur als schöne Decorationen, um dasjenige zu verhüllen, was hinter den Coulissen abgespielt wurde. Die Entscheidung fiel nicht anders aus, als man von einem Fürsten erwarten konnte, der sich durch den Religionsreceß vom Jahre 1672 vertragsmäßig die Hände gebunden hatte.

„Die Renten der Pastorat zu Obercassel sollen den Reformirten restituirt werden."

Nachdem die Renten den Katholiken trotz allen Reclamationen und Protesten entzogen waren, drängten die katholischen Einwohner den Pastor Anton Weber, die Gemeindescheffen und Geschworenen in einem mit 69 Unterschriften und Merkzeichen versehenen Schriftstück vom 3. Februar 1683, bei Ihrer kurfürstl. Dlt. dahin zu wirken, daß dieselben an Stelle der abgegangenen Renten anderweite Unterhaltungsmittel für den katholischen Pastor genehmige oder beibringe.

Auf den bezügl. Antrag erfolgte die Entscheidung:

„Von Gottes Gnaden Johann Wilhelm, Pfalzgraf bei Rhein, in Bayern, zu Gülich, Cleve und Berg Hertzog :c.

Lieber Diener, demnach wir auf demüthigstes Suppliciren des katholischen Pastoris zu Obercassel Antonii Weber gütigst bewilligt haben, daß demselben zu seiner Sustentirung bey dasiger seelsorgl. Continuation ad interim, bis er mit einem beneficio providirt, auch bis zu anderweiter ggster Verordnung und ohne Einige uns nachtheilige Consequenz siebenzig Reichsthlr. aus den eingehenden Brüchten jährlich mit Quartalen unfehlbar gereicht und gutgemacht werden sollen, als ist unser ggster Befehl hiemit, daß du dieser unser gnädigster Erklärung also einfolgest und dem Pastoren solche 70 Rthlr. a termino Martini negstlitten, als von welcher Zeit dessen utile cessirt hat, dergestalt gutmachest.

Düsseldorf, den 17. Martii 1683.

Aus hochgf. Ihrer hochfürstl. Dlt. gnädigstem Befehl

v. f. Leeradt mp." [1]

Das heißt: Alle der katholischen Pfarrstelle abgenommenen Renten, seien sie Eigenthum des Klosters Vilich oder der Abtei Heisterbach, gehören fortan der reformirten Gemeinde zu Obercassel. Mit siebenzig

---

[1] Abschrift aus dem Archiv der Pfarrkirche.

Reichsthalern aus eingehenden Strafgeldern ist alles gutgemacht.

In Betreff des Weingartens im Stüffgen fand nachträglich am 23. September 1686 ein Zeugenverhör in Honnef statt, in dessen Verfolg der ehemalige Pfarrer der katholischen Gemeinde zu Obercassel, zur Zeit in Morsbach, sich mit den Reformirten unter Prediger A. Wurm dahin einigte, daß er (Weber) wegen Abnutzung des Weingartens in den Jahren 1683, 1684 und 1685 ein Mal für alle Mal 16 Reichsthaler zu 78 Stüber erhielt. Durch vorstehenden Vergleich hatten die Katholiken auf ihr bisheriges Besitzthum verzichtet.

Später erneuerte der wackere Pastor und Dechant Peter Scheffer (1724—1739) die wohlbegründeten Ansprüche auf die Pastoralrenten. Männer im Alter von 70, 80 und 90 Jahren constatirten mit dem Pfarrer den bis 1683 ununterbrochenen Besitzstand vor „Johannes Arnoldus Marx offenbarem päbstlichen und kaiserlichen Notarius". Aber das mit Petschaft und Unterschrift des Notars versehene Instrument konnte ein obsiegendes Urtheil an der Curie zu Düsseldorf nicht erkämpfen.

Es kam so weit, daß „gnädigste kurfürstliche Befehle" erlassen werden mußten, um die Zahlung der dem katholischen Pfarrer zuerkannten 70 Reichsthaler flüssig zu machen. Laut Befehl vom 17. Januar 1721 waren für das damals abgelaufene Jahr, sowie 1719, 1718, 1717, 1715, 1714, 1705 und 1683 noch im Rückstande.

Amtliches Verzeichniß der ehemaligen Dotationsgüter der katholischen Pfarrstelle in Obercassel.[1]

Weingarten.

1. In der Baurent an fuhren[2] Johann Kaulen — 3 Pinten[3].
2. Am Erbelenberg an fuhren Johann Lentzen — 2 "
3. Am Stiegel an fuhren Johann Lentzen — 3 Viertel.
4. Am Grendel[4], so aus der Gemeinde, unwissend wannehr genommen — 1½ "
5. Im Schommert an fuhren Hupert Wolters — 3 "
6. NB. dene beyzufügen Commissarii verordnet — 4 "
   im „Stöfgen" gelegen, welche in designatione ausgelassen worden.

---

[1]) Die Commissare von Brandenburg und Kurpfalz haben dem Verzeichniß von Vilich anderweite Renten zusätzlich beigefügt, so unter Nr. 6 den Weingarten des Klosters Heisterbach „im Stüffgen", unter Ländereien Nr. 5. Demnach scheint das hier vorliegende Verzeichniß die sämmtlichen festen Einkünfte der Pfarrstelle in früherer Zeit zu enthalten.

[2]) (an) Fuhren = Furche = Grenze des Grundstücks.

[3]) 4 Pinten = 1 Viertel = 1/16 Morgen.

[4]) Grendel (Grindel) ist ein Falterthor zum Absperren von Wegen u. dgl.

Obercaffel.

Länderey.

1. An den heppaß=Weiden an fuhren Johann Drach   1 Viertel.
2. Im Schommert an fuhren Hermann Heinrichs   1 „ 2 Pinten.
3. Im Hoßpath an fuhren Cörstchen Weinstock   1 „ 2 „
4. Auf der Schleifen langs dem Gemeine Wegs   1 „
5. Alhier sind edirt, welche ebensfalß in Designation ausgelassen worden an Weizenpacht Hupert Wolters   1 Sester.
6. Hermann Heinrich und seine Söhne   3 „

Oligspacht.

1. Heilger Schneider zu Römlingkoven   1 Pfund.
2. Martin Stamm uff en Büchel   1 „ .
3. Hupert Weingarths in Broch   1 „
4. Hürters Wittib   2¼ „
5. Theiß Theves in Römlingkoven   2 „
   und kann catholischer Pastor sich vor diesmal nicht mehr besinnen.

An Büschen

sieben Oerter Busch, darab wegen nicht habender Information die Quantität und Furgenossen von den Weingärtnern zu entnehmen.

An Weinpachten

so jährlich nach Gewachs gegeben werden.

1. Die Herren von Trimborn von einem halben Morgen Weingarten im Ellenberg   5 fl. 3 qu(art)¹).
2. Peter Wolters von einem Ort daselbst   1 „ ½ „
3. Peter Hanß von einem Weingart daselbst   1 „ ½ „
4. Cörstchen Seyfert von ½ Viertel Weingart am Ellenberg   2 „ ½ „
5. Claß im Broch von ½ Viertel Weingart daselbst   2 „ ½ „
6. Lentz Rohr von ½ Viertel Weingart daselbst   2 „ ½ „
7. noch selbiger von ½ Viertel Weingart daselbst   2 „ ½ „
8. Pitter Reyders Erben von ½ Viertel Weingart daselbst   2 „ ½ „
9. Heinrich Dietz vorhin Peter Hermans von 1 Viertel   2 „ 2 „
10. Johann Hürter von einem halben Viertel Weingart   — „ 3½ „
11. Peter Hermans von einem Bungart und seiner Hofrecht   2 „ 1 „
12. Treudchen Gratzfeld Hofrecht in Broch langs die Priorswiese 4 „ — „
13. Adolph Metz von einem Viertel in seinem Hofrecht   1 „ — „
14. Heinrich zu Berghoven von ¼ Grund an derselben Fuhren 1 „ — „
15. Krafen Erben vom Syborg von ¼ Wingert oben ihrer Hofstadt 4 „ — „
16. Pitter Hanß von einem halben Viertel auf der Pützgassen 2 „ 2 „
17. Peter Hermans Erben von einem Ort Weingart uffen Ennert — „ 1 „
18. Johannes von Syburg von einem Weingart uffen Ennert   — „ 1 „
19. Peter Theisen von ½ Viertel Weingart in der Bernsauer groffen — „ 2 „
20. Selbiger an obiger Fuhren   — „ 1 „
21. Berenz (Lorenz?) Gratzfeld von einem Ort Weingart   — „ 1 „
22. Peter Lentzen uffen Büchel von ½ Viertel Weingart   1 „ 1 „
23. item von ½ Viertel uffen Ennert 1 qu 1 Pint =   — „ 1 „ 1 P.

---

¹) fl. = fiertel = Viertel = 4 Quart.

Obercassel.

24. noch derselbe von seiner Hofstadt   2 fl. — qu(art).
25. Gisbert Bäßchen von einem Stück Land am Hilgenpütz   — „ 1 „
26. Allhier seind addirt Kramers Erben uffen Ennert in Designation ausgelassen, geben von einem Oertchen   3 Pint 1 Pöttchen.

Hühnerpacht.

1. Claß Michels Sohn zu Mehrhausen   1 Huhn.
2. Hubert Mertens am Weyer   2 Hühner.
3. Thiel Wolfs   1/3 Huhn.
4. Theiß am Seilpütz   1/3 „
5. Johann Richartz Sohn   1/3 „
6. Nolden Pitter zu Ramersdorf   1/3 „
7. Arentz an der Linde zu Ramersdorf   1/2 „
8. Heinrich zu Berghofen   1 „
9. Pitter am Hückelnberg   1 „ 1 Stüber.
10. Johann Richartz an der Linde zu Obercassel   1 „
11. Cörtzgen Pitter Wolfs Eythumb   1 „

Vorstehende Güter des Klosters Vilich sind wahrscheinlich im Jahre 1372 als Dotation der Pfarrstelle festgestellt worden, als die Rectoren der fünf von dem Kloster abhängigen Filialkirchen die Erhöhung ihrer Competenz beantragten und erhielten. Hierüber ist zu vergleichen, was bei Besprechung der Pfarrstelle zu Königswinter bemerkt worden ist.

Pfarrkirche zur h. Cäcilia.

Vom Rhein aus tritt vor allen Gebäuden die katholische Kirche von Obercassel mit ihrem altehrwürdigen romanischen Thurm in die Erscheinung. Es ist unstreitig die schönste Baustelle des Ortes und macht dem Geschmack der Erbauer alle Ehre.

Die Entstehung des Thurmes fällt nach dem Urtheil einiger Kunstrichter in das elfte oder zwölfte Jahrhundert. Mit dem Thurm ist zugleich eine Kirche in gleichem Stil, die bereits im zwölften Jahrhundert erwähnte Kapelle, unter dem Patronat des Klosters Vilich, errichtet worden, welche indeß weder Ueberreste hinterlassen hat, noch durch geschichtliche Beschreibung bekannt ist. So viel ist gewiß, die beim letzten Neubau abgebrochene kleine Kirche war die ursprüngliche nicht.

Sie war ohne alle stilgerechte Form westlich an den Thurm angebaut. Das einzige Schiff ward vermuthlich von Pfarrer Peter Scheffer durch ein nördliches Seitenschiff erweitert. Hierauf deutet die mit großen persönlichen Opfern verbundene Bauthätigkeit dieses eifrigen Hirten, und ein beim Abbruch im Fundament des Seitenschiffs gefundener Grabstein mit der Jahreszahl 1657. Das Hauptschiff des Kirchleins maß nach

Angabe des Baumeisters Heinen nur 39 Fuß in der Länge, 17 Fuß in der Breite[1]); der angebaute Abhang war 38 Fuß lang, 7 Fuß breit.

Diesem unbedeutenden Raumverhältniß gegenüber muß der Thurm durch seine Größe imponirt haben. Seiner massiven Bauart in Basalt[2]) und Trachit ist es zu verdanken, daß er noch erhalten ist. Das einfache Mauerwerk des Thurmes ist mit Giebeln und zweitheiligen rundbogigen Schallöffnungen versehen. Der moderne Geschmack möchte statt des niedrigen Helmdaches lieber eine himmelanstrebende Spitze sehen. Wir wollen über den Geschmack nicht streiten, halten aber den Thurm als ehrwürdiges Denkmal in Ehren.

Das Innere theilt sich in drei Stockwerke. Der untere Raum mit Kreuzgewölbe diente in der alten Kirche als Chor, jetzt als Vorhalle; durch eine in die südliche Mauer eingelassene Treppe steigt man in die zweite Abtheilung, welche mit einem einfachen Tonnengewölbe abschließt und zum Läuten eingerichtet ist; endlich gelangt man in den Glockenraum, wo ein steinerner Fußboden den aus starken Eichenstämmen gebildeten Glockenstuhl trägt. Bis an die Spitze des Helmdaches steigt als Stütze ein Gewölbe auf, der gothischen Bogenform sich nähernd.

Im Jahre 1822 beschädigte der Blitz den Thurm, die große Bannglocke und das Kirchendach, was einen Thurm- und Glockenkrieg zwischen Katholiken und Protestanten zur Folge hatte.

Die Katholiken beantragten die Herstellung des Thurmes und den Umguß der Glocken aus Gemeindemitteln. Die Protestanten erhoben Widerspruch und weigerten sich, zu den Kosten beizutragen, wiewohl die k. Regierung ihre Verpflichtung anerkannte[3]). Der Versuch der evangelischen Gemeinde, Beweise für ihre Befreiung von Beiträgen zur Reparatur des Thurmes beizubringen, scheiterte, da das Communalbudget vom J. 1815 eine Position zur Reparatur der evangelischen Kirche nachwies. Hinsichtlich der Bannglocke machte Graf zur Lippe, als Vertreter der Protestanten, den Vorschlag zu einem Vergleich, wonach die Evangelischen wegen des Nutzens, den ihnen die Bannglocke gewähre, sich an dem Umguß betheiligen, wogegen die Katholiken zur Reparatur der den Evangelischen gehörigen Thurmuhr beitragen möchten. Diesen Vorschlag lehnte der katholische Pfarrer Hund mit dem Bemerken ab, daß die

---

[1]) Vermuthlich ohne den spätern Seitenbau.
[2]) Vgl. den eingangs gegebenen Bericht von Oberst Wulff.
[3]) In einem Schreiben k. Regierung d. d. Köln 26. November 1823 heißt es: „Da die evangelische Gemeinde zu Obercassel die von ihr angeführten Beweise, wodurch sie die Befreiung von den Beiträgen zur Reparatur des Thurmes an der katholischen Kirche daselbst darthun zu können glaubte, nicht beigebracht hat, so muß es bei der bisherigen Observanz bleiben" . . . .

evangelische Gemeinde ohnehin beitragspflichtig sei zur Instandhaltung des Thurmes, ebenso zu der Bannglocke, wie sie auch seit alter Zeit verpflichtet gewesen, alle drei Jahre ein neues Glockenseil zu liefern. Einigung kam nicht zu Stande. Dabei fehlte es nicht an Vorschlägen, Debatten, Berichten, Rechtsansprüchen und Widersprüchen. Und was war das Ende vom Lied? Die Regierung verließ ihren frühern Standpunkt und wies die Katholiken mit ihren Ansprüchen ab. Die Katholiken bezahlten sämmtliche Reparaturen des Thurmes und den Umguß der Bannglocke. Dafür werden sie nun auch hoffentlich bis in alle Ewigkeit keinen Glockenkrieg mit der andern Confession mehr bekommen.

Die neue Kirche.

Wenn eine neue Kirche schön und glücklich im Bau vollendet ist, mag selbst der fremde Zuschauer sich des prächtigen Anblicks erfreuen. Aber kaum macht er sich eine Vorstellung von den Schwierigkeiten, unter welchen das Werk zu Stande gekommen ist. Die Geldfrage, die Baupflicht, der Plan, das Material, die Ausführung, Plackereien verschiedener Art, Alles und Jedes schließt eine Last von Sorge und Arbeit, Kampf und Verdruß in sich, geschweige denn das Gelingen des Ganzen.

Aus den langwierigen, von 1825 bis 1863 geführten Verhandlungen heben wir folgende Daten aus:

Am 4. November 1825 erhebt der Kirchenvorstand Klage beim Landrath, daß wiederholte Bitten um Herstellung der verfallenen Kirche nicht berücksichtigt worden seien. Bauinspector Heinen erhielt demnächst den Auftrag, über den baulichen Zustand der Kirche und die Bedürfnißfrage zu berichten. Sein Gutachten ging dahin, daß Reparatur und Anbau unstatthaft, deshalb Neubau nothwendig sei. Nach einem vorläufigen Entwurf sollte der Flächenraum der Kirche bei einer Zahl von 800 Seelen statt der frühern 909 Fuß auf 2400 Fuß vergrößert werden. Die Kosten sollten 10879 Thaler 20 Silbergroschen betragen.

Die Geldfrage steht bei allen größern Unternehmungen fast immer im Vordergrunde. Daher entspann sich ein längerer Streit zwischen der Pfarrgemeinde und den Decimatoren, inwiefern diese zur Aufbringung der Kosten verpflichtet seien.

Die k. Regierung als Hauptdecimator erklärte sich nur zu einem Beitrage verpflichtet, welcher der Größe der alten Kirche entsprechend sei, nicht aber über diese Größe hinaus. Die Gemeinde stützte sich dagegen auf die Thatsache, daß das Stift Vilich im Jahre 1791 beim Kirchenbau in Oberdollendorf ihren Beitrag zur Erweiterung bewilligt habe. Die k. Regierung erwiderte, daß die Abtissin von Vilich freiwillig über ihren pflichtigen Beitrag hinausgegangen, und „in bloßer Rücksicht und zu Gefallen des Herrn Amtmann, jedoch ohne künftiges Präjudiz" [1]) gehandelt habe. Die erzbischöfliche Behörde stimmte der k. Regierung darin bei, daß die Erweiterung der Kirche keinen größern Beitrag der Zehntherren begründe [2]).

Der zweite Decimator Fürst Salm Dick, Besitzer der Commenthurei Ramersdorf, wurde durch gerichtliche Entscheidung von der Verpflichtung, zur Erweiterung der Kirche beizutragen, freigesprochen.

Von 273 Theilen fielen dem Hauptdecimator 193, dem zweiten (minor) 80 Theile zur Last.

Der Fiscus leistete seinen Beitrag mit 3334 Thalern 8 Silbergroschen, der Fürst mit 1381 Thalern 29 Silbergroschen 4 Pfennigen am 14. October 1853. Der Gemeinderath bewilligte am 20. April 1857 3000 Thaler. Hierzu kamen durch Vermächtniß des Herrn Bartholomäus Richarz vom 5. März 1857 300 Thaler, eine Obligation der Eheleute Ferdinand Rhein 100 Thaler; Wittib Weinstock schenkte 100 Thaler; Herr Mestrum aus Köln 50 Thaler, Pfarrer Scheuren in Lülsdorf 32 Thaler, Herr Klein in Bonn 10 Thaler, die Feuerversicherungs-Gesellschaft Colonia durch Vermittelung des Herrn Brodesser in Beuel 100 Thaler, ein Concert der Liedertafel von Obercassel unter Leitung des Referendars Funk brachte an 45 Thaler ein.

Ein Plan des Baumeisters Dickhoff, veranschlagt zu 18000 Thaler, wurde als zu kostspielig am 14. August 1861 vom k. Ministerium verworfen. Einen zweiten zu 16000 Thlr. wies die k. Regierung mit dem Bemerken zurück, daß auch dieser wegen zu hohen Anschlages auf allerhöchste Genehmigung nicht rechnen könne. Schließlich erhielt ein dritter von Baurath Gottgetreu, Zwirners Nachfolger, revidirter Plan die ministerielle Genehmigung am 2. Juli 1863. Die Kosten waren im Anschlag auf 13400 Thaler herabgesetzt.

Von dieser Summe waren mit Einschluß der pflichtigen Beiträge und der Geschenke erst 10000 Thaler vorhanden. Somit blieben noch 3400 Thaler aufzubringen. In der Verlegenheit, wo alle Quellen erschöpft schienen, wandte sich der Kirchenvorstand an den Abgeordneten des Siegkreises, Landgerichtsrath Bleibtreu, dem es durch persönliches Verwenden gelang, ein königliches Gnadengeschenk von 2000 Thalern zu erwirken. Den

---

[1]) Protokoll vom 15. October 1791, gez. H. Custodis, aus dem Archiv der Kirche zu Oberdollendorf.

[2]) Schreiben des Erzbischofs Ferdinand August vom 17. Januar 1827 an den Kirchenvorstand zu Obercassel. In dem Schreiben wird die Beantragung einer Collecte bei k. Regierung empfohlen, die jedoch nicht zu Stande kam.

Rest von 1400 Thalern übernahm die Gemeinde. Zu der Vergrößerung wurde eine Parzelle Grund für 150 Thaler angekauft.

So glaubte man endlich am Ziele seiner Wünsche zu sein und den Bau beginnen zu können. Es trat jedoch noch ein unangenehmer Zwischenfall ein, als das erzbischöfliche Generalvicariat, gestützt auf ein Ministerial-Rescript vom 16. September 1862 und Artikel 15 der Staatsverfassung von 1850, den Bauplan zur Begutachtung verlangte. Nach einigen Verhandlungen räumte die k. Regierung dem Ordinariat das Recht der Begutachtung ein, wies aber einen vom Diöcesan-Baumeister Vincenz Statz angefertigten neuen Plan von Grund aus ohne Genehmigung zurück. Beanstandet wurden:

1. der Chorabschluß als zu klein,
2. die Dimensionen des Quer- und Langschiffes,
3. die Seitenaltäre als in der Anlage zu schmal,
4. die Orgelbühne als mißstellend,
5. die Sacristeien zu klein,
6. Anlage der Thüren,
7. Gewölbe und Dach als zu flach.

Ein Ausgleich zwischen der geistlichen und weltlichen Behörde half über die principiellen und sachlichen Schwierigkeiten hinweg, indem der Bauinspector Dickhof von k. Regierung angewiesen wurde, sich mit dem Pfarrer über angeregte liturgische Bedenken zu benehmen, anderseits das Generalvicariat die technische Ausführung des bereits in Arbeit genommenen Baues frei gab. Die differirenden Ansichten hatten schließlich das Gute, daß manche Mängel des Planes beseitigt wurden.

Am 25. October 1863 konnte die feierliche Grundsteinlegung zur allgemeinen Freude der Pfarrgenossen unter großer Feierlichkeit stattfinden.

Der Grundstein befindet sich auf dem drei Fuß hohen Sockel — soweit war das Mauerwerk fertig — und trägt als Inschrift das Chronicum:

    BENE FVnData EST InaEstIMabILIs
    arCa sanCtIfICatIonIs nostrae.

Die in den Grundstein eingeschlossene Urkunde lautet:

„Zum ewigen Andenken. Im Jahre des Heiles 1863, in demselben Jahre und Monate, in welchem die Metropolitan-Domkirche zu Köln mit Ausnahme der Thürme vollendet war, im 18. Jahre der Regierung unseres h. Vaters Pius IX., unter dem allergnädigsten Könige von Preußen Wilhelm I., unter Johannes Cardinal-Priester, Erzbischof von Köln, unter J. H. Emans, Pfarrer zu Honnef, zur Zeit Landdechant des Dekanates Königswinter, unter W. Reuff, Pfarrer zu Obercassel, unter Herrn Wülfing, Landrath des Siegkreises, unter B. Schmitz, Bürgermeister zu Obercassel, wurde, weil die bisherige Kirche zu klein und baulos geworden, am 25. October dieser Grundstein zu einer neuen Kirche, von dem hierzu bestimmten Pfarrer Reuff, im Beisein der benachbarten Geistlichkeit, unter Anrufung der allerheiligsten Dreifaltigkeit und der unbefleckt empfangenen Jungfrau Maria, zu Ehren unserer Patronin der h. Cäcilia, Jungfrau und Martyrin, unter Zulauf vielen Volkes, mit besonderer Festlichkeit gelegt." Außer einigen Münzen aus dem Jahre 1863 ist auch ein Stein aus der Katakombe der h. Cäcilia in Rom in den Grundstein eingeschlossen.

Die im December 1863 eingestellten Arbeiten wurden im nächsten April wieder aufgenommen und am 1. November 1864 war der Bau bis auf einige Nebenarbeiten vollendet.

Die Kirche, ein Ziegelbau in romanischer Kreuzform, schließt sich auf der Ostseite an den Thurm an, welcher als Vorhalle mit Haupteingang eingerichtet ist. Die innere Länge ohne Thurm beträgt 100 Fuß, die Breite des Schiffes circa 30, die durchgehende des Querschiffes 60 Fuß, die Höhe 42 Fuß.

In der Chornische befinden sich, etwas einförmig, sieben Fenster, welche Leben, Tod und Verherrlichung Christi in Glasgemälden zur Darstellung bringen; in den Giebeln des Querschiffes je ein großes Fenster mit Maßwerk aus Sandstein, wozu im Langschiffe noch drei Paar Fenster, außerdem über der Sacristei, den Nebenaltären und beiden Seitenthüren noch sechs mit Blendsteinen eingefaßte Rosettenfenster. Das Innere mit zierlichem Kreuzgewölbe macht einen recht harmonischen Eindruck. Das äußere Mauerwerk ist über den Fenstern durch 4 Fuß hohe Arcaden belebt. Der Bau hat, obwohl er den architektonischen Reichthum alter romanischer Kirchen entbehrt, immerhin ein recht gefälliges Ansehen. Mehr kann man von der verhältnißmäßig geringen Bausumme nicht erwarten.

Dem Pfarrer Wilhelm Reuff war beim Antritt der Pfarrstelle im Jahre 1856 vom Herrn Generalvicar zu Köln angedeutet worden, sein Hauptaugenmerk auf den Kirchenbau zu richten. In Rüstigkeit und mit voller Manneskraft hatte derselbe die ihm zugewiesene Aufgabe gelöst. Es war daher ein Act wohlverdienter Anerkennung, daß ihm die Vollmacht, die Kirche einzuweihen von dem Ordinariat zu Köln übertragen wurde. Pastor Reuff vollzog die Einsegnung der Kirche mit imposanter Feierlichkeit am 8. October 1865. Die Consecration erfolgte durch den hochwürdigsten Erzbischof Dr. Paulus Melchers, spätern Cardinal zu Rom, am 17. Mai 1871. Derselbe consecrirte gleichzeitig den Hochaltar zu Ehren der h. Jungfrau und Martyrin Cäcilia, und schloß in denselben Reliquien der Genossen der h. Ursula und des h. Laurentius ein, worüber Urkunde vom 9. Juni mit Siegel und Unterschrift des hochwürdigsten Herrn dem Pfarrarchiv einverleibt wurde.

Mit dem Kirchenbau war ein großes Werk vollbracht. Allein es blieb noch viel zu thun übrig für eine würdige Ausstattung des schönen Gotteshauses, was bei den restirenden Bauschulden, die sich im Jahre 1881 noch auf 13000 Mark beliefen, keine geringe Aufgabe war. Der unermüdliche Pfarrer Reuff schaffte beharrlich weiter für die Zierde des Hauses, und fromme Wohlthäter kamen ihm hülfreich entgegen. Eine Verloosung geschenkter Gegenstände brachte 175 Thaler ein, ein von Notar Klein veranlaßtes Concert 72 Thaler, ein Geschenk der Frau Deichmann 25 Thaler, der Erlös einer von Pastor Scheuren geschenkten alten Orgel 150 Thaler. Herr von Worringen schenkte einen krystallenen Kronleuchter, Fr. Schmidt einen Teppich, Familie Rennen Altar- und Communiontuch und Albe, Herr Mestrum ein silbernes Rauchfaß, Andere schenkten Blumen und dergleichen. Kurz, es gelang mit Gottes und guter Menschen Hülfe, das Gotteshaus mit dem Nothwendigsten zu versehen.

Am 6. März 1865 war vom erzbischöflichen General-Vicariat die Erlaubniß ertheilt worden, die Altäre in der alten Kirche niederzulegen. Der Abbruch geschah in Gegenwart der Pfarrer Hartmann zu Oberdollendorf, Samans von Küdinghofen, des Vicars Schröder von Ramersdorf. Im Hochaltar und Barbara-Altar fand sich ein kleines Gefäß mit Reliquien der Thebäischen Legion und eine Urkunde über die im Jahre 1650 durch Weihbischof Georg Paul Stravius vollzogene Consecration der beiden genannten Altäre.

Außer diesen waren noch zwei Nebenaltäre in der alten Kirche: ein Tragaltar der h. Jungfrau Maria und ein Sebastianus-Altar.

In der neuen Kirche befinden sich drei Altäre: der Hochaltar der h. Cäcilia mit Aufsatz, wie auch die Kanzel, von Bildhauer Stephan. Die Seitenaltäre der allerseligsten Jungfrau und des h. Sebastianus, welcher als zweiter Patron verehrt wird, mit Aufsätzen von Schreiner Henscheid, in einfachster Form, nachträglich mit Schnitzarbeit verziert.

Der Taufstein ist ein Geschenk des Meisters Gronewald in Köln.

Der Beichtstuhl ist nach der Zeichnung des Jesuiten P. Wagner, z. Z. in Bonn, ausgeführt.

Statuen in Terracotta aus der Fabrik von Scherf in Kalk: Maria, Cäcilia, Joseph, Katharina, Agnes, Wendelinus, die Apostelfürsten Petrus und Paulus, erhöhen die innere Zierde der Kirche.

Eine neue Orgel, veranschlagt zu 800 Thaler, wurde durch Umlage nach Maßgabe der Klassensteuer von der katholischen Pfarrgemeinde beschafft und von Gebr. Kalscheur zu Nörvenich fertig gestellt. Das Gehäuse, von Bildhauer Stephan gezeichnet, vom General-Vicariat genehmigt und von einem Schreiner in Obercassel angefertigt, gab neuerdings Veranlassung zu einem heftigen Kriegslärm. Der königl. Bauinspector meinte, es sei seine Sache, die Zeichnungen zu dem Mobilar der Kirche zu entwerfen; die königl. Regierung nahm das Recht der Prüfung und Genehmigung in Anspruch, indem sie als Vertreterin des Fiscus gebaut habe, sowie auch das allerhöchste Gnadengeschenk von 2000 Thalern ihren Ansprüchen zu Gute komme. Der Kirchenvorstand protestirte — vergebens; das erzbischöfliche General-Vicariat nicht minder — vergebens. Der Bürgermeister drohte im Auftrag der königl. Regierung, daß, wofern der Orgelkasten nicht binnen 14 Tagen aus der Kirche entfernt sei, er denselben polizeilich wegnehmen lassen würde.

Auf diese Verfügung recurrirte der Kirchenvorstand an den Cultusminister von Mühler, welcher unter dem 11. Mai 1865 erklärte, daß es bei Zehntkirchen zwar nicht Gesetz, sondern nur Bestimmung sei, die fraglichen Zeichnungen vorzulegen. Die erzbischöfliche Behörde ermächtigte demnächst den Kirchenvorstand, die Zeichnungen der Billigkeit wegen vorzulegen. Damit war dieser zweite Principienkrieg wieder glücklich beendigt.

Glocken. Inschriften.

Im Jahre 1822 machte ein Blitzschlag die Bannglocke, von dreien die größte, unbrauchbar. Sie wurde im Jahre 1826 umgegossen und mit folgender Inschrift versehen.

AERE INCOLARVM ZELO PASTORIS HVND ANNVENTE GVBERNIO INTEGRA SIBI REFECTA.

Patrini erant . Bartholomaeus Richarz . Praeses consili, Parochialis Ecclesiae . Adolphus Hoitz . Adolphus Rhein . Adam Uhrmacher qua membra hujus consilij . atque Margaretha Arenz, uxor Joannis Roers. Adelheidis Fröhlich, uxor Adolphi Rhein . Christina Roers, uxor Bartholomaei Richarz . et Catharina Uhrmacher, uxor Henrici Weinstock. omnes in hacce parochia degentes

gegossen von Georg Claren zu Siglar 1826.

Die mittlere trägt die Inschrift:

SANCTA ✶ SECILIA ✶ HEICEN ICH ✶ ZO GOTZ DEINST LUDEN ICH ✶ SIFART DVISTERWALT GOIS MICH ANNO . DOM. MCCCCLXIIII. (1464.)

Obercaffel.

Die kleine Glocke trägt oben das Bild der seligsten Jungfrau. Am Rande: Joannis Apli (Apostoli).

IOANNES HEIS ICH . CLAIS . RIGERT . GOS (M)ICH + ANNO + DNI + MC . . . .

AD IHESUS

Die Jahreszahl wie die folgenden Zeichen sind leider nicht zu entziffern. Die Glocke scheint jedenfalls älter zu sein als die vorige.

Eine kleine Glocke im Dachreiter ist das Geschenk des Herrn Max Uhrmacher.

Die größte Glocke ist wiederum im Jahre 1888 zersprungen, von Christian Claren in Sieglar umgegossen und mit folgendem Chronicum versehen worden.

VenIte festInantes ChrIstI fIDeLes qVI LaboratIs et oneratI estIs In neCessItatIbVs VestrIs VoCante MarIa.

Am Rosenkranzfeste, den 7. October, fand die Weihe der Glocke durch Herrn Dechanten Samans statt.

Stiftungen.

Die Zahl der gestifteten Hochämter variirt mit dem Ertrage der Pachten zwischen 72 und 74, die der Lesemessen beträgt 113.

Bruderschaften. Vereine. Andachten.

Die Sebastianus-Bruderschaft, von Pastor Gerhard Münster im Jahre 1662 eingeführt, von Pater Bernhard Freydel[1]) des Cistercienserklosters zu Grevenbroich mit neuen Statuten versehen (moderirt), im Jahre 1869 abermals erneuert durch Pastor Wilhelm Reuff: mit rein kirchlichem Charakter, zählt zu ihren Mitgliedern nur verheirathete Männer und Frauen.

Die Bruderschaft zu Ehren Jesu, Mariä und Joseph, deren Einführung nicht nachzuweisen ist, wurde im Jahre 1800 von Pastor Aloys Schmitz erneuert.

Die in kirchlicher Bedrängniß unter Papst Pius IX. eingeführte Bruderschaft vom h. Erzengel Michael ist beim Tode der beiden letzten Pfarrer wieder eingegangen.

Ein Cäcilienverein, im October 1873 gegründet, brachte es in den ersten Jahren seines Bestehens auf mehr als 250 Mitglieder, hat aber durch den Tod des Pastors Breuer, unter dessen Leitung er stand, sowie die nachtheilige Einwirkung des Culturkampfs bedeutend abgenommen.

---

[1]) Vgl. Dekanat Grevenbroich S. 145.

An jedem ersten Sonntag des Monats ist Andacht zu Ehren des h. Sebastianus, am letzten zu Ehren Jesu, Mariä und Joseph, an den übrigen Sonntagen eine Andacht zu Ehren der Mutter Gottes, eine für die Verstorbenen, und an den Communiontagen der Kinder Andacht vom h. Sacrament.

Processionen.

Außer den allgemein üblichen Bittgängen in der Kreuzwoche, am St. Marcusfeste und der Frohnleichnams=Procession besteht in Obercassel nach altem Herkommen eine Procession an den beiden Fest= tagen von Christi und Mariä Himmelfahrt. Erstere ist seit 1857 ein= gegangen; die zu Mariä Himmelfahrt und Frohnleichnam seit dem Tode des Pfarrers Breuer 1874 in Folge des Culturkampfes unterbrochen.

In alter Zeit ging eine Procession am Feste des h. Georg nach der Commende Ramersdorf. Mit der Säcularisirung der Commende ist das Fest des h. Georg und damit auch die Procession in Wegfall gekommen.

Eine andere Procession zieht am letzten Sonntag im August unter geistlicher Begleitung[1]) nach dem Calvarienberge bei Ahrweiler.

Kirchhof.

Der katholische Kirchhof an der Pfarrkirche war ohne Zweifel ehe= maliges Eigenthum des Klosters zu Vilich, wurde aber nach den be= kannten Gewaltmaßregeln als Besitzthum der Civilgemeinde behandelt und von beiden Confessionen benutzt. Wie begreiflich, gab dieses bei der gereizten Stimmung der Parteien und den maßlosen Ansprüchen der Reformirten immer neuen Anlaß zu Klagen und Unzuträglichkeiten. Es muß daher im Interesse des religiösen Friedens mit freudiger Aner= kennung begrüßt werden, daß in den letzten fünfziger Jahren die Prote= stanten sich einen eigenen Kirchhof angelegt haben.

Auf dem alten Kirchhof befinden sich viele steinerne Kreuze, einfach in der Form, doch merkwürdig durch die den Inschriften beigefügten Merkzeichen. Häufig sind es die Symbole des Standes, des berufs= mäßigen Geschäfts der Verstorbenen. So kann man aus der Abbildung von Hammer und Zange schließen, daß der Verstorbene ein Schmied gewesen. Zwei Kreuze tragen die gleichlautende Inschrift:

CRVCIFIXO DEO A PRAELATO HERMANNO. A. G. G.

Das Chronicum gibt die Jahreszahl 1767.

---

[1]) Unter Pastor Reuff fand die Begleitung ausnahmsweise nicht statt.

Die Pfarrstelle.

Pfarrhaus-Dotation.

Ein altes Pfarrhaus[1]), neben dem Gut des Herrn von Meinertz=
hagen, jetzt des Grafen zur Lippe, gehörte zur Dotation des Vilicher
Klosters, welchem die Baupflicht oblag. Auf dem Pastoratshofe befand
sich das Zehnthaus, wo die Trauben unter Aufsicht des Pfarrers ab=
geliefert wurden. Für richtige Einschreibung und Ablieferung erhielt
derselbe von der Abtissin jährlich drei Malter Korn.

Herr Jacob von Meinertzhagen hatte auf seinem Grundstück neben
der Pastorat eine Scheune und ein Kelterhaus so angelegt, daß die
Dachtraufen auf den Pastoratshof abfielen. Auf desfallsige Beschwerde
des Pfarrers Peter Scheffer erklärte Herr von Meinertzhagen durch
Vertrag vom 15. Juni 1722 mit der Abtissin Freiin Agnes Adr(iana)
von und zu Bocholtz „als Colatrix der Pastorat" sich bereit, „ein für
alle Mal eine Entschädigung von vier Pistolen oder 20 Reichsthaler zu
zahlen," um den Bau nicht ändern zu müssen. Von dieser Zahlung
datirt eine in den spätern Rechnungen aufgeführte Pastoratsrente unter
der Bezeichnung: Von einer „tachtröppe" 1 Rthlr.

Die bis 1890 benutzte, der ältern gegenüber gelegene Pfarrwohnung
an der Hauptstraße in der Mitte des Dorfes mit dazu gehörigem Haus=
gärtchen, von einer Mauer eingeschlossen, nebst Baum= und Gemüsegarten,
über einen Morgen groß, wurde im Jahre 1824 durch notoriellen Act
mit Genehmigung der geistlichen und weltlichen Behörde für das alte
Pfarrhaus nebst Garten vom Herrn Grafen zur Lippe eingetauscht.
Zu beiden Seiten ist das Areal von der gräflichen Besitzung begrenzt.

Das Erdgeschoß der Pastorats=Gebäude ist in Basalt gemauert,
das obere Stockwerk in Holzfachwerk aufgeführt. Mit Rücksicht auf die
Beschaffenheit des Pfarrhauses, welche manches zu wünschen übrig läßt,
hat man Bedacht auf Erbauung eines bessern genommen, und dazu
bereits eine näher bei der Kirche gelegene Baustelle ausersehen.

Der Neubau wurde am 11. December 1888 vom Kirchenvorstande,
am 30. desselben Monats von der kirchlichen Gemeindevertretung be=
schlossen, am 5. Februar 1889 von der erzbischöflichen Behörde und am
15. April desselben Jahres von der königl. Regierung genehmigt. Der
schöne, solide Bau, eine Zierde des Dorfes, nach dem Plan des Bau=

---

[1]) Ein Bericht des Pfarrers an den Bonner Archidiakon (ohne Datum, doch dem 18.
Jahrhundert angehörig, bezeichnet es als domus diruta, hat nur ein kleines Oertchen
gebeud, so nichts werth, ½ Morgen Gartens. Ferner heißt es: (Der Pastor) hat kein
Land, noch Wiesen, etwa ½ Morgen Rahmbusch, in censuali tritico 3 M.(alter) W.,
an Geld 16 Albus und 11 Pfd. ollichs.

raths Eschweiler ist in der Ausführung begriffen und soll schon im Laufe dieses Jahres 1890 bezogen werden. Die Kosten betragen ungefähr 15 000 Mark. Die seitherige Pfarrwohnung, nebst zugehörigem Grunde 1¼ Morgen messend, hat Graf Adalbert zur Lippe=Bisterfeld für 14 050 Mark öffentlich angesteigert.

Die Unterhaltung der Gebäulichkeiten, welche vormals dem Bilicher Frauenstift und in der Folge dem Fiscus oblag, ist in jüngerer Zeit durch die katholische Pfarrgemeinde bewirkt worden.

Ueber die frühere Dotation der Pfarrstelle, ihre Beziehung zum Kloster Vilich und der Abtei Heisterbach, die Art und Weise, wie sie verloren ging, ist vorhin ausführlich berichtet worden.

Vom Jahre 1690 bis zur Aufhebung des Stifts Vilich[1] waren die Pfarrer von Obercassel zugleich Vicare des Beneficiums sanctae Trinitatis, welches einen Altar in der Klosterkirche zu Vilich und mehrere Renten und Grundgüter besaß. Vermuthlich hat der Kloster=convent dem Pfarrer zu Obercassel dieses Beneficium als Entschädigung für die ihm entzogene Dotation übertragen.

Ein vermuthlich von Pastor Scheffer verfaßtes Verzeichniß[2] vom Jahre 1721 gibt die Einnahme des Beneficiums an, wie folgt:

1. Anderthalb Viertel Weingarten zu Beuel im Honigseim;
2. ein halb Viertel Weingarten zu Beuel im Ahnwerk;
3. drei Viertel Land unter dem limburger Landgraben;
4. zwei Viertel Land im Ruhrfeld an der Kuhgasse;
5. ein Viertel Land hinter dem Vinkenberg[3];
6. ein Viertel Land im Steinfeld[4];
7. ein schöner Bungert in Vilich;
8. hat ein zeitlicher Vicarius vorgemeldter Vicarie eine Weinpacht von zwei Ohm 6 Viertel im Heckengraben, welchen mein Antecessor sel. Anton Weber von Herrn von Keldenich gekauft;
9. eine Weinpacht von ungefähr zwei Ohmen, von welchen zwar kein Original=Documentum gefunden, bin aber bisher ruhig in possessione ohne Widerspruch geblieben;
10. hat ein zeitlicher Vicarius zu empfangen eine Ohligspacht, thut in Allem sechs Pinten;
11. hat ein zeitlicher Vicarius zu empfangen von einem freyadlichen Stift termino s. Martini an Korn 9 Malder und 1 halbes bönnisches Maaß;
12. 3 Malder und 3 Sumber Weizen bönnisches Maaß;

---

[1] Am 26. März 1800 wurde Aloys Schmitz von der Abtissin Louise Raitz von Frentz als Pfarrer und zugleich als letzter Vicar des Altars stae Trinitatis ernannt. Urkunde im Archiv der Pfarrkirche zu Obercassel.
[2] Die Grundstücke Nr. 1, 2, 3 sind noch bei der Pfarrstelle.
[3] ist verkauft. Der „Vinkenberg" liegt bei Limperich.
[4] i. J. 1873 an die Cementfabrik verkauft.

Obercassel.

13. genießet ein zeitlicher Vicarius von einem freyadlichen Stift termino s. Joannis Baptistae zwanzig Gulden Kölnisch¹);
14. genießet ein zeitlicher Vicarius bei einer zeitlichen Frau Abtissin jährlich acht Gulden Kölnisch, welche alle Jahr von denen vor der Frau Abtissin gepfachteten Ziehlhöner eingehalten habe;
15. von einer Wiese zu Geißlar drey Dahler;
16. bey Clare auf dem Sand von einer Bitze 2½ Dahler;
17. bei Jakob Meyer wegen Haus und Hof einen Goldgulden;
18. von Johannes Pick von seinem Haus und Hof einen Goldgulden;
19. bei H. Henrico Richartz Capellanen zu Vilich 3 Guld. 12 Albus;
20. bei Tillmann Schölgen zu Vilich 4 Gulden 17 Alb. Kölnisch;
21. bei Arent Koscheid zu Vilich 13 Albus 4 Heller.

Dem Verzeichniß vorgemeldeten Einkünfte sind als Verpflichtungen beigefügt:

1. Muß ein zeitlicher Vicarius alle Donnerstage in einer Woche zu Vilich die Frühmeß halten am hohen Altar.
2. Am Feste der h. Adelheidis den zweiten Sonntag nach Ostern und am Feste des h. Marcus soll er die Meß dienen und denen Prozessionen beiwohnen.

Nach Aufhebung des Vilicher Stifts wurden die Güter von der Herzoglichen Regierung in Besitz genommen, unter dem Vorwande, daß die damit verbundene Verpflichtung aufgehört habe. Der Kirchenvorstand trug bei der königl. Regierung auf Zahlung an. Am 19. August 1820 forderte der Landrath den Kirchenvorstand zur Aufstellung der Pastoratseinkünfte auf. Das aufgenommene Verzeichniß lautet:

1. Bezieht der Pfarrer von Obercassel laut Herzogl. Verfügung d. d. Düsseldorf 19. Januar 1805 an jährlichem Gehalt 70 Reichsthaler aus der Domainenkasse zu Königswinter²).
2. als Vicarius des Stiftes Vilich a) 8 Malter und 13 Viertel Korn; b) in baar 6 Rthlr.³); c) in baar 2 Rthlr. 40 Stüber wegen zweier Mahlzeiten, die er als Vicar des Stifts genoß; d) von einer Dachtröppe 1 Rthlr. aus der Domänenkasse⁴).

Ferner bezog der Pfarrer vom Stift Vilich 3 Malter Korn wegen Aufsicht über Ablieferung des Weinzehnten; werden von der Domaine nicht mehr gezahlt.

Vom Kloster Engelthal in Bonn zahlte der Rentmeister jährlich für drei Messen in der Traubenlese 9 Rthlr. 20 Stüber. Später hat Fürst Salm, als Ankäufer des dem (Engelthaler) Kloster gehörigen

---

¹) Zu Nr. 13 findet sich die Bemerkung des Pfarrers: In originali Registro befinden sich 7 Goldgulden und haben anno 1709 den 18. Februar den Rückstand begehrt, so aber nicht geschehen, sondern mich jährlich mit 20 Gulden contentiren müssen.
NB. zu bemerken, daß in obigen 7 Goldgulden folgende (Nr. 14) acht Gulden begriffen sind.
²) Als Ersatz für die verlorene Vilicher Dotation.
³) Früher 1½ Ohm Wein, item propter vicariam ss. Trinitatis in Vilich 5 Viertel Weingarten und aus den Zehnten der Abtissin 9 Malter Roggen. Bint. und Mooren II 1 48. — ⁴) Siehe oben S. 387.

Bischofshofs, diese Zahlung unter dem Vorwande verweigert, daß er die Weinberge, worauf die Rente lastete, als Land verpachte!

Die Commende zu Ramersdorf gab dem Pfarrer jährlich 6 Viertel Wein für Begleitung der Procession am St. Georgsfeste, welche Fürst Salm als Ankäufer der Commende ebenfalls verweigerte, indem er die Procession nicht zuließ.

Dem Verzeichniß ist beigefügt eine Rente von 1½ Malter Korn, wovon die Kirche 1 Malter, die Chorsänger ½ Malter bezogen. Diese Rente haben die französischen Gesetze abgeschafft.

Wie viel von den Gütern der Pfarrstelle und der damit verbundenen Beneficien der Altäre der h. Dreifaltigkeit und der h. Anna verloren und wie viel gerettet ist, läßt der folgende allerdings sehr geringe Bestand des gegenwärtigen Pfarreinkommens ermessen.

Aus der Domainen-(Staats-)Kasse bezieht der Pfarrer:

1. unter dem Titel „Cultuskosten" 57 Thlr. 23 Sgr. 5 Pfg. oder 173 Mark;
2. Competenzen 6 Thlr. 25 Sgr. 10 Pfg. = 22 Mark 53 Pfg.;
3. den Martinipreis von 8 Malter 14 Viertel Korn.

Die Pachtgelder der noch im Besitz der Pfarrstelle gebliebenen wenigen Grundstücke. Sie betrugen im Jahre 1880 192 Mark. Hierzu kommt die gesetzliche Staatszulage.

Die Pfarrer.

Henricus de Wintere 1372.

Mertens[1]) 1606—1611 Professor des Klosters B. M. V. zu Trier.

Peter Buirmann (Baurmann) 1624—1631 zugleich Pastor in Küdinghofen, wird 1631 als Pastor in Niedercassel aufgeführt[2]).

Ein ungenannter Professus des Klosters Rommersdorf bei Coblenz.

Volmarus, sacerdos singularis, Privatgeistlicher — nach dessen Tode folgte

Johannes Hönlingen, Profeß aus Heisterbach, am 30. Juni 1643 investirt zu Bonn als Pastor von Obercassel und Küdinghofen.

Johannes Refert seit 1647.

Reiner Ressilius um 1658.

Gerhard Münster, errichtet im Jahre 1662 die St. Sebastianus-Bruderschaft, dieselbe wird 1666 durch

---

[1]) Mertens ist wahrscheinlich die Uebersetzung von Martinus. In einem Ersuchungsprotokoll von Dechant und Scheffen zu Obercassel heißt es: „anno 1606 usque 1611 administrata fuit (ecclesia) per dominum Martinum Trevirensem religiosum B. M. V. professum Treveris."

[2]) Protokoll im Archiv der Pfarrkirche Obercassel.

Bernard Breitel (Fridel) 1666 erneuert. Breitel war früher Prior der Cistercienser in Grevenbroich gewesen; in dem spanisch=holländischen Kriege von dort vertrieben, verwaltete er zwischen 1673 und 1697 die Pfarrstelle in Sechtem. (Vgl. Dekanat Hersel S. 243.)

Anton Weber, aus Rosbach, 1668.

Adolph Custers, 1686.

Johann Wilhelm Popendahl, investirt 27. Mai 1690, zugleich Vicar ss. Trinitatis in Vilich, † 1699.

Petrus Scheffer, im Jahre 1671 zu Obercassel geboren, 1695 investirt 5. März, seit 1724 Dechant[1]) der Christianität Siegburg — pastorirt bis 1739.

Jacobus Beucher, 1740—1762, † 19. Juli.

Henricus Heyder, 1762—1789.

Johann Anton Wirtz, 1789—1800, später Pastor in Asbach.

Peter Aloys Schmitz, 28. März 1800 bis Februar 1819.

Franz Hund, September 1819—1827, am 27. Juni dess. J. zum Pfarrer in Seelscheid ernannt[2]).

Jacob Weyland 1828—1831, war vorher Vicar zu Hermerath, Pfarre Neunkirchen.

Johann Franz Müller, 1831 October bis October 1845, geboren zu Volkmarsen in Hessen am 12. October 1797, zum Priester geweiht in Köln am 26. April 1827, war zuerst Vicar in Siegburg, zuletzt, seit 1845, Pfarrer in Waldorf, Dekanat Hersel, wo er am 14. Januar 1874 starb. Er schenkte der Pfarrkirche 3000 Mark als Vicariefonds, eben so viel der Kirche in Bornheim.

Johann Kronenberg, 1845—1856, früher Vicar in Winterscheid, resignirte wegen Erkrankung.

Bartholomäus Hubert Wilhelm Reuff, 1856—1871, geboren zu Aachen am 1. Mai 1819, empfing die Priesterweihe am 30. August 1846, war Vicar in Hemmersbach, am 16. September 1856 Pfarrer in Obercassel. Er machte sich um den Kirchenbau hochverdient, † 24. Febr. 1871.

Johann Wilhelm Breuer, Dr. philosophiae, geboren zu Köln am 7. Februar 1831, zum Priester geweiht am 3. September 1855, am 3. November dess. J. zum Lehrer an der Stiftsschule zu Aachen ernannt, später Vicar zu Echtz, seit 8. März 1863 Pfarrer zu Ginnick,

---

[1]) Nach Müller's „Siegburg und Siegkreis" II 336 wäre Dechant Petrus Scheffer seit 22. September 1658 Pfarrer in Much gewesen; ein offenbarer Irrthum. Vielleicht hat der Pfarrer in Much nur den gleichen Namen mit unserm Dechanten gemein.

[2]) Amtsblatt Stück 28, Jahrg. 1827.

Dekanat Nideggen, seit 28. März 1871 in Obercassel, starb daselbst 24. Februar 1874.

Die Culturkampfs-Gesetze machten die Wiederbesetzung der Pfarrstelle unmöglich. Herr Dechant Samans zu Küdinghofen und Vicar Schröder zu Ramersdorf versahen aushülfsweise die Seelsorge; zuletzt

Johann Joseph Rüssel, geboren zu Weiden bei Aachen am 5. October 1845, zum Priester geweiht in Paris am 29. Juni 1877, verwaltete die Pfarre Obercassel seit 2. März 1885 und erhielt am 31. Januar 1888 seine Berufung nach Dürler, Dekanat St. Vith.

Johann Frank, geboren zu Aachen am 27. August 1838, zum Priester geweiht am 2. September 1861, seit 1. October dess. J. Vicar zu Hückeswagen, 5. November 1864 zu Capellen-Gilverath, am 9. December 1887 zum Pfarrer in Obercassel ernannt.

Küsterstelle.

Ueber die Küsterstelle spricht ein Schreiben des Pastors Peter Scheffer am 21. Januar 1719, worin derselbe darüber Beschwerde führt bei des Hoch-Edelherrn Rath Kochs zu Ramersdorf, daß der Rentmeister der dortigen Deutschordens-Commende dem Offermann zu Obercassel die schuldige Rente von vier Viertel Wein, „da ein zeitlicher Pastor zu Obercassel mit dem Rentmeister, Leuthen genannt, in eine kleine Mißverständniß gerathen", verweigert hat. Beiläufig wird in dem Actenstück bemerkt, daß außer der Commende Ramersdorf die übrigen freien Höfe, nämlich das „Gotteshaus Zissendorf, das Gotteshaus Heisterbach, das Gotteshaus Engelthal und der freie Hof des Herrn von Bernsau die gleiche Rente unweigerlich abzuzahlen pflegen. Pastor Scheffer lebt der Hoffnung, da der Offermann viel zu gering ist, sich in einen Rechtsstreit einzulassen, auch die katholische Gemeinde dazu keine Neigung verspürt, daß der Deutschordens-Commendeur eine solche Bagatelle, zumal nach mehr als hundertjähriger Possession, nicht absprechen werde.

Vermuthlich hat der Küster außer diesen Weinrenten noch die allgemein übliche Brodrente bezogen.

Für weltliche Bekanntmachungen hatte der Küster ein Zeichen mit der Bannglocke zu geben und erhielt dafür jedes Mal ein Maß Wein; seit Vertilgung der Weinberge im Jahre 1846 statt des Weines jährlich 30 Thaler von der Gemeinde.

Von 1874 wurde die Küster- und Organistenstelle durch den katholischen Lehrer versehen. Seit Ostern gedachten Jahres ist ein eigener

Küster, der auch als Organist fungirt, angestellt. Das Gehalt wird durch Umlage im Betrage von 150 Mark von der katholischen Gemeinde aufgebracht. Eine Dienstwohnung ist nicht vorhanden.

Schule.

1798 kam Strack, Sohn eines Ackerers in der Nähe von Siegburg, als Küster und Lehrer nach Obercassel für die katholischen Schüler, 30—40 an der Zahl. Von jedem Kinde bezog er jährlich einen Thaler Schulgeld, oder, wenn Schreibunterricht verlangt wurde, 1 Thlr. 5 Silbergroschen[1]). Nach Strack kam im Jahre 1840 Lehrer Neu. Dieser erhielt in den letzten Jahren vor 1848 einen Präparanden zur Aushülfe. Sodann wurde (1848) eine neue Schule für zwei Klassen erbaut: die jetzige Lehrerwohnung.

Katholiken und Protestanten haben gegenwärtig getrennte Schulen und Lehrerwohnungen.

In der katholischen Schule wirken drei Lehrer und zwei Lehrerinnen nach dem dreiklassigen System. Die obere Klasse ist (1880) nach den Geschlechtern getheilt, die beiden untern Klassen sind gemischt. Für eine sechste Lehrkraft ist ein Saal vorgesehen, welcher einstweilen als Wohnung für den zweiten und dritten Lehrer benutzt wird.

In den letzten siebenziger Jahren, in der Blüthe des Culturkampfes, machte der Bürgermeister den Versuch, die katholische Schule mit der protestantischen zu simultanisiren. Sein desfallsiger Vorschlag wurde mit neun gegen drei Stimmen vom Gemeinderath verworfen, blieb jedoch nicht ohne nachtheilige Folge für die katholische Sache, indem der protestantische Lehrer die seiner Confession zugehörige Dienstwohnung vermiethete und die Wohnung des ersten katholischen Lehrers, wozu ein großer, schöner Garten gehört, bezog. Dieselbe bewohnt er noch heute mit den beiden katholischen Lehrerinnen.

Die „Kalkuhl'sche Lehr= und Erziehungsanstalt", benannt nach ihrem Vorsteher Herrn Kalkuhl, der sie vor mehrern Jahren als Privat=Institut in's Leben rief, arbeitet nach dem Lehrplan für höhere Bürgerschulen und hat facultativen Lateinunterricht. Sie eignet sich daher für die niedern Klassen des Gymnasiums und für alle Klassen der Realschule. Die Anstalt zählt 60—70 meist evangelische Schüler aus Köln,

---

[1]) Vor Strack hatte ein protestantischer Lehrer Adrian die katholischen und protestantischen Schüler vereinigt.

Im Jahre 1840 5. Mai schrieb die Kgl. Regierung die Schullehrer= und Küsterstelle aus mit freier Wohnung und Gesammt=Einkommen („fix und accidentel") von etwa 217 Thalern. Amtsblatt Stück 17, S. 144.

Obercassel und der nächsten Umgebung. Der katholische Pfarrer Frank hat auf Veranlassung des Vorstehers den Religionsunterricht für die katholischen Zöglinge, deren Zahl etwa 10—11 beträgt, übernommen. Für die auswärtigen besteht ein Pensionat in dem Kalkuhl'schen Gebäude.

Nachtrag zur Geschichte der Reformirten.

Die Reformirten sind im Besitze einer im Jahre 1683 erbauten Kirche. Neben der Kirche liegt die Wohnung des Predigers und die protestantische gemischte Schule. Zur Geschichte der Reformirten haben wir den um das katholische Kirchen- oder Pfarrgut geführten Verhandlungen nichts von Belang beizufügen.

Als Prediger sind bekannt:

Zu Ende des 16. Jahrhunderts: Peter Leiner; nach ihm Johann Lehmann, dessen Leben und Schicksale sattsam in der Erinnerung sind. — Isaak Jacobi, zugleich Pfarrer in Mondorf, 1644, † 1662. — Adolph Beckmann, 1663. — Andreas Klauberg aus Solingen, 1676, später in Frechen. — Adam Wurm, 1681, predigte seit 1685 jeden sechsten Sonntag in Spich, war später Prediger in Oberwinter. — Johann Konrad Hees, 1695. — Daniel Schleiermacher, 1723, später in Elberfeld und Ronsdorf. — Johann Gerhard Schmitz, 1747. — Johann Gerhard Fues, 1747. — Friedrich Wilhelm Schönenberg aus Barmen. — Johann Isaak Josua Stammeier aus Düsseldorf, 1793. — Johann Gottfried Kinkel aus Herborn, 1801. — Heinrich Franz Schnabel aus Fischbach, 1833, † 12. October 1847. — Theodor Schulzberge aus Camen, 1849. — Friedrich Lappe, 1873. — Friedrich Spitta, 1882 als Professor nach Straßburg berufen; seit 1888 Arnold Meyer, hat die Stelle wegen Kränklichkeit niedergelegt.

Gottfried Kinkel,

ein begabter Dichter, hat in den Revolutionsjahren 1848 und 1849 eine Rolle als Agitator gespielt. Er war als Sohn des strenggläubig reformirten Predigers Johann Gottfried Kinkel zu Obercassel am 11. August 1815 geboren. Seit 1837 Licentiat, habilitirte er sich als Docent der protestantischen Theologie zu Bonn und ward im Jahre 1840 zugleich Hülfscandidat bei der evangelischen Gemeinde in Köln. Von Kindheit an ein Feind des Pietismus, gerieth er im Gegensatz zu der strengen, orthodoxen Richtung seines Vaters so sehr in das Fahrwasser des Rationalismus hinein, daß er die Geschichte des Evangeliums als Mythus erklärte. Die ungläubige Richtung machte Kinkel's Stellung als Professor der Theologie wie als Prediger unhaltbar, was ihn veranlaßte, zur philosophischen Facultät überzugehen und Kunstgeschichte zu lehren. Da kam der Aufstand von 1848 und Kinkel ergriff die Partei der Umsturzmänner. Als Volksredner verstand er es meisterhaft, den zündenden Funken in die Massen der Unzufriedenen zu werfen und gegen jede gesellschaftliche Ordnung und rechtmäßige Obrigkeit aufzuhetzen. Liberale Studenten, unter denen der nachmals in America zu hohen Ehren gelangte Politiker Karl Schurz[1]) durch Talent und Redegewandtheit hervorragte, wußte Kinkel sich in den Volksversammlungen dienstbar zu machen.

Die Bonner Demagogen hatten in prahlerischen Reden das Menschenmögliche geleistet. Nun sollten ruhmreiche Thaten folgen. Es war verabredet, einen Kriegszug nach Siegburg zu machen, um das dortige Zeughaus zu erstürmen. In kluger Vorsicht rieth Kinkel davon ab, konnte aber gegen die Majorität nicht durchdringen. Da hieß es: Feigling, wer nur Worte hat und keine Thaten zeigt! Das half. Am 10. Mai 1849, einem schönen Frühlingsabend, setzte sich der Zug mit Kinkel in Bewegung. Von Beuel war man kaum bis an die Rheindorfer Kirche gelangt, als eine Abtheilung Ulanen die Arrieregarde erreichte. Kaum waren die Lanzenspitzen der Ulanen vor den Aufständischen aufgeblitzt, kaum waren einige Hiebe gefallen, da erscholl auf Seiten der überraschten Freiheitshelden der mit allgemeinem Beifall aufgenommene Ruf: In's Korn, in's Korn! Der Ruhm bleibt ihnen unbestritten: nicht Einer von der ganzen Truppe ist gefallen.

Kinkel floh nach Elberfeld, um der Haft zu entgehen, von Elberfeld nach Baden, wo er am 29. Juni im Gefecht, mit den Waffen in der Hand, ergriffen wurde. Das preußische Kriegsgericht zu Rastatt verurtheilte ihn am 4. August zu lebenslänglicher Festungshaft. In Spandau ward er eingesperrt, um die Strafe abzubüßen. Es gelang ihm jedoch im November 1850, aus der Haft zu entweichen. An Stricken, die er als Strafarbeit selbst gesponnen, ließ er sich aus dem Fenster seiner Zelle hinab, und nach vorheriger geheimer Uebereinkunft stand Karl Schurz, sein alter Getreuer, mit dem Wagen bereit, der ihn aufnehmen sollte. Die Flucht gelang über Rostock nach England. Kinkel's geistesverwandte Gattin Johanna Mockel erwarb ihren Unterhalt in England (London?) durch musikalischen Unterricht. Sie endigte ihr trauriges Dasein durch einen unglücklichen Sturz aus dem Fenster. Kinkel verlebte seine letzten Jahre in der Schweiz und starb zu Zürich am 13. November 1885. Er schrieb u. a.: „Otto der Schütz" 1843; die Legende „Petrus"; „Der Kobold", eine humoristische Erzählung; „der Grobschmied von Antwerpen"; „Geschichte der bildenden Kunst bei den christlichen Völkern", Bonn 1845; „die Ahrlandschaft". Eine Sammlung seiner Gedichte erschien 1857 in sechster Auflage[2]).

---

[1]) Senator und Mitglied des Congresses in den Vereinigten Staaten.
[2]) Ausführlich ist die Geschichte Kinkel's behandelt im Antiquarius III, 8. Bd., 625 ff.

Anmerkungen zu Oberkassel

Blick vom Ennert über Richterhaus in Ramersdorf und Kommende (nach Abbruch der Kapelle 1846) auf Oberkassel, die Cäcilienkirche am Rheinufer (noch mit westlich an den Turm anschließendem Langhaus, bis 1865).
Lithographie von J. N. Ponsart um 1846/50.

Zu Faksimile - Seite 354
(Der Name Oberkassel)
Erste Erwähnungen erfolgten in karolingischer Zeit („Cassele"), dann 1144 „Kasle", 1218 „Kassele", Oberkassel zuerst 1555 („Overkassel"). - Die Namenserklärung nach Castellum (römisches Lager) mag durchaus nahe liegen, ist aber ebenso wenig wie ein „Hafen an der Siegmündung" *(siehe dazu Anmerkung zu Faksimile - Seite 396 f, „Schwarzrheindorf")* archäologisch gesichert. Siehe auch: Bursch, a.a.O., Seite 110 ff, sowie die Rezension von Neuss.

Ergänzung:
(Namen Berghoven, Broich, Büchel, Hosterbach)
Von den anderen heute zu Oberkassel zählenden Ortsnamen sind Berghoven, Broich und Büchel aus der Örtlichkeit gut zu erklären, anders dagegen Hosterbach:

Berghoven: karolingisch „Berchoven", 1175 „Berchove, um 1750 „Berghoven" – nach dem dortigen Berghof der Kommende Ramersdorf.

Broich: 1306 „im Broich", 1845 „Broich" – nach dem dortigen ehemaligen Broicher Hof (auch Malteserhof), der nach der Flur Broich (feuchtes Gelände) benannt war.

Büchel: 1203 „Buchel", 1750 „Büchel" – nach der dortigen schildförmigen Erhebung Bühel (Hügel).

Hosterbach: 1789 „Hausterbach", 1816 „Hosterbach". - Das Wort kann an „Heisterbach" erinnern (Bach im jungen Wald / Buchenwald) oder an das Kloster gleichen Namens, das in der Nähe begütert war. Nicht überzeugen kann eine Verbindung mit 1413 „Haystilberch", die *Bursch* in die Diskussion einführt. Denn dies ist der Name für das Heisterbacher Gut, das entweder mit dem Steinerhäuschen oder mit dem Mönchhof identisch sein dürfte *(siehe dazu: zu Faksimile - Seite 362 f)*, die aber beide, wenn sie nicht gar zunächst miteinander identisch waren, im Ortsteil Büchel (Nähe Steinerhäuschen) und gerade nicht im entfernteren Ortsteil Hosterbach zu lokalisieren sind. Weniger überzeugen auch Ableitungen von „Hostert", gleich Hofstatt *(Hansmann-Hey-Offergeld-Steeg, Geschichte Straßen, Seite 61).*

Zu Faksimile - Seite 355 f
Den **fränkischen Gräberfunden** von Schaafhausen von 1875 (wohl nicht 1874) folgten 1936 und insbesondere 1998 weitere nach, die insgesamt das

Bild eines bedeutenden merowingerzeitlichen Friedhofs ergeben. Die Datierung reicht von der Zeit um 500 n. Chr. bis in das frühe 8. Jahrhundert. Wichtig sind unter anderen die Funde einer Goldscheibenfibel aus der Zeit um 600 sowie eines mit verzierten Bronzeblechen beschlagenen Holzkastens aus der zweiten Hälfte des 6. Jahrhunderts. Das gesamte Gelände – westlich der mittleren Joseph-Schumpeter-Allee - liegt allerdings nicht in der Oberkasseler, sondern in der Ramersdorfer Gemarkung. – *Siehe: Gechter, a.a.O.*

Zu Faksimile - Seite 356
Oberkassel gehörte bis zur napoleonischen Reform zum Gericht **Dollendorf** - wie zunächst auch Küdinghoven mit Limperich, Beuel und Ramersdorf, bis es ein eigenes Untergericht (Küdinghoven) wurde, das gleichfalls bis 1808 Bestand hatte.

Zu Faksimile - Seite 356 - 360
(Fährrechte)
Das Privileg der Schiffergerechtigkeit datiert von 1325. Darin geht es nicht in erster Linie um das „Übersetzen", sondern um den Gütertransport zum Bonner Markt und zum kurfürstlichen Hof („für Bonn zu laden"): Ob wegen der zwischen Bonn und Combahn eingerichteten Gierponte („Fliegende Brücke", von

Oberkasseler Fährnachen-Verkehr mit Plittersdorf und Bonn. Um 1920.

Bürgermeister L. Stroof auch „Schiffsbrücke" genannt), der Nachenverkehr zwischen Oberkassel und Bonn wirklich zum Erliegen gekommen sein soll, wie Maaßen behauptet, muss bezweifelt werden.
Die erste feste Brücke der Neuzeit - die sogenannte Beueler Brücke (heute Kennedybrücke) - wurde 1898 eingeweiht.
„**Nachbarn**" sind die Mitglieder einer kommunalen Gemeinschaft („Honschaft"); heute würde man „Bürger" sagen.

Zu Faksimile - Seite 360 - 364
„**Güter**"
Bischofshof: Mechthild von Sayn (um 1200/03-1285), Erbtochter einer Seitenlinie der Landgrafen von Thüringen (Landsberg bei Halle), vergrößerte durch ihr Westerwälder Heiratsgut die Grafschaft ihres Gatten Heinrich III. von Sayn (um 1193-1247) zu einem der bedeutendsten rheinischen Territorien. Beide gemeinsam werden mit der Gründung der Kommende Ramersdorf in Verbindung gebracht (nach 1217). „Reterstorph" ist Reitersdorf, Ortsteil von

Der Bischofshof (Buschhof). Um 1920.

Bad Honnef. Der Bischofshof/Buschhof ist in seinem Rest-Wohnhaus in der Nähe der Cäcilienkirche auf uns gekommen. Das barocke Magdalenenkreuz, ehemals auf einer benachbarten Buschhof-Ländereien, befindet sich heute dem Buschhof gegenüber (Einmündung Straße „Am Magdalenenkreuz") vor der Cäcilienkirche. *(Vergleiche dazu: Bauer, Buschhof, a.a.O. - Zum Magdalenenkreuz siehe auch Anmerkung zu Faksimile - Seite 424 f, „Schwarzrheindorf").*

Zu Faksimile - Seite 362 f
Heisterbacher Gut: Gräfin Alveradis von Molbach (Maubach bei Düren) gehörte zur Familie des Vilicher Stiftsvogts; sie war die Ehefrau Wilhelms II. von Jülich. *(Siehe Faksimile-Seite 136 sowie: Giersiepen, Kanonissenstift, a.a.O., Seite 135. - Siehe dazu auch Anmerkung zu Faksimile - Seite 136 ff).* Das von ihr herrührende Heisterbacher Anwesen „Heistilberg" muss die zunächst (1297) „Steynhus", heute **„Steinerhäuschen"** genannte burgartige Anlage gewesen sein, deren Grundmauern im Zuge des Baus der Autobahn wieder zutage getreten und 1977/78 und 1979/80 archäologisch untersucht worden sind. Der befestigte Wohnturm war, einem Bericht des Geschichtsschreibers Caesarius von Heisterbach zufolge, 1217 durch Blitzschlag zerstört worden. Anschließend, zu einem bisher nicht näher bekannten Zeitpunkt, dürfte etwas nördlich davon, an der Büchelstraße (etwa Nr. 39 a) ein neuer Gutshof entstanden sein, der Mitte des 16. Jahrhunderts als „Monchobe", **Mönchshof,** begegnet. Das heutige Terrain des Arboretums Park Härle, zwischen Burg und Hof,

Der Mönchshof. Um 1890.

war wohl wesentlicher Bestandteil des Gutsgeländes, zuvor vermutlich der **„Wildpark"** Heinrich I. von Löwenberg *(siehe dazu: Kraus, Wildpark, a.a.O.).* Die letzten Baulichkeiten des Mönchhofs entlang der Straße Am Mönchshof) wurden 1921 niedergelegt.

An den Heisterbacher Besitz erinnert noch das an der Büchelstraße (Haus 46) stehende **Wegekreuz** von 1767, das wohl von dem Heisterbacher Abt Hermann Kneusgen (im Amt 1763-1768) errichtet worden ist („A PRAELATO HERMANNO"), und zwar „DEO CRUCIFIXO", also dem gekreuzigten Gott zu Ehren. Ein gleiches Kreuz steht an der Cäcilienkirche *(siehe Anmerkung unten zu Seite 386).*

Zu Faksimile - Seite 364
Der **Zissendorfer Hof** des Klosters zu Zissendorf, heute Stadt Hennef - das 1247 in Blankenberg gegründet, aber zwischen 1259 und 1269 dorthin verlegt worden war - lag an der Büchelstraße, nördlich des Mönchhofs, wohl im Bereich der Häuser 1 bis 3. Er soll Ende des 19. Jahrhunderts untergegangen sein.
Der **Berghof** der Kommende liegt bis heute, 1991 bis 1995 grundlegend restauriert, an der Berghovener Straße (auch „Strackshof" – *siehe Anmerkung zu Faksimile - Seite 393)*; er ist geschütztes Baudenkmal. Architektonisch beeindruckend ist der Weinkeller, dessen Gewölbe auf einem zentralen Pfeiler ruht *(siehe Abbildungen bei Kraus, Weinbau, a.a.O.).*
Der **Eichhof** der Kommende, im 19. Jahrhundert abgegangen, lag in Ramersdorf im Bereich des erhalten gebliebenen Pfortenanwesens von 1886. - *Siehe dazu Anmerkung zu Faksimile - Seite 276 f („Ramersdorf").*
Der **Bernsauerhof** an der Bernsauergasse, heute Kinkelstraße, soll 1884 durch Brand vernichtet worden sein.
Zu den Höfen siehe: Bergmann, a.a.O., sowie: Hansmann-Hey-Offergeld-Steeg, Geschichte Straßen, a.a.O.

Zu Faksimile - Seite 364 - 375
„Reformationswirren"
Siehe auch Faksimile - Seite 394 („Nachtrag").
Siehe dazu die neuere Literatur: Goeters, a.a.O., Herborn, a.a.O., und Kroh, a.a.O., sowie zur Baugeschichte: A. Hansmann, a.a.O.
Der **Name Hürter** mag durchaus von „Hürde" abgeleitet werden können, wie auch „Hirte". Der Name ist aber nicht in Oberkassel entstanden; nach dem evangelischen Kirchenbuch von Oberkassel ist der erste Träger dieses Namens von der Mosel eingewandert; er starb in Oberkassel am 14. 4. 1679 *(Mitt. J. Bücher 1990).*
Geusenbuche *(Faksimile - Seite 365, Fußnote 1)*: Hier wird ein Zusammenhang zu niederländischen Synoden hergestellt. Geusen (französ. Gueux, Bettler) war zunächst ein Spottname der Umgebung der spanischen Regentin in den Niederlanden Margareta von Parma für die um Einstellung der Inquisition gegen die Ketzer „bettelnden" niederländischen Edelleute (Petition 5. 4. 1566). Diese übernahmen ihn nach ihrer Abtrennung vom katholischen Adel als Parteiname. Seit der Niederschlagung des niederländischen Aufstands 1567 erfuhren die Chancen des Protestantismus auch am Niederrhein erhebliche Minderungen, die sich bis in unseren Raum auswirkten. Darauf haben die verstreuten reformierten Gemeinden mit Hilfe der vor Alba an den Niederrhein ausgewichenen Niederländer 1571 mit einer synodalen Organisation geantwortet, in die auch Stützpunkte in Bonn, Vilich, Küdinghoven, Oberkassel und Dollendorf eingebunden waren. Nach dem Dortmunder Vergleich von

Die „neue" evangelische Kirche von 1908. Um 1920.

1609, der Protestanten freie Beweglichkeit erlaubte, gelang es der bis dahin heimlichen Reformierten Gemeinde Oberkassels, sich 1611 in den Besitz der katholischen Pfarrkirche zu setzen; 1613 erhielt sie dort sogar einen eigenen Pfarrer. Mit der Gegenreformation aber verlor sie diesen wieder. Bei der Umsetzung des Religionsvergleichs von Kölln an der Spree von 1672 fand sich im heutigen rechtsrheinischen Bonn nur noch die Gemeinde von Oberkassel, die zwar die katholische Kirche wieder abgeben musste, dafür aber das Recht auf Errichtung einer eigenen Kirche erhielt – die dann auch 1683 erfolgte, ihre heutige Form und Gestalt aber, wegen bereits kurz darauf folgender Einäscherung, erst 1697 fand. Protestanten verblieben zunächst wohl auch in den übrigen Gemeinden, konnten sich aber auf Dauer nur in Holzlar halten. - S*iehe dazu: Goeters, a.a.O.*

Zu Faksimile - Seite 375 ff
„Dotationsgüter"
Hierzu steht bislang eine weitergehende Untersuchung mit entsprechenden Lokalisierungen noch aus.

Zu Faksimile - Seite 377 - 384
„Pfarrkirche". „Die neue Kirche"
Siehe dazu: Renard, a.a.O., Seite 156 ff, sowie: Passavanti, a.a.O., (Knopp) Seite 227 f. - Zu den Fenstern von Machhausen von 1880 siehe: Hansmann, W., a.a.O.
Die Kirche, zusammen mit Vilich (St. Paulus-Pfarrkirche), Küdinghoven, Nieder- und Oberdollendorf sowie Königswinter, 1144 erstmals urkundlich erwähnt, war wie diese eine umgekehrte Kirche (Chorjochkirche). Der **Turm**, 12. Jahrhundert, ist wohl jünger als der von Küdinghoven (vor 1100), birgt aber wie dieser im ersten Stock ein zweites Oratorium. Mit der im Vergleich zwischen Katholiken und Protestanten nach dem Blitzschlag von 1822 genann-

ten Turmuhr dürfte die im Dachreiter der Alten evangelischen Kirche gemeint sein. Die Baupläne des Neubaus von 1863/64 stammen von dem königlich-preußischen Bauinspektor August Dieckhoff, Köln. Die Seitenschiffe sind 1910/11 angefügt – *Siehe dazu insbesondere Schulze, a.a.O.*

Bei „Landgerichtsrat **Bleibtreu**, Abgeordneter des Siegkreises" muss es sich um Friedrich Wilhelm Bleibtreu (genannt Fritz) gehandelt haben, den am 4. 6. 1815 in Vilich geborenen drittjüngsten Sohn (von insgesamt zwölf Kindern) des Bergmeisters L. Bleibtreu. Er war verheiratet mit Clementine Pfingsten, Tochter des Vilicher Bürgermeisters G. von Pfingsten. Noch erst nur Assessor am Landgericht Aachen (später Landgerichtsrat), war er vom Siegkreis bereits zu seinem Vertreter in der 1849 gebildeten Zweiten Preußischen Kammer gewählt geworden. Seit 1876 war er Oberlandesgerichtspräsident im nach dem Deutsch-Französischen Krieg gebildeten Reichsland Elsaß-Lothringen.

Glasfenster von J. Machhausen von 1884 in der St. Cäciliakirche (Ausschnitt).

Ergänzung:
Die im Rahmen einer Visitationsreise erfolgte Konsekration durch den Kölner Erzbischof Paulus Melchers am 17. 5. 1871 dürfte auch zu einer persönlichen Begegnung des Erzbischofs mit Rektor Dr. J. Kirschbaum, dem Vilicher Kaplan („Rektor") am Pützchen, geführt haben, bei der der Erzbischof diesem die baldige Erhebung Pützchens zur selbständigen Pfarrei zugesagt haben soll – die dann aber wegen des Kulturkampfs noch bis 1906 auf sich warten ließ *(siehe dazu: Bachem, Vorgeschichte Pützchen, a.a.O.).*

Zu Faksimile - Seite 383
(Reliquien der Thebäischen Legion)
Maaßen berichtet, dass sich „im Hochaltar und im Barbaraaltar" der alten, an der Westseite des Turms angebauten Kirche, die mit dem Abbruch dieses Gebäudeteils 1865 ebenfalls (aus dem Chorraum unter dem Turm mit anschlie-

ßender Apsis) entfernt wurden, „ein kleines Gefäß mit Reliquien der Thebäischen Legion und eine Urkunde über die im Jahre 1650 vollzogene Weihe der beiden Altäre" befunden habe. - Wie lange zuvor sich diese Reliquien bereits in der Kirche, etwa in Vorgängeraltären, befunden haben, bleibt unbekannt; im Hinblick auf das Küdinghovener Patrozinium *(siehe unten)* könnte dies schon von Anfang an der Fall gewesen sein. Denn auch in der Doppelkirche von Schwarzrheindorf werden diese Heiligen bereits verehrt; im Heiligenzyklus der Oberkirche (vor 1156) finden sich nämlich Bildnisse von Cassius, Florentius, Malusius - und von Mauritius. Bei der Konsekretion der Karmeliterklosterkirche in Pützchen 1760 wurden, berichtet Maaßen *(siehe oben Faksimile - Seite 180, Fußnote)* Reliquien der „Thebäischen Märtyrer aus der Gesellschaft des hl. Gereon ... in die Altäre eingeschlossen". Bis in die jüngere Zeit setzt sich die Verehrung dieser Heiligen fort. So wurde noch 1906 bei der Weihe von St. Joseph in Geislar auch eine Cassius-Reliquie in den Altar eingelegt *(siehe oben Faksimile - Seite 188 f)*, und noch in den zwischen 1981 und 2001 an die Wände des in der griechisch-orthodoxen Metropolitankirche in Limperich angebrachten Heiligenzyklus wurden auch Bildnisse von Cassius und Florentius - sowie von Gereon - aufgenommen. In diesem Zusammenhang ist aber besonders auf das Patronat der Küdinghovener Kirche zu verweisen, für das *K. H. Schmoll* nachgewiesen hat, dass es sich bei den genannten Heiligen keineswegs um Angehörige der „Thebäischen Legion" gehandelt hat, die nämlich ihrerseits in der Gegend des frühmittelalterlichen Schweizer Wallfahrtsortes St. Maurice an der Rhone den Märtyrertod gefunden haben sollen. – *Siehe dazu Anmerkung zu Faksimile - Seite 264 f („Küdinghoven")*.

Zu Faksimile - Seite 384 f
„Glocken"
Die lateinischen Inschriften lauten in deutscher Übersetzung *(H. Piesik 2007)*:
Glocke von 1826 (Chronogramm):
> *„Mit dem Geld der Bewohner, dem Einsatz des Pastors Hund, mit Zustimmung der Behörde / in ihren ursprünglichen Zustand wiederhergestellt. Paten waren Bartholomäus Richarz, Vorsitzender des Rates der Pfarrkirche, Adolph Hoitz, Adolph Rhein [und] Adam Uhrmacher als Mitglieder dieses Rates, sowie Margarethe Arenz, Ehefrau von Johannes Roers, Adelheid Fröhlich, Ehefrau von Adolph Rhein, Christina Roers, Ehefrau von Bartholomäus Richarz, und Katharina Uhrmacher, Ehefrau von Heinrich Weinstock, die alle in dieser Pfarrei leben."*

Die umgegossene Glocke von 1888 (Chronogramm mit vermutlich fehlerhafter Abschrift: 1938 statt vermutlich 1888):
> *„Kommt, eilt [herbei], ihr Christgläubigen, die Ihr Euch plagt und die Ihr schwer beladen seid / in Euren Nöten. / Maria ruft Euch".* – [nach dem Bibelvers Mt 11,26]

Die von Maaßen genannte „kleine Glocke" befindet sich heute funktionslos im Turmuntergeschoss ausgestellt.

Zu Faksimile - Seite 385
„Bruderschaften"
Von den Bruderschaften besteht noch die **Jesus-Maria-Josef-Junggesellen-Schützenbruderschaft**, deren Gründungsjahr Maaßen nicht geläufig war; es ist wohl 1794.
– *Siehe dazu: Dahm-Hey-Wilmeroth, a.a.O.*

Zu Faksimile - Seite 386
„Prozessionen"
Die Prozession zog deshalb am **Fest des Hl. Georg**, das ist der 23. April, zur Kommende Ramersdorf, weil die dortige Kapelle unter dem Patrozinium dieses Heiligen stand.

Schmuckspitze des Bruderschaftsstabes von 1800 der Jesus-Maria-Joseph-Junggesellen-Schützen-Bruderschaft von 1794.

„Kirchhof"
Nachdem im Gefolge der Streitigkeiten zwischen **Katholiken und Protestanten** über eine Beisetzung der Protestanten auf dem Kirchhof rund um St. Cäcilia die Protestanten ihre Toten in und um ihre eigene (Alte ev.) Pfarrkirche von 1683/96 beigesetzt hatten und der Platz dort schließlich wohl nicht mehr ausgereicht hatte, konnten sie „in den letzten fünfziger Jahren", also ab etwa 1840/50, den von Maaßen erwähnten Friedhof anlegen. Dieser befand sich dort, wo später in allernächster Nachbarschaft das Rathaus errichtet wurde. Als 1888 an der Langemarckstraße ein Gemeindefriedhof entstand, wurden die konfessionellen Friedhöfe geschlossen. Die auf dem Gräberfeld am Rathaus verbliebenen Grabdenkmäler wurden um 1985 auf diesen Friedhof übertragen, wo sie seither entlang der Ostgrenze aufgereiht stehen.
Der Zahl der **Grabkreuze** an St. Cäcilia, insgesamt 55, aus der Zeit zwischen 1607 und 1781, lässt auf Größe und Wohlstand der Pfarrei schließen.
Nicht ganz klar ist Maaßens Hinweis auf die beiden Kreuze mit der Chronogramm-Inschrift von 1767 (übersetzt: *Dem gekreuzigten Gott [gestiftet] von Prälat Hermann*). Eines, allerdings im Typus eines Wegekreuzes, ist am Chor der Kirche erhalten. Hier dürfte eine Verwechslung vorliegen. Interessanterweise steht ein gleiches Wegekreuz mit derselben Inschrift beim Platz des ehemaligen Mönchhofs *(siehe dazu Anmerkung oben zu Faksimile - Seite 362 f)*.

Zu Faksimile - Seite 387
„Die Pfarrstelle"
Offenkundig lag das erste bekannte **Pfarrhaus** (samt Vilicher Zehntscheune) im Bereich des Lippeschen Landhauses (Vorgänger-Gutshof) und wurde um 1750 bei der Errichtung des heutigen Ensembles durch einen Neubau auf der

gegenüberliegenden Straßenseite ersetzt, der wiederum um 1890 zugunsten der Lippeschen Gartenanlagen (heute Bürgerpark) beseitigt wurde. Ihm folgte 1890 das heutige Pfarrhaus neben der Kirche nach.
Zum **Lippeschen Landhaus** siehe: Renard, a.a.O., Seite 159 f, sowie: Alt, a.a.O.

Zu Faksimile - Seite 388 ff
(Einkünfte aus dem Benefizium des Vilicher Dreifaltigkeitsaltars)
Die im von Pfarrer P. Scheffer 1721 aufgestellten Verzeichnis der Einnahmen aus dem Beneficium am Vilicher Sanctae Trinitatis-Altar enthaltenen Ortsbezeichnungen sind wie folgt zu verstehen: „Limburger Landgraben" meint Limpericher- (vergleiche „Landgrabenweg"), „Kuhgasse" (richtiger „Kühgasse") in Beuel meint den Straßenzug Johannesstraße (ab Straße An St. Josef) – Ringstraße (von Limpericher Straße nach Osten), „Vinkenberg" meint den Limpericher Finkenberg, der „Heckengraben" meint ein Gewann in Oberkassel. Unter „Ohligspacht" ist ein in Zwiebeln (mundartlich Öllich) zu entrichtender Pachtzins zu verstehen, unter „Ziehlhöner" zur Zucht geeignetes Federvieh (Hühner). „Auf dem Sand" ist vermutlich das Geislarer Unterdorf, das heute noch so genannt wird; Meyer und Pick sind Geislarer Familiennamen jener Zeit.
Das Fest der Hl. Adelheid wird am Sterbetag gefeiert, also am 5. Februar. (Die Aussage bei Maaßen ist wegen des fehlenden Kommas mehrdeutig.)

Zu Faksimile - Seite 390 oben
Das Verzeichnis enthält auch einen Hinweis auf eine Naturalleistung eines halben Malters Korn an „die Chorsänger", wodurch der **Kirchenchor** an St. Cäcilia sein Alter auf mindestens dieses Jahr zurückführen könnte. *(Vergleiche dagegen Hansmann, A.: 125 Jahre Chorgesang an St. Cäcilia. 1873-1998. Festschrift, Bonn 1998).* In Vilich ist es das Kirchenbudget von 1818, das als erster bekannter zeitlicher Hinweis eine Honorierung der Sänger ausweist, worauf sich der dortige Chor heute bei Berechnung seines Mindestalters bezieht.

Zu Faksimile - Seite 391 f
„Die Pfarrer"
Die Pfarrer-Grabstätten von J. W. Breuer (+1874), mit einer zeitgenössischen Marienstatue, sowie Johann Frank (+1899), wohl auch von B. H. W. Reuff (1871), dem verdienten Bauherren des neuen Kirchbaus, sind auf dem ehemaligen Kirchhof erhalten, wenn auch vom Verfall bedroht.

Zu Faksimile - Seite 392
„Küsterstelle"
Unter „Vertilgung der **Weinberge** im Jahre 1846" können allenfalls die Folgen des 1834 in Kraft getretenen Deutschen Zollvereins gemeint sein, nämlich die Importfreiheit für qualitativ bessere und preislich günstigere Weine. Damit be-

gann der Niedergang des Weinbaus in unserem Raum, dem dann gegen Ende des 19. Jahrhunderts Reblaus- und Mehltaubefall ein völliges Ende setzten.

Zu Faksimile - Seite 393 f
„Schule"
Zu den Schulen von Vilich, Beuel, Rheindorf und Pützchen: siehe Anmerkungen zu Faksimile - Seite 192 ff („Schulwesen im Bezirk Vilich"). Zu den Schulen von Küdinghoven und Holtorf: siehe Anmerkung zu Faksimile - Seite 275 („Küdinghoven").
Lehrer **Strack** erwarb nach der Säkularisation den Berghof der Kommende Ramersdorf an der Berghovener Straße *(Strackshof, siehe dazu auch Anmerkung oben zu Seite 364).*
Die **Gebäude** der katholischen Schule befanden sich stets im Bereich der heutigen Kinkelschule, also in der Nähe der Pfarrkirche, die der evangelischen Schule in der Zipperstraße bei der Alten evangelischen Kirche.
Das **Ernst Kalkuhl-Gymnasium** ist 1881 gegründet worden.

Zu Faksimile - Seite 394 (siehe oben zu Faksimile - Seite 364-375)
„Geschichte der Reformierten - Nachtrag"
Die 1683 bis 1685 unter Pastor Adam Wurm erbaute erste eigene Kirche steht als prächtiges Baudenkmal an der Ecke der Königswinterer und Zipperstraße **(Alte evangelische Kirche)**. In den Wirren des Pfälzer Krieges wurde sie 1689 bereits eingeäschert, ab 1695 aber wieder aufgebaut; 1845 wurde sie baulich verändert, in einem mehrjährigen Prozess bis 1973 grundlegend restauriert.
Die Kirche ist eines der ältesten evangelischen Gotteshäuser des Rheinlandes. Lange Zeit blieb sie das einzige im weiten Umkreis beiderseits des Rheins, einschließlich des linksrheinischen Bonns, wo es erst am 5. 6. 1816 zur Gründung einer eigenen evangelischen Gemeinde kam, der die vormalige Hofkirche (Universität) zur Pfarrkirche übertragen wurde. – *Siehe dazu insbesondere Anmerkung oben zu Faksimile - Seite 364 – 375.*
1683 wurde in Oberkassel auch bereits eine erste **evangelische Schule** eingerichtet. Als nächstes im heutigen Stadtbezirk Beuel folgt 1894 Beuel mit einer evangelischen Kirche (vorher seit 1882 Betsaal in Privathaus) sowie 1900 mit einer evangelischen Schule (vorher seit 1897 Schulsaal in Privathaus) – *Siehe Höroldt / Joch, Ev. Kirchen, a.a.O.*

Die Alte evangelische Kirche von 1683/85. Um 1920.

Literatur zu Oberkassel

Wie für die übrigen Pfarrorte des rechtsrheinischen Bonn so sind in der Geschichtsforschung seit Maaßen auch für Oberkassel wichtige Neuerscheinungen zu verzeichnen. Diese haben zum einen ihren Niederschlag in der Veröffentlichungsreihe des Heimatvereins Bonn-Oberkassel e. V. gefunden, zum anderen in einer Reihe von Aufsätzen, die verschiedenenorts publiziert sind. Weithin überholt durch die neueren Forschungen, insbesondere von Goeters, dürften Maaßens Darlegungen zur Konfessionsgeschichte des rechtsrheinischen Bonn sein.

Alt, Monika: *Das Lippesche Landhaus Bonn-Oberkassel*, Stuttgart 1982

Bauer, Anne: *Der Buschhof in Oberkassel. 750 Jahre Hofgesch.* (Heimatv. Bonn-Oberkassel 16), Bonn 2001. Darin auch: Hansmann, Aenne: *Die Güter der Gräfin Mechthild von Sayn in Oberkassel u. [Honnef-]Reitersdorf*, S. 63-77

Bergmann, Andreas: *Die früheren Höfe in Oberkassel* (Heimatv. Bonn-Oberkassel 2), Bonn 1977

Dahm, Hartmut / Hey, Willi / Willmeroth, Peter: *Chronik 1794 – 1994 der Jesus-Maria- Josef-Junggesellen-Schützenbruderschaft Bonn-Oberkassel*, Bonn 1994

Gechter, Michael u. a.: *Der merowingerzeitliche Friedhof in Bonn-Oberkassel*, 2000 – siehe: Ramersdorf

Goeters, J. F. Gerhard: *Vilich in der Zeit der Reformation u. der Gegenreformation* – siehe: Holzlar

Goeters, J. F. Gerhard: *Der Protestantismus im Raum Bonn von der Reformationszeit bis zum Jahre 1967*, in: Höroldt, Dietrich/Joch, Waltraud (Hrsg.): Ev. Kirchen und Gemeinden der Kirchenkreise Bonn, Bad Godesberg, An Rhein u. Sieg, Bonn 1996, S. 1-12

Hansmann, Aenne: *Zur Baugeschichte der alten evangelischen Kirche in Bonn-Oberkassel* (Bonner Geschbll. 36), Bonn 1984 - Sonderdruck

Hansmann, Aenne / Hey, Willi / Offergeld, Karlheinz / Steeg, Thea: *Geschichte der Oberkasseler Straßen* (Heimatv. Bonn-Oberkassel 3), Bonn 1980

Hansmann, Wilfried: *Die Chorfenster von Joseph Machhausen in St. Cäcilia*, in: Denkmalpfl. im Rheinl. 21. Jgg., 2. Vj. 2004, S. 70-92 – Sonderdruck

Herborn, Wolfgang: *Die ersten Protestanten am Fuße des Siebengebirges von etwa 1550 bis 1570*, in: Heimatbll. des Rhein-Sieg-Kr. 68/69-2000/2001, Siegburg 2001, S. 109-122

Hörning, Elisabeth: *Alltag u. Konfession in Oberkassel (1670-1810)*, (Heimatv. Bonn-Oberkassel 13), Bonn 1998

Höroldt, Dietrich/Joch, Waltraud (Hrsg.): *Ev. Kirchen und Gemeinden der Kirchenkreise Bonn, Bad Godesberg, An Rhein u. Sieg*; Bonn 1996 – Ev. Gemeinde Oberkassel: S.146 f (Aenne Hansmann), Alte ev. Kirche: S. 148 f, u. Neue ev. Kirche: S. 149 ff (Wilfried Hansmann)

Hombitzer, Adolf: *Aus Vorgeschichte u. Gesch. Oberkassels u. seiner Umgebung*, Bonn 1959

Kraus, Gottfried: *Das Lagerbuch des Hofes Haistilberg in Oberkassel* (Heimatv. Bonn-Oberkassel 6), Bonn 1987

Kraus, Gottfried: *Heinrich I. Herr von Löwenburg u. der Wildpark in Oberkassel. Bemerkungen zu einer Urkunde aus dem ehem. Klosterarchiv Heisterbach (22. Februar 1335)*, (Heimatv. Bonn Oberkassel 9), Bonn 1990

Kraus, Gottfried: *Weinbau in Oberkassel. Erinnerungen an eine 700jährige Geschicht*e (Heimatv. Bonn-Oberkassel 10), Bonn 1991

Kroh, Hans: *Aus der Gesch. der Ev. Gemeinde Oberkassel*, in: Was uns trägt. Festschrift der Ev. Kirchengemd. Oberkassel, Bonn 1983

Passavanti, Wilhelm (Hrsg.): *Bonner Kirchen und Kapellen*, Bonn 1989, S. 226 f (N. Schloßmacher), S. 227 (G. Knopp)

Renard, Edmund: *Die Kunstdenkmäler des Siegkr.*, Düsseldorf 1907, S.155-160

Schulze, Jörg: *Kirchenbauten des 19. Jh. im alten Siegkr.* (Landeskonserv. Rheinl., Arbeitsh. 21), Köln 1977, S. 213-224

Schwarzrheindorf.

Schwarzrheindorf, in ältester Zeit einfach Rheindorf, „Rindorp" [1]), trägt den jetzigen Namen von dem schwarzen Ordenskleide der Benedictinerinnen, welche um die Mitte des zwölften Jahrhunderts an der berühmten Kirche daselbst ihre Heimstätte fanden, zum Unterschied von Graurheindorf, wo graue Cistercienserinnen ein Kloster bewohnten [2]).

Schwarzrheindorf galt den Römern als wichtiger strategischer Punkt. Zwischen Rheindorf und dem nahen Rheinufer liegt Gensem, das Gesonium des Geschichtschreibers Florus [3]), wo Drusus eine Schiffbrücke über den Rhein schlug und mit dem jenseitigen Ufer am Michelshof in der Nähe des römischen Castrums verband. Professor Ritter behauptet [4]), und neuere Forscher bestätigen es nicht ohne Grund, auch Julius Cäsar habe bereits im Jahre 55 vor Christus an dieser Stelle die im vierten Buche des Gallischen Krieges beschriebene [5]) Pfahlbrücke errichtet, um seine Krieger im Feldzug gegen die Sicambrer hinüber zu führen. Eine Römerstraße, deren Spuren von Rheindorf über Vilich, Hangelar und Warth, dann jenseits der Sieg über die Höhen der Bröhl sich weit in das Siegener Land erstreckt [6]), gibt dieser Annahme eine gewisse Bestätigung. An der Kirche zu Rheindorf, ungefähr 40 Fuß hoch über dem Niveau des Rheinufers, befand sich eine Befestigung, als Brückenkopf und zugleich als Schutzwehr der militairischen Anlagen und des Hafens bei Gensem, worüber wir die Resultate der neuesten Forschungen hier anschließen.

Von römischen Bauresten an der Kirche zu Schwarzrheindorf weiß der Königliche Baumeister Dr. Hundeshagen zu berichten [7]), welche er in der Ringmauer des ehemaligen Klosters gefunden hat.

Bei Gensem stieß man in den letzten sechsziger Jahren, als man einen Ziegelofen anlegte, auf alte Baureste. Im Jahre 1879 hat Professor aus'm Werth dieselben aufgraben lassen [8]). „Sie ziehen 50 Meter weit an einer Art Erddamm hin, der ein bis zwei Meter hoch den Weg von Gensem nach Beuel an dessen östlicher Seite begleitet. Die Außen-

---

[1]) Lac. I 389 S. 269; 444 S. 309; 445 S. 311; 460 S. 323.
[2]) Annalen d. H. V. XXVI—XXVII 410. — [3]) Bonner Festschrift von 1868. I 8.
[4]) l. c. — [5]) C. J. Caesaris Commentar. de bello Gallico. IV 17.
[6]) Gefl. Mittheilung des Herrn Generals von Veith.
[7]) „Stadt und Universität Bonn mit ihren Umgebungen." Bonn 1832. S. 178.
[8]) Prof. Dederich, Feldzüge des Drusus. Köln-Neuß 1869. S. 84 u. 86.

mauer zeigte eine obere Breite zwischen 30 und 80 Ctm. und lag mit ihrer Sohle meist ein Meter unter der Dammkrone. An ihrem Nordende durchschnitt die Mauer von Ost nach West ein Canalrest, und einige senkrechte Quermauern schlossen sich an dieselbe".

Es lagen östlich hinter der (Außen=) Mauer zwei Gebäudefundamente, das nördliche, nur noch der ein Meter starke Rest eines Einganges von drei Meter Weite, das südliche, ein Viereck, sieben und acht Meter lang mit Quermauer, die Mauern 50 bis 80 Ctm. stark[1]).

Herr General von Veith, dem wir vorstehende Angaben verdanken[2]), hält die Bauwerke für hallenartige Vorrathskammern, welche für den Schiffsverkehr zum Löschen und Bergen der Ladung dienten, und bringt dieselben in Beziehung zu der römischen Befestigung auf dem Hügel an der Kirche und einem ehemaligen Rheinarm bei Gensem, der als Hafen eingerichtet war. Er schreibt: "Jene Anlagen bei Gensem standen wohl unter dem militairischen Schutz des zweihundert Meter entfernten Drusus=Castells resp. Brückenkopfes, welcher auf dem zehn Meter höher gelegenen Thalrande des Rheines lag, da, wo jetzt die alte Schwarzrheindorfer Kirche steht. Der tausend Meter lange, sechzig Meter breite Rheinarm, der einst bei Gensem, Bonn gegenüber, den Siegfluß an dessen Mündung erreichte, konnte einige fünfzig Schiffe aufnehmen. Man wird sich erinnern, daß der Lauf der Sieg in ältester Zeit ein anderer war, daher denn auch die Mündung in den Rhein an der höher aufwärts gelegenen Stelle bei Schwarzrheindorf (Gensem) sich befand"[3]). So war es in der längst entschwundenen Römerzeit. Unsere Aufgabe verlangt jedoch, daß wir dem Mittelalter näher treten, wo auf den Trümmern römischer Bauwerke sich christliche Ritterburgen, Kirchen und Klöster erhoben.

Erzbischof Arnold II. stiftet die Kirche zu Schwarzrheindorf.

Rheindorf war eine alte kurkölnische Herrschaft der Grafen von Wied. Die Güter, worüber wir später berichten werden, lagen theils in Rheindorf selbst, theils in umliegenden Ortschaften. Burg und Herrschaft, Hofgüter und Leibeigene waren um die Mitte des zwölften Jahrhunderts Eigenthum des Grafen Arnold und seiner Geschwister[4]). Ar-

---

[1]) Bonner Jahrbücher. LXXXVII 187. — [2]) l. c.

[3]) Vgl. unter Vilich, wo das alte Siegbett zwischen Geislar erwähnt wird. An dieser Stelle, etwa zwei Kilometer vom Rhein, befindet sich eine tiefe Einbuchtung der alten Sieg, gewissermaßen eine Erweiterung des ehemaligen Rheinhafens.

[4]) Arnold war der Sohn des Grafen Metfried von Wied und dessen Gemahlin Osterlint, letztere vermuthlich Verwandte Heinrich's des Löwen. Arnold hatte drei Brüder: Burkhard, Ludwig, Sifried, und vier Schwestern: Hadwig, Abtissin zu Essen und Gerresheim,

nold von Wied war Dompropst zu Köln, seit 1138 Kanzler des deutschen Reiches und 1151 Erzbischof von Köln. Er ist Stifter und Erbauer der Kirche zu Schwarzrheindorf, Rheindorf's Stolz und Ruhm. Ueber Arnold's hochherzige Stiftung meldet sein Nachfolger, Erzbischof Philipp von Heinsberg: „Erzbischof Arnold II. von Köln, ein Mann von großem Ruhm, beschloß in Erwägung, daß alles Irdische vergänglich und nur dasjenige werthvoll ist, was im Dienste Gottes verwendet wird, mit seinen Gütern den höchsten Geber zu ehren, dem er alles zu verdanken habe. Deshalb erbaute er, von heiligem Eifer entflammt, auf seinem Erbgut zu Rheindorf mit großen Kosten in tiefstem Frommsinn eine Kirche zum Heil der eigenen Seele, seiner Eltern, Brüder, Schwestern und aller Verwandten, den Nachkommen ein Denkmal frommer Erinnerung. Dieser Kirche übertrug er das ganze Erbe, welches er in dem Orte besaß, nebst mehrern andern Gütern unter Zustimmung und mit den Segenswünschen seiner Miterben zu dem heilsamen Unternehmen. Damit das angefangene Werk nicht unvollendet bliebe, wenn dem Stifter etwas Menschliches widerfahren sollte, so legte er die weitere Ausführung vertrauensvoll in die Hände seiner Schwester Hadwig, Abtissin zu Essen [1]).

Diese Vorsicht war geboten, da Arnold als Kanzler den Kaiser Konrad III. auf seinem Kreuzzug begleitete und auch nicht wenig durch Reichsgeschäfte in Anspruch genommen war.

Höchst wahrscheinlich hat jedoch Arnold selbst nach seiner glücklichen Rückkehr aus dem Orient zu Pfingsten des Jahres 1149 den Bau begonnen [2]). Dafür spricht augenscheinlich der an der Kirche zu Rheindorf sichtbare Einfluß byzantinischer Kunst, welche der Kanzler auf dem Kreuzzug aus eigener Anschauung zu beobachten Gelegenheit hatte. Auf der Hinreise verweilte er mit dem Kaiser drei volle Monate in Constantinopel, der herrlichsten Stadt der damaligen Welt, und brachte auf der Rückreise daselbst den ganzen Winter zu. „Und was hatte die herrliche und unvergleichliche Stadt Herrlicheres und Unvergleichlicheres als das durch Gottes Weisheit und Allmacht geschaffene Werk, die heilige Sophia", den Himmel auf Erden [3]).

Am 3. April 1151 starb Erzbischof Arnold I. von Randerode und der Kanzler Arnold von Wied ward durch die Wahl zu dessen Nach-

Hizecha, Abtissin zu Vilich, Sophia, Abtissin, und Siburgis, Decana zu Rheindorf. (Lac. I, 144.)

[1]) Lac. I, 445, S. 311.
[2]) Andreas Simons, „Die Doppelkirche zu Schwarzrheindorf." S. 85.
[3]) Andreas Simons, ἁγία Σοφία ὁ ἐπίγειος οὐρανὸς — — ἣν ἔπηξεν ὁ κύριος καὶ οὐκ ἄνθρωπος. l. c.

folger ausersehen. Letzterer begab sich nach dem Wahlact zu Kaiser Konrad, welcher sich im Kriege befand gegen den Grafen von Nassau und die von demselben besetzte pfalzgräfliche Burg Rheineck des Grafen Otto von Salm belagerte. Nach Eroberung und Zerstörung der Burg gedachte der Kaiser der Einführung Arnold's in die erzbischöfliche Würde in Köln beizuwohnen. Arnold ergriff die günstige Gelegenheit, um den Kaiser mit seinem glänzenden Gefolge zu der vorhergehenden Einweihung der Kirche in Schwarzrheindorf einzuladen. Die Einweihung fand statt am 8. Mai 1151 in Anwesenheit des Kaisers, unter Theilnahme einer Reihe berühmter Würdenträger, wie sie glänzender in hiesiger Gegend nie geschaut worden war. Ihre Namen bewahrt die in der Kirche hinter dem Altar eingemauerte Gedenktafel vom Feste der Einweihung. Wir geben die lateinische Inschrift in deutscher Uebersetzung: "Im Jahre der Menschwerdung 1151 am 8. Mai ist diese Kapelle von dem ehrwürdigen Bischof Albert von Meißen unter Assistenz des ehrwürdigen Bischofs Heinrich von Lüttich zu Ehren des h. Clemens, Martyrer und Papst[1]), Nachfolger des Apostelfürsten Petrus, geweiht worden; der Altar zur Linken zu Ehren des h. Martyrers Laurentius[2]) und aller Bekenner; der Altar zur Rechten[3]) zu Ehren des heiligen Erzmartyrers Stephanus und aller Martyrer; der Altar in der Mitte aber zu Ehren der Apostel Petrus und Paulus; der Altar der obern Kapelle zu Ehren der seligsten Mutter des Herrn, der immerwährenden Jungfrau und des Evangelisten Johannes (ist geweiht) von dem ehrwürdigen Bischof Otto von Freisingen[4]), des Herrn Konrad, erlauchten römischen Kaisers Bruder, in persönlicher Anwesenheit dieses Königs, des Stifters Arnold frommen Andenkens, zur Zeit erwählten Erzbischofs von Köln. Ferner waren anwesend der ehrwürdige Abt Wibald von Corvey und Stablo[5]), Walter, Decan der Domkirche in Köln[6]), Gerhard[7]), Propst und Archidiakon zu Bonn, der ehrwürdige Abt Nicolaus von Siegburg und viele Edele und Ministerialen"[8]).

---

[1]) Clemenskirchen sind häufig am Rhein. Solche wurden überhaupt mit Vorliebe an den Ufern der Flüsse erbaut zum Andenken, daß der h. Clemens in seiner Verbannung auf der Krim in das Meer versenkt ward und auch die Fluthen wunderbarer Weise vor ihm zurückwichen.

[2]) Dieser Altar im linken Kreuzarm besteht nicht mehr; an dessen Stelle ist eine Thüre gebrochen.

[3]) Ist ebenfalls verschwunden. — [4]) Otto v. Freisingen, als Geschichtschreiber berühmt.

[5]) Wibald galt als der größte Staatsmann seiner Zeit.

[6]) Walter war nach Arnold's Ernennung zum Erzbischof dessen Nachfolger als Dompropst zu Köln.

[7]) Gerhard Graf von Are, ein Mann von seltenen Geistesgaben, vollendete den Bau der Münsterkirche in Bonn. — [8]) S. den lateinischen Text im Anhange.

Dotirt ist die Kirche vom Stifter, von dessen Bruder Burchard von Wied, seiner Schwester Hadwig, Abtissin zu Essen und Gerresheim, und der Schwester Hizecha, Abtissin zu Vilich mit dem Hof zu Rülisdorf sammt allen Zubehörungen, Aeckern, Weinbergen und Häusern.

Erzbischof Arnold II. starb am 14. Mai 1156, nachdem er den Hirtenstab der Kölner Kirche fünf Jahre geführt, und fand die letzte Ruhestätte seinem Wunsche gemäß in der Kirche zu Schwarzrheindorf. Er hinterließ als geistlicher Oberhirt wie als Reichskanzler ein ruhmvolles Andenken. Otto von Freisingen nennt ihn den Wiederhersteller der Kölnischen Kirche. Auch in dem Katalog der Kölner Erzbischöfe wird ihm hohes Lob gespendet: „Arnoldus, der Vorsteher von St. Peter, war ein durch Tugend ausgezeichneter Mann, für das Wohl der Kölnischen Kirche wie geschaffen. Er zog mit Kaiser Friedrich nach Rom und wirkte mehr durch Einsicht und Klugheit als durch Waffengewalt. Er widerstand der rohen Gewalt und vertheidigte die Rechte der Kirche[1]).

Kurfürst Clemens August ließ im Jahre 1747 das Grabmal Arnold's auf erhöhtem Unterbau erneuern, mit einer neuen Gedenktafel versehen und darauf das doppelte Chronicum anbringen:

ARNOLDO
ANTISTITI ET ELECTORI
COLONIENSI
CAPITVLI NOSTRI FVNDATORI TER GRATIOSO
INIBI SEPVLTO
LAPIS HIC NOVVS POSITVS

LAPIS
AVGVSTI EX GRATIA
CLEMENTIS AVGVSTI
PATRONI NOSTRI PERPETVI
DONATVS
(1747).

Das Kloster.

Nach Arnold's II. Tode übergab dessen Bruder Burchard mit Zustimmung seiner Gattin und seiner Schwestern ihr Gut zu Rheindorf, um darauf ein Kloster zum Dienste Gottes und zu Ehren seiner Hei-

---

[1]) Erzbischof Arnold führte den Vorsitz auf einer Synode 1154, welche sich mit dem Rangstreit der Archidiakone von Bonn, Xanten und St. Gereon beschäftigte, einem Streit, der im Jahre 1138 auf einer Synode zu Köln bereits zu Gunsten des Propstes Gerhard zu Bonn entschieden war. So unter Arnold II. Vgl. Binterim u. Mooren, Erzdiöcese I 32 ff.

ligen zu errichten. Seine Schwester Hadwig, Abtissin zu Essen, welche nächst Gott bei Erzbischof Arnold im höchsten Vertrauen stand und ihm an Frömmigkeit gleich war, erweiterte und vollendete die Kirche mit Aufwand großer Kosten, wie ihr in Gott ruhender Bruder ihr bei Lebzeiten aufgetragen hatte, und baute aus eigenen Mitteln ein Kloster daran. Hierauf stellte sie mit Consens ihrer Schwestern Sophia und Siburgis Kirche und Kloster unter die Obedienz des Erzbischofs und der Kölner Kirche, mit gleichem Recht und derselben Freiheit, wie die andern Kirchen des erzbischöflichen Sprengels, mit der Maßgabe, daß die Klosterschwestern sich eine geeignete Person als Vorsteherin wählen, dieselbe aber nach geschehener Wahl dem Erzbischof behufs Erlangung der „Cura" präsentiren, „wie dieses alles weise angeordnet ist und Erzbischof Philipp von Heinsberg im Jahre 1176 genehmigt hat"[1]. Jeden Vogt, so bestimmt der Erzbischof, schließen wir von Rheindorf und von allen Zubehörungen der Kirche aus, mit alleiniger Ausnahme des Erzbischofs von Köln, der, wie in geistlichen, so in zeitlichen Dingen ihr Vertheidiger sein soll. Grund zu dieser letzten Maßregel war das rücksichtslose Auftreten der Vögte[2].

Der Kirche zu Rheindorf räumte die Abtissin von Vilich, zu dessen Pfarrbezirk es gehörte, mit Genehmigung des Erzbischofs Philipp das Recht der Taufweihe[3] um Ostern und Pfingsten ein. Bei dieser Gelegenheit hatte der Pfarrer zu Vilich die Pflicht, ein Kind nach Rheindorf zur Taufe zu schicken. Dieses erinnert an den Gebrauch der ersten christlichen Jahrhunderte, wo die Taufe regelmäßig an den Vigilien der beiden genannten Festtage gespendet wurde. Das Recht der Beerdigung zu Rheindorf galt für die Brüder und Schwestern des Klosters, sowie die Knechte und Mägde, welche im Sold und Dienste des Klosters stehen. Diese sollen auch von den Priestern der Rheindorfer Kirche besucht, mit der h. Oelung versehen und begraben werden. Auch sollen die Priester wegen grober Fehler zurechtweisen, und wenn sie hierin säumig sind, soll der Archidiakon ein wachsames Auge auf sie richten.

---

[1] Lac. I, Nr. 460, S. 323.

[2] „Insolentia advocatorum." Lac. I, Nr. 459, S. 322. In dieser Urkunde erklärt der Erzbischof zugleich, wie das Stift Schwarzrheindorf die Vogtei über dessen Gut zu Eitorf aus den Händen des Grafen Robert von Nassau und dessen Untervogts Ludwig von Gendersdorf, sowie die Vogtei von drei Mansen zu Rheindorf aus den Händen des Grafen Everhard von Sayn und dessen Untervogts Gottfried von Drachenfels eingelöst habe. Vgl. unten Güter des Klosters.

[3] Hieran erinnert noch der Taufstein, welcher nach Ansicht Simons' aus der Zeit des Erzbischofs Philipp herstammt, und wovon das Taufbecken noch erhalten ist. Eine Zeichnung des Ganzen (mit der Basis) findet man bei: Boisserée, „Denkm. am Niederrhein." 23 Bl. Vgl. Simons, Doppelkirche in Schw.-Rh. S. 43.

Die Güter des Klosters.

Erzbischof Arnold hatte als erste Dotation seine Güter zu Rülisdorf bei Beuel bestimmt und die Schenkung in die Urkunde der Kirchweihe eintragen lassen[1]). Allein damit war seine großmüthige Freigebigkeit bei weitem nicht erschöpft. Vielmehr schien er sein ganzes Besitzthum der Kirche und dem Kloster als Lieblingsschöpfung zuwenden zu wollen.

Den frommen Entschluß zur Ausführung zu bringen, vertraute Arnold seiner durch Geist und Frömmigkeit ausgezeichneten Schwester Hadwig „sich selbst und alle seine Güter an". Sie sollte das von ihm angefangene Werk zu des Allerhöchsten Ehre und Preis vollenden, und ward deshalb, als hierzu vor allen Andern befähigt, zur Abtissin des Klosters auserfehen.

Das unbegrenzte Vertrauen Arnold's hat Schwester Hadwig durch die That vollkommen gerechtfertigt, indem sie der Stiftung des geliebten Bruders nach seinem Hinscheiden die eigenen Güter hinzufügte, die Kirche erweiterte und das Kloster daran baute.

Im Jahre 1156 den 17. September nimmt Kaiser Friedrich in freundlichem Andenken an die hohen Verdienste Arnold's II. dessen Schwester Hadwig und dessen Bruder Burkard von Wied in seinen Schutz und bestätigt der Kirche zu Schwarzrheindorf die Güter, die er und seine Schwester derselben geschenkt haben: aus der Hinterlassenschaft Arnold's den Hof zu Rülisdorf, drei Morgen Weingarten in Beuel, fünf Ohm Wein in Honnef, zwei Ohm Wein in Cardorf, einen Hof zu Schweinheim, eine Rente von vier Schillingen zu Mehlem, sodann zu Rheindorf drei Mansus, welche Hadwig von der Kirche zu Meschede erworben, einen Hof zu Söven, den die Abtissin von Reinhard von Kaster gekauft hatte.

Der Kaiser decretirt: Wer die Schwestern und Brüder zu Rheindorf persönlich beunruhigt oder in ihrem Eigenthum schädigt, soll zur Strafe hundert Pfund reines Gold an die kaiserliche Kammer erlegen[2]).

Die Güter des Klosters wurden später durch neue Schenkungen vermehrt. Gemäß der Bestätigung Erzbischofs Philipp[3]) von 1173 sind folgende hinzugekommen: Ein Hof zu Rheindorf[4]) mit allen Zubehörungen, ein Hof[5]) mit der Kirche zu Bilk und dem Zehnten, welcher mit der Investitur dieser Kirche zwischen den beiden Kirchen zu Brauweiler und

---

[1]) S. oben die Inschrift. — [2]) Lac. I 389, S. 269.
[3]) l. c. 445, S. 311. — [4]) Vermuthlich der Frohnhof an der Kirche.
[5]) Dieser Hof zu Bilk wird unter den dortigen Gütern vorzugsweise der Bilker Hof genannt. Lac. Archiv III 1. 22.

Rheindorf getheilt wird, ein Hof zu Walshoven[1]), die Hälfte der Insel Volmerswerth mit zugehöriger Fischerei, ein Hof zu Grimlinghausen, wovon drei Mark jährlich einkommen, ein Hof zu Roda[2]) mit allen Zubehörungen, zwei Mansus in Söven, ein Hof zu Eitorf[3]), zahlend acht und eine halbe Mark, der durch Erzbischof Philipp von jedem Vogt= recht befreit ist[4]), zwei Mansus in Rheid[5]), ein halber Mansus in Ranzel, wovon fünf Schillinge und ein Malter Hafer einkommen, ein Hof in Geistingen, fünf Schillinge zahlend, ein Hof in Uetgenbach mit einer Einnahme von elf Schillingen; in Hersel ein Weingarten von zwei Morgen sechs Malter Korn, sieben Sümmer Weizen; drei Morgen Weingarten in Unkelstein, ein Mansus in Mehlem, zahlend sieben Schil= linge, ein Hof zu Remagen, ein Mansus und Weingärten zu Leubes= dorf, Weingärten zu Linz, Erpel und Unkel, ein Hof in Gudegedorf[6]), einer in Berzdorf und in Breitbach, ein Mansus in Lanzenbach und in Lohmar, in Vünsselden[7]) eine Rente von drei Schillingen, ein Haus in Köln.

---

[1]) Der Walshovener Hof in der Pfarre Uedesheim bei Neuß war eines der bedeu= tendsten Stiftsgüter von Rheindorf. Einem Pachtvertrag vom 13. December 1509, abge= schlossen „vor Bernt Ver, Wilhelm Hermans und andern Gemeine Scheffen" zu Uedesheim entnehmen wir: „Jacob Plück und Nelle, seine ehlige Hausfrau, bekennen, daß sie wieder durch würdige Frau »Engelina Vaitz Abdissa des Gotzhaus schwarzen Ryndorp gegen Bune, Geirtruidt Dernhoven, Constantia (?) Dudynk genossen und sementlichen Jouffern ind Ka= pitels 24 Jair« zu pachten angenommen das Landtzhaushofgut walshoven im kirspel von Uedesheim mit allem zubehör „in ale maissen syn vader ind moder, den got genade, den gehat hauend" und haynt davon gelaist (gelobt), alle jairs sente Remissemessen bynnen 14 Dagen dem Convent »zu syme vry sicher behalt zonn schwarzen Ryndorp an der hove gasse . . . acht und dreißig Malder Korn, ein M. Erbsen, drei Schweine »neist synen dryen besten de veyne und guet synt, ind dazo zwelf höyner und dry wispennige" für Miethgeld als Jahrespacht zu liefern."

[2]) Roda wird bei Binterim u. Mooren, „Erzdiöcese I 322, allerdings mit Beifügung eines Fragezeichens, in Overath gesucht. Ohne alle Frage ist es Heisterbacherrott. Der dortige Frohnhof gehörte bis 1805 dem Stift Schwarzrheindorf, welches dem Pfarrer in Niederdollendorf für Bedienung der Kapelle in Heisterbacherrott jährlich drei Malter Korn von dem Hof verabfolgte. Der Name Roda (Rott) hat sich durch die später erworbenen Güter der Herren von Heisterbach in Heisterbacherrott verwandelt. Vgl. hierüber unter Niederdollendorf.

[3]) Der Hof in Eitorf hatte ein Hofgeding mit einem Kellner (Rentmeister), einem Schultheißen und sieben Scheffen, welche die Gerechtigkeit der an verschiedene „Hofmänner" übertragenen Lehngüter handhabten. Näheres im Weisthum vom 10. Juli 1601 bei Lac. Archiv, neue Folge II 2. 341.

[4]) Lac. I 459, S. 322. — [5]) Rheid am Rheinufer unter der Sieg.

[6]) Gudegedorf in der Pfarre Verzdorf, am Wege nach Brühl, mit 205 Morgen Acker, 1802 vom Fiscus an Boismard verkauft für 45,000 Franken. Jetziger Besitzer Steffens. Vgl. Dekanat Brühl, 69 und 70.

[7]) Vünsselden, jetzt Vinxel, in der Pfarre Stieldorf. S. daselbst.

Das Weisthum der Scheffen zu Schwarzrheindorf[1]) vom Mertenstag 1564, wie es von dem Schultheißen und Scheffen Eckart Runckel, und sämmtlichen Mitscheffen: Wimar Thewalt, Peter Loemer, Dederich am Ende, Johann Menne und Heinrich Sander verkündet worden, erkennt für Recht, daß das Stiftscapitel den Scheffen auf Mertenstag jeden Jahres ein Feuer „bötzen soll" sonder Rauch, nicht zu kalt und auch nicht zu warm.

Item soll dasselbe den Scheffen einen Tisch decken mit weißen Laken, die nicht genutzt sind worden, darauf soll man legen Weißbrod und Roggenbrod, dabei Schweinefleisch mit Sauce (Gebrat) und „Podte", die noch ungenutzt sind.

Item soll das Capitel „behalten" ein Stück Wein, genannt „Kuckstein"[2]), ein zweites für den Kaufmann, und aus dem dritten den Scheffen schenken, bis dieselben eine Taube „vor einer Krähe auf dem Leiendach nicht erkennen können".

Item sollen obgemelte Scheffen züchtig sein im Trunk. So es Sach wäre, daß einer sich im Trunk unfläthig verhielt, soll er schuldig sein, die ganze Zeche zu bezahlen.

Item sollen die Scheffen auf Gerichtstag zu St. Merten das Recht der Scheffenhöfe „meiner Ehrwürdigen Frau" des Stifts erzählen, wie folgt:

Dem Stift Schwarzrheindorf gehört ein Scheffenhof, wovon zu geben ist ein Malter Weizen, den vertritt Peter Löhmer.

Item drei Scheffenhöfe, deren zwei, vertreten durch Johann Menn und Heinrich Sander, je ein Malter Weizen liefern, den dritten bedient Eckart Runckel „aus einem Weingarten, so er dagegen hat längs der Hofgasse".

Item ist Herr zu Gymnich schuldig, aus seinen L(ehn)gütern einen Scheffen oder Scheffenhof[3]) zu erhalten, wovon jährlich zu liefern ein Malter Weizen.

Item ist Christina von Plattenberg schuldig, einen Scheffenhof zu vertreten von Hommerichs Gütern, und gibt jährlich davon ein Malter Weizen, welches besorgt Dederich am Ende.

Item Scheffe Wimar Thewalt hat aus seinen Gütern einen Hof zu vertreten oder bedienen zu lassen.

Die Erbschafts- oder Scheffenhöfe sollen nicht auf den vierten Fuß versplissen werden.

---

[1]) Annalen d. hist. V. V, S. 213 f.
[2]) Ein Kuckstein befindet sich auf halber Höhe des Drachenfels, ein anderer bei Obercassel.
[3]) Das Gebäude, jetzt Eigenthum des Herrn v. Mirbach, liegt in Vilich-Rheindorf; Siehe unten „Das Gymnicher Haus".

Item sofort nach der Zech und erzählter Gerechtigkeit soll die Ehrw. Frau Abdissin jedem Scheffen zwei Maß weißen Wein geben, welche er auf den Abend mit seiner Hausfrau „vor einen Schlaftrunk" zu vertrinken Macht hat.

Ein anderes Besitzthum des Stifts war das Geilinger Lehen, aus dessen Weisthum vom 27. Mai 1544 wir nachstehend den Hauptinhalt mittheilen[1]).

Johann Graiff, Schultheiß zu Schwarzrheindorf, Jan Zanders, Scheffe, Hennes Halter, Hermann Millenkofen und die andern Scheffen bekennen, daß die gnädige Frau und ihrer Gnaden Capitel zu Rheindorf ein freies Lehngut zu Geilgen[2]) im Lande Blankenberg haben, welches dem Lehn zu Rheindorf zinspflichtig ist und dessen Geschworene auf der Landbank zu Rheindorf den Eid schwören und daselbst drei ungebotene „Richttage" halten. Wofern die Geschworenen in der Verwaltung säumig erfunden würden, sollen Frau Abtissin und ihrer Gnaden Capitel sie nach Recht und Urtheil der Scheffen bestrafen. Die Geschworenen und Lehnsleute haben jedes Jahr auf St. Johannestag in den christheiligen Tagen vier Malter Hafer, achtenhalben Schilling und ein Malter Roggen zu liefern. Das Essen der Geschworenen und der Lehnsleute am Zinstage durfte, wie sonst immer, so auch hier nicht fehlen, und war demjenigen der Scheffen zu Schwarzrheindorf ziemlich gleich. Dabei erhielten sie guten Wein vom Wachsthum des Stifts, oder, wenn der Wein mißrathen war, Deutzer Keutbier (kuet).

Mit dem Stift fiel auch das Geilinger Lehn bei der Säcularisation im Jahre 1805 an Nassau-Usingen.

Ueber eine alte Gerechtsame in Betreff der Bonner Rheinfähre und Verpflichtung der Gemeinde Schwarzrheindorf gegen die Rheinschiffer ist Folgendes zu berichten:

Vor der Abtissin Sophia in Schwarzrheindorf in Gegenwart der vier Bonner Scheffen: Ritter Daniel von Lengsdorf, Ritter Abelo, genannt Durre, Alexander und Franko von Poppelsdorf, wurde am dritten Tage nach Kreuzerhöhung (17. September) 1314 zwischen den fahrberechtigten Rheinschiffern einerseits und den Einwohnern von Schwarzrheindorf andererseits, bezw. zwischen den Vertretern beider Parteien, auf jeder Seite zehn, die Vereinbarung getroffen, daß jede Haushaltung von

---

[1]) Vgl. Annalen d. h. V. XXXIII, S. 184 u. 191. Der Hof zu Geilingen ist für 12 Mark jährlicher Rente „pro suffragiis animarum Arnoldi Episcopi, Hedwigis Abatissae et oium fidelium gekauft worden.

Lit. A. Fundationsbrief. Verzeichniß der Urkunden des Stifts Schwarzrheindorf zu den Memorien.

[2]) Geilgen gehört zur Pfarre Stieldorf, liegt zwischen Stieldorf und Pützchen.

Schwarzrheindorf, mit Ausnahme der Canoniker, sonstiger Stiftsangehörigen und der Adeligen, den Rheinfährern jährlich vor Vilicher Kirchweih (24. August) einen Erbzins von zwei Denaren zu entrichten habe. Dagegen sollten die Schwarzrheindorfer freie Ueberfahrt haben für sich und ihre Familie, sowie auch freies Gepäck mit Lebensmitteln, nicht aber waren Lasten anderer und schwerer Art hierin eingeschlossen, sondern mußten besonders vergütet werden[1].

Stiftspersonal.

Abtissinnen.

Hadwig von Wied, zugleich Abtissin von Essen und Gerresheim.
Sophia, deren Schwester. 1172, 1208.
Mechtildis 1232.
N. von Runkel, Tochter Sifrids[2]).
Sophia 1290, 1314.
Blytza von Rennenberg 1360, † 1367.
Mabilia von Waldenberg, erwählt 1367.
Regina 1446[3]).
Engelina Voigts 1491, 1504, 1507, 1509.
Amalia von Rennenberg, zugleich Abtissin von St. Maria am Capitol. 1521, † 1552.
Magdalena von Heese 1559.
Katharina von Westrem 1571, 1574, 1577.
Elisabeth Gräfin von Manderscheid, postulirt 1589, † 1604.

Von 1604 bis 1626 ist das Stift wegen der schlechten Vermögensverhältnisse ohne Abtissin.

Magdalene von Brempt 1626, † 1659.

Gertrudis Magdalene Freiin von Wylich zu Groß-Bernsau (1659 bis 1675) stiftet am 13. Mai 1670 mit 2000 Reichsthalern ein Canonicat an das Stift Rheindorf mit der Bestimmung, daß dieser Betrag zur Tilgung einer auf dem Gute Walshofen lastenden Schuld verwendet werde, und ernennt zu der gestifteten Canonical-Präbende die als Abtissin folgende Tochter ihres Schwagers Matthias von Nesselrode[4]).

---

[1]) Nach einem Vortrag des Herrn Dr. Hauptmann. Vgl. Bonner Festschrift 1868. IV 31. — [2]) Dialogus mirac. II 170. — [3]) Annalen d. h. V. XXX 185.

[4]) Die Stiftungsurkunde haben unterschrieben: Paulus Aussemius Vicarius in Spiritualibus Gen., Gertrude Magdalene Freiin von Wylich Abdissin, Johanna Alexandrina von Efferen Seniorissa, Anna gueda von Efferen genandt hall, Sibilla Gudella von Hersel, Caecilia Catharina von und zu Elmpt, Margaretha Agnes Droste v. Vischering, Catharina Charlotta Constantia von Velbrück zu Garradt.
Mathias Lapp, Doct. syndicus.
(Abschrift der Urkunde im Archiv der Kirche zu Schwarzrheindorf.)

Anna Katharina von Nesselrode 1675—1718.
Maria Katharina Scheifard von Merode 1718—1734.
Maria Wilhelmine von Ritter, zugleich Stiftsdame in Vilich, 1734 bis 1752.
Maria Christina Eleonora von Hompesch 1752—1773[1]).
Amalia von Satzenhoven 1773—1781.
Maria Florentine Clementine von Steinen 1781—1788.

Vor der Auflösung des Stifts, 1803, fungirte statt der Abtissin eine Administratorin, Therese Freiin von Wadenfels, worüber wir später zu berichten haben.

Von andern Stiftsdamen sind nur die wenigsten bekannt. Ihre Zahl stieg nicht über zwölf.

Eine Uebersicht des Stiftspersonals am Ende des 18. Jahrhunderts bietet folgender Status:

Administratorin: Maria Josepha Clara Freifrau von Zandt zu Lissingen, zugleich Abtissin zu Vilich, 1788—1794.

Canonessen: Narcissa Gräfin von Thurn-Valfassina, Theresia Freiin von Westernach, Maria Walburga von Riesheim zu Harthausen, Johanna von Lerodt zu Lerodt, zugleich Capitularin zu Vilich, N. Gräfin von Thurn und Valfassina, N. von Trips, Theresia von Forst-Lombeck, zugleich Capitularin an Dietkirchen.

Geschworene Stiftsfräulein: N. Freiin von Siegberg, Walburgis von Zehmen, zugleich Capitularin zu Vilich.

Canonici[2]): Otto Develich, zugleich Canonicus in Münstereifel, Stephan Brandt, Peter Joseph Cramer von Clausbruck, kurfürstlich geistlicher Conferenz-Referendar, Canonicus des Bonner Münsterstifts und von St. Georg in Köln.

Syndicus und Administrator: Balduin Maria Neesen, kurfürstlicher geistlicher Rath und Canonicus des Archidiakonalstifts in Bonn.

Secretarius und Stiftskellner: Anton Heinzen.

Vicare: Johann Anton Spelter, rector s. crucis, und Canonicus, Peter Joseph Thoma, rector s. Nicolai, Anton Heinzen, rector s. Annae.

Schultheiß der Herrlichkeit Rheindorf und Vilich: Joseph Rennen.

Gerichtsschreiber: Mauritz Wiese, kurfürstlicher Hofraths-Procurator.

Von Interesse sind die Grabsteine einiger Abtissinnen und Canonessen, welche aus der Unterkirche, wo die Beisetzung stattgefunden hatte, entfernt worden sind, und sich jetzt außerhalb der Kirche im Halbkreise

---

[1]) Am 15. Juni 1756 ward die Bruderschaft vom h. Herzen Jesu mit päpstlicher und erzbischöflicher Genehmigung eingeführt.

[2]) In damaliger Zeit waren zwei Präbenden für Canoniker unbesetzt, deren Einkünfte zur Tilgung von Stiftsschulden dienten. Besetzt waren deren fünf statt sieben.

um die Chornische befinden. Alle sind mit Wappen und Namen versehen.

Clara Francisca von Velen, gestorben am 23. December 1607. In der Mitte das Velen'sche Wappen, oben Velen und Galen, unten Wendt von Holtfeld und Droste-Vischering.

Jodoca von Kalle zu Dael, Seniorin, zur Zeit der Vacatur Administratix, gestorben am 6. Mai 1620[1].

Abtissin Magdalena von Brempt seit 1620. In der Mitte ein großes Doppelwappen mit Inschrift, auf jeder Seite acht kleinere Wappen mit Namen. Das Wappen von Brempt ist geviertet: 1 und 4 hat Querbalken, 2 und 3 sind quergetheilt, unten drei Pfähle, zwei Helme, offener Flug und Kübe; von Virmond: geschachteter Schrägebalken, Helm: Mohrenrumpf. Namen und Wappen rechts: Brempt, Gertzen genannt Sintzig, Sayn, Nesselrode, Kaldehausen, Merode, Limburg, Birgel; links: Virmund, Effern genannt Hall, Scheiffard von Merode, von Anstel, Pallant, Schwartzen, Bongart, Hompesch (Ritter). Die sechzehn Adeligen sind Ahnen der Abtissin. Um 1624 wird sie zugleich Stiftsdame von Dietkirchen genannt.

Im Jahre 1627 nahm der Historiker Aegidius Gelenius unter der Direction der Abtissin von Brempt Einsicht vom Archiv des Rheindorfer Stifts.

Agnes Beatrix Katharina von Efferen genannt Hall, gestorben am 11. Februar 1702. In der Mitte Wappen von Effern: zwei Querbalken, überhöht von einem Turnierkragen, gekrönter Helm, wachsender Elephantenkopf; und Nörpsrath: Querbalken, worauf ein Stern und Helm, Hundekopf. Oben Wappen Effern und Nörpsrath, unten Effern und Lintzenich.

Anna Gudula von Effern genannt Hall von Busch, gestorben am 1. Juli 1697. Mittelwappen und vier Eckwappen; in der Mitte Effern, oben Effern und Lintzenich, unten Honseler zwei Mal.

Schließlich findet sich noch das Grabdenkmal eines Canonicus: Caspar Rham, Canonicus zu Rheindorf und Vicar der Archidiakonalkirche zu Bonn, gestorben am 1. September 1717 im 71. Lebensjahre, und dessen Schwester Juffer Odilia Elisabeth Rham, gestorben am 4. Juli 1721, 76 Jahre alt.

---

[1] Inschrift: Anno 1620, 6. mai obiit in Christo Reverenda et nobilissima virgo Jodoca a Kalle filia in Dalle, huius collegiatae Ecclesiae vacantis abatiae locum tenens et seniorissa, cuius anima reqc. in pace.

Das Wappen von Kalle (westfälisches Geschlecht) zeigt in der Mitte geschachteten Querbalken, Helm, offenen Flug, dazwischen Wappenschild wiederholt; und Torck: Feld quergetheilt, oben ledig, unten Rauten, Helm, offenen Flug, dazwischen Wappenschild. Oben auf dem Grabstein: Wappenschild, Kalle und Torck, unten Schild mit Querbalken und Schild mit drei Querbalken (Herr von Oidtman).

Schwarzrheindorf hat wegen seiner exponirten Lage zu Kriegszeiten viele Drangsale erduldet. Manche derselben mögen im Schooße dunkeler Vergangenheit verborgen sein. Bekannte Thatsachen sind jedoch auch mehr als genug vorhanden.

In den Jahren von 1197 und 1198 suchten böhmische Hülfstruppen Philipp's von Schwaben das Kloster plündernd heim, mißhandelten die Nonnen in schamloser Weise und trieben sie auf Nachen den Rhein hinab[1]).

Im Jahre 1583 war das Kloster von den Truchsessen als Festung eingerichtet und mit 60 tüchtigen Landsknechten besetzt. Nach der Zerstörung von Godesberg (17. December) durch die erzstiftischen Truppen nahm Oberst Hermann Linden das Kloster auf Befehl Ferdinand's, Herzog von Baiern, wieder ein[2]).

Im Jahre 1620 haben die Holländer auf dem Bergheimer Werth, genannt Pfaffenmütz, eine Schanze errichtet und die umliegenden Dörfer und Klöster beunruhigt[3]).

Im Jahre 1689 hatten die Franzosen Bonn besetzt und in der Beueler Schanze Stelle genommen. Die Kirche zu Schwarzrheindorf ward geschlossen. Die Minoriten in Bonn übernahmen die Stiftungsobliegenheiten, welche sie statt der Canonichen in Rheindorf in ihrer Klosterkirche zu Bonn erfüllten[4]).

Das Ende.

Erzbischof Maximilian Franz sah sich wegen Zwistigkeiten mit den Stiftsdamen, nach einer andern Angabe wegen Unordnungen in der Vermögensverwaltung veranlaßt, durch Decret vom 19. September 1788 die Abtissin zu entfernen. Es war die letzte der Abtissinnen, Maria Florentina Clementine von Steinen[5]), welche am 27. Mai 1773 erwählt

---

[1]) v. Mering, Burgen IV 55. — [2]) Annalen d. h. V. XXXVI 157.

[3]) l. c. XIX 177. Daß Schwarzrheindorf im Jahre 1632, wo der schwedische General Baudissin die ganze rechte Rheinseite unseres Dekanats unter Raub und Verwüstung heimsuchte und Stift Vilich in Brand schoß, nicht unbeschädigt blieb, läßt sich denken.

[4]) Annalen XLIII 157.

[5]) Die Ueberlieferung sagt: Die Abtissin, vom Erzbischof zur Rechenschaft aufgefordert, habe sich dessen Anordnungen widersetzt. Nach vergeblichen Unterhandlungen habe der Kurfürst einen Wagen mit zwei Offizieren nach Rheindorf gesandt, um die Abtissin nach Bonn zu bringen. Dieselbe hatte sich jedoch auf der zweiten Etage eingeschlossen. Der Schlosser wurde gerufen, um zu öffnen. Die Oeffnung gelang ihm nicht, da die Thüre verriegelt war. Daher ließen die Offiziere die Thüre gewaltsam einbrechen, und sollen die Abtissin mit Stöcken geschlagen haben. Ueber die Mißhandlung wurde im „Kölner Hof" zu Bonn Untersuchung angestellt und der damalige Küster Johann Jacob Philipp Becker († 1799) und Stiftsdiener als Zeugen vernommen, welche erklärten, sie hätten das Schreien der Abtissin im Hausgang stehend gehört, aber von dem Schlagen der Offiziere nichts sehen noch hören können." So nach Mittheilung von Gottfried, Enkel des J. J. P. Becker.

worden war und nun mit Gewalt zur Niederlegung ihrer Würde genöthigt wurde. Als Administratorin des verwaisten Stifts wurde die Abtissin von Vilich, Maria Josepha von Zandt, ausersehen, und als diese ihre Stelle niederlegte, folgte als Administratorin die Canonessa von Rheindorf, Therese von Westernach, bis zur gänzlichen Auflösung im Jahre 1803. Die Verwaltung des Vermögens war dem geistlichen Rath Balduin Maria Neesen übertragen worden.

Eine weitere erzbischöfliche Verfügung ordnete gleichzeitig die Einstellung des Gottesdienstes in der Stiftskirche an. Seit dem Jahre 1794 wurde das h. Meßopfer nicht mehr in der Kirche gefeiert. Nach der Schlacht bei Aldenhoven, welche in diesem Jahre stattfand, dienten die Stiftsgebäude als Hospital für die kaiserlichen Truppen.

Im Jahre 1803 kam das Stift mit den kurkölnischen Gebietstheilen auf der rechten Rheinseite an den Herzog von Nassau-Usingen und erlebte das gleiche Schicksal mit dem Damenstift zu Vilich. Die ausführliche Schilderung wäre nur eine Wiederholung bekannter Thatsachen. Dieselben Kräfte wie in Vilich waren bei der Aufhebung in Schwarzrheindorf gleichzeitig thätig, nur die leidenden Personen waren andere.

Nach Aufhebung des Stiftes wandte sich die Gemeinde Schwarzrheindorf im Jahre 1804 an den neuen Landesfürsten Herzog Friedrich August von Nassau mit einer Bittschrift um Wiedereröffnung der Kirche zur Feier des Gottesdienstes, welcher während der vorhergegangenen französischen Kriegsepoche vollständig eingegangen war. Kaum geöffnet, wurde die Kirche bei Ankunft des geistlichen Raths Neesen nach sechs Wochen wieder geschlossen.

Der bei Suppression der Stifter Vilich und Rheindorf amtirende Herr von Motz[1]) hatte gelegentlich durchblicken lassen, der Fürst von Nassau würde auf Ersuchen der Gemeinde Rheindorf die Kirche als Geschenk überlassen. In dieser Hoffnung stellte die Gemeinde neuerdings ihr Gesuch an die Landesregierung und rief die Fürsprache eines einflußreichen, leider nicht genannten Hofraths an. Als Gründe führte man an, die aus hundert Häusern bestehende Gemeinde habe gehofft, nach beendigtem Krieg von dem beschwerlichen Kirchgange (nach Vilich), besonders mit Rücksicht auf die Kinder, sowie auf alte und gebrechliche Leute, namentlich bei Winterzeit und schlimmer Witterung, befreit zu werden. Nachdem sie nun durch Herrn von Motz nach vielen vergeblichen Schritten neue Vertröstung erhalten, habe die Gemeinde bei der neulichen Mobilienversteigerung der Kirche die nöthigsten Sachen zur Beförderung des Kirchendienstes angekauft. Sie würde auch die sonstigen Paramente

---

[1]) H. v. Motz nahm am Hofe des Herzogs von Nassau eine einflußreiche Stelle ein. Welches Amt er bekleidete, ist aus den Verhandlungen nicht zu ersehen.

und Gefäße angesteigert haben, wenn solche zur öffentlichen Versteigerung gelangt wären. Alles Bitten war erfolglos.

An der Stiftskirche bestand eine Frühmessenstiftung, deren letzter Deservitor, Johann Wilhelm Heinzen, nachmaliger Pfarrer zu Wittlaer, bis Juli 1794 gewesen war. In einer Eingabe an das Generalvicariat (zu Deutz) verlangten die Einwohner von Rheindorf auf Grund dieser Stiftung die Herstelluug des Gottesdienstes. Mit ihnen vereinigten sich diejenigen der umliegenden Ortschaften bis Combahn und Beuel, welche nach alten Herkommen die Kirche zu Rheindorf, statt der mehr entlegenen Pfarrkirche, zu besuchen pflegten. „Sie halten sich verpflichtet, die Abhaltung der Frühmesse zu fordern, weil sonst unter mehr als 600 concurrirenden Gläubigen sich viele alte und gebrechliche Personen befinden, denen die Pfarrkirche, zumal bei nasser Witterung und rauher Jahreszeit nicht zugänglich ist, und die der Anhörung des allerheiligsten Meßopfers rechtswidrig beraubt sein würden."

Dazu kam eine andere Forderung der Petenten, ein Curatbeneficium an der Rheindorfer Kirche betreffend. Der Beneficiat mit einem Einkommen von 100 Reichsthalern war zur Seelsorge einschließlich des Volksunterrichts für Rheindorf und Combahn=Beuel verpflichtet. Durch den Tod des Canonicus Peter Worms war das Beneficium im Jahre 1805 erledigt. Die Bittsteller ersuchten den Capitularvicar von Caspers, dasselbe nach fast einjähriger Vacatur „durch ein gehörig geeigenschaftetes Subject" wieder zu besetzen, demselben die anklebenden Temporalien verabfolgen zu lassen und gegenwärtige Bittschrift mit höchst dero oberhirtlichem Fürwort Seiner regierenden kaiserlichen Hoheit (Napoleon) zur gnädigst landesherrlichen Willfahrung und Vergenehmigung einzubegleiten" [1]).

Die beigefügte Bittschrift war an den Großherzog Joachim Murat gerichtet und bezweckte die Oeffnung der Kirche für Abhaltung des Gottesdienstes, mindestens der heiligen Messe an Sonn= und Festtagen.

Wie sehr sahen sich die guten Leute in ihrer Erwartung getäuscht! Die französische Militairverwaltung richtete statt des Gottesdienstes ein Proviant=Magazin in der Kirche ein.

Bei Ueberreichung der Bittschrift hatten die „demüthigsten Diöcesanen von Rheindorf" dem Herrn Generalvicar für seine wohlwollende Mitwirkung ihren Dank abgestattet, „daß das so ansehnliche und nutzbare Gotteshaus noch nicht vollends zerstört und der profanen Erde gleich gemacht worden". Das war und blieb die Frucht aller Bemühungen.

---

[1]) Bittschrift der demüthigsten Diöcesanen von Schwarzrheindorf d. d. 17. December 1806 an den Generalvicar.

Im Jahre 1814 benutzten die alliirten Truppen das Holzwerk des Stiftsgebäudes zum Bau einer Siegbrücke, in der Folge wurde es vollständig abgebrochen und die Kirche unter preußischer Herrschaft als Pferdestall und Scheune gebraucht.

Gottes gütiger Fürsehung ist es zu danken, daß die einzige Kirche noch erhalten ist.

Restauration und Sühne.

Mit der Herstellung des Friedens kehrte der Sinn für Ordnung zurück. Die Zeit war gekommen, an die Wiederherstellung des entweihten Gotteshauses zu denken. Den Anfang machte Pastor Joisten mit dem Grabmal des Stifters, Erzbischofs Arnold's II., welches aller Pietät zum Hohn in greuelhafter Weise verwüstet war.

Joisten suchte die Genehmigung der geistlichen Behörde nach, die Gebeine erheben und, nach Erneuerung der Grabstätte, unter entsprechender Feierlichkeit wieder einsenken zu dürfen. Die Genehmigung erfolgte unter der Bedingung, daß von Seiten des Staates keine Einrede zu erwarten sei. So wurde denn, als auch von dieser Seite die Zustimmung eingegangen war, das Grab geöffnet und in bessere Fassung gebracht, während die Ueberbleibsel des in Gott ruhenden Erzbischofs in Anwesenheit des regierenden Fürsten von Wied und des Bürgermeisters Bleibtreu von Erpel sorgfältig gesammelt und in sicheres Verwahrsam genommen waren. Die Beisetzung in dem erneuerten Grabe fand am 31. Januar 1828 statt in Gegenwart des Bürgermeisters Pfingsten, welcher die Identität des versiegelten hölzernen Behälters anerkannte, worin früher, in seinem Beisein, Herr Bleibtreu die fraglichen Gebeine im Auftrage des Fürsten zu Wied gesammelt hatte; und ferner in Gegenwart der Kirchenvorsteher Heuben, Dreesen, Hey und Schumacher, endlich des Bürgermeisters Bleibtreu und der als Zeugen berufenen Notabeln: Gutsbesitzer Urbach und Brückenmeister Mehlem.

So begann Pfarrer Joisten die vom erzbischöflichen Generalvicariat unter dem 18. October 1827 vorgeschriebene Liturgie und betete, bekleidet mit dem Talare und schwarzer Stola, die Psalmen Miserere, De profundis, sodann Kyrie . . ., pater noster und die Collecte Deus qui inter apostolicos sacerdotes, und besprengte die Gebeine des Seligen mit Weihwasser. Hierauf wurden die Gebeine in dem Behälter unter Verschluß und Siegel gebracht und in dem erneuerten Grabmal beigesetzt und dasselbe durch den Maurermeister Hövel verschlossen[1]). Ueber

---

[1]) Der über dem Fußboden erhöhte hohle Aufbau, mit der Gedenktafel Clemens August's als Deckstein versehen, wurde beseitigt und die Gedenktafel der Fläche des Fußbodens gleich gelegt.

den Hergang wurde Protokoll aufgenommen und von sechs Anwesenden unterschrieben[1]). Einen Schritt weiter in der Restauration ging Joisten's Nachfolger im Pfarramte. Er ersetzte den hölzernen Behälter, welcher die Reliquien Arnold's enthielt, durch eine Kiste von Zink, und vollzog die Erhebung und abermalige Beisetzung mit Genehmigung des Cardinals Johannes von Geissel am Feste der hh. Johannes und Paulus 1863 in Gegenwart des Bürgermeisters Ignaz Schnorrenberg, des k. Bauinspectors Dickhoff und anderer Zeugen.

Der Fürst zu Wied wandte sich im Jahre 1828 mittels Immediat-Eingabe an den König Friedrich Wilhelm III. mit der Bitte um Wiederherstellung der Stiftskirche. Auf ein der k. Regierung in Köln vom Ministerium zugestelltes Rescript antwortete diese mit warmen empfehlenden Worten, und nach Erledigung verschiedener Fragen und gestellten Bedingungen erfolgte die Bewilligung der Wiederherstellung in folgender Weise:

„Durch Cabinetsordre vom 20. Juni 1830 genehmigte König Friedrich Wilhelm III., daß die Stiftskirche zu Schwarz-Rheindorf wiederhergestellt werde, und übernahmen Seine Majestät die damaligen Kosten des Aeußern der Kirche auf Allerhöchstihren Dispositionsfonds, jedoch unter der ausdrücklichen Bedingung, daß die Gemeinde nicht nur die damalige Instandsetzung im Innern zu übernehmen, sondern auch in Zukunft die ganzen Unterhaltungskosten der Kirche zu tragen habe. Die Gemeindebehörden haben diese Bedingung damals ausdrücklich übernommen"[2]).

Zwei Jahre nach Erlaß der k. Cabinetsordre konnte Pfarrer Joisten dem erzbischöflichen Generalvicariat mittheilen, daß die Kirche zu Schwarzrheindorf wieder hergestellt sei, und die Einweihung des durch den unwürdigen Gebrauch profanirten Gotteshauses vorgenommen werden könne, wozu er sich die nothwendige Vollmacht erbittet. Die Vollmacht wurde am 8. October 1832 ausgefertigt, und am 23. dess. M. berichtet Joisten über die vollzogene Einweihung an das erzbischöfl. Generalvicariat, wie folgt:

„Dem Auftrag vom 8. October gemäß habe ich nach vorläufiger Verkündigung von der Kanzel am 14. October die wiederhergestellte Kirche zu Schwarz-Rheindorf mit genauer Beobachtung der im römischen

---

[1]) Es waren: Pfingsten, Bürgermeister, Dreesen, Joh. Jos. Hey, Mehlem, L. Bleibtreu, Joisten, Pfarrer (und Protokollführer).

[2]) So nach landräthlicher Erklärung an den Kirchenvorstand d. d. 7 April 1877.
Ueber die der Cabinetsordre vorausgegangenen Verhandlungen ist Mehreres zu ersehen unter „Vicarie Vilich", welche mit der Herstellung der Kirche zu Schwarzrheindorf gleichzeitig zur Sprache kam.

Pontifical vorgeschriebenen Ceremonien unter Assistenz mehrerer Priester am 18. October, dem Feste des h. Lucas, wieder eingeweiht und in den neu erbauten Altar einen vom Bischof consecrirten Altarstein[1]) nach Vorschrift einlegen lassen.

„Nach vollzogener Reconcilation habe ich, begleitet von den erwähnten Priestern, mich nach der Pfarrkirche von Vilich verfügt, um von dort das allerheiligste Sacrament nach Schwarz=Rheindorf abzuholen. Dort wieder angelangt, habe ich den Reconciliations=Ritus mit einem feierlichen Hochamte beschlossen.

„An der ganzen Feierlichkeit hat nebst der dazu eingeladenen Orts= behörde eine unzählige Menschenmenge von Bonn und der ganzen Um= gegend erbauenden Antheil genommen."

So war der erste und wichtigste Schritt geschehen, die profanirte Kirche durch die Weihe neuerdings in ein Heiligthum umgewandelt. Im h. Sacramente war Gott selber in die geheiligten Räume eingezogen. Das h. Opfer des neuen Bundes konnte zu Gottes Ehre und Preis und zum Segen von Rheindorf's glaubenstreuen Insassen wieder gefeiert werden, jedoch nur am Altare der Oberkirche, denn die Unterkirche harrte noch länger der gebührenden Erneuerung. Die Unterkirche war noch mehrere Jahre an den Landwirth Bröl als Scheune verpachtet. Oben wurden die heiligen Geheimnisse gefeiert, unten gedroschen[2]).

Die Kirche.

Die Doppelkirche in Schwarzrheindorf nimmt als hochinteressante Merkwürdigkeit einen Ehrenplatz in der Kunstgeschichte ein und hat das Interesse der Fachgelehrten in hohem Grade in Anspruch genommen. Kunstkenner, wie Andreas Simon[3]), Schnaase, Lübke u. A. haben das einzige Baudenkmal eingehender Untersuchung gewürdigt und die Resul= tate in Schrift und Bild zur Anschauung gebracht.

Es kann unsere Absicht nicht sein, in dem engen Rahmen der Pfarr= geschichte eine detaillirte Beschreibung der herrlichen Kirche zu liefern; wir wollen jedoch nicht unterlassen, dem Publicum wenigstens eine über= sichtliche Darstellung zu geben, die vielleicht manchen Leser veranlassen

---

[1]) „arulam lapideam sive altare portatile ab Episcopo consecratum."
[2]) Nach Mittheilung von Zeitgenossen als Augenzeugen.
[3]) A. Simon, „Die Doppelkirche zu Schwarzrheindorf. Bonn 1846. — Schnaase, Geschichte der bildenden Künste im Mittelalter, III. Bd., 1872. — Die ehemalige Stiftskirche zu Schwarzrheindorf von Graf Wilhelm von Mirbach zu Harff in Rheinlands Bauden= malen von Dr. Franz Bock. — Wandgemälde in der Chornische der Oberkirche daselbst l. c. — Denkmäler der Kunst 49 A. 1—7. — Kunsthistorische Bilderbogen 194. E. Aus'm Werth, Wandmalereien des christlichen Mittelalters in den Rheinlanden. Leipzig 1880.

dürfte, das kunstvolle Gebäude und seine höchst werthvollen Wandgemälde aus unmittelbarer Anschauung oder mit Gebrauch größerer litterarischer Hülfsmittel kennen zu lernen.

Von außen stellt sich die Kirche als lateinisches Kreuz im romanischen Stil dar, über dessen Vierung sich ein mächtiger Thurm erhebt. Das Ganze zerfällt der Länge nach in zwei Haupttheile: einen östlichen, die von Erzbischof Anno II. erbaute Centralkirche, deren Grundform das griechische Kreuz ist, und einen westlichen Theil, die von Arnold's Schwester Hadwig angebaute Verlängerung, wodurch das griechische Kreuz zum lateinischen wird. Die Kreuzarme der Arnold'schen Kirche sind mit spitzen Giebeln versehen. Auf der Ostseite befindet sich ein solcher, dem eine kreisrunde Chornische vorgesetzt ist.

„Die ursprüngliche Kirche Arnold's wurzelt mit gewaltiger Mauermasse in der Erde; höher hinauf — ungefähr auf mittlerer Höhe — umkränzt sie wie ein Gewinde dunkeler Blumen eine schattige Bogengalerie; freier dann und leichter steigt etwas zurückgezogen der innere Theil auf, bis endlich im mächtigen Mittelthurm die ganze Kraft emporschießt.

„In den einzelnen Theilen stellt sich eine nicht geringe Verschiedenheit des äußern Ansehens dar: die untern Theile nackt, kahl, schwerfällig im Verhältniß zu den obern, welche durch Wandstreifen, Bogenfries und Säulenschmuck verziert und gegliedert sind, zumal schmucklos im Verhältniß zu der unmittelbar auf ihnen ruhenden, reich und leicht geschmückten Galerie. Einen Zwiespalt zeigt das ganze Werk, oder richtiger gesagt, eine Zweitheiligkeit. Keineswegs zufällig, willkürlich, sondern bewußt und beabsichtigt ist diese Theilung, eine äußere Bezeichnung der innern Anordnung; denn unsere Kirche ist eine Doppelkirche, d. h. sie gehört der Reihe derjenigen Baudenkmale an, in welchen zwei Räume übereinander, beide über der Erde, dem Gottesdienste gewidmet sind.

„Als Träger der obern Mauer, einer doppelten Gewölbelast und des Thurmes bedurften die untern Theile einer mächtigen, ungeschwächten, undurchbrochenen Stärke [1]). Rechnet man hinzu, daß die untern Räume noch die besondere Bestimmung einer Grabkapelle des Erbauers hatten, daß sie im Aeußern nur die ernste, schwere Mauermasse zeigen" [2]).

---

[1]) Hiermit hat Simons allerdings die durch den Aufbau der Oberkirche bedingte Stärke der Construction erklärt, jedoch nicht die jeder äußern Verzierung entbehrende nackte glatte äußere Mauerfläche. Mir scheint der Grund hierfür besonders darin zu liegen, daß die reichere Ausstattung der Oberkirche auf den Anblick aus der Ferne berechnet war, während der untere Theil durch umliegende Klostergebäude und Garten-Anlagen den Blicken entzogen war. Größere Beachtung verdient die folgende Begründung Simon's von der Bedeutung der Unterkirche als Grabkapelle. — [2]) Simons l. c. 15 f.

Wir treten nun durch eine auf der Südseite im Anbau befindliche Thüre in die Unterkirche, wenden uns jedoch durch eine Schwenkung nach rechts ausschließlich dem ursprünglichen Centralbau zu und nehmen sofort Stellung im Centrum der Kirche, wo wir den vollständigsten Ueberblick und die beste Einsicht in die Construction des Ganzen gewinnen. Hier befinden wir uns in einem Viereck, welches durch vier aus den massiven Seitenmauern hervortretende Eckpfeiler markirt wird. Diese Pfeiler sind durch Rundbogen mit einander verbunden. Das Viereck schließt nach oben ab mit einem Tonnengewölbe, welches durch die in den Ecken eingesetzten Zwickel sich zu einem Achteck gestaltet. Diesem Polygon entsprechend befindet sich in der Mitte der Wölbung eine achteckige Oeffnung, welche die Durchsicht in die Oberkirche gestattet. Aus der mittlern Vierung heraustretend, bemerken wir, wie sich der Bau durch längliche, mit Kreuzgewölben überdeckte Rechtecke allseitig erweitert, und jedes Rechteck durch in die Mauer eingetiefte Nischen flankirt wird. Weiterhin schließen sich an die Rechtecke Halbkuppeln als Abschluß. So entsteht durch die allseitige Erweiterung das griechische Kreuz, dessen Arme in der Richtung von Westen nach Osten nur einige Fuß länger sind als die von Norden nach Süden. Der Unterschied liegt in der bedeutendern Breite des östlich angesetzten Rechtecks und der Größe der Halbkuppel, welche dem Chor zugewiesen ist.

Nach Westen ist die Kirche Arnold's nicht mehr durch die ursprüngliche Halbkugel abgeschlossen, wie die andern Kreuzarme, sondern wegen der angebauten, spätern Verlängerung in Bogen auf zierlichen Säulen durchbrochen.

Die ganze Unterkirche ist mit Wandmalereien geschmückt, worüber weiter unten.

Schon aus unserer dürftigen Beschreibung geht der schneidende Gegensatz hervor, worin das nackte untere Mauerwerk auf der Außenseite zu der architektonischen Anordnung und Ausschmückung im Innern der Unterkirche steht. Hier finden wir die kräftigste Gliederung und Profilirung der Massen. Die hervortretenden Pfeiler, die eingetieften Nischen, der runde Abschluß der Kreuzarme, die vortreffliche Anordnung, welche den bewegten Bogenformen der Wölbung auf allen Seiten einen festen Abschluß gewährt, das Ganze gehoben durch eine wundervolle Wandmalerei: alles zusammen genommen macht auf jedes gefühlvolle Gemüth den wohlthuenden Eindruck erhebender Harmonie in der Manchfaltigkeit edeler Formen. Man staunt über die reiche Fülle der Kunst, welche in einem so engen Raume eingeschlossen ist.

Ehe wir uns mit dem Farbenschmuck und andern Einzelheiten der untern Räume beschäftigen, steigen wir durch eine links in der Mauer der westlichen Rundung angebrachte Steintreppe in die Oberkirche.

„Fanden wir," schreibt Simons, „das Innere der untern Kirche mit manchfachen Formen der Nischen und Wölbungen geschmückt und belebt, so mochten wir vielleicht in der äußerlich mehr geschmückten obern Kirche einen besondern Formenreichthum erwarten — statt dessen sehen wir ringsum glatte Wände.

„Aber nicht unangenehm berührt dieser Gegensatz. Denn so wie diese Wände nicht mehr der schweren und starken Masse bedurften, welche unten nöthig waren, bedurften sie gleichzeitig auch nicht all' der künstlichen Brechung und Gliederung, welche dort die Schwere theils entschuldigen, theils verstecken mußte. Auf leichtern Mauern spannt sich hier höher und freier die Wölbung der Decke, über der Mitte kräftig zusammengefaßt, steigt sie sicher als Kuppel empor. Ruhiger, einfacher und klarer stellt sich das Ganze dar.

„Auch Detailformen gewinnen schon größere Bedeutung. Zierliche Fenster durchbrechen die Wände, schlankere höhere Pfeiler sind mit kräftig ausladendem, in seiner Schattenwirkung überaus schönem Gesimse gekrönt, während ein zierlich profilirter Sockel zwischen ihnen und der Horizontallinie des Bodens die Vermittelung bildet. Vier Ecksäulen aus prächtigem Marmor zeichnen die Altarseite aus.

„Rechnen wir hinzu, daß diesen lichtern, freundlichern Räumen auch ein noch glänzenderer Farbenschmuck zugetheilt war, so müssen wir sie trotz ihrer minder complicirten Anlage doch als ausgezeichnet vor den untern betrachten. Dem entspricht es denn auch, daß gerade sie (die obern Räume) von der Krone des ganzen Werkes umschlossen werden. Denn als Krone müssen wir doch in malerischer Beziehung die Galerie ansehen oder im Innern des Säulenganges selbst stehend, den reichen Wechsel der einzelnen architektonischen Formen und zwischen ihnen die herrliche Landschaft betrachten. Reichthum und Beweglichkeit der Phantasie in der Detailbildung entfaltete sich hier in manchfaltigster Fülle. Fast jedes Säulchen ziert ein neuer, anderer Schmuck des Capitells, jedes ein verschiedenes Schutzblatt des Fußes: vom schmucklosen Knollen bis zum reichen Blatte wechseln diese, jene von den einfachsten mathematischen Formen durch manchfache Pflanzen-Ornamente und Thierbildungen bis zur Menschengestalt"[1]).

Nachträglich sind einige wichtige Veränderungen an der Kirche hervorzuheben. Zunächst mußte bei der Verlängerung des Arnold'schen Bauwerkes die westliche Halbkugel durchbrochen werden, und an die Stelle des darin befindlichen Haupteinganges und der beiden Seitennischen traten drei auf Säulen und Halbsäulen ruhende Bogen. Der Eingang

---

[1]) Vgl. Simons, „Die Doppelkirche zu Schwarzrheindorf", S. 22—23.

wurde durch eine Thüre in der verlängerten südlichen Seitenmauer ersetzt. Später ist noch eine andere im nördlichen Kreuzarme, wo früher der Altar des h. Laurentius sich befand, hinzugekommen, leider nicht zur größern Zierde der Kirche.

Mit der westlichen Giebelmauer verschob man bei der Verlängerung die kunstvolle Galerie, welche sich gegenüber den spätern auf der Südseite angebrachten Theilen sehr vortheilhaft auszeichnet.

Der Thurm entbehrt in seiner jetzigen Gestalt der dem romanischen Baustil eigenen Giebel mit entsprechender Bedachung. Die moderne Form ist ohne Zweifel eine Folge vorhergegangener kriegerischer Zerstörung.

Das Fenster des obern südlichen Querschiffs hatte ursprünglich dieselbe Form der Lilie, wie das des nördlichen sie jetzt noch zeigt[1]).

Das Material des Mauerwerks ist größtentheils vulcanischer Tuff aus dem Brohlthal und der Gegend vom Laacher See, die untern Theile bestehen aus plattenförmigem Basalt aus den Obercasseler Brüchen, die tragenden Theile, Mauerecken und Eckpfeiler, welche als Stütze eine besondere Stärke erfordern, aus Trachyt vom Siebengebirge. Für solche, die mehr Detailform erheischten, ist Mainzer Grobkalk und zu den Schäften theils schwarzer Marmor, theils sinterförmiger Kalkstein verwendet worden[2]).

Die Wandgemälde.

Sehr bedeutend sind nach dem maßgebenden Urtheil von Schnaase die Wandmalereien in der untern Kirche[3]), die sich nur über den ursprünglichen Theil der Anlage, nicht über die westliche Verlängerung erstrecken, und „daher nach der uns bekannten Geschichte des Mauerwerks vor dem Tode des Stifters, also in den Jahren von 1151—1156, entstanden sein müssen; dem entspricht auch der Stil völlig"[4]).

Der verstorbene Pfarrer Peiffer zu Vilich hat das unbestreitbare Verdienst, vermittels' seines gründlichen Studiums der h. Schrift und theologischen Scharfblicks den verborgenen Sinn der Bilder erschlossen zu haben[5]). Hierdurch hat er den Kunstgelehrten bei Abfassung ihrer Werke wesentliche Dienste geleistet. Leider muß hier von einer ausführlichen Mittheilung seiner Erklärungen Abstand genommen werden, um so mehr, als wir nicht in der Lage sind, dieselben durch die Anschauung mittels der Malereien zu unterstützen[5]). Hier nur eine kurze Uebersicht.

---

[1]) l. c. S. 19. — [2]) Ausführlicher ist das Material behandelt bei Simons l. c. S. 39 ff.
[3]) Vgl. Schnaase, Geschichte der bildenden Künste. 2. Afl. 1872, III 508. — [4]) l. c.
[5]) In Nr. 221, 227, 239, 285 der Bonner Zeitung 1863.

Der Bildercyclus weist bei ihrer großen Zahl und der Mannigfaltigkeit von Anfang bis zu Ende einen innern Zusammenhang nach. Es sind Visionen des Propheten Ezechiel, sich beziehend auf die Zerstörung des alten Jerusalem unter Hinweisung auf das neue Jerusalem der christlichen Kirche (Unterkirche) und die Vollendung desselben in dem himmlischen Jerusalem (Oberkirche).

Die chronologische Ordnung verlangt zunächst, die vier Felder der rechteckigen Gewölbejoche in den vier Kreuzarmen (sowie das Mittelquadrat) insgesammt 20 Darstellungen enthaltend, in's Auge zu fassen. In den Bildern des östlichen Kreuzarmes erhält der Prophet seine Berufung, in dem südlichen sieht er Gottes Strafgericht: Schwert, Hunger, Pest, Zerstörung voraus, in dem westlichen Visionen von den Greueln des Götzendienstes im Heiligthum des Herrn, die er durch ein Loch in der Wand erblickt, und von der Verehrung der Baalstatuen in dem Vorhofe, im nördlichen das Gesicht von dem hereinbrechenden Strafgerichte Gottes.

Diesen alttestamentlichen Vorbildern zur Seite fügen sich in den abschließenden Halbkuppeln der Kreuzarme die entsprechenden Darstellungen des neuen Bundes an. Die südliche Halbkuppel zeigt die Verklärung, die westliche (vormals über dem Eingange des Gebäudes) die Vertreibung der Wechsler aus dem Tempel, die nördliche die Kreuzigung Christi. Hieran schließen sich die größern Bildfelder der (mittlern) Vierung mit den Weissagungen von dem neuen Jerusalem: der Prophet erblickt am Eingange der heiligen Stadt den Engel des Herrn, er mißt auf dessen Geheiß ihre Ringmauern, er sieht das neue Versöhnungsopfer am Altare, der Herr zieht durch das Ostthor in sein Heiligthum ein, während erhabene Engelgestalten zu beiden Seiten schweben.

Die Visionen des Propheten erhalten ihren Abschluß in der Chornische. Sie zeigt uns oben Christus in seiner Herrlichkeit, umgeben von den zwölf Aposteln, einem heiligen Bischof (Papst Clemens) und zwei Engeln, während an der abschließenden Wand darunter die vier Evangelisten an ihren Schreibpulten sichtbar sind. Außerdem in einer Seitennische zur Linken des Altars ebenfalls am Schreibpulte in sitzender Stellung eine sinnende Gestalt, wozu das Pendant auf der andern Seite fehlt. Die noch vorhandene Figur stellt wahrscheinlich den h. Paulus dar, die fehlende war vermuthlich die des h. Petrus, da Beiden der Altar der Unterkirche geweiht war[1]).

Ohne innern Zusammenhang mit dem biblischen Inhalt sind die in den vier Nischen der Schmalwände des nördlichen und südlichen Kreuzarmes thronenden Kaiser oder Könige (vielleicht auch Heilige).

---

[1]) Vgl. Aus'm Werth, Wandmalereien des christl. Mittelalters in den Rheinlanden 1880.

Andere einzelstehende Darstellungen befinden sich an den Fensterwandungen, wo bärtige Gestalten von gewappneten Kriegern niedergestoßen werden. Endlich sind noch fünf Medaillons an der Unterseite des Gurtbogens zwischen dem Chor und dem mittlern Gewölbe mit den Brustbildern gekrönter Häupter (und eines stattlichen Ritters) zu bemerken [1]).

Der Stil dieser Gemälde, schreibt Schnaase [2]), ist sehr imponirend. Die Figuren sind von strenger, noch byzantinischer Zeichnung, die Gewänder mit Faltenstrichen überhäuft, die Rankengewinde vom schönsten Schwunge der Linie. Der häufig wiederkehrende Mäander zeigt noch das Vorherrschen antiker Form, während die durch den typischen Christus aus dem Tempel verjagten Handelsleute in ihren heftigen carrifirten Bewegungen schon eine naturalistische Bewegung zeigen. Auch die Evangelistengestalten zeichnen sich durch Lebendigkeit der Motive, die sprechenden Bewegungen aus, wenn auch die Beinstellung noch conventionell ist. Auffallend ist, wie entschieden überall die Umrisse der nackten Körperformen durch die Gewandung hindurchscheinen. Der Farbenton ist dunkel, die Hintergründe sind blau mit grüner Einrahmung, auch in den Arabesken sind diese beiden Farben vorherrschend.

Die Bilder der Unterkirche, seit vielleicht 150 Jahren unter der Tünche verborgen, sind zwischen 1846 und 1865 von dem Universitäts- und Hofmaler Höhe aufgedeckt und mit Ausnahme weniger verletzter Stellen restaurirt worden, während der wieder eröffnete Gottesdienst die Untersuchungen in der Oberkirche verzögerte.

Einige Jahre später jedoch fanden sich auch hier Spuren ähnlicher Wandgemälde, zunächst im Chor; allein es fehlt nicht an Fingerzeigen, daß der ältere Theil der Oberkirche vollständig bemalt gewesen ist. Die im Chor bereits entdeckten und erneuerten Gemälde stellen die triumphirende Kirche dar. In der Mitte der Chornische thront Christus als Vollender des großen Erlösungswerkes, die Rechte wie zum Segnen erhoben, mit der Linken das geheimnißvolle versiegelte Buch haltend, umgeben von den vier geflügelten Thieren der Apokalypse: Mensch, Löwe, Rind, Adler [3]); ihm zur Linken Petrus, Laurentius, zur Rechten Johannes der Täufer, Stephanus. Anbetend zu Füßen liegt einerseits der Stifter, Erzbischof Arnold II., anderseits seine Schwester Hadwig, die erste Abtissin. Diese Gruppe bildet die obere Abtheilung in der Rundung des Chors. Unterhalb derselben befindet sich die zweite Abtheilung von zehn Heiligen, nach beiden Seiten in zwei Gruppen von je fünf vertheilt; rechts vom Beschauer: Mauritius, Cassius, Florentius, Malusius,

---

[1]) Pastor Vincken glaubt in den Medaillons die Ahnen Arnold's II. von Wied zu erkennen (?). — [2]) Geschichte der bildenden Künste l. c. — [3]) Apok. IV 7.

Hippolytus, links das Brüderpaar Damianus und Cosmas, als Aerzte bekannt, der Feldherr Eustachius, noch ein unbekannter Krieger, und eine männliche Figur ohne bezeichnendes Symbol.

Die Auswahl ist nicht ohne Bedeutung: Cassius, Florentius und Malusius deuten auf die Beziehung der Kirche von Schwarzrheindorf zu Bonn. Hippolytus, der Patron von Gerresheim, ist gewählt mit Rücksicht auf die Verbindung mit dem dortigen Stift. Cosmas und Damian als Patrone von Essen auf ein ähnliches Verhältniß geistlicher Verwandtschaft[1]), insbesondere unter der gemeinsamen Abtissin Hadewig. Die innere Beziehung der Heiligen zu dem thronenden Christus liegt im Martyrium, wodurch sie die Palme errungen und nun gewürdigt sind, „mit dem Lamm, das gewürgt war," den ewigen Triumph in der Glorie zu feiern. Als Ergänzung dieser Idee dienen die Darstellungen in den vier Gewölbefeldern. Von allen Seiten der Erde versammeln sich die Auserwählten zur Hochzeit des unbefleckten Lammes: Maria mit dem Chor der heiligen Jungfrauen, die Apostel, Martyrer und Bekenner, theils kenntlich durch die beigegebenen Symbole, theils durch die Spruchbänder, welche ihren Charakter und Beruf ausdrücken.

Die Wandfläche des Chors auf der Evangelienseite zeigt Johannes den Evangelisten in jugendlicher, fast kindlicher Gestalt, wie er auf Patmos vom Herrn, der aus Flammenzungen redet, den Befehl erhält, die geheime Offenbarung aufzuschreiben. Der Zusammenhang ist klar. Was im neuen Jerusalem sich vollzieht, das hat der Lieblingsjünger in der Offenbarung geschaut, und für ihn als Beobachter ist die Stelle zur Seite und nicht in der Mitte der vorgeführten Scenen passend gewählt worden, wiewohl er als Patron, dem der Altar der Oberkirche geweiht ist, in noch engerer Beziehung dazu stehen dürfte. Auch der Mutter Gottes zu Ehren ist der Altar consecrirt worden, aber sie tritt nicht in den Vordergrund der Darstellung.

Auf der Wandfläche der Epistelseite erscheint Jesus, etwa als zwölfjähriger Knabe, von Joseph als Opfer dargestellt; ihm gegenüber ein frommer Greis (Simeon) in freudiger Ueberraschung durch die Erfüllung der ihm gewordenen Verheißung, und Maria, wie ohne Betheiligung, wenn auch nicht ohne Theilnahme, in einen Mantel gehüllt.

Vermuthlich hat der Altar bei der ersten Anlage die Statuen der beiden gefeierten Patrone, Maria und Johannes, enthalten, so daß über Mangel an Berücksichtigung nicht zu klagen sein wird.

Die bei den Malereien der Oberkirche in der gothischen Kunstweise angebrachten Verzierungen, welche sich beispielsweise im Nimbus und am

---

[1]) Vgl. E. aus'm Werth l. c. Tafel XXXV ff.

Buche des Heilandes finden, setzen es außer Zweifel, daß diese Bilder um mehrere Jahrzehnte später geschaffen wurden, auch einen minder begabten Künstler voraussetzen, als die der Unterkirche [1]).

Altar. Kanzel. Orgel.

Der Altar in der Unterkirche erhielt im Jahre 1871 einen vom Bildhauer Bong in Köln gefertigten romanischen Aufsatz, ein Geschenk der Eheleute Brodesser in Combahn. In der Mitte befindet sich unten das Repositorium, darüber das Tabernakel, überragt von einer Giebelspitze, das h. Herz Jesu mit Brustbild in Relief, rechts (vom Altare aus) im Bogenfelde die Anbetung der Hirten, links die Dornenkrönung und Verspottung Christi. Der Altar ist polychromirt und vergoldet.

Der Clara=Verein schenkte eine Kanzel, von demselben Meister im romanischen Stil gefertigt. Sie ward im Juli 1871 aufgestellt.

Bisher hat eine Aeoline ihre Dienste bei der Feier des Gottesdienstes geleistet. In nächster Zeit wird dieselbe durch ein schönes Orgelwerk von Meister Klais in Bonn ersetzt, und mit der Veröffentlichung gegenwärtiger Nachricht vollendet sein.

Das Werk besteht aus dreizehn Stimmen mit freiem Pedal und Pedalkoppel. Das Gehäuse ist von Bildhauer Karl Esser in Aachen gefertigt.

Glocken.

Die Glocken der Stiftskirche sind zur Zeit der Säcularisation, wahrscheinlich unter der Nassauischen Regierung, abhanden gekommen. Eine derselben, die St. Petersglocke, soll der Kirchenvorstand von Oberpleis angekauft haben.

Am 23. Mai 1871 richtete der Kirchenvorstand von Rheindorf ein Immediatgesuch an Seine Majestät den Kaiser Wilhelm um eine Quantität der im französischen Kriege erbeuteten Geschützbronze zum Gusse der nothwendigen Glocken. Am 21. März 1872 erfolgte der Allerhöchste Bescheid: Zwanzig Centner Bronze waren bewilligt und wurden aus dem Artillerie=Dépôt von Straßburg nach Rheindorf befördert. So konnten mit Zusatz einer ältern Glocke drei neue gegossen werden.

1. Die erste trägt die Inschrift:
Sancta Maria vocor, vivos voco, mortuos plango, fulgura frango;
die zweite:
Sancte Petre apostolorum princeps et sancte Joseph patrone ecclesiae,
                intercedite pro nobis;

---

[1]) Aus'm Werth l. c. 16.

die dritte:

Sancte Clemens, patrone ecclesiae parochialis, ora pro nobis!
In honorem Sancti Clementis Papae et Martyris refecta
parochianis revixi.

Die Glocken haben das Gewicht von 1156, 773 und 521 Pfund.

Reliquien.

Reliquien des h. Papstes Clemens, des Apostels Philippus, der heiligen Martyrer Stephanus und Laurentius befinden sich seit Aufhebung des Rheindorfer Stifts in der Pfarrkirche zu Vilich.

Den Bemühungen des Pfarrers Vincken ist es gelungen, neuerdings folgende zu gewinnen.

1. Eine Partikel des h. Papstes und Martyrers Clemens mit Authentik des Cardinals Constantin Patrici in Rom vom 5. Februar 1869.

2. Eine Partikel desselben Heiligen aus dem Dom zu Troyes mit Beglaubigung der Echtheit vom bischöflichen Generalvicar, datirt 20. Mai 1853.

Die Reliquie ist der Pfarrkirche durch Vermittelung des Fräuleins Katharina Kellen aus Bonn, welche sich zur Zeit in Troyes als Lehrerin in einer adeligen Familie aufhielt, geschenkt worden.

3. Ein Theilchen von der Stola des h. Bischofs Hubertus, geschenkt und mit Urkunde versehen vom 19. October 1869 von Bischof Laurent in Aachen. Am Feste des Heiligen, den 3. November, und während der Octav wird die Stirne der Gläubigen mit dieser Reliquie berührt.

4. Eine Partikel des h. Benedict Joseph Labre, über deren Echtheit der apostolische Missionar Franciscus Virili eine aus Rom vom 24. Februar 1874 ausgestellte Urkunde ausgefertigt hat.

Stiftungen.

Vier Quatempermessen mit einem Capital von 1200 Mark und einer Armenspende, bestehend in den Zinsen von 4800 Mark, welche an einem Quatempertage vor Weihnachten an die Armen von Schwarzrheindorf, Combahn und Beuel nach gehaltener Stiftungsmesse durch den Pfarrer vertheilt werden. Stifterin ist Fräulein Elisabeth Molberg, gestorben zu Köln am 28. October 1863.

Die Allerseelenandacht, gestiftet von Pfarrer Vincken, der Familie Peter Joseph Brodesser zu Combahn, dem Clara-Verein und mehrern andern Wohlthätern wird an den Abenden vom 2. bis 9. November mit Rosenkranzgebet vor ausgesetztem hochwürdigsten Gut für die verstorbenen

Verwandten, Bekannten und Wohlthäter der Stifter gehalten. Der Stiftungsfonds besteht in einem Capital von 1500 Mark.

Aus einer von Francisca von Beaumann, Wittwe Cougoul de Roy de la Monne († 1. April 1824) und Pfarrer Joisten[1]) zu Vilich errichteten Armenstiftung erhält der Pfarrer alljährlich den ratirlichen Theil für Bekleidung dürftiger Neucommunicanten[2]).

Ueber eine bedeutende Stiftung der Maria Adelheid Mehlem s. Errichtung der Pfarrstelle.

Processionen.

Die Bittgänge am Marcusfeste und in der Kreuzwoche, sowie die feierliche Frohnleichnamsprocession werden nach allgemeiner Vorschrift gehalten. Außerdem besteht in Rheindorf die mit der Herz-Jesu-Bruderschaft im Jahre 1747 errichtete[3]) sacramentalische Procession, welche am 3. Sonntag nach Pfingsten den ganzen Pfarrbezirk durchzieht.

Schließlich ist die von Pastor Vincken eingeführte Römerfahrt am Palmsonntag zu erwähnen. Die Richtung der Processionen wird bestimmt durch:

1. das Heiligenhäuschen zu Ehren des h. Herzens Jesu, im Jahre 1757 von Canonicus J. Worms errichtet;
2. das Gensumer Kreuz (1774);
3. das Magdalenenkreuz mit dem Bilde der knieenden h. Büßerin,
4. das Kreuz im Niederfelde mit der Inschrift S. Clemens, Patron, bitt für uns, im Jahre 1724 errichtet von Heinrich Weingarts und Sibylla Bellinghausen;
5. das Heiligenhäuschen zu Ehren des h. Herzens Jesu in der obern Viliker-Gasse, von Schöffen Peter Berchen und Sibylla Stildorf im Jahre 1757 „zu Gottes Ruhm und Ehre" errichtet;
6. das Kreuz am Büchel vor der Schule „zur dankbaren Erinnerung unseres Erlösers Jesus Christus" und zur Erlangung der Fürbitte der Heiligen durch milde Beiträge gestiftet 1860 am Feste des h. Apostels Matthias, 24. Februar;
7. das Kreuz auf der Kehr in Vilich-Rheindorf;
8. das in der Kreuzgasse nach dem Rheindorfer Werth mit der Inschrift: Alles meinem Gott zu Ehren, 1741;
9. das Heiligenhäuschen „am Gesetz" zu Schwarzrheindorf mit der Statue des h. Petrus, gestiftet von den Eheleuten Peter Braun

---

[1]) Testament vom 12. Juli 1855. — [2]) Verfügung königl. Regierung zu Köln vom 30. Juni 1870. — [3]) S. oben S. 407 Note 1.

und Katharina Bremels am 7. December 1758, zum Andenken an das 50jährige Priesterjubiläum am 11. April 1869 und an das 25=jährige Papstjubiläum Pius' IX. am 16. Juni 1871 von der Pfarrgemeinde erneuert.

Bruderschaften. Andachten. Verein.

Die Herz=Jesu=Bruderschaft unter der Abtissin Eleonore von Hompesch in der Stiftskirche mit Genehmigung des Papstes Benedict XIV. im Jahre 1756 errichtet. Pastor Vincken ließ dieselbe durch die Jesuiten=Patres Urban Drecker und Stephan Dosenbach erneuern und der Erzbruderschaft in Rom durch Diplom vom 22. December 1871 aggregiren und die Einführung zu Schwarzrheindorf durch Erzbischof Paulus Melchers genehmigen.

Mit dieser Bruderschaft ist das Gebets=Apostolat verbunden. Die Bruderschaft zu Ehren Jesus, Maria und Joseph besteht seit dem 2. Februar 1869. Die Andacht findet am zweiten Sonntag jeden Monats statt, die halbjährigen Versammlungen an den Sonntagen nach dem Feste des h. Joseph (19. März) und nach dem Feste des h. Apostels Matthäus (24. September).

Die Bruderschaft vom h. Erzengel Michael, eingeführt am 17. Jan. 1869, hält Nachmittags=Andacht am dritten Sonntag jeden Monats.

Bruderschaft unter dem Schutze des h. Franciscus Xaverius, des h. Bonifacius, Maternus und Clemens für das Gedeihen der Missionen, gegründet am 30. Januar 1869 mit einer Andacht am vierten Sonntag jeden Monats.

Der Verein von der h. Kindheit Jesu für die Bekehrung der Heidenkinder, eingeführt am 10. Januar 1869, mit jährlicher Collecte zum Zweck des Vereins und einer h. Messe für die Mitglieder in der Weihnachtszeit.

Die canonisch errichteten Kreuzweg=Stationen in der Oberkirche ziehen an den Sonntagen der Fastenzeit zahlreiche Andächtige zur Verehrung des leidenden Heilandes an.

Kirchhof.

Im Jahre 1871 erwarb die Civil=Gemeinde ein Grundstück an der "Rösbergs=Gasse", etwa 60 Schritt von der Kirche ostwärts entfernt, zu einem Begräbnißplatz. Nach einer dem Kirchenvorstande vom Bürgermeistereiamte behändigten Karte ist den Katholiken eine Grundfläche von 21 Ar 99 Meter als Friedhof zugetheilt, den wenigen Protestanten der Rest mit 1 Ar 18 Meter, und zwar letzterer links vom Eingange, durch einen Weg vom katholischen Antheil getrennt.

Am Allerheiligenfeste des Jahres 1872 vollzog Pfarrer Vincken die kirchliche Einsegnung des katholischen Kirchhofs.

Eheleute Peter Joseph Brodesser[1]) sen. und Elisabeth Müller[2]) zu Combahn schenkten ein Kirchhofskreuz, 13 Fuß hoch, gefertigt von Steinhauer Olzem in Bonn; der Clemensverein ein eisernes Gitterthor.

Errichtung der Pfarrstelle.

„Die durch ihre Bauart merkwürdige Doppelkirche zum h. Clemens in Schwarzrheindorf, ein Denkmal des frommen Sinnes Unseres Vorgängers auf diesem Erzbischöflichen Stuhle, des Grafen Arnold von Wied, welcher sie aus eigenen Mitteln auf den ihm zugehörigen, dort liegenden Gütern erbaute, dessen Schwester Hedwig an ihr ein später in ein Damenstift umgewandeltes Nonnenkloster nach der Regel des h. Benedict gründete, fiel nach mehr als 600=jährigem Bestande im Anfang dieses Jahrhunderts mit so vielen andern Klöstern und Stiftern der Säcularisation anheim. Da indeß die Pfarrkirche zu Vilich, wozu der Ort Schwarzrheindorf gehört, im Verhältniß zu der katholischen Bevölkerung zu klein war, stellte sich im Verlaufe der Zeit mehr und mehr das dringende Bedürfniß der Benutzung der Nebenkirche zu Schwarzrheindorf, insbesondere für die dort und in Vilich=Rheindorf wohnenden Katholiken heraus. Diesem Bedürfnisse wurde, nachdem das Innere der Oberkirche vermittels freiwilliger Beiträge und das Aeußere aus Mitteln der Königlichen Staatskasse wieder hergestellt worden war, durch Ueberlassung derselben zum katholischen Gottesdienste, und durch Bewilligung eines Staatsgehaltes von 200 Thalern für einen mit Abhaltung des Gottesdienstes in der Nebenkirche zu betrauenden Pfarrvicar abgeholfen. Allein eine Wohnung für letztern an der gedachten Kirche war nicht vorhanden, und erst durch das fromme Vermächtniß des Fräuleins Adelheid Mehlem vom 7. Juni 1850, welche außerdem zur Vermehrung der Vicariestelle ein Capital von 3000 Thlrn., woran sie nur geringe Verpflichtungen knüpfte, legirte, waren die Mittel zum Neubau eines Vicariehauses bereit gestellt. Obwohl nach Vollendung desselben dadurch, daß der Vicar an der Nebenkirche wohnte, für die in deren Nähe wohnenden Katholiken eine ansehnliche Erleichterung in der Befriedigung ihrer religiösen Bedürfnisse geboten war, so konnte dieselbe angesichts der starken Bevölkerung der weit ausgedehnten Pfarre Vilich, für deren Seelsorge nur drei Seelsorger thätig sind, nicht ausreichend

---

[1]) † 5. Januar 1881.   [2]) † 2. Februar 1878.

erscheinen, und es entstand der dringende Wunsch, daß die Ortschaften Schwarzrheindorf und Vilich-Rheindorf mit der Nebenkirche Schwarzrheindorf zu einem besondern Pfarrsystem erhoben würden. Pfarrer und Kirchenvorstand zu Vilich hatten gegen eine solche Errichtung nichts einzuwenden, falls nur die seelsorglichen Kräfte durch Wiederanstellung eines Vicars für die Pfarre Vilich vermehrt würden.

„Um ihrerseits alles zu beseitigen, was der Ausführung der sehnlich gewünschten Einrichtung hindernd in den Weg treten könnte, haben Pfarrer und Küster an der Pfarrkirche zu Vilich auf eine Entschädigung für die Ausscheidung der beiden Ortschaften Schwarzrheindorf und Vilich-Rheindorf aus dem bisherigen Pfarrverbande mit anerkennungswerther Bereitwilligkeit Verzicht geleistet. In gleicher Gesinnung hat der Gemeinderath der Bürgermeisterei Vilich sowohl zur Bestreitung der Cultuskosten der neuen Pfarrkirche zu Schwarzrheindorf durch Beschluß vom 14. December 1866 einen Zuschuß von jährlich 30 Thlr., sowie auch zur Completirung eines angemessenen Einkommens für den an der Kirche zu Vilich anzustellenden Vicar einen Zuschuß von 130 Thlrn. durch Beschluß vom 27. September 1867 bewilligt. Nachdem solchergestalt alles geordnet war, was Wir sowohl für den sichern Bestand des neuen Pfarr-Systems, als auch für eine ersprießliche seelsorgerliche Wirksamkeit als nothwendig erkannten, haben Wir nicht gezögert, die landesherrliche Anerkennung nachzusuchen, welche nunmehr durch Allerhöchste Ordre vom 8. October l. J. unter Genehmigung der Verwendung des bisher für den Vicar bewilligten Staatsgehaltes zum Gehalte des Pfarrers an der neuen Pfarrkirche Allergnädigst ertheilt worden ist.

„Demnach haben Wir kraft Unseres Oberhirtenamtes und auf Grund der Uns durch die Kirchenversammlung von Trient sess. XXI. c. 4 de Reformatione ertheilten Befugnisse beschlossen und beschließen, wie folgt:

„Die Nebenkirche zum h. Clemens zu Schwarzrheindorf und die Ortschaften Schwarzrheindorf und Vilich-Rheindorf sind aus dem bisherigen Verbande mit der Pfarre Vilich gelöst;

„Wir erheben gedachte Kirche zu einer selbständigen Pfarrkirche mit allen Rechten und Lasten, welche einer solchen nach der bestehenden Verfassung Unserer Erzdiöcese zukommen und obliegen mit der Bestimmung, daß die Ortschaften Schwarzrheindorf und Vilich-Rheindorf den Sprengel der neuen Pfarre bilden sollen;

„Wir wandeln die seitherige Vicariestelle in eine Pfarrstelle um mit gleichzeitiger Ueberweisung der bisherigen Vicarie-Einkünfte und Nutzungen an letztere, jedoch unter vollständiger Aufrechthaltung der darauf haftenden Stiftungsverbindlichkeiten;

„Wir verordnen endlich, daß das Vermögen der neuen Pfarrkirche, sowie die darüber sprechenden Schriftstücke deren Vorstande zur eigenen Verwaltung übergeben werden.

„Nachdem Wir nunmehr in vorstehender Weise dem sehnlichen Wunsche der Bewohner der neuen Pfarre in oberhirtlicher Sorge willfahrt haben, ist es Unsere zuversichtliche Hoffnung und Unser eifriges Verlangen, daß sie in treuer Anhänglichkeit an die h. Kirche und in gewissenhafter Beobachtung der Gebote Gottes und der Kirche sich mehr bewähren und die geistigen Vortheile, welche ihnen mit der neuen Einrichtung dargeboten sind, zu ihrem eigenen Seelenheile sich recht zu Nutzen machen mögen, indem Wir ihnen dazu als ein Zeichen Unseres besondern Wohlwollens den oberhirtlichen Segen hierdurch ertheilen.

Gegeben zu Köln am Feste des h. Papstes und Martyrers Clemens den dreiundzwanzigsten November achtzehnhundertachtundsechszig.

L. S.
gez. † Paulus."

Die erzbischöfliche Errichtungsurkunde enthält mit erwünschter Vollständigkeit und Klarheit die mit der neuen Pfarrstelle zu Schwarzrheindorf verbundenen Rechte und Pflichten und überhebt uns daher einer diesbezüglichen weitern Darlegung. Es erübrigt noch, über den Pfarrer selbst ein Wort beizufügen, der an erster Stelle mit der Obhut der einzig merkwürdigen Kirche betraut wurde und mit dem seelsorgerlichen Eifer auch Sinn und Interesse für eine würdige Ausstattung des hehren Gotteshauses besitzt.

Dieser Mann ist

Peter Joseph Vincken, geboren in Aachen am 17. Mai 1830, zum Priester geweiht am 3. September 1855, am 6. October desselben Jahres zum Kaplan an St. Andreas zu Düsseldorf ernannt, wo er 13 volle Jahre bis zu seiner am 5. December 1868 erfolgten Berufung als erster Pfarrer von Schwarzrheindorf eine segensreiche Wirksamkeit entfaltete.

Seine Ernennung zum Pfarrer, datirt vom 5. December 1868, ist vollzogen von dem Erzbischof, jetzigen Cardinal Dr. Paulus Melchers.

Am 3. Januar 1869 hielt derselbe, von den nächsten geistlichen und weltlichen Behörden begrüßt, seinen feierlichen Einzug in Schwarzrheindorf, und am folgenden Tage feierte die Pfarrgemeinde unter zahlreicher Betheiligung der benachbarten Ortschaften in glänzendster Weise das Fest der Einführung.

Herr Pfarrer Vincken celebrirte das Hochamt unter Assistenz von Pastor Grünmeier aus Düsseldorf, Pfarrer Peiffer zu Vilich, Samans aus Küdinghofen. Dechant Emans aus Honnef verkündigte die Urkunde der Pfarrerhebung und führte den neuernannten Pfarrer unter den vorschriftsmäßigen Ceremonien des Rituale in das Pfarramt ein.

Die Pfarrwohnung

befindet sich südlich von der Kirche, wo die Wohnung der Abtissin des Damenstiftes stand. Sie gewährt freie Aussicht über den Rhein, aufwärts nach dem Siebengebirge und abwärts in die weite Ebene und ihre reizende hügelige Umrahmung. Eine schönere und passendere Baustelle konnte in Rheindorf nicht gewählt werden.

Das Pfarrhaus ist in den Jahren 1862 und 1863 zunächst als Kaplanswohnung aus der Schenkung des Fräuleins Adelheid Elisabeth Maria Mehlem zu Combahn (Beuel) erbaut. Der zum Baufonds bestimmte Betrag von 2000 Thalern war durch die Zinsen seit dem am 12. Februar 1851 erfolgten Tode der Stifterin auf die erforderliche Höhe gestiegen. Daß die Wohlthäterin nicht im Pfarrorte wohnte, macht ihre reiche Spende um so dankenswerther und verdienstlicher. Sie starb am 12. Februar 1851, ohne die Ausführung ihrer Stiftung erlebt zu haben.

Die an das Pfarrhaus nach der Kirche hin sich anschließenden Nebengebäude hat die Civilgemeinde im Jahre 1874 errichten lassen. Als Pfarrgarten sind dem Pfarrer die nördlichen und südlichen Grundstücke des Vorhofs der Kirche, ungefähr 12 Ar groß, vom Kirchenvorstande überwiesen worden.

Das Gehalt des Pfarrers bestand in der ersten Zeit aus den durch königl. Cabinetsordre vom 20. Juni 1830 zugesicherten 200 Thalern und den Einkünften von 1000 Thalern der Stiftung Mehlem.

Küsterstelle.

Nach Schließung der Stiftskirche ging durch die Säcularisation das Einkommen der Küsterei verloren. Letzter Inhaber der Stelle war der im Jahre 1799 verstorbene Johann Jacob Philipp Becker.

Mit der Wiederherstellung des Gottesdienstes in der Oberkirche im Jahre 1832 bezog der Küster ein geringes Honorar von den Einwohnern, welches nach Errichtung der Pfarrstelle auf ein Fixum von 120 Mark erhöht wurde ohne Stiftungsbühren und Casualien.

Durch notarielle Schenkung des Pfarrers Vincken ist der Küster seit einiger Zeit in den Besitz einer in der Kirchgasse am Falder gelegenen Dienstwohnung nebst Garten gelangt. Darauf ruht die Verpflichtung für denselben, an drei bestimmten Tagen jeden Jahres nach der Meinung des Stifters den Rosenkranz zu beten.

Küster und Organist ist seit 1886 Franz Joseph Freisheim aus Oberdrees.

Die Stelle der Orgel vertritt ein (in der Oberkirche befindliches) Harmonium.

Schule.

Bis in die letzten fünfziger Jahre gab es keine eigene Schule im Bereiche des jetzigen Pfarrbezirks. Die Kinder von Schwarzrheindorf besuchten die Schule in Vilich, die von Vilich-Rheindorf jene in Beuel. Unterdessen stellte sich in Vilich, Beuel und Pützchen Ueberfüllung der Schulklassen ein, daher hielt man es zur Abhülfe für zweckmäßig, eine Schule in Schwarzrheindorf zu gründen. Der Gemeinderath erwarb durch Kaufact vom 16. December 1853 die Besitzung der Erben Fürth aus Köln, auf welcher der Schulbau in den Jahren 1855 und 1856 zur Ausführung gelangte.

Als erster Lehrer wurde im Jahre 1857 Heinrich Fuhrmann aus Merten ernannt. Er verblieb an der Schule bis zu seinem Lebensende, 14. Mai 1887.

Seit Ostern 1859 bestand eine Hülfslehrerstelle, welche durch einen Präparanden versehen wurde. Statt dieser fand im Jahre 1865 die Einrichtung einer getrennten Mädchenklasse statt, und im Januar 1866 erfolgte die Anstellung der Margaretha Behr aus Bonn als Lehrerin. Am 1. Juli 1873 erhielt sie ihre Versetzung nach Lannesdorf und Josephina Trimborn aus Bornheim trat an ihre Stelle zu Rheindorf.

Behufs einer dritten Schulklasse wurde der Schulbau 1870 erweitert und am 31. Januar 1871 die Lehrerin Anna Maria Quecke für den Unterricht an einer gemischten Unterklasse berufen. Ihr folgte am 13. December 1872 Agnes Rotthof aus Köln, am 23. September 1878 Theresia Heuper. Zu Ostern des Jahres 1884 wurde eine vierte Klasse und zwar als gemischte Mittelklasse errichtet. Die Schule ist demnach dreiklassig und besteht aus einer nach Geschlechtern getrennten Oberklasse und einer zweiten und dritten gemischten Klasse.

Localschulinspector ist seit dem 4. Januar 1869 der Pfarrer.

Das Gymnicher Haus.

Der Landungsbrücke von Beuel (richtiger Combahn) gegenüber führt, kaum bemerkbar, ein enges Gäßchen landeinwärts in's Vilicher Feld. Die ganze Häuserreihe links dem Rhein entlang bildet den größten Theil von Vilich-Rheindorf und ist nach Schwarzrheindorf eingepfarrt. Geht man in der angegebenen Richtung zur Linken weiter, so biegt ungefähr auf halber Entfernung vom Pfarrort (Rheindorf) einwärts ein Fahrweg ab. Dort sieht man den Rest einer alterthümlichen Burg. Sie wird das Gymnicher Haus genannt, ist die Stammburg der Wolff von Rheindorf, welche in einem von weiß über schwarz quergetheilten Schilde oben rechts einen rechtsschreitenden Wolf führten. Angehörige dieses Rittergeschlechts kommen in zahlreichen Kölner Urkunden von 1300 bis 1500 vor. Im Jahre 1379 überträgt Lukarda von Menden, Wittwe des Ritters Johann Wolf von Ryndorf, acht Morgen Ackerland an den Convent des Gotteshauses Siegburg. Zeuge war Johann von Lülsdorf, Schultheiß auf dem Frohnhofe zu Menden, Mönch zu Siegburg.

Margaretha Wolff von Rheindorf wurde Gattin Johannes von Buschfeld. Ihre Tochter Margaretha von Buschfeld brachte 1477, als sie Arnold von Gymnich zu Vischal heirathete, außer andern Gütern „Haus Rheindorf, Bonn gegenüber" in die Ehe. Das Gut blieb dann im Besitz der Freiherrn von und zu Gymnich bis Ende des 18. Jahrhunderts und behielt von ihnen den Namen „Gymnicher Haus". In der Wetterfahne auf dem Thurm ist noch das Wappen der Gymnich mit ausgezacktem Kreuz zu sehen.

Die Schwester der Wittwe des letzten Gymnich, Clemens August, kurmainz'schen Generals, eine Gräfin von Vellbrück, war mit Johann Wilhelm, Freiherrn von Mirbach, verheirathet. Dadurch kam Rheindorf an die Mirbach und gehört jetzt zu den Fideicommißgütern des Grafen Ernst von Mirbach-Harff. Zu dem Gute gehörte die schöne, weithin sichtbare Pappel-Allee, welche von Beuel den Rhein entlang nach der Siegmündung führt.

Anmerkungen zu Schwarzrheindorf

Kapläne: *siehe oben Faksimile - Seite 169 („Vilich").*
Schule: *siehe oben Faksimile - Seite 192 („Schule. Schulwesen im Bezirk Vilich").*

Zu Faksimile - Seite 396
(Der Name Schwarzrheindorf)
Die ersten Erwähnungen erfolgen als Rheindorf, ohne Zusatz: um 1156 „Rhinthorp", 1156 „Rindorph", 1173 „Rinhdorph", 1176 „Rindorp". Schwarzrheindorf erscheint zum ersten Mal 1359 - als „Swazen Ryndorp". Die Unterscheidung von Schwarz- und Graurheindorf nach der Farbe des Gewandes der jeweiligen Ordensfrauen scheint allgemein zu überzeugen. Dagegen scheint eine von *Fritzen, a.a.O.,* erwähnte Deutung in Anlehnung an das Wort „Wart" (hochwasserfreie Anhöhe des Kirchplatzes), mit Verkürzung des Artikels: „´s Wart-Rheindorf", abwegig.

Zu Faksimile - Seite 396 f
(Römische Geschichte)
Die Forschung bezüglich der römischen Spuren auf der rechten Rheinseite ist wesentlich fortgeschritten. Ausreichend belegt ist inzwischen, dass die Römer während ihrer rund 400-jährigen Anwesenheit am Rhein auch das rechte Rheinufer dauerhaft besetzt hielten, als gesichertes Militärterritorium und auch zu landwirtschaftlichen Zwecken (Münzfunde, Mendener Weidestein, Beueler Siegesdenkmal, militärische Übungslager bei Geislar und Neu-Vilich, römische Siedlung Vilich-Müldorf u. a.).
Die Annahme Maaßens, dass „Schwarzrheindorf den Römern als wichtiger strategischer Punkt" galt, ist danach unbestritten; auch sie hat sich eher verfestigt. Der um 115 n. Chr. vom römischen Geschichtsschreiber L. A. Florus. (in seinen *„Epitomae rerum Romanorum ex Tito Livio"*) behauptete Brückenschlag des Feldherrn N. C. Drusus um 11. v. Chr. zwischen Bonn und Gensem (angeblich **„Gesonia"**) konnte dabei aber keine Bestätigung finden. (Maaßen spricht auf der Bonner Seite von „Michelshof", meint aber den dortigen „Wichelshof"). Auch die Brückenschläge C. J. Caesars um 55 bis 53 v. Chr. werden heute nicht mehr im Bonner Raum, sondern im Neuwieder Becken vermutet. Wenn es in unserer Region eine römische Brücke gegeben hat, was nach wie vor nicht ausgeschlossen werden darf, dann ist diese allerdings aus topographisch-geologischen Gründen nur beim Bonner Legionslager zu lokalisieren, das heißt in der Verlängerung der Arnoldstraße, noch im 19. Jahrhundert „Brückenstraße" genannt, weshalb dort auf dem Rheindamm auch 1989 vom Denkmal- und Geschichtsverein Bonn-Rechtsrheinisch e. V. das „Römerdenkmal" („2000 Jahre Bonn") errichtet worden ist. Nur in seiner Nachbarschaft haben sich die dafür pioniertechnisch erforderlichen Inseln und Untiefen befunden (die erst bei der Rheinregulierung von 1885/87 beseitigt worden sind).

Dass es auf dem Schwarzrheindorfer Kirchberg vor seiner fränkischen Besiedlung einen römischen Militärplatz gegeben hat, liegt gleichfalls auf der Hand, dürfte aber auch archäologisch ausreichend nachgewiesen sein. Allerdings fehlt es an fachwissenschaftlicher Bestätigung des Ende des 19. Jahrhunderts von Laien-Ausgräbern behaupteten römischen Hafens vor Schwarzrheindorf („bei Gensem") oder im Siegmündungsbereich.

Zu Faksimile - Seite 397 ff
„Erzbischof Arnold"
Siehe dazu insbesondere Wolter, a.a.O.

Zu Faksimile - Seite 400
Der „Hof zu Rülisdorf" ist in **Rölsdorf**, einem ehemaligen Ortsteil von Beuel an der Limpericher Straße zu sehen. – *Siehe entsprechend Faksimile - Seite 181 und 183 („Beuel") sowie unten 402.*
Das **Grabmal Arnolds** von 1747 war vermutlich eine Grabplatte auf einer aus dem Boden ragenden Tumba (Hochgrab) im Hauptgang der Kirche.

Siegel Erzbischofs Arnold II. von 1154.

Arnold selbst aber hatte wohl eine Beisetzung in einem Grab im Boden angestrebt, die vermutlich auch bis zur Barockzeit so bestanden hat. Die Inschrift der Platte von 1747 lautet übersetzt:

> „Arnold, / dem Erzbischof und Kurfürsten / von Köln,
> dem überaus beliebten Gründer unseres Kapitels, /
> hierbei bestattet, / ist dieser neue Gedenkstein gesetzt worden.
> Grabstein / durch Gunsterweis Augusts / Clemens Augusts unseres
> immerwährenden Schutzherrn / geschenkt. (1747)"

(Chronogramm-Fehler der ersten beiden Buchstaben A R; vielleicht auch Abschreibefehler beim Namen Clemens August)
(Siehe auch Anmerkung unten zu Faksimile - Seite 412).

Zu Faksimile - Seite 402 f
„Die Güter des Klosters"
„Rülisdorf" *(siehe entsprechend oben Faksimile - Seite 400 sowie Anmerkung zu Faksimile - Seite 181 und 183, „Beuel")* ist Rölsdorf (Beuel), „Cardorf" ist (Bornheim-)Kardorf, Schweinheim ein Ortsteil von Bad Godesberg, Söven gehört zu Hennef.

Zu Faksimile - Seite 402, Fußnote 4
Innerhalb des ummauerten Stiftsbezirks befand sich in der nördlichen Hälfte bis Ende des Zweiten Weltkriegs der Wirtschaftshof des Stifts (Frohnhof), seit dem Mittelalter **Rheindorfer Hof** genannt. Er war bis 1926 bewirtschaftet; dann wurde sein Grundeigentum von der Gemeinde Beuel zum Ausgleich für dem Rhein-Sieg-Deichbau 1926/27 geopfertes Ackerland erworben, die Ge-

bäude, bis etwa 1950 noch als Sozialwohnung genutzt, sind inzwischen allesamt entfernt. – *Siehe dazu: Neininger, a.a.O.*
„Bilk" ist Düsseldorf-Bilk, „Walshoven" bei Neuss-Uedesheim, „Volmerswerth" Düsseldorf, „Grimlinghausen" dagegen unbekannt, während „Roda" also Heisterbacherrott und „Rheid" das Rheidt von Niederkassel sein dürfte. Unter „Breitbach" ist Waldbreitbach zu verstehen, während „Lanzenbach" nicht zuzuordnen bleibt. - *Siehe dazu Frizen, a.a.O.*

Zu Faksimile - Seite 404
Die **„Hofgasse"**, an der E. Runckels Weingarten liegt, ist die heutige Arnoldstraße. Sie hieß noch bis in das 19. Jahrhundert hinein „Brückenstraße".
Fußnote 3): Der Gymnicher Hof ist die zeitgenössische Bezeichnung für die Wolfsburg in Vilich-Rheindorf – *Siehe dazu Faksimile - Seite 134.*
„Hommerichs Güter" lassen sich nicht lokalisieren (in Vilich-Müldorf gibt es ein Gewann Hummerichs Bitze).

Zu Faksimile - Seite 405
Mit **Geilinger Lehen** ist ein Lehen in Gielgen (nicht wie Fußnote 2: „Geilgen") gemeint. *Siehe dazu unten: Anmerkungen zu Gielgen, Roleber sowie Hoholz, Ungarten mit Ettenhausen.*
Zu Faksimile - Seite 405 f
Bis zum 11. oder 12. Jahrhundert hat sich die Rheinfähre nicht im Beuel-Combahner Bereich befunden, sondern an der vorzeitlich-römischen Rheinquerung, also zwischen der Arnoldstraße und dem Augustusring auf der linken Rheinseite. - *Siehe dazu auch Faksimile - Seite 181 („Beuel") .*

Zu Faksimile - Seite 406 - 408
„Stiftspersonal" (Äbtissinnen, Stiftsdamen, Kanoniker u. a.)
Neuere Forschungsergebnisse bis 1500: siehe bei Frizen, a.a.O., Seite 165 ff, sowie ab 1500: siehe bei Riefenstahl, a.a.O., Seite 38 ff.
Zu Seite 407 f
Die **Grabplatten** sind inzwischen im Bereich des 1802/03 neu errichteten Aufgangs an der Südseite aufgestellt: Äbtissinnen C.- F. von Velen (+1607), J. von Kall (+1620), M. von Brembt (+1659), A. B. K. von Efferen gen. Hall (+1702), A. G. von Efferen, gen. Haal von Busch (+ 1697) sowie Kanoniker C. Rham (+1717) und (Schwester) O. E. Rham (+1721). - *Die Inschriftentexte siehe bei Clemen, a.a.O., S. 363 f.*

Zu Faksimile - Seite 409
Zu den „Truchsessen": *siehe Anmerkung zu Faksimile - Seite 278 („Ramersdorf").*
Pfaffenmütz ist die heutige Bezeichnung für die Halbinsel zwischen Rhein und Sigmündung, die ursprünglich nur die östliche Hälfte einer Doppelinsel im Rhein einnahm, deren westliche Hälfte (im Strom) bei der Rheinregulie-

rung 1882/83 weggebaggert worden ist. Der Name rührt von einer Festung auf dieser Insel, von 1620 bis 1623, her, die die Gestalt eines Pfarrer-Biretts hatte. – *Siehe dazu: Brodesser, Pfaffenmütz, a.a.O.*

Zu Faksimile - Seite 409-412
„Das Ende"
Die nach Osten vorrückenden französischen Revolutionstruppen konnten von den Truppen des Reiches erst 1793 an der Rur aufgehalten werden. Anfang März 1793 (nicht 1794) kam es bei dem zwischen Jülich und Aachen gelegenen **Aldenhoven** *(Faksimile Seite 410 oben)* zu einer regelrechten Schlacht, in deren Folge es den (österreichischen) Reichstruppen gelang, die Franzosen zurückzudrängen. Im Gefolge dessen wurden offenbar die österreichischen Verwundeten weit

Ansicht der Doppelkirche um 1830. Stahlstich von E. Grünewald nach B. Hundeshagen.

zurück ins Hinterland gebracht, weshalb auch die Stiftsgebäude und/oder die Doppelkirche (Oberkirche) zum Lazarett umfunktioniert wurden. Im Sommer 1794 wendete sich das Blatt wieder; die Franzosen nahmen im August erneut Aachen, im September auch Jülich und drangen dann bis an den Rhein vor. Am 4. 10. 1794 besetzten sie das (linksrheinische) Bonn.

Die **Stiftsgebäude** *(Faksimile - Seite 412)* befanden sich auf der Südseite der Kirche; sie sind zum Teil in den Neubau des Pfarrhauses 1869 integriert worden. Ein Grundmauer-Rest liegt südlich außerhalb des Berings im Hang.

Zu Faksimile - Seite 412 ff
„Restauration"
Bei der Wiederherstellung der **Grabstätte Arnolds** 1828 *(siehe Faksimile-Seite 400)*, nach der Verwüstung durch napoleonische Truppen, wurde die - von den Franzosen nach Königswinter verschleppte, in Stücke zerbrochene - Platte wieder auf Fußbodenhöhe angebracht *(siehe Fußnote Faksimile - Seite 412)*. Der erwähnte „Bürgermeister Bleibtreu von Erpel" kann nur Leopold Bleibtreu gewesen sein, der nicht Bürgermeister, wohl aber Königlicher Bergmeister war *(siehe auch Anmerkung zu Faksimile - Seite 259, „Ober- und Niederholtorf")* und ab 1804 in Erpel gewohnt hat, anschließend für kurze Zeit in Ramersdorf (Deutschordenskommende), von 1811 bis 1815 in Vilich (Stiftsgebäude) und anschließend bis zu seinem Tod 1839 in Pützchen (Karmeliter-Kloster). Der „Bergmeister" gehörte in der ersten Hälfte des 19. Jahrhunderts zu den (wenigen) Honoratioren des rechtsrheinischen Bonner Raumes.

Ergänzung:
Bei der Tieferlegung des – in der Barockzeit angehobenen - Bodens im Rahmen einer grundlegenden Restaurierung der Malereien sowie des Kirchbaus selbst, 1995 bzw. 1996/97, ist die Platte von 1747 durch eine neue Platte ersetzt worden mit der Inschrift:
ARNOLD VON WIED ERZBISCHOF VON KÖLN KANZLER DES REICHES + 14. V. 1156 VIR HONESTUS ECCLESIAE REPARATOR.
Zuvor, am 19. 9. 1996, wurden die Gebeine, die bereits 1863 ein weiteres Mal, jetzt in einen Zinkkasten, umgebettet worden waren, in ein Edelstahlgehäuse eingelegt; auch darüber wurde ein Protokoll aufgenommen *(siehe: Staatl. Bauamt, a.a.O., S. 9, 25 f)*. Die fragmentierte Grabplatte von 1747 ist seither außen unter dem nördlichen Anbau in einem Rahmen aufgestellt. – *Siehe dazu: Francke/Päffgen: Öffnung des Grabes, a.a.O., sowie: Staatl. Bauamt, a.a.O.*

Zu Faksimile - Seite 414 - 418
„Die Kirche"
Siehe dazu: Clemen, a.a.O., Seite 339 ff, Verbeek, a.a.O., sowie: Passavanti, a.a.O., (Hansmann, W.) Seite 209 ff, auch: Staatl. Bauamt, a.a.O.
Es ist natürlich **Arnold II.**, der die Zentralkirche erbaut hat, und nicht, wie Maaßen wohl versehentlich schreibt, Anno II. *(Faksimile - Seite 415)*.
Die **Trepp**e in die Oberkirche befindet sich nicht in der westlichen Rundung – eine solche gibt es seit der Errichtung des Anbaus (nach 1156) nicht mehr – sondern im nördlichen Mauerwerk *(Faksimile - Seite 416)*.

Der **Turm** ragte zunächst nur mit einem Stockwerk über den Dachfirst hinaus und war wahrscheinlich mit einem klassisch-romanischen Zeltdach gedeckt. Er wurde aber im Zuge der Erweiterung nach Westen auf die heutige Höhe aufgestockt, mit dem heutigen „gotisierenden" Dach aber erst nach 1583 bekrönt *(Faksimile - Seite 418)*.

Zu Faksimile - Seite 418 - 422
„Die Wandgemälde"
Die Ausmalung ist ein in sich geschlossener Gesamtzyklus, ein „Christus-Zyklus" (nicht nur ein „Ezechiel-Zyklus"). Denn die Bilder aus dem Propheten weisen nach der Theologie des Rupert von Deutz (1075-1130) auf die vier Mysterien Christi hin, wie sie in den Apsisbildern zu sehen sind. Die vier Herrschergestalten in den Nischen symbolisieren die vier Weltrei-

Aus dem Skizzenbuch der Wandmalereien von C. Hohe 1854.

che nach Daniel (2. Kap.), deren letztes das Römische Reich ist. In den Fensterlaibungen überwinden die Kardinaltugenden die Laster. Der Zyklus findet seine thematische Vollendung in den Bildern der Oberkirche: Christus auf dem Thron, umgeben von den vier Wesen und den Heiligen, zu Füßen die Stifter *(nach K. Königs 1996). - Siehe dazu auch Anmerkung zu Faksimile - Seite 168 („Vilich").*

Zu Faksimile - Seite 422
„Altar, Kanzel, Orgel"
Die von Maaßen erwähnten Altäre und Kanzel sind nicht mehr erhalten, ausgenommen die Holzfiguren aus dem Altar der Oberkirche von 1832. Die Klais´sche Orgel von 1889, die erste seit der Wiederherstellung, wurde 1938 durch ein geeigneteres Instrument ersetzt, immerhin ein auf J. M. Stumm 1728 zurückgehendes Barockwerk. Die heutigen Fenster sind von A. Wendling 1957 (Unterkirche) und nach 1964 (Oberkirche), ein neues Chorfenster 2001 von W. Buschulte. Altar, Ambo und Tabernakelstele wurden 1997 von K. M. Winter geschaffen.

Zu Faksimile - Seite 422 f
„Glocken"
Die beim von Maaßen erwähnten Guss von 1872 materialzugesetzte „ältere Glocke" stammt aus einem Dreier-Geläute, das 1804 von Inspektoren des Fürsten von Nassau-Usingen (dem Schwarzrheindorf (wie Vilich) im Zuge der Säkularisation zugefallen war) als Bestand registriert haben. Die zweite, die nach Oberpleis kam, wie Maaßen berichtet, ist dort 1836 umgegossen worden, während die dritte – von Maaßen nicht erwähnt –nach **Mirecourt in Lothringen** gelangte, auf welchem Weg auch immer, wo sie 1806 auftaucht.
Diese dritte Glocke, St. Michael geweiht, die bereits 1636 gegossen war, kehrte 1965 nach Schwarzrheindorf zurück und hängt heute wieder, zusammen mit sechs weiteren neu gegossenen Bronzeglocken, im Turm; sie war gegen eine eigens neu gegossene Glocke „Ste. Jeanne" eingetauscht worden.
Aus diesem Glockentausch entwickelte sich die offizielle **Städtepartnerschaft** zwischen Beuel und Mirecourt, die am 12. 6. 1969 förmlich besiegelt worden ist. Die Inschrift der Michaelsglocke lautet:
> DEM ERTZENGEL MICHAEL GLEICH AUCH MA / RIAE MAGDALEN BIN [ich] GEWEIHET ZU EEREN / IEREN LOB MIT HELLEM KLANG VER MEHR. JACOB LYMPURG DERO CHURE[fürtslichen] DHETH [Durchlaucht] / ZU CÖLN MAYER ZU BOND ESZ HO / HEN WELTLICHEN GERICHTS SCHEFFEN DA / SELBST UND DISZES FREIADTLICHEN STIFTS / SCHWARTZEN RHEINDORFF SCVHULTEIS AUCH / KELNER UND CHRISTINA WENTZLERS EHELEUT / VEREHREN DES Ge[läu]TE.

(Bücher, J., Städtepartnerschaft Bonn-Beuel–Mirecourt. Eine Dokumentation (Hrsg. Stadt Bonn), Bonn 1978).

Die Inschriften der drei **Glocken von 1872**, deren Bronze, ausgenommen die oben zum Jahr 1804 erwähnte, von erbeuteten französischen Geschützen des Krieges von 1870/71 stammte, lauten übersetzt:
Die erste:
> *„Heilige Maria werde ich genannt, die Lebenden rufe ich, die Toten beklage ich, die Blitze breche ich."*

Die zweite:
> *„Heiliger Petrus, Apostelfürst, und heiliger Joseph, Kirchenpatron, tretet ein für uns!"*

(Gemeint ist St. Joseph nicht etwa als Patron der Doppelkirche, sondern als Schirmherr der katholischen Kirche, zu der ihn Papst Pius IX. 1870 berufen hatte.)
Die dritte:
> *„Heiliger Klemens, Schutzpatron der Pfarrkirche, bitte für uns! –*
> *„Zu Ehren des Heiligen Klemens, Papstes und Märtyrers, wiederhergestellt, bin ich für die Pfarrkinder wieder lebendig geworden."*

Es wird berichtet, dass drei – von allerdings insgesamt vier - Glocken im Ersten Weltkrieg für militärische Zwecke abgegeben worden sind. Die vierte könnte die sein, die Maaßen als von Vilich stammend vermutet. *(Siehe dazu Anmerkung zu Seite 161,„Vilich").*1923 wurden drei neue Glocken geweiht, die wiederum im Zweiten Weltkrieg abgegeben werden mussten. 1946 erhielt die Kirche ein dreiteiliges Stahlgeläut, das aber bereits 1965 durch das heutige – fünf plus eins - Bronzegeläut ersetzt worden ist.

Zu Faksimile - Seite 424 f
„Prozessionen"
Die genannten **Bildstöcke und Wegekreuze** haben heute folgende Standorte:
1. Heiligenhäuschen von 1757:
   Arnoldstraße, gegenüber der Einfahrt in den Immunitätsbereich.
   Stifter Johann Worm, Pächter des Rheindorfer Hofs.
2. „Gensemer Kreuz" von 1724 (nicht „1774"):
   Damm des Vilicher Bachs in der Nähe der Wittestraße.
   Zunächst näher am Rhein (unter heutigem Rheindamm), 1810 bis 1824 auf Vilicher Friedhof, anschließend an alten Platz zurück, beim Deichbau 1926 an heutige Stelle.
   Stifter Eheleute Heinrich Weingarts und Sybilla Belllinghausen.
3. Bildstock **Magdalenenkreuz** um 1650:
   Bis 1910 im Niederfeld beim ehemaligen Galgen (Gewann „Galgenfeld").
   Barocke Magdalenen-Statue (Magdalena, den Kreuzesstamm umfassend), seit 1910 (unter Verlust des Kreuzesquerbalkens) in einer Nische an der Außenwand des Schwarzrheindorfer Pfarrhauses (Kirchen-Südseite) aufgestellt. -
   Texttafel:

MAGDALENA POENITENS / LOCO NIEDERFELD, NE AMPLIUS / VIOLARETUR SUB ECCLESIAE / UMBRA COLLOCATA EST. A.D. MDCCCCX
Übersetzung: [Die Statue der] Büßerin Magdalena am Orte Niederfeld ist, damit sie nicht weiter beschädigt werde, in den Schatten der Kirche verbracht worden, im Jahr des Herrn 1910.
Eine weitere Magdalenenstatue im Stadtbezirk Beuel findet sich bei der Oberkasseler Cäcilienkirche. *(Siehe dazu die Anmerkung zu Faksimile - Seite 360 ff, „Oberkassel").*

Magdalenenstatue im Niederfeld (bis 1910). Im Hintergrund die Stiftswindmühle. Lithographie von A. Henry oder C. Hohe um 1837.

4. Kreuz im Niederfeld von 1716 (nicht „1724"), „Schildgenskreuz":
Feldweg (verlängerte Bergheimer Straße), Nähe Autobahn.
Gleiche Stifter wie Gensemer Kreuz.
5. Heiligenhäuschen von 1757:
Grabengasse, Ecke Vilicher Straße („Viliker Gasse")
Stifter Eheleute Peter Berchem und Sybilla Stieldorf.
6. Kreuz am Büchel von 1860, „Büchelkreuz":
Platz am Büchel (Vilicher- / Werdstraße). Auf diesem Platz mehrfach versetzt.
7. Kreuz „Auf der Kehre" von 1724, „Kiere Kröx":
Wolfsgasse (Vilich-Rheindorf), bis 2000 Rheindorfer Straße / Ecke Wolfsgasse.
Stifter Eheleute Jacob Baer und Elisabeth Langen.
8. Kreuz „in der Kreuzgasse" von 1741, „Stompe Kröx / Stumpfes Kreuz":
Werdstraße (rheinwärtige Verlängerung hinter Damm). Bis etwa 1860 am Büchel, vor der Schule; dort durch „Büchelkreuz" ersetzt.
9. Heiligenhäuschen von 1758, „Petruskreuz":
Fußweg unterhalb Pfarrhaus („Petrusweg"). Bis 1871 weiter westlich in der Flur Im Gesetz. Ursprünglich mit Petrusstatue.
Stifter Eheleute Peter Braun und Catharina Bremer (Bremens, Bremel?).

Zu Faksimile - Seite 425
„Bruderschaften"
Zur 1869 wiederbelebten **Herz-Jesu-Bruderschaft** von 1756 *siehe auch: Anmerkung zu Faksimile - Seite 164 f („Vilich") sowie Fußnote 1) auf Faksimile - Seite 407. Siehe auch die angegebene Literatur.*
Die übrigen Bruderschaften bestehen nicht mehr.

Zu Faksimile - Seite 425 f
„Kirchhof"
„Rösbergsgasse" ist die heutige Bergheimer Straße. Hochkreuz und Tor des Friedhofs sind bis heute erhalten.

Zu Faksimile - Seite 426 - 429
„Pfarrstelle"
Bezüglich der Stifterin Adelheid E. M. Mehlem siehe Anmerkung zu Faksimile - Seite 255 f („Richterhaus Ramersdorf").
Das von A. Mehlem finanzierte Vikariehaus von 1862/63 ist seit 1869 das heutige Pfarrhaus.
Die Kirchstraße, an der die erste Küsterwohnung lag, ist die heutige Stiftsstraße in ihrem westlichen Teil. „Falder" (Falltor) meint das Tor im Dorfzaun; vermutlich war hier früher das Dorf in Richtung Vilich zu Ende.

Zu Faksimile - Seite 430
„Schule"
Siehe dazu auch Anmerkungen zu Faksimile - Seite 192 („Schule. Schulwesen im Bezirk Vilich").

Zu Faksimile - Seite 430 f
„Das Gymnicher Haus"
Heute zumeist als Wolfsburg bezeichnet, gehört dieses Baudenkmal mit einem Wohnturm aus dem 12. oder 13. Jahrhundert zu Vilich-Rheindorf *(siehe dazu Anmerkung zu Faksimile - Seite 134, „Vilich")*. Ehemals Wasserburg, wurde das Baudenkmal durch den Deichbau von 1925/26 vom Rhein abgetrennt und um 2000 aufgrund einer allzu dichten Bebauung des unmittelbaren Umfeldes seines natürlichen Erscheinungsbildes beraubt. - *Siehe dazu auch: Neu, Adel und Burgen, a.a.O., Seite 13 ff, 31 ff.*
Die rheinbegleitende **Pappelallee**, geschütztes Naturdenkmal, die nach Maaßen Teil des Landwirtschaftsbetriebs der Burg war, muss bereits aus der ersten Hälfte des 19. Jahrhunderts stammen; vielleicht ist sie noch älter. In den 1930er Jahren dürfte sie ausgebaut worden sein. Nach dem Zweiten Weltkrieg wurde sie durch Anpflanzung amerikanischer Schwarzpappeln (Hybriden) weiter aufgestockt. Ab 2008 soll sie im Rahmen eines Langzeitplans mit anderen heimischen Gewächsen durchmischt werden.

Das Gymnicher Haus, Wolfsburg, vor Errichtung des Rheindeichs. Im Hochwasser an Neujahr 1920.

Literatur zu Schwarzrheindorf

Die bedeutendsten Forschungsergebnisse zur Geschichte des rechtsrheinischen Bonn seit Maaßen sind – nach Vilich - bezüglich Schwarzrheindorfs zu verzeichnen. Von den vielfältigen Arbeiten, die zur kunsthistorischen Bedeutung von Architektur und Wandmalereien der Doppelkirche - beginnend bereits im 19. Jahrhundert - erschienen sind, gilt nach wie vor A. Verbeek als komprimiertes Standardwerk. Zur Geschichte des Stifts gibt die Dissertation von G. Frizen einen kompakten, wenn auch streckenweise nur unbefriedigenden Überblick. Die vielfältigen Aspekte von Kirche und Pfarre werden umfassend in den Schriften angesprochen, die die Kirchengemeinde seit 1981 regelmäßig zu ihren Jubiläumstagen publiziert hat. Schließlich geben die „Kirchenführer" von K. Königs und G. Binding / A. Verbeek in konzentrierter Form den neuesten Forschungsstand wider.

Bücher, Johannes: *Die Familie Mehlem u. ihr Haus in Beuel*, in: Das Mehlemsche Haus in Beuel. Einst und Jetzt (Studien zur Heimatgesch. des Stadtbez. Bonn-Beuel 21), Bonn 1979 , S. 7-27

Bier, Peter: *Das Stift Schwarzrheindorf in der Zeit vom 16. Jh. bis zu seiner Aufhebung*, Bonn o. J. (um 1950)

Bier, Peter: *Die Gründung der Bruderschaft des Heiligsten Herzens Jesu in der Herrlichkeit Schwarzrheindorf 1756*, in: Herz-Jesu-Verehrung in Schwarzrheindorf 1756 – 1981. Festschrift, Bonn 1981, S.29-36

Binding, Günther / Verbeek, Albert: *Die Doppelkapelle in Bonn-Schwarzrheindorf* (Rhein. Kunststätten 93), Neuss 1991

Brocke, Michael / Bondy, Dan: *Der alte jüdische Friedhof in Bonn-Schwarzrheindorf. 1623-1956. Bildlich-textliche Dokumentation* (Landschaftsverb. Rheinl., Arbeitsh. 50), Köln/Bonn 1998

Brodesser, Heinrich: *Die Pfaffenmütz*, Troisdorf 1990

Clemen, Paul: *Die Kunstdenkmäler der Stadt und des Kreises Bonn*, Düsseldorf 1905, S. 339-365

Dohmen, Christoph: *Das Neue Jerusalem. Der Ezechiel-Zyklus von Schwarzrheindorf*, Bonn 1994

Francke, Ursula / Päffgen, Bernd: *Die Öffnung des Grabes von Erzbischof Arnold II. von Wied*, in: Archäologie im Rheinl. 1996, Köln/Bonn 1997, S.124-126

Frizen, Hildegunde: *Die Geschichte des Klosters Schwarzrheindorf von den Anfängen bis zum Beginn der Neuzeit* (Studien zur Heimatgesch. des Stadtbez. Bonn-Beuel 23), Bonn 1983

Hansmann, Wilfried / Hohmann, Jürgen: *Die Gewölbe- und Wandmalereien in der Kirche zu Schwarzrheindorf. Konservierung – Restaurierung - neue Erkenntnisse* (Landschaftsverb. Rheinl., Arbeitsh. 55), Worms 2002

Königs, Karl: *Die Herz-Jesu-Verehrung in Schwarzrheindorf vom 18. Jh. bis zur Gegenwart*, in: Herz-Jesu-Verehrung in Schwarzrheindorf 1756 – 1981. Festschrift, Bonn 1981, S.37-54

Königs, Karl: *Die Rettung der Schwarzrheindorfer Kirche und ihre Wiederweihe*, in: 1832-1982. Gottesdienst in Schwarzrheindorf. Festschrift, Bonn-Beuel 1982, S. 7-21

Königs, Karl: *Die Schwarzrheindorfer Oberkirche. Versuch einer Deutung*, in: 1832-1982. Gottesdienst in Schwarzrheindorf. Festschrift, Bonn-Beuel 1982, S. 47-62

Königs, Karl: *100 Jahre einer Pfarre*, in: Pfarre Schwarzrheindorf. 1868-1968. Festschrift, Bonn 1968, S. 18-35

Königs, Karl: *St. Maria und St. Clemens Schwarzrheindorf. Ein Kirchenführer*, Bonn 2000

Königs, Karl: *Schwarzrheindorf 1988. Eine alte Kirche lebt. Taufkapelle - Christusikone - Maria und Klemens*, Beuel 1988

Königs, Karl: *Schwarzrheindorf. Geschichte der Pfarre*, in: Eine Pfarrgemeinde und ihre Kirche. Festschrift, Bonn 1993, S. 7-71

Kunisch, *Konrad III., Arnold von Wied und der Kapellenbau von Schwarzrheindorf* (Veröfftl. Hist. Ver. Niederrh. 9), Düsseldorf 1966

Löffler, Werner: *Geschichte des Kirchenchors, Musikinstrumente in unserer Kirche*, in: Eine Pfarrgemeinde und ihre Kirche. Festschrift, Bonn 1993, S. 72-82

Neininger, Falko: *Die Doppelkirche von Schwarzrheindorf 1815 – 1832. Ein Beitrag zu ihrem 850jährigen Jubiläum*, in: Bonner Geschichtsbll, 49/50 (1999/2000), Bonn 2001

Neu, Heinrich: *Die Doppelkirche von Schwarzrheindorf* sowie *Zur Gründungsgeschichte von Schwarzrheindorf*, in: Rheinland-Reich-Westeuropa. Festgabe H. Neu, Bonn 1976, S. 27-30 u. S. 31-35

Neu, Heinrich: *Die Geschichte der Doppelkirche von Schwarzrheindorf*, in: 825 Jahre Doppelkirche Schwarzrheindorf 1151-1976. Festschrift, Schwarzrheindorf 1976, S. 6-30

Neu, Heinrich: *Ein königlicher Fiskus gegenüber Bonn*, in: Annalen des Histor. Vereins für den Niederrh. 170, 1968, S. 258-363

Neu, Heinrich: *Von der Kanonikerkirche zur Pfarrkirche*, in: Pfarre Schwarzrheindorf 1868-1968. Festschrift, Bonn 1968, S. 5-17

Passavanti, Wilhelm (Hrsg.): *Bonner Kirchen und Kapellen*, Bonn 1989, S. 208 f (N. Schloßmacher), S. 209 ff (W. Hansmann)

Schieffer, Rudolf: *Die Besuche mittelalterl. Herrscher in Bonn*, in: Bonner Geschichtsbll. 37, Bonn (1985) 1988, S. 7-40

Schmoeckel, Mathias: *Das Hofgericht zu Schwarzrheindorf: Der Gerichtsherr als Himmelspförtner*, in: Stätten des Rechts in Bonn, Bonn 2004, S. 52-61

Staatl. Bauamt Bonn I (Hrsg.): *Schwarzrheindorf. Landeseigene Doppelkirche* Festschrift aus Anlass der umfass. Restaurierungsarbeiten u. der Altarweihe am 9. März 1997, Bonn 1997

Verbeek, Albert: *Schwarzrheindorf. Die Doppelkirche und ihre Wandgemälde*, Düsseldorf 1953 (s. auch: *Schwarzrheindorf* (Rhein. Kunststätten 1954) Neuss, o. J. (1954)

Wolter, Heinz: *Arnold von Wied*, Köln 1973

Aus: Stieldorf

Maaßen behandelt in gleicher Ausführlichkeit wie alle Pfarreien auch die Pfarre Stieldorf. Da der Pfarrort außerhalb des Stadtbezirks Beuel liegt, wird aber von einer Aufnahme dieses Teils – Seiten 516–536 – in den Faksimile-Teil abgesehen. Dagegen werden die – allerdings umfänglich äußerst geringen - Angaben von Maaßen zu den genannten, jetzt zum Stadtbezirk Beuel zählenden Ortschaften nachfolgend im Wortlaut exzerpiert wiedergegeben (Frakturschrift). Stichwörter sind dabei fett, Ergänzungen kursiv gedruckt.

Aus Faksimile - Seite 516
Hoholz 240, Ungarten 60, Roleber und Geilgen 265 **Einwohner.**

Aus Faksimile - Seite 520 f
Kloster Bödingen war in der Umgegend von Rauschendorf vielfach begütert, darunter:
Ein **Gut Ettenhausen**, verpachtet für 22 Malter Korn, vier Malter Weizen;
Ungarden, verpachtet für 14 Malter Korn.
Missionen sind gehalten worden: 1. im März 1763 von den Vätern (Jesuiten?) Müllenweg, Schumacher und Stülles / *dazu Fußnote:* „Den 4. März 1763 seynd sie von Cudehoven nach Stieldorf kommen". (Sülders Chronik) - *siehe dazu Anmerkung zu Faksimile - Seite 286 („Küdinghoven").*
Die Einkünfte des Pfarrers aus dem **Wiedenhof** betrugen jährlich 12 Malter Roggen und auf dem Zehnten 27 Malter.

Aus Faksimile - Seite 534 f
In der Pfarre Stieldorf bestehen zwei **Schulen**: 1. in Stieldorf und 2. in Rauschendorf ... . Gegen Ende des 18. Jahrhunderts besuchten die Kinder von Rauschendorf, nach Wahl ihrer Eltern, die Privatschule des Peter Rodenthal in **Hoholz**, um Lesen und Schreiben zu lernen. ...
Um das Jahr 1819 erwirkte der Gemeindevorsteher Wilhelm Birkheuser gegen den Schulvorstand zu Stieldorf, daß Rauschendorf eine eigene **Elementarschule** erhielt, und in den dortigen Schulbezirk wurden auch die Ortschaften Birlinghoven, Ober- und Niederscheuren aufgenommen. Ein kleines Schulhaus kam ... zustande, welches schon im Jahre 1812 bei stets wachsender Schülerzahl dem jetzigen größern Schulgebäude weichen mußte. Zugleich verfügte die königliche Regierung, daß auch die **Kinder von Hoholz**, Bockeroth, Düfferoth und Freckwinkel die Schule von Rauschendorf besuchen sollten.

Anmerkungen
zu Gielgen, Roleber sowie Hoholz, Ungarten mit Ettenhausen

Diese – vergleichsweise jungen - Ortschaften auf der Höhe („om Berg") gehören erst seit der Gebietsreform von 1969 zum Stadtbezirk Beuel. Vorher waren Gielgen und Roleber Teil der Gemeinde Holzlar im Amt Menden (heute Stadt Sankt Augustin), Hoholz und Ungarten mit dem Gehöft Ettenhausen Teil der Gemeinde Stieldorf (heute Stadt Königswinter). Menden wie Stieldorf gehörten zum Siegkreis. Was die Pfarrzugehörigkeit anlangt, so waren diese Ortschaften stets Teil der Pfarre St. Margaretha Stieldorf, bis sie Teil der 1955 neuerrichteten Pfarre Christkönig Holzlar wurden, ausgenommen Ungarten mit Ettenhausen, die zur Pfarre St. Antonius Holtorf kamen.

Ergänzung:
(Die Namen Gielgen, Roleber, Hoholz, Ungarten, Ettenhausen)
Gielgen: Erste Erwähnung 1544 „Gyliggen", dann 1589 „Geiligen", in der heutigen Form „Gielgen" erstmals 1705. - Der Name dürfte – was mundartlich nahe liegt - von Ägidius herrühren, obwohl bislang keinerlei Erklärung für diesen Namen an diesem Ort vorliegt. Dagegen ist eine Zuordnung solcher Namen zu „Michael", wie sie *Neuss (vergl. Bursch a.a.O.)* „für das Rheinland" fest behauptet, mundartlich abwegig.
Roleber: Erste Erwähnung 1646 „ahm Roheleber", 1715 „Ruleffer", in der heutigen Form „Roleber" erstmals 1845. - *Burschs* mundartliche Deutung „am rauhen Hügel" („lewwer" Hügel) könnte überzeugen.
Hoholz: Erste Erwähnung 1700 „Hohholtz", in der heutigen Form „Hoholz" erstmals 1816. Der Name dürfte „Siedlung am hochgelegenen Holz" (Wald) bedeuten.
Ungarten: Erste Erwähnung 1426 „Ungerden", 1603 bereits „Ungarten". Eine überzeugende Deutung liegt bisher nicht vor. *Bücher* hat, „in Anlehnung an die mundartliche Bezeichnung für den Weiler Öngede/Ungede", den „unteren Garten" eines der fünf Höfe im Umfeld von Vinxel ins Auge gefasst, *Bursch* erinnert an die pejorative Bedeutung der Vorsilbe und kommt daher auf einen Un-Garten, also verwildertes, unkultiviertes Gartenland.
Ettenhausen: Erste Erwähnung 1390 „Ettenhusen", in der heutigen Form „Ettenhausen" erstmals 1802. – Das Grundwort –hausen ist wohl mit dem vielfach belegten fränkischen Personennamen Etto in Verbindung zu bringen *(Bursch a.a.O., Seite 50 f)*. Für den in der Nähe gelegenen Ennert findet sich um 1800 die Bezeichnung Ettnich, die sich bis heute nicht deuten läßt.
Siehe zu allen Namen: Bursch, a.a.O.

Literatur
zu Gielgen, Roleber, Hoholz, Ungarten, Ettenhausen

Falk, Friedrich: *Bergleute in Hoholz, Gielgen und Roleber in der Frühzeit des hiesigen ehemaligen Braunkohlenbergbaus,* in: Holzlarer Bote 9/Nr.2, Bonn 1995, S.1-5

Cramer, Rudolf: *Zur Gesch. der Ortschaften Holzlar, Kohlkaul, Heidebergen, Roleber, Gielgen und Hoholz. Festschrift zum Ortsjubiläum 600 Jahre Holzlar. 1394-1994,* Bonn 1994

Cramer, Rudolf: *Zur Gesch. Gielgens,* in: Holzlarer Bote 7/Nr.1, Bonn 1993, S.1-3,6-7

Cramer, Rudolf: *Zur Gesch. von Hoholz,* in: Holzlarer Bote 9/Nr.2, Bonn 1995, S. 1-5

Reißner, Margarete: *Stieldorf. Aus der Gesch. von Gemeinde u. Dorf,* Stieldorf 1982

III. Anhang.

I.

Einweihung der Kirche und dreier Altäre zu Schwarzrheindorf am 8. Mai 1151.

Nach der Original-Steinschrift in der Pfarrkirche [1]).

Anno dominicae incarnationis MCLI. VIII. D. mai (indictione XV.) dedicata est haec capella a venerabili Missinensium episcopo Alberto . . . item venerabili Leodiensium espiscopo Henrico in honore beatissimi Clementis martyris et papae, beati Petri principis apostolorum successoris; altare vero sinistrum in honore beati Laurentii martyris et omnium confessorum, altare vero dextrum in honore beati Stephani protomartyris et omnium martyrum, altare vero medium in honore apostolorum Petri et Pauli; superioris autem capellae altare in honore beatissimae matris domini semper virginis Mariae et Joannis evangelistae a venerabili Frisingensium episcopo Otone, domini Conradi Romanorum regis augusti fratre, ipso eodem rege praesente, necnon Arnoldo piae recordationis fundatore, tunc Coloniensis ecclesiae electo; praesente quoque Corbeigensium domino Wibaldo abbate et Stabulensi, Waltero maioris ecclesiae in Colonia decano, Bunnensi praeposito et archidiacono Gerhardo, venerabili quoque Sigebergensium abbate Nicolao, multis praeterea personis et plurimis tam nobilibus quam ministerialibus. Dotata quoque est ab eodem fundatore et a fratre suo Burchardo de Withe et sorore sua Hathewiga, Asnidensi Gergisheimensi abbatissa et sorore sua Hicecha abbatissa de Wileka, praedio in Rulistorf cum omnibus suis dependenciis, agris, vineis, domibus. Feliciter. Amen.

II.

---

[1]) Simons, „Die Doppelkirche in Schwarzrheindorf", S. 9 f.

IX.

Status über des frey-weltlichen Stifts Bylich alliege Höfe, Güter, Büsch und Zehnten fort derenselben Einkünfte resp. Ausgaben[2]).

Hochgedachtes Stift hat:

1. In dem Amt Angermünd Bergischen Territorii den sog. freyen Verloher Hof mit Recht und Gerechtigkeiten, Ländereyen, Garten, Baumgarten, Fruchtzehnten dem Gerichtsscheffen Peter Blumen auf's neue verpachtet den 25. Febr. 1766. Besagter Hof hat an Hofrecht, Baumgarten und Garten circa 4 Morgen, an Länderey 152 Morgen 2 Viertel. Der dazu gehörige sog. Dicken-Busch im Anschlag 150 Morgen, District-Zehenden, Morgenzahl nicht determinirt, steht aber zwischen Steinen und Lägen.

Lasten. Muß auf den Zehnden Stieren und Bieren halten. Auf die Kelnerey zu Angern für den churfürstl. Hengst 300 Bauschen Stroh liefern, auch dahin zur Reparation den Sand und Leim, fort jährlichs 8 Wagen Kelnerey-holz und Blanken beyfahren.

Zahlet auch gewöhnliche Schatz und Steuern pro quarta Colonica. Gibt an Pfacht: Korn 50 Malter, Haber 50 Malter.

Die Früchten werden in Geld bezahlt und geht nebst 1½ Mltr. Haber für Habergürth davon ab der 5te Theil, welchen einschließlich der Habergürth Frau Abtissin empfangt.

Derselbe (Hof) zahlt ferner anstatt der 7 Stück ad 4 rthlr. vorhin gelieferten 7 Magern Schweinen 4 Stück jedes 10 rthlr. facit 40 rthlr. In die drei Kosthäuser: Hammel und Kräuter-geld 6 rthlr. In das Präsenz-Amt für hohe Fest-Tags-geld 6 rthlr. Item 3 Sümmer Buchweizen-Meel, 3 Holländische Kaeß, 15 Pfd. Salmen.

An trockenen Wein-Kauf zu 12 Jahren 70 rthlr, welcher, wie auch von den übrigen Höfen unter die Fr. Abtissin und Fsln. getheilt wird.

2. Der im vorbenanntem Amt gelegene freyen Hof zu Wittlaer mit anklebendem Zehenden und Freyheiten den 1. Febr. 1766 an Johannem Blumenkamp und Ehefrau auf 12 Jahre verpachtet, hat an Hofrecht, Garten und Baumgarten 1 Morgen 2 Viertel, an Länderey 84 Morgen. Zehnden kann die Morgenzahl nicht determinirt werden.

---

[1]) Choll(enii).

[2]) Aus den unten folgenden Angaben ergibt sich als Zeit der Abfassung mit größter Wahrscheinlichkeit das Jahr 1770.

Pfarreien (XXVIII. Königswinter). 35

Lasten wie eben der Verloher Hof.

Gibt Pfacht an Geld 130 Rthlr., 3 fette Schwein p. Stück 10 rthlr. facit 30 Rthlr., 2 magere Schwein p. Stück 5 rthlr. facit 10 Rthlr. In die Kosthäuser: Hammel- und Kräutergeld 6 Rthlr. In das Präsenz-Amt 6 Rthlr. In die Fasten: 100 Pfd. guten neuen Stockfisch, 3 Kantert Kaeß.

Muß an dasigen H. Pastoren pro competentia jährlichs liefern Korn 20 Malter, Haber 20 Malter, wie auch in der churfl. Steur die quarta Colonica mit 40 Rthlr. entrichten.

Aus diesem Pfacht-quanto hat zeitl. Frau Abtissin den 5. Theil zu genießen, wie bei dem Geldempfang zu ersehen, zahlt an trockenen Weinverkauf von 12 zu 12 Jahren 45 Rthlr.

3. Der im Amt Monheim gelegene freye Hof zu Himmelgeist, an Augustin Windeck und dessen Ehefrau d. 2. October 1767 von neuem verpachtet, hat an Hofrecht, Garten und Baumgarten 3 Morgen 2 Viertel, an Land und Weidengewächs 112 Morgen 2 Viertel, an Büschen ungefähr 1 Morgen.

Hingegen bedient nomine capituli den Försterdienst auf der Kisseler Mark, wovon derselbe eine Zulag an Brandholz genießt. Hat auch einen District an Fruchtzehnden, welcher diesem Hof anklebig. Dieser Hof hat auf dem Haus Micheln mit dem Pastor den Blutzehnden.

Lasten. Giebt pro quarta Colonica der Halbwinner Schatz und Steuer. Muß den Werschener Nachbaren um Jois-Tag eine Bier-Zech geben, fort das nöthige Ziel-Vieh halten.

Giebt Pacht an Geld 130 Rthlr., für die Vieh-Weide 4 Rthlr., muß jährlich 3 fette Schwein liefern, oder p. Stück 10 Rthlr. bezahlen, facit 30 Rthlr. In die Kosthäuser: Hammel und Kräuter-geld 9 Rthlr. In das hohe Präsenz-Amt an hohe Festtags-Geld 6 Rthlr.

An Frau Abtissin 3 paria, nämlich 3 Mltr. Korn, 3 Mltr. Haber, und zum 4ten Jahr für einen alten Bieren 4 Rthlr.

Giebt dem dasigen Pastoren pro competentia aus dem Zehnten Korn 18 Mltr., Haber 18 Malter, item an trockenen Weinkauf zu 12 Jahren 50 Rthlr.

4. Der zu Bylich chur-cölnschen Territorii gelegene Rittersitz zum Haus-Hof genannt, den 10. Oct. 1768 an Diederich Becker und dessen Ehefrau von neuem verpachtet, hat an Garten und Baumgarten mit dem adelichen Vortheil 20 Morgen 2 Viertel, an Länderey 90 Morgen 1 Viertel, an zugehörigen Weingärten zu Geislar 3 Morgen. Eine Wiese im großen Hamm mit anschießendem Büschchen 9 Morgen. Noch einen Busch auf der hohen Straßen haltend plus-minus 2 Morgen. Noch 2 Oerter Busch an der Kohl-Kaul, Maß nicht bestimmt, 3 Oerter Rahm und Weiden-Gewächs an der Sieg, zum Theil durch den Siegfluß beschädigt, wovon das Maß unbekannt.

Lasten. Muß jährlich auf den Ballerhof zu Geislar liefern 1 Sümmer Korn, den Leßlohn der Trauben mit 2 rthlr. abführen, die gewöhnlichen Spelter-Fahrten verrichten, zu Birk die jährlich zu empfangende Lehnhaber abholen.

Giebt jährlich an Pfacht in Geld 140 Rthlr., anstatt der vorhin gelieferten p. 4 rthlr. zahlten 3 magere Schweine ad 150 Pfd. 10 Rthlr., 2 magere Schwein jedes ad 4 rthlr. 8 Rthlr., an jede Fräulein Canonessin 2 Pfd. Brustzucker. In die Kosthäuser: Hammel- und Kräuter-Gelder 9 Rthlr. In das Präsenz-Amt hohe Fest-Tags-Geld 6 Rthlr. Um Ostern 100 Eyer. Auf Frohnleichnams-Tag in jedes Kosthaus einen guten Kalbsbraten.

5. Der zu Niederdollendorf Bergischen Territorii Amts Lewenberg gelegene freye Frohnhof, welcher untern 30. December 1769 mit Gerechtigkeiten, Ländereyen, Baum- und Weingarten und trockenen Zehnden dem Heinrich Frembgen verpachtet worden, hat laut

der Landmaß an Hofrecht und Garten 3 Viertel 1 Ruthe, Weingarten 3 Morgen 2 Viertel 14½ Ruthen, Ländereyen 35 Morgen 1 Viertel 21 Ruthen, Wiesen 4 Morgen 1 Viertel 8½ Ruthen, aus den angehörigen Büschen, wovon die Maß nicht specificirt, nur zum Rahmhau angeschlagen, jährlich 12½ Kahr 50 Rahm.

Lasten. Muß pro quarta Colonica Schatz und Steuer zahlen. Item die Zehnd=Knecht, welche die Trauben-Zehnden zu Ober- und Niederdollendorf, Königswinter und Röhndorf einnehmen, ex propriis befriedigen, die Zehnbütt zu Röhndorf stellen, für Ober- und Niederdollendorf das Ziel-Vieh halten.

Giebt Pfacht Capitulo 40 Dhlr ft. 26 Rthlr. 26 alb. 8 hr. In die Kosthäuser: Hammel- und Kräutergeld 4 Rthlr. In das Präsenz-Amt hohe Fest-Tags-Geld 6 Rthlr. Jedes Fräulein Kelnerinen ½ Mltr. Korn, dem Opfermann daselbst 1 Mltr. Korn. Zu Ostern 3 Kalbsbraten, 100 Eier. Ein fett Schwein ad 150 Pfd. oder 10 Rthlr.

Wann die ff^{lein} Chanonessen nicht dorthin in die Weinleeß kommen, so zahlet derselbe wegen des sonst frey genießenden Zehnden an sämmtl^e anstatt vorhin gegebener 37 nunmehro 50 Rthlr. Item an trockenen Weinkauf zu 12 Jahren 50 Rthlr.

6. Der fast neben dem Stift gelegene Bietz-Hof, welcher d. 27. April 1762 an Peter Frembgen auf's neue verpachtet worden, hat an Hofstatt, Garten und Baumgarten 4 Morgen 1 Viertel, an Länderey 201 Morgen 1 Viertel. Eine Wiese zu Bechlinghofen, haltend im Ruf 9 Morgen. Item in der Lachen Wiesen so theils Land 8 Morgen. Ein Ort Weingarten am Stift ungefähr einen Morgen. Item 2 Weiden und Rahmgewächs über die Sieg am Plahn.

Lasten. Zahlet pro quarta Colonica die Simpeln. Muß das Ziel-Vieh vor die Herrschaft Vylich und Rheindorf, wie auch das Dorf Ober-Cassel halten. Thut 16 Fährt pro-capitulo mit einem mit 4 Pferd bespannten Wagen. Fort die Trauben von Beuel, Limprich, Küdinghofen, Ober-Cassel und Rheindorf beyfahren. Thut statt vorhin abgetragener 55 Mltr. Korn nunmehr an Korn 60 Mltr., an Weizen 4 Mltr., Erjen in die Haushaltung 1 Mltr., 3 fette Schwein jedes ad 150 in natura.

Auf jedes Kosthaus: 1 Hammel oder 1 Ducat. An das Präsenz-Amt an hohen Fest-Tags-Geld 6 Rthlr. Um Ostern eine Verehrung in Eyer. Auf neu Jahrs-Tag an jede Fräulein Chanoinesse 2 Pfd. Brustzucker. In festo assumptionis B. M. V. in jedes Kosthaus einen Braten. Um die Pfings-Täg jeder Fräulein Chanoinesse 1 Huth Canarizucker von 3 Pfd.

6. Fährt mit einem durch 4 Pferd bespanten Wagen, wie oben. Zahlt an trockenen Weinkauf zu 12 Jahren ad 80 Rthlr. Dieser hat auch die Vylicher Windmühle in Pachtung und muß davon liefern 20 Bönnische Malter Roggen, wovon die Halbscheid in das Präsenz-Amt, die andere Halbscheid zu Backung der Adelheidis-Brod geliefert wird.

7. Der Oels-Mahrer-Hof[1]) auf der Heiden, Bergisch, im Amt Blankenberg, welcher verpachtet ist an Henrich Elfgens.

Lasten. Bezahlet einen ordinären Schatz und Steuern. Thut an Pacht: Korn 4 Malter, Haber 4 Malter.

8. Der im Amt Blankenberg Bergischen Territorio gelegene sog. Kirmeshof, den 11. October 1763 an Henrich Crumbach und dessen Ehefrau auf 12 Jahre verpachtet, haltet an Hofstatt samt Garten und Weyer 2 Morgen, Länderey 107 Morgen 3 Viertel, Wiesen 13 Morgen, Büschen beim Hof 9 Morgen. Hat auch einen kleinen Zehnden, Ochsenzehnden genannt.

---

[1]) Oelsmaarer Hof lag gemäß einer Notiz der Schulchronik von Menden in der Flur Obermenden. Der Hof ist abgebrannt, das Land, an 40 Morgen, an Einwohner von Menden und Hangelar vom Fiscus verkauft.

Lasten. Muß für die Stiftszehnden zu Bechlinghofen, Beuel und Limprich 3 Stieren nebst einer Leimkaule und Nachbar-Tränk halten.

Zahlt zum vierten Morgen gewöhnlichen Schatz und Steuern. Thut pro capitulo 12 Spelterfährt, die Rahmen für die Weingärtner und nach Niederdollendorf.

Giebt nunmehro an Korn 38 Mltr., anstatt vorhin gelieberter 3 magern dermalen 3 fette Schwein a 150 Pfd., in die Kosthäuser: Hammel und Kräuter-Geld 6 Rthlr., an das Präsenz-Amt an hohen Festtags-Geld 6 Rthlr., auf Neujahrstag an jede Fräulein Chanoinesse 2 Pfd. Brustzucker. Um Pfingsten in jede Haushaltung einen guten Kalbs-braten. Zu Ostern 100 Eyer. Zahlt an trockenen Weinkauf zu 12 Jahren 50 Rthlr.

9. Der vormalen so benamsete, dermalen in einem Baumgarten bestehende neue Hof, so gegen der Abteyen über liegt, wie auch

10. Den Bramerhof[1]) abnutzet die Abtissin, und

11. Den zu Uckendorf gelegenen Hof Bergischen Territorii (benutzet) das Präsenz-Amt, wohin derselbe auch seinen Pfacht ableget.

Weingärten.

12. Hat hochgedachtes Stift zu Geislar 3 Weingärten, welche der Pächter auf dem „Haushof" um die Halbscheid bauet und wird der davon aufkommende Wein zum Besten des Capituli verwendet.

13. Zu Schwarz-Rheindorf 4 Oerter im Dicks genant, haltend circa 20 Viertel an Grund, wovon die einkommende Weincrescenz auf die Kösten getheilt wird, und participiren von denselben die Canonici dergestalt, daß bei guten Jahren dieselbe einen dritten Theil mehr, als die ffrl. Chanoinessen bekommen, bey schlechten Jahren aber werden solche in gleiche portiones abgetheilet.

14. Gehören zu dem Niederdollendorfer Gut einige Stück Weingart, von deren eingehendem Wachstum der Halbwinner für den Bau und Besorgung die Halbscheid genießt, die andere Halbscheid nebst den aus der Casseler Prossen, Ober- und Niederdollendorf, Rümlinghofen, Königswinter und Röhndorf eingehenden Zehnden genießen die ffrl. Chanoinessen unter sich allein.

---

[1]) S. Geislar, Pfarre Vilich.

Anhang.

Wie viel solche in zehn resp. guten und schlechten Jahren eingetragen und unter die ffrl. Chanoinessen getheilet worden, weiset folgender specificirlicher Status aus.

1. Rother Wein.

Jahr	Ahm	Viertel	Maß	Abgang		Getheilt		Jedes Fräulein hat bekommen		
				Ahm	Viertel	Ahm	Viertel	Ahm	Viertel	Maß
1759	59	—	—	5	—	54	14	6	—	6
1760	50	11	—	4	10	46	1	5	2	1
1761	82	7	—	5	—	77	7	11	1	—
1762	27	—	—	3	—	24	—	3	—	—
1763	32	4	—	4	—	28	—	3	10	2
1764	23	13	—	4	—	19	13	2	9	½
1765	28	4	—	4	—	24	4	4	—	2½
1766	41	5	—	6	3	35	2	5	—	1
1767	22	11	—	—	—	22	11	—	—	—
1768	8	15	—	3	—	5	15	—	16	1½
1769	17	16	—	3	16	14	—	2	—	—
summarium	393	06								

2. Weißer Wein.

Jahr	Ahm	Viertel	Jahr	Ahm	Viertel
1759	7	15	1765	3	18
1760	9	14	1766	10	16
1761	10	18	1767	1	19
1762	14	—	1768	6	15
1763	3	18	1769	5	3
1764	1	16	summarium	76	12

Waldungen.

15. Hochgedachtes Stift hat ferner zu Eytorf:

A. Im Amt Blankenberg Bergischen Territorii neben 4 geringern Büschen das sogenannte Bylicher Holz.

B. In demselbigen Amt und Territorio im Kirspel Geistingen einen Busch, genannt die Sonder [1]).

C. In demselbigen Amt u. T. einen Busch genant der Eddeling [2]) im Birlinghofer Bahn.

D. Ibid: auf der sog. hohen Straße.

E. An der Kohl-Kaule ein Ort.

F. An den Biß-Häcken bey Bechlinghofen eine Rahm-Häcke.

---

[1]) Sonder s. Buck S. 260. — [2]) S. Annalen d. h. V. XV 69.

G. Am rothen Berg einen Rahmbusch.

H. An der Bramer Bitzen Kölnischen Territorii 3 Oerter.

Aus vorstehenden Waldungen wird das nöthige Brandholz für ffrl. Chanoinessen, des zeitlichen Kelners Gehalt, für die Kirchenwasch, für die Adelheidis mul Thomas Brod zu backen; wie auch werden die Rahmen zu den nächst angelegenen Capitular-Weingarten zu Rheindorf hergenommen.

J. Ferner ist Capitulum auf dem sog. großen Busch unter andern Beerbten zu einem vierten Theil berechtigt.

K. Item auf der hohen Mark bey Herchen mit 1 Gewaldt.

L. Ferner hat Capitulum einen bey dem Hof zu Verlohe gelegenen und dabey oben bemerkten Busch, woraus zwarn Hr. Pastor zu Wittlaer und beyde Halbwinner einiges nötiges Brandholz bekommen, durch die gute Administration aber noch einige Jahren ohne dessen Ruin ad 200 rthlr. jährlichs eintragen kann.

Hierunter sind aber diejenigen Büschen, so zum Präsenz-Amt gehören, nicht mit begriffen.

Wein-Zehnden.

16. Hochgeð. Stift hat den Wein-Zehnden: in Beuel, Limprich, Küdinghofen, Ramersdorf, Obercassel, Rümlinghofen, Ober- und Nieder-Dollendorf, Königswinter und bis an den durch Rhöndorf fließenden Bach; in welchem District aber, und besonders in der Herrschaft Bylich und Rheindorf zeitliche Frau Abtissin, d. h. (der Herr) Vicarius s: Adelheidis und die HHrn. Pastores einige Oerter zu genießen haben.

17. Weinpfachten

hat hochged. Stift in Rheindorf, Beuel, Küdinghofen, Limprich, Ramersdorf, Ober-Cassel, Rümlinghofen und Dollendorf zu erheben, weilen aber in etlichen Jahren keinen oder wenig gewachsen, mithin der Pfacht nicht gesetzt worden, kann solcher auch nicht ausgeworfen werden.

18. Früchten-Zehnden.

Ferner hat auch das Stift Bylich in diesen Dorfschaften und Districten den trockenen Zehnden, welcher nach vorgangener Besichtigung über den Zustand der Früchten alljährig vor der Ernte in der Abtey den meistbietenden ausgepachtet wird. Dan folgender Status, was solche pro Martini 1769 in 70 ausgetragen, wobey die Schlagpfennige ad 68 rth. 40 alb. inter praesentes vertheilt werden.

1769 sind obige Zehnden versteigert worden: an Korn 227 Malter 2 Sümmer, an Weizen 30 Malter 3 Sümmer, an Gersten 47 Malter, an Haber 63 Malter 2 Sümmer, an Samen 1 Malter.

10. Ferner hat Stift Bylich aus der Lehnhaber zu Birk 2 Theil zu empfangen und sind pro hoc anno eingegangen 11 Malter 1 Sümmer 2 Viertel.

19. Statuten-Gelder.

Ferner ist vermittels einer Capitular-Vereinbarung de dato apr. 1762 festgestellt worden, daß die von einer Fräulein Chanoinesse zu zahlenden 200 rthlr. Gelder rentbar eingelegt werden, und ist daraus bisher ein Capital von 1000 rth. erwachsen, welches an Interesse jährlich austragt und unter die fr. Abtissin und ffrl. Chanoinessen ausgetheilt wird mit 42 Rthlr. 66 alb.

Anhang.

Aus diesen bisherigen Sätzen ergibt sich folgender

Status Summarius
eines Jahres sämmtlicher Intraden und Ausgaben.

Empfang an Korn.

Von dem Viehof	60 Mltr.	— Sümmer.
Von der Windmühlen 20 Mltr. Bönnisch thut Kölnisch	17 „	2 „
Von dem Oelsmarer Hof	4 „	— „
Von dem Kirmes=Hof	38 „	— „
Von den Zehnden	227 „	2 „
Summa jährlichen Korn=Eingangs	347 Mltr.	— Sümmer.

Hiervon werden in natura abgegeben an Abteyen=Gehalt und die Köften, an Gehälter Hrn. Canonicos, Pastores, Vicarios, Receptores, Officiantes et Elemosinarios, wie in der Kelnerey Rechnung specifice zu sehen

ad . . . . 226 Mltr. 1 Sümmer 3½ Viertel.
In die Präsenz und Adelheidis Brod . 17 „ 2 „ — „
                                                     243 Mltr. 3 Sümmer 3½ Viertel.

Diese von obigem Korn=Eingang abgezogen, bleiben zu Behuf des Stifts übrig 103 Mltr. ½ Viertel, wovon, was verkauft, im Geld=Empfang sich findet.

Eingang an Weizen.

Vom Zehnden . . . . 30 Mltr. 3 Sümmer.
Von dem Viehof . . . . 4 „ — „
                                                   34 Mltr. 3 Sümmer.

Abgang an Weizen
für die auf grünen Donnerstag zu spendenden Semmelbrode 1 „ 2 „
                        Bleibt zu Behuf des Stifts 33 Mltr. 1 Sümmer.

Eingang an Gerste.

Aus dem Zehnden . . . . 47 Mltr.
Hiervon wird an gnädige Frau Abtissin, Hausfräulein fort des Kelners Gehalt
   ausgegeben . . . . 20 Mltr.
                                               Bleiben 27 Mltr.

wovon der Verkauf im Geld=Empfang.

Eingang an Haber.

Von Zehnden	63 Mltr. 2 S.	— Vrtl.
Von der Birker Lehn=Haber	11 „ 1 „	2 „
Vom Oelsmarer Hof	4 „ — „	— „
Summa	78 Mltr. 3 S.	2 Vrtl.

Hiervon gehen ab in natura an die ffrl. Chanoinessen 20 Mltr.
Des Kelners Gehalt . . . . 25 „
                                      45 „ — „ — „
                     Bleibt zu Behuf des Capitels 33 Mltr. 3 S. 2 Vrtl.

Eingang an Samen.

Beträgt sich ad 1 Sümmer. Ist verkauft wie im Geld=Eingang zu sehen.

Eingang an Schweinen.

Ertragt sich ad 21 Stück a 10 rthlr., wie bei den Höfen zu sehen, werden in natura und resp. bemerkten Preis unter die fr. Abtissin, frrl. Chanoinessen, Canönichen vertheilt, und beim Geld-Eingang dieserhalben nicht ausgeworfen.

Eingang an Hammel und Kräuter-Geld.

Ertragt sich zu 49 rthlr., und werden von den Halbwinnern in die Haushaltungen vertheilter zahlt.

Eingang an Salmen, Stockfisch, Kaeß, Buchweizen, Habergürth und Erbsen,

wie bey den Höfen zu sehen, und werden in natura auf die Kosthäuser vertheilt.

Eingang an Holz.

Der Ertrag wird folgender Gestalt vertheilt: daß aus dem jährlich gehauenen Holz gnäd. fr. Abtissin den fünften Theil bekomme, aus dem Rest aber jeder Chanoinesse auf derselben Kosthaus, und jedem Canonico zu seinem Behuf 2 Wagen, der frl. Kirchmeisterin für die Kirchenwasch 2 Wagen, zeitlichen Kelnern 4 Wagen und dem Stiftsoffermann 1 Wagen zugetheilet werden.

Eingang an Wein.

Ertragt sich zu Niederdollendorf, wie bey dem Status daselbst. In Bylich wird nicht ausgeworfen, weilen die ffl. Kelnerinnen über Eingang und Austheilung besondere Rechnung führen.

Ordinärer Eingang an Geld.

	Rthlr.	Alb.	Hlr.
Von dem Verloher Hof für Kornpfacht	150	—	—
Idem für Haber-pfacht	66	53	4
Von dem Himmelgeister Hof an Geldpfacht	134	—	—
Von dem Wittlaer Hof	130	—	—
Von dem Haushof	140	—	—
Vom Niederdollendorfer Hof an Pfacht	26	53	4
Idem wegen des Zehnden	50	—	—
Von dem Hessischen Legato gehen ein	10	—	—
Summa	707	26	8

Extraordinärer Eingang an Geld.

	Rthlr.	Alb.	Hlr.
Aus übrig gebliebenem Korn verkauft für	179	—	—
Aus verkauftem Weizen	124	13	6
Aus verkaufter Gersten	9	36	—
Aus verkaufter Haber	29	48	—
Aus verkauftem Samen	1	40	—
Summa extraordinären Geld-Eingangs	343	55	6

Ordinäre Abgab an Geld.

	Rthlr.	Alb.	Hlr.
An Herbst-Kösten	51	17	8
Abgab zum Behuf der Kirche	104	77	8
Für Gehälter oder Salarien	58	72	8
In die Haushaltungen	37	34	8
An Pensionen	130	—	—
An Zehend-Besichtigungs-Kösten	18	15	4
An zeitl. fr. Abtissin von dem Verloher Korn-pfacht	30	—	—
An selbige aus dem Haber-pfacht 10 Mltr. ad	13	26	8
Aus dem Wittlaerer Hofs-geld-pfacht	26	—	—
Summa ordinärer Geld-abgaben	470	4	8

Anhang.   553

Extraordinäre Geldabgaben.

Zum Herbst sind pro anno praeterito verwendet . . .	54 Rthlr.	36 Alb.	— Hlr.
Zu Behuf der Kirch-reparation bis hiehin	101 „	66 „	— „
An Stifts und Höfen-reparation, fort Reisen, Brief-porto und sonstig Abgaben	98 „	70 „	8 „
Summa extraordinärer Abgaben	255 Rthlr.	12 Alb.	— Hlr.

Errore Calculi per oia salvo.

X.

Nachträge über das Stift Vylich.

Ein Quartblatt ohne Datum und Namen[1]), anscheinend aus der ersten Hälfte des 18. Jahrhunderts, im Besitze des Herrn Everhard von Claer zu Bonn, enthält folgende Mittheilungen.

„Der Hof zu Uckendorf thut jährlich in die Präsenz[2]) 16 Malder Korns Cöllnischer Maaß — sonst hatt er geben 15 Malder so zu wenig. Der Canonicorum jährlicher portion ertragt sich 10 Malder Korn bergischer Maaß und 3 sömber — und die, welche die praesentz das jahr durch verdienen, bekommen an praesentz — weißen 3 Malder Bönnisch undt 1 sömber, absentes bekommen nur 1½ Malder bonnisch. Die Vyliche Windtmühl thut jährlich 18 Malder Korn bönn. Maaß. Pro festo D. Thomae (21. Dec.) werden an weißen-simmelen gebacken 1 Malder 3 sömber bonn. Maaß, et distribuuntur similiter et quantitas certa weißen pfachtwein inter ministeriales. — In festo s. Adelheidis (5. Febr.) werden ahn roggenbrod, so Dohlen (Dollen?) bröger genannt werden, järlichs ausgespent 10 Malder bonnischer Maaß (deberent esse 12 Maldera), derjeniger so sie backt, bekommt 3 reichsdahler. Die fr. Abdißinn wie auch die Klosterfräwlein so kein Ecker, bekommen auff jegliches Vaselschwein zur Mast 2 Malder, canonici(s) qui idem percipere de jure summo deberent, nihil datur de quoq.

jährlichs werden in festo s. Luciae (13. Dec.) gekleydet in schwartz 5 arme Kinder aus der Herrschaft (Vylich), so eine fundation von Lucia von Broich sel.; hierzu wird gekaufft 14 bis 15 ehlen schwartz wullen tuch undt 4 Ellen weiß wullen tuch, auch 6 Ehlen schwartz leinentuch. Der Schneider wie vor Alter bekombt vor Machlohn 2 reichsdahler 36 albus, der schuhemacher bekombt vor die 5 paar neuer Schuhe der obg. 5 armen Kinder ahn lohn 2 reichsdahler 39 albus.

Die Frau Abdißinn bekombt den 5. Theil ahn jährlichen früchten, pfacht von allen capitulshoven und vom geholtz in Eytorp. Sonder und Dicken-Busch zu Verlo; item wegen des hardberg[3]) bekombt jährlich zu Dollendorf 1 Ahm weißen weins.

Der Ambtman oder Vogt 1 fuder weißen weins.

Die beyden Kellnerschen bekommen ein jedere jahrs 1 ahm roden wein aus dem Vilischen Kelterhauß, so zuvor zu Dollendorff empfangen, idcirco desuper protestandum in visitatione, item die zeitliche praesentiaria bekombt daselbst ein ahm, quod non licet, sondern nach dem domicellen-Kelterhauß zu Dollendorff ahn zu verweisen. Die

---

[1]) Der Verfasser ist, nach Inhalt und Form der Mittheilungen zu schließen, ein Canonicus des Stifts Vylich. Zeit der Abfassung ist nach 1716 zu setzen, weil der darin erwähnte Verkauf des Gladbacher Hofes, der in dieses Jahr fällt, bereits stattgefunden hatte.

[2]) Präsenz ist Anwesenheit in kirchlichen oder klösterlichen Diensten.

[3]) Dollendorfer Hard, dem Petersberg nördlich gegenüber.

praesentzmeisterin bekombt jährlichs vor ihre Mühe undt gehalt 20 rthlr. = 65 gulden Cölln. Vor die rechnung abzuschreiben, 2 bücher papier — Lotrix sacristiae accipit pro lotura quotannis unum plaustrum ligni et 8 imperiales, quod iam mulier Nettecovens percipit nec meretur ex causis tibi notis.

Vor semmelen zu backen werden alle jahr auf grün-Donnerstag 1½ Malder weitzen gebacken, so unter die fräulein mit gegenwärtigen hrn. Canonichen außgespend werden.

In festo purificationis beatae M. V. bekommen die Fräuleins und canonici praesentes ½pfündige gelbe waxkertz.

Der Kirmeßhoff thut jährlichs 31 Malder Korns Cöllnischer Maaß.

Der Viehoff thut jährlich 64 Malder Korns bönnischer Maaß, hic plus praestare potest, idem dat wegen der Windtmüllenpfacht 10 Malder bönnisch.

Der Haußhoff thut 170 Rthlr., ein Malder Erbsen.

Die Ulesmahr (Oehlsmahrer Hof) thut in der neuen Pacht 4 Malder Korn et 2 Malder Hauer (Hafer).

Der Verloher Hoff thut 38 Malder Korns, 28½ Malder Gürts et 2 sömmer Haber.

Der Wittlahrer Hoff — wird ietzo von Verlohn gebawt.

Die Bielicher windtmühl thut 10 Malder bönnisch, die pfacht wird alle in die praesentz geliebert, alle quatertemper 2½ Malder cöllnisch.

Der Frohnhoff zu Dollendorff thut 2 Malder 3 sömmer bönnisch.

Der leyen- oder tachdecker vom Stifft bekombt jährlich 4 Malder Korn cöllnische Maaß.

Der Stifftsorganist bekombt jährlich ahn gehalt 10 Malder Korn cöllnischer Maaß, alß organistachter [1]) 4 Kerf holtz sic jam est ordinatum.

Die buschknecht zu Eytorp bekommen jährlichs 4 Malder Korns.

Der buschhüter in Sonder bekombt jährlichs 1½ Malder Korns.

Der Buschhüter der hohen Straßen bekombt jährlichs 1½ Malder Korns.

Der buschknecht von Rodenberg undt bißhecken jährlichs 2 sömmer Korns.

Die waldknecht von diem [2]) wahe und huntgelt bekommen ad 7 Malder Korns jährlich. Jährlichs pflag an das Kloster bey s. Jean umb vor des Stiffts wohlfart zu betten zu bekommen 2 sömmer Korns.

Die Klosterfräulein bekommen ein jegliche vor oder auff die schweinsmast jährlichs ein Malder Korn; die freulein jegliche bekombt jährlichs 2 Malder Gerste.

Der Stiffts Kellner bekombt jährlichs 5 Malder Cöl. Maaß (per 16 alb gerechnet).

Die Collegiatstifftskirch zu Düsseldorf jährlich pro annuo canone ahn das Stifft Vylich 1 pfundt pfeffer.

Beide halffleuth zu Wittlaer und Verlohe seint schuldig alle jahr aus der haberpfacht auff ihre Kosten schellen (schälen) zu laßen undt frey anhero zu lieffern 3 Malder gürt und wird unter die fr(äulein) außgetheilt.

Das hauß gleich neben dem frohnhoff zu Niederdollendorf ist jährlich ahn das Stifft Vylich, weilen die hausplatz Stiffts grundt ist, schuldig zu erlegen einen Dahler ahn gelt undt ein pfundt wachs.

Der Viehalffen zu Vylich ist jährlich in jedes Kosthauß, deren drey seint, schuldig zu liebern einen Hammel oder darvor an gelt 2 reichsdahler.

Der Frohnhalffmann zu Dollendorf ist jährlichs in iedes Kosthauß zu Vylich zu zahlen schuldig 2 Dahler.

Der Kirmeshalffen ist iedes jahr in iedes Kosthauß zu Vylich zu zahlen schuldig einen Reichsdahler facit 3.

---

[1]) „Achter" = Aufseher.
[2]) „Diem", eine Geld-Abgabe von der Schweinetrift. Vgl. Annalen d. h. V. XLV 87, Note.

Der haußhalffen ist jährlichs in iedes Kosthauß 6 rhr 3 schwein, an geltpfacht 142 rhr item in summa an Kräuthergelt jährlichs 15 species Dahler.

Die beyde halffleuth zu Wittlaer undt Verlohe seint zusammen an die drey Kosthäußer zu zahlen schuldig 12 reichsdahler.

Der halffman zu Himmelgeist ist in die drey Kosthäußer zu zahlen schuldig 6 reichsdahler.

Beyde halffleuth zu Wittlaer undt Verlohe seint alle jahr in der fasten schuldig zu liebern 2 p. salmen ieder wägendt 25 pfundt; halffen zu Wittlar ist jahrs zu pfacht schuldig 6 schwein auff seine Kosten nacher Bylich zu liessern; der halffman zu Verlohe 9 Schwein, der halffman zu Himmelgeist 3 Schwein, der frohnhalffen zu Dollendorff 3 schwein, der Kirmeshalffen 3, der Haußhalffen 3 schwein, der Viehalffen 3 schwein.

Die fraw Abdißinn bekombt jährlich von der Fischerei 140 pfundt fisch, davon 68 pfundt lax, den Rest in schnöchen, Verschen Rheinkarpffen, ahn gelt 69 cöllnischer gulden, bey neuer pfacht an trinckung weinkauff 12 rhr.

Der Gladbacherhoff, so nunmehro verkaufft ist vor 7000 rhr und mehr alß 1000 rth so in denen gravaminibus zu allegiren."

XI.

Verordnung der Abtissin Maria Josepha Zandt von Merl zu Vilich, die Gemeinde Geislar betreffend, vom 6. Februar 1787 [1]).

Wir Maria Josepha Reichsfreyin Zandt von Merl zu Lyssingen, erwählt und bestätigte Abtissin des Hochadlich-freyweltlichen Stifts zu Bylich und Herrin daselbst, thuen kund und hiemit zu wissen, was maßen wir auf unterthäniges Bitten der Eingeseßenen zu Geislar zu Abwendung der in dasiger Gemeinde bishero verspürten unordnung und Verwierung nachstehende Verordnung zu erlassen für gut befunden haben und zwaren

1tens solle die Gemeinde zu Geislar allzeit mit zwölf Vorsteheren und mit einem daraus zu ernennenden Baurmeister besetzt sein, inmaßen 1. den Ballerhalfen, 2. Hieronemus Fischer, 3. Wilh. Amendt, 4. Hermann Schmitz, 5. Michael Kremer, 6. Jacob Haas, 7. Wilh. Bonn, 8. Simon Schliesser, 9. Adrian Rodler, 10. Henr. Pier, 11. Henr. Magh, 12. Jacob Grün zu Vorsteheren, und aus denselben den erstbemelten Ballerhalsen Peter Heyder zum Baurmstr. hiermit erkennen und ansetzen.

2tens soll ein zeitlicher Baurmeister jährlich eine richtige rechnung über gehabten gemeinen Empfang und Ausgabe bey uns in der Abtey vor den alsdan im Namen der gemeinde dabey zu erscheinende übrige eilf Vorsteheren ablegen, und wenn er hierinnen und sonsten in beobachtung seiner pflichten nicht nachläßig, sondern treu und emsig befunden wird, weder Krankheits- oder andere Nothfälle sich ereignen, solle derselbe bey dem Baurmstr-ambt drei jahr nacheinander verbleiben, bei dessen abgang aber dies ambt unter den Vorstehern nach der ordnung ihrer Ernennung abwechselen.

3tens. Auf absterben oder sonstigen erledigungsfall eines Vorstehers sollen die übrige uns zwei Männer aus der Gemeinde präsentiren und der von uns ernannte das ambt unwiegerlich annehmen.

4tens solle zeitlicher Baurmeister die gemeinheits und Nachbar-gelder empfangen und wie obgemelt jährlich berechnen, auf die stelle der abgängigen feld- und weingartsschützen andere ernennen und der Gemeinde in Vorschlag bringen, die gemeine gründe derselben Verbeßerung und Benutzung besorgen, die schafftrifft und sonstige gemeinheitsgerechtigkeiten suchen beizubehalten, den feld- und weingartsschützen zu ihrer hergebrachten Belohnung zu verhelfen, bei jeder angelegenheit die gemeinde zusammen rufen laßen, hiebei den Vortrag

---

[1]) Manuscript im Besitze des Herrn Everhard von Claer.

machen, und sonsten wie es erforderlich im Nahmen der Gemeinde, doch allemahl in Zustandt eines Vorstehers erscheinen.

5tens. Hierfür erhält der Baurmeister jährlichs zur Belohnung 6 Rthlr. spc, welche aus den gemeinheitsgelder herzunehmen, oder fals diese nicht hinlänglich, von jedem Einsaß zu gleichen theilen beizubringen sind.

6tens. Der Vorsteher ambt ist, dem Baurmeister mit rath und that ohnentgeltlich zur Handt zu gehen, mit selbigen die Verbesserung der gemeinde Nutzungen zu besorgen und die von den feld= und wingartsschützen angegebene frögen zu bestimmen.

7tens. Solle künftig jedes Ehepaar, welches im Dorf gebürtig ist, für Nachbargeld 1 rthlr. spc. an den Baurmeister zahlen und zwey gute tägliche Obstbäume auf anweisung des Baurmeisters auf den gemeinen grund pflanzen und selbige zwey jahr auf seine gefahr dergestalten pflegen, daß, fals sie in dieser Zeit abgängig werden, von ihnen zwei neue Obstbäume auf die nemliche art gepflanzet und unterhalten werden sollen.

8tens wenn der Ehemann in und die frau außer dem Dorf gebürtig ist, so zahlen beide 3 rthlr. sp. und setzen zwei bäume auf die nemliche art wie oben gemeldet.

9tens wenn hingegen die Ehefrau in und der Mann außer dem Dorf, jedoch in der Herrschaft Vylich gebürtig ist, so zahlen selbige für nachbargeld 10 rthlr spc nebst erwehnter anpflantzung zweier obstbäumen! Sollten aber beide Eheleuth oder auch nur der Mann außer dem Dorf und unser Herrschaft Vylich gebürtig seyn, so haben selbe vorbehaltlich unserer Herrschaftlichen bewilligung und der edictmäßigen Caution für Nachbargelt 20 rthr. spc zu zahlen und auf vorbesagte art zwei obstbäume zu pflanzen und zu pflegen.

10tens wenn ein gemeinsmann mit seiner haushaltung über ein jahr lang aus dem Dorf verzieht, so solle er vor seiner wieder aufnehmung die helffte des vorbesagten nachbargelds zahlen.

11tens. Derjenige gemeindsmann, welcher bey der zusammen berufenen gemeinde nicht erscheinet, ohne vorher bey dem Baurmstr. sich entschuldigt oder, durch seinen Nachbar seine Verhinderniß angezeigt zu haben, wird für sechs stüb. straffällig.

12tens wenn der pflichtige auf die erste anmahnung diese strafe nicht gleich zahlt, so solle er durch den feldschütz und die zwei jüngsten nachbaren hiefür gepfändet und jedem dieser executanten gleichfalls sechs stüber schuldig werden.

13tens. Das erste anmahnen der rückständigen gemeinheitsgelder und strafen haben die feld= und wingartsschützen auf befehl des Baurmeisters ohnentgeltlich zu verrichten.

14tens sollen die schützen die betrettene feld= und wingartsdiebereyen jedes mahl dem Baurmeister anzeigen, welcher die frögen oder strafen, doch höher nicht als 15 blaffert, mit den Vorstehern zu bestimmen und dieselbe einzutreiben hat, jedoch alles mit Vorbehalt der Herrschaftlichen brüchten und sonstig= unser gerechtsam.

15tens sollen Baurmeister und Vorsteher auf die zu haltende gute ordnung unter den Einwohnern genauest acht haben und nicht allein die feld= und wingartsschützen, sondern auch andere Diebereyen, tag= und nächtliches sauffen, spielen, schwermen und sonstige excessen uns allemahl zu deren behöriger untersuchung und verhältnußmäßigen bestrafung anzeigen.

Schließlich wollen wir, daß führohin auf einem hausplatz nicht mehrere häußer, als eins, ohne besondere unsere Herrschaftliche Erlaubnus gebauet werden sollen, wir befehlen demnach, daß gegenwärtig= unsere Verordnung der versammelten Gemeinde zu Geislar zur genauesten nachachtung und gehorsambster befolgung öffentlich verkündiget, und daß es geschehen, und einberichtet werden solle. Geben in unserer Abtey

Vylich, den 6ten Hornung 1787.

Josephe Zandt von Merle,
abtissin zu Vilich.

Namen-Verzeichniß.

Päpste.
Alexander VI. 538.
Benedict XIII. 50, 110.
Cölestin II. 303.
Cölestin III. 128, 304.
Gregor V. 9, 125, 126.
Gregor XIII. 208.
Honorius III. 476.
Innocenz II. 16, 303, 516.
Innocenz III. 326, 475.
Innocenz IX. 17.
Lucius III. 477.
Pius VII. 228
Sergius 5.
Victor IV. 202.

Erzbischöfe.
Adolph I. 323.
Adolph III. 527.
Anno II. 30, 448, 450, 475.
Arnold I. 17, 45, 201, 398, 433, 517.
Arnold II. 397.
Bruno II. 475.
Bruno III. 475.
Clemens August I. 51, 138, 172, 400, 511.
Dietrich 199.
Engelbert v. Falkenburg 34.
Engelbert der Heilige 129, 326, 362, 477.
Evergerus 9.
Ferdinand v. Baiern 110, 134, 139, 207, 544.
Ferdinand August 95, 96.
Friedrich I. 48, 201, 517.
Friedrich III. 131, 138, 198.
Gebhard Truchseß 208.
v. Geissel, Johann C., 413.
Gero 45.
Gisilhard v. Magdeburg 126.
Heinrich II. 129, 358.
Hermann I. 239.
Hermann III. 33.
Hermann von Wied 527.
Hidolph 477.
Joseph Clemens 138.
Konrad 33, 476.
Maximilian Franz 152, 252, 259.
Maximilian Friedrich 69, 230, 230.
Maximilian Heinrich 243, 359.
Paulus (Melchers) Dr. 74, 382, 413, 428.
Philipp Krementz Dr. 186.
Philipp v. Heinsberg 137, 303, 401.
Reinald 136.
Salentin v. Isenburg 209.
Sifrid 129, 137, 138.
Vuisiligisus v. Mainz 126.
Walram 359.
Wilhelm v. Gennep 131.

Bischöfe.
Adalbero von Verdun 126.
Albert von Meißen 399.
Baudri, Joh. Ant., Weihb. 184, 323.
Heinrich von Lüttich 399.
Hildibald von Worms 126.
Notkar von Lüttich 126.
Otto von Freisingen 399.
Suitbertus der H. 5, 6.
Willibrordus 5.

Aebte.
von Heisterbach 336.
„ Siegburg, v. Bellinghausen 493.
„ „ Cuno 447.
„ „ Nicolaus 399.
„ „ Wolfart 439.
Wibald v. Corvey u. Stablo 399.

Abtissinnen.
von Schwarzrheindorf 406.
„ Vilich 146.

Pröpste.
Gerhard von Are in Bonn 16, 202, 399.
Dietrich 41.
v. Nesselrode-Landskron 498.
Pröpste zu Oberpleis 483.

Kaiser.
Adolph 129.
Friedrich I. 183.
Heinrich II. 214.
Karl der Große 6.
Karl V. 138.
Konrad III. 127, 215, 398.
Otto I. 9, 123.
Otto II. 124, 126.
Otto III. 9, 126, 138.
Otto v. Braunschweig 337.
Philipp v. Schwaben 337.
Ruprecht v. d. Pfalz 138, 199.

Könige.

Chlodwig 5.
Childerich 195.
Friedrich II. v. Pr. 12.
Friedrich Wilhelm III. 413, 526.
Friedrich Wilhelm IV. 283.
Wilhelm I. 264.

Herzoge (Pfalzgrafen).

Boleslav von Böhmen 124.
Croy, Philipp Heinrich, 207.
Gerhard II. v. Jülich-Cleve 519.
Gottfried v. Ardennes 124.
Heinrich v. Baiern 123.
Hermann 125, 137.
Johann 456, 457.
Johann Wilhelm 374.
Ludwig 138.
Karl Philipp 50, 261, 368, 540, 542.
Karl Theodor 52, 495.
Ludwig 138.
Otto 137.
Pfalzgrafen 9.
Pipin 30.
Wolfgang Wilhelm 38, 50, 261, 485, 495.
Wilhelm v. Jülich 110, 519, 457, 539.

Fürsten.

von Nassau, Friedr. August 155.
„ „ Karl Wilhelm 153.
„ Salm, Joseph 283, 380.
„ Wied 412.
„ „ Wilhelm 519.

Grafen.

Adolph v. Berg 474.
von Batenberg, Jacob 206.
„ Bronkhorst, Jacob 206.
„ Croy, Philipp 206.
„ Cuick, Agnes 68, 537.
„ „ Gottfried 124.

Hauld 33, 48.
von Heinsberg 33, 34.
„ „ Philippa 519.
„ Hillesheim 485.
„ Hückeswagen, Arnold 45, 362.
„ Jülich, Wilhelm II. 136.
„ „ Wilhelm III. 137.
„ „ Wilhelm 137.
„ Loen u. Chiny f. Heinsberg.
„ Löwenburg f. Heinsberg.
„ „ Heinrich 68, 256, 363, 537.
zur Lippe 348, 362, 378.
Megingoz 123, 136, 163.
Mirbach, Ernst 431.
von Nassau, Robert 401.
„ Nesselrode, Bertram 70.
„ Sayn 33.
„ „ Heinrich 41.
„ „ Mechtildis 41, 46, 260.

Freiherren (Ritterbürtige).

von Backum, Maria, Katharina 248.
„ Belderbusch 361.
„ Bellinghausen 491.
„ Bernsau, Godert, Wylach 210.
„ Beywegh 484.
„ Blanckhardt, Ludwig 131.
„ Bongard, Augusta 75.
„ „ Carolina Odilia 74.
„ Broich, Lucia 145.
„ Buschfeld, Johann 431.
„ Elsfeld 489, 490.
„ Gevertzhain, Wolter 138.
„ Gymnich, Johanna 131.
„ „ Philippina 518.
„ Hillesheim 485.
„ Hompesch-Bolheim 133.
„ Loe 75.

von Lombeck-Gudenau 229.
„ Lüninck 450.
„ „ Maria Sophia 248.
„ Martial, Joh. Anton 518.
„ Menden 128, 433.
„ Merkelbach, Albrecht 518.
„ Merkelsbach Dietrich 433.
„ Meindorf, Hugo Eberhard 437.
„ Mirbach, Joh. Wilh. 431.
„ Mylendonk, Joh. u. Dietrich 206.
„ Nesselrode, Mauritius 419.
„ Niderwich, Rotger 484.
„ Plettenberg 519.
„ Proff, Caspar 173.
„ Rennenberg, Heinrich 193.
„ Royde, Maria 518.
„ Selbach Gotthard 433.
„ Stein, Wilhelm 519.
„ Walbott-Bassenheim, Joh. 199.
„ Waldenburg 437.
„ Wolff-Metternich, Johann 484.
„ Wolff-Rheindorf 431.
„ „ Johann 433.
„ Zweiffel, Albrecht 484.
„ „ Gertrud 484.

Ritter. Burggrafen.

von Dollendorf 285.
„ Drachenfels, 203 ff., 222.
„ „ Pelegrin 450.
Dürre, Abelo 405.
Franko, Burggraf 519.
Franko v. Poppelsdorf 405.
Lambert zu Königswinter 326.
von Lengsdorf, Daniel 405.
v. Meindorf, Alger 436.
„ „ Gottfried 436.
„ Rosenau 328.
„ Schillink 131.
„ Wolkenburg 196.

Nachträge.

Zu Seite 278. Rolf zu Vettelhofen war 1612 Comthur zu Ramersdorf, starb 18. November 1633.

" " " Graf Heinrich Theobald von Goltstein, geb. 1649, 1685 Statthalter, später Hauscomthur der Commende Ramersdorf, 1694 Landcomthur der Ballei Oesterreich, zog 1687 gegen die Türken, starb 12. Juli 1719.

" " 279. Friedrich Edmund Gottfried von Bocholtz, Comthur zu Ramersdorf 1642 bis 1646, 1658 Landcomthur von Altenbiesen, starb 26. October 1690.

" " 313. Die Deutschordens-Commende Jungenbiesen in Köln hatte einen Hof zu Römlinghofen, Pfarre Oberdollendorf mit 80 Morgen 122 Ruthen Land; in Honnef ein Haus mit 44³/₄ Ruthen, ein anderes mit 74¹/₂ Ruthen. (Adelsblatt 1890, S. 494.)

" " 441. Am 1. September 1890 legte Herr Dechant Samans den Grundstein zu einer neuen Kirche in Menden.

Im Frühjahr 1890 fand man beim Ausschachten des Pastoratskellers zu Oberpleis einen schönen, wohlerhaltenen Steinsarg aus vorkarolingischer Zeit, mit innerer Erhöhung für die Kopflage. Die äußere Länge beträgt 2,30 M., die Breite am obern Ende 0,79, unten 0,63 M.

Berichtigungen [1]).

S. 26 lies Scheurer statt Scheuren.
" 336 " 1192—1195 statt 1292—1295.
" 431 " Vischel statt Vischal.
" 504 " XRE statt XPE.

---

[1]) Das in „Geschichte der Pfarreien des Dek. Hersel" S. 352 nach Velten mitgetheilte Testament Maximilian Heinrich's bezieht sich nicht auf Witterschlick, sondern auf die Kapelle bei Rheinbach.

Anhang

Die katholischen Pfarreien im Stadtbezirk Beuel

Vilich, St. Peter
8. oder 9. Jh., 978 Kloster/Stift (bis 1804) mit Kirche St. Peter (vorm. St. Cornelius und St. Cyprianus). - Pfarrkirche St. Paulus Ersterwähnung 1144, 1765 zerstört. - Pfarrkirche seit 1765/1802: ehem. Kloster-/Stiftskirche St. Peter. – Baudenkmal / Denkmalensemble. Stiftsbereich Bodendenkmal (gepl.).

Schwarzrheindorf, St. Maria und St. Klemens
Tochter von Vilich. –
Ortsteile Schwarzrheindorf, einschl. Gensem, und Vilich-Rheindorf.
Kirche 1251 (ehem. Kloster-/Stiftskirche, bis 1804). –
Baudenkmal. Stiftsbereich Bodendenkmal. - Pfarre 1868.

Beuel, St. Josef
Tochter von Vilich.
Kirche 1880/82 (erst. Bauabschn.) und 1901/03 (Arch. Joseph Prill). –
Baudenkmal. - Rektorat 1884, Pfarre 1893. 2002 St. Josef und Paul.

    Beuel-Ost, St. Paulus
    Tochter von Beuel.
    Kirche 1957/58 (Arch. Dominikus Böhm, Gottfried Böhm). – Baudenkmal.
    Pfarre 1958 (2002 mit St. Josef wiedervereinigt: St. Josef und Paul).

Pützchen, U. l. F. Maria vom Berge Karmel / St. Adelheid
Tochter von Vilich. - Ortsteile Pützchen und Bechlinghoven.
Kirche (ehem. Klosterkirche) 1624. – Baudenkmal. Denkmalensemble. -
Rektorat 1863/70, Rektoratspfarre 1897, Pfarre 1906.

    Holzlar, Christ König
    Tochter von Pützchen.
    - Ortsteile Holzlar, Kohlkaul, Heidebergen, Roleber, Gielgen, Hoholz.
    Kirche 1952/53 (Arch. Hermann Hagen). – Rektorat 1953. Pfarre 1955.

Geislar, St. Josef
Tochter von Vilich.
Kirche 1900/01 (Arch. Joseph Prill / Clemens Kümpel), Turm und Erweiterung 1929/30 (Eduard Endler). –
Baudenkmal. - Rektorat 1906, Pfarrrektorat 1920, Rektoratspfarre 1929.

Vilich-Müldorf, St. Maria Königin
Tochter von Vilich.
Filialgemeinde (keine Pfarre). – Kirche 1961 (Arch. Stefan Leuer).

Küdinghoven, St. Gallus
Tochter von Vilich. –
Ortsteile Küdinghoven und Ramersdorf
Kirche St. Gallus / vorm. Gregorius Maurus und St. Gallus. - Kirche (Turm) 11. Jh., Langhaus 1845 (Arch. Christian Hehne). – Baudenkmal (einschl. Grabkreuzegarten). – Pfarre seit Mittelalter, Ersterwähnung 1144.

Holtorf, St. Antonius
Tochter von Küdinghoven. - Ortsteile Nieder-, Oberholtorf, und Ungarten.
Notkirche 1921-1926. Erster Kirchbau 1926 – (Abbruch) 1972 (Arch. Eduard Endler). Kirche 1972 (Arch. Reinhard Stapper). – Rektorat 1921. Rektoratspfarre 1929.

Limperich, Heilig Kreuz
Tochter von Küdinghoven.
Notkirche 1962. Kirche (mit Kloster und Pfarrzentrum) 1966/68 (Arch. Alexander von Branca). – Baudenkmal / Denkmalensemble. - Pfarre 1960.

Oberkassel, St. Cäcilia
Tochter von Vilich.
Kirche (Turm) 12. Jh., Langhaus 1863/65 (Arch. August Dieckhoff), Seitenschiffe 1910/11. – Baudenkmal (einschl. ehem. Kirchhof). – Pfarre seit Mittelalter, Ersterwähnung 1144.

Stand 2007

Anhang

Die evangelischen Pfarreien im Stadtbezirk Beuel

Kirchengemeinde Oberkassel
Ortsteile
Oberkassel (und Königswinter-Niederdollendorf, -Oberdollendorf, -Römlinghoven).
Anfänge 1550. 1575 reformierte Gemeinde. 1609 erster Pfarrer.
Erste Kirche 1683/85, Brandzerstörung 1689, Wiederaufbau bis um 1700: Alte Evangelische Kirche.
Älteste evangelische Kirche Gesamtbonns. – Baudenkmal (einschl. Grabplatten).
Neue Evangelische Kirche 1907/08 (Arch. Otto March). – Baudenkmal.

Kirchengemeinde Beuel
Ortsteile
Beuel, Vilich-Rheindorf, Schwarzrheindorf, Vilich, Geislar, Vilich-Müldorf, Pützchen, Bechlinghoven, Nieder- und Oberholtorf, Ungarten, Küdinghoven, Limperich, Ramersdorf.
Erster Gottesdienst 12. 2. 1882 (Beuel). Gründung der Gemeinde 1. 4. 1909 (bis 1914 mit Oberkassel verbunden). Erste Kirche 1893/94.

Pfarrbezirk Beuel-Mitte
Gründung 1909 (siehe oben). Kirche 1893/94 (Arch. Otto Penner), Erweiterung 1959 (Arch. Hans Albert Rolffs). 1985 Name „Versöhnungskirche".

Pfarrbezirk Beuel-Süd
Gründung 1960. Nachfolge-Christi-Kirche (mit Pfarrzentrum) 1963/64 (Arch. F. Hermes und Hans Albrecht Rolffs).

Pfarrbezirk Beuel-Nord
Gründung 1966. Haus der Gemeinde (mit Kirche) 1978 (Arch. Traugott Blasberg).

Pfarrbezirk Beuel-Ost
Gründung 1977. Nommensen-Kirche 1986 (Arch. Zacharias & Partner).

Kirchengemeinde Holzlar
Ortsteile
Holzlar, Kohlkaul, Heidebergen, Roleber, Gielgen, Hoholz.

Gründung 1. 1. 1972. – (Bis 1917 Teil der ev. Gemeinde Oberkassel, ab 1917 Teil der ev. Gemeinde Beuel, ab 1947 der ev. Gemeinde St. Augustin, ab 1964 der ev. Gemeinde Hangelar).

1967 Kleinkirche (bis 1975).
Kirche mit Gemeindezentrum 1974 (Arch. Otto Linke).

Stand 2007

Anhang

Literatur zur Geschichte des Stadtbezirks Beuel – in Auswahl

Die Literatur, die sich auf die Geschichte einer einzelnen Pfarre oder einer einzelnen Ortschaft im Stadtbezirk Beuel bezieht, ist jeweils dem betreffenden Kapitel in einem besonderen Anhang zugefügt. Literatur, die sich in diesem Sinne nicht zuordnen lässt, weil sie örtlich weiter gefasst ist, wird hier insgesamt aufgelistet. Es handelt sich dabei um Publikationen, die sich in besonderer Weise auf den spezifischen Gegenstand von Maaßens Geschichtsschreibung im Jahre 1890 beziehen.

Bachem, Carl Jakob: *Beueler Chronik. Zeittafel zur Geschichte des rechtsrheinischen Bonn* (Studien zur Heimatgesch. des Stadtbez. Bonn-Beuel 26), Bonn 1989

Bücher, Johannes: *Alte und neue Straßennamen im Gebiet der ehem. Stadt Beuel* (Studien zur Heimatgesch. der Stadt Beuel 22), Bonn 1980

Bücher, Johannes: *Korrespondenz-Journal des Bürgermeisters Leonhard Stroof von Vilich 1809-1825, Transkription*, 3 Bde., Maschinendruck, Bonn 1995

Bücher, Johannes: *Vom Munizipaldirektor über den Bürgermeister zum Stadtdirektor* (Studien zur Heimatgesch. der Stadt Beuel 2), Beuel 1960

Bücher, Johannes: *Wegekreuze und Bildstöcke im Gebiet der Stadt Beuel* (Studien zur Heimatgesch. der Stadt Beuel 10), Beuel 1968

Bundesstadt Bonn (Hrsg.): *„Denkmalpflegeplan Bonn-Beuel"* Texte Lynch, K. / Pilarska, J. / Schöndeling, N., in Zusammenarb. m. Bouchon, K. / Talbot, F.-J., Bonn 2003 - Kurzfass. „Denkmalpflegeplan Bonn-Beuel. Stadtentwicklungsplanung Bonn", Bonn o. J. (2003)

Breuer, Fritz: *Die Bürgermeisterei und Gemeinde Vilich in den Jahren 1891 bis 1916. Mit einem Rückblick auf die frühere Zeit,* Beuel 1916. - Nachdruck 2000

Bursch, Horst: *Die Siedlungsnamen der Stadt Bonn* (Veröfftl. des Stadtarchivs Bonn 38), Bonn 1987. - Derks, Paul: *Rezension „Ein Widerwort"* (Rhein. Vjbll. 53 / 1989, – Neuss, Elmar: Rezension (Annalen des Histor. Vereins für den Niederrh. 192/193, 1990)

Bursch, Horst / Passmann, Franz Anton: *Das Römerjubiläum zu Bonn am Rhein*, Siegburg 1988

Clemen, Paul: *Die Kunstdenkmäler der Stadt und des Kreises Bonn*, Düsseldorf 1905

Cramer, Rudolf: *Zur Gesch. der Ortschaften Holzlar, Kohlkaul, Heidebergen, Roleber, Gielgen und Hoholz.* – Siehe oben unter: „Holzlar, Kohlkaul, Bechlinghoven, Hangelar" und unter: „Roleber, Gielgen, Hoholz und Ungarten mit Ettenhausen"

Ennen, Edith / Höroldt, Dietrich: *Vom Römerkastell zur Bundeshauptstadt*, Bonn 1976

Hombitzer, Adolf: *Aus Vorgeschichte und Geschichte Oberkassels und seiner Umgebung*. – Siehe oben unter: „Oberkassel"

Neu, Heinrich: *Adel und Burgen im Gebiet der ehemaligen Stadt Beuel* (Studien zur Heimatgesch. des Stadtbez. Bonn-Beuel 14), Bonn 1971

Neu, Heinrich: *Die Geschichte der Gemeinde Beuel, I. Teil: Von der Frühzeit bis zum 19. Jh.*, Beuel 1952. - Nachdruck 2000

Passavanti, Wilhelm (Hrsg.): *Bonner Kirchen und Kapellen*, Bonn 1989

Schmitz-Reinhard, Johann Ignaz: *Die Stadt Beuel*, in: Heimatbuch des Landkr. Bonn II, Bonn 1959, S. 45-95

Schmitz-Reinhard, Johann Ignaz: *Heimat an Rhein und Sieg*, in: Beuel. Stadt am Rhein. Zum Tage der Stadterhebung am 24. August 1952 (Stadtverwaltung Beuel), Beuel 1952, S. 13-38

Schmitz-Reinhard, Johann Ignaz: *Beuel vor 150 Jahren* (Studien zur Heimatgesch. der Stadt Beuel 1), Beuel 1959

Talbot, Franz Josef / Losen, Judith: *Denkmalpfade im Stadtbezirk Beuel*, Bonn 2004

Anhang

Abbildungsnachweis

Vorspann
Archiv Horst Bursch, S. 8
Aufn. Gunnar Hoge 2007, S. 9, 15, 16

Vilich
Archiv Bachem, S. 81, 89, 91, 92
Pfarrarchiv Küdinghoven, S. 94
Pfarrarchiv Vilich, S. 84, 87
Rhein. Amt für Denkmalpflege, S. 79, 88
Stadtarchiv Bonn (Graphiksammlung), S. 83

Pützchen
Archiv Bachem, S.115
J. Schlafke, Leben und Verehrung, a.a.O., S. 110, 111
Pfarrarchiv Pützchen, S. 114
Rheinisches Bildarchiv Köln, S. 113

Beuel
Foto Menke Beuel (Repro), S. 124
Pfarrarchiv Beuel, S. 127
Stadtarchiv Bonn, S. 126

Geislar
Archiv Bachem, S. 133, 134
Pfarrarchiv Geislar, S. 135

Schulwesen
Festschrift 150 Jahre Arnold-von-Wied-Grundschule 2007, S. 147

Limperich
Archiv Bachem, S. 159
Graphik-Sammlung C. J. Bachem, S. 158

Ober- und Niederholtorf
Stadtarchiv Bonn, S. 163

Küdinghoven
Archiv Bachem, S. 183, 187, 189, 190 (oben)
Pfarrarchiv Küdinghoven, S. 184, 185, 190 (unten)

Ramersdorf
Graphik-Sammlung C. J. Bachem, S. 200, 201, 202 (unten)
Stadtarchiv Bonn, S 202 (oben)

Oberkassel
Archiv Bachem, S. 248 (unten)
Archiv Heimatverein Bonn-Oberkassel e. V., S. 248 (oben), 250, 255
Aufn. Prof. Dr. Wilfried Hansmann 2003, S. 251
Graphik-Sammlung C. J. Bachem, S. 246
Jesus-Maria-Joseph-Junggesellen-Bruderschaft, Chronik 1794-1994, 1994, S. 253
Stadtarchiv Bonn, S. 247

Schwarzrheindorf
Archiv Bachem, S. 302
Graphik-Sammlung C. J. Bachem, S. 297, 301
Pfarrarchiv Schwarzrheindorf (W. Ewald, Rheinische Siegel 1906), S. 295
Pfarrarchiv Schwarzrheindorf (C. Hohe, Skizzenbuch 1854), S. 298

Beiträge zu Denkmal und Geschichte im Rechtsrheinischen Bonn

Heft 1
Das Haus des Leonard Stroof.
Die erste Bürgermeisterei von Vilich
Carl Jakob Bachem
1983. 15 Seiten, 8 Abbildungen

Heft 2
Rettung für die Vilicher Grabkreuze.
Unersetzliche Zeugnisse der Vilich/Beueler
Geschichte des 16. bis 18. Jahrhunderts
Carl Jakob Bachem
1985. 17 Seiten, 14 Abbildungen

Heft 3
Napoleon auf dem Finkenberg.
Die zeitgenössischen Berichte von Stroof und Bleibtreu
über den 6. November 1811.
Carl Jakob Bachem
1986. 80 Seiten, 8 Abbildungen

Heft 4
Die Deutschordenskommende Ramersdorf.
Anmerkungen zu ihrer Baugeschichte
und zu ihrem Schicksal im 19. und 20. Jahrhundert
Christian Schüller
1988. 78 Seiten, 35 Abbildungen

Heft 5
Das vulkanische rechtsrheinische Bonn.
Von der primären Trachyttuff-Eruption bis zu den
subvulkanischen Stöcken, Basalt- und Tufftondecken und
zur Natur der St. Adelheidis-Quelle
Winfried Leischner
2004. 88 Seiten, 10 Bilder, 4 Karten, 2 Skizzen und 5 geolog. Schnitte
ISBN 3-00-015197-4

Heft 6
Das Kriegsende im rechtsrheinischen Bonn.
Zeitzeugenberichte nach 60 Jahren
Carl J. Bachem und Hans P. Müller
m. Beitr. v. H. Vogt u. R. Schlette
2005. 192 Seiten, 65 Abbildungen
ISBN 3-00-016223-2

Heft 7
Pfarrer Maaßens Geschichtsschreibung über das rechtsrheinische Bonn
Faksimile-Auszug aus „Geschichte der Pfarreien
des Dekanates Königswinter" von German H. C. Maaßen von 1890
Carl Jakob Bachem
2007, 332 Seiten, 104 Seiten Kommentierung, 56 Abbildungen
ISBN 978-3-9812164-0-0

Herausgeber
DENKMAL- UND GESCHICHTSVEREIN BONN-RECHTSRHEINISCH
Verein Haus Mehlem
für Denkmalpflege und Geschichtsforschung im Rechtsrheinischen Bonn e.V.